S. FISCHER

Die von Max Horkheimer und Theodor W. Adorno gemeinsam verfasste und 1947 zum ersten Mal im Amsterdamer Querido-Verlag publizierte *Dialektik der Aufklärung* ist der wichtigste Text der Kritischen Theorie und zugleich eines der klassischen Werke der Philosophie des 20. Jahrhunderts. Philosophische Kritik, Auseinandersetzung mit dem Faschismus und die Resultate langjähriger empirischer Untersuchungen in den USA verschmelzen hier zu einer Theorie der modernen Massenkultur, die auch 75 Jahre später verblüffend aktuell ist. Scharfsinnig und weitsichtig machen die Autoren auf die Kehrseite des technischen und sozialen Fortschritts aufmerksam: Aufklärung als Herrschaft der Vernunft, als Unterwerfung der Natur unter die menschlichen Zwecke wird über sich selbst aufgeklärt.

Max Horkheimer (1895–1973) wurde 1930 Ordinarius der Sozialphilosophie und Direktor des Instituts für Sozialforschung in Frankfurt am Main. 1933 emigrierte er und errichtete Zweigstellen des Instituts in Genf, Paris und an der Columbia-Universität in New York. Zurückgekehrt, etablierte Horkheimer im Jahre 1950 das Institut für Sozialforschung neu.

Theodor W. Adorno (1903–1969), Philosoph, Soziologe und Musiktheoretiker, war bis 1933 Privatdozent in Frankfurt am Main. Er kehrte nach der Zeit des amerikanischen Exils zurück und setzte seine Lehrtätigkeit fort; daneben entstanden zahlreiche theoretische Arbeiten. 1958 übernahm er die Leitung des Instituts für Sozialforschung in Frankfurt am Main.

Max Horkheimer
Theodor W. Adorno

DIALEKTIK DER AUFKLÄRUNG

Philosophische Fragmente

Mit einem Vorwort von Eva von Redecker

S. FISCHER

Aus Verantwortung für die Umwelt hat sich der S. Fischer Verlag zu einer nachhaltigen Buchproduktion verpflichtet. Der bewusste Umgang mit unseren Ressourcen, der Schutz unseres Klimas und der Natur gehören zu unseren obersten Unternehmenszielen.

Gemeinsam mit unseren Partnern und Lieferanten setzen wir uns für eine klimaneutrale Buchproduktion ein, die den Erwerb von Klimazertifikaten zur Kompensation des CO_2-Ausstoßes einschließt.

Weitere Informationen finden Sie unter: www.klimaneutralerverlag.de

MIX
Papier aus verantwortungsvollen Quellen
FSC® C083411

Sonderausgabe
Erschienen bei S. Fischer

Umschlaggestaltung: Andreas Heilmann und Gundula Hissmann, Hamburg
Satz: pagina GmbH, Tübingen
Druck und Bindung: CPI books GmbH, Leck
Printed in Germany
ISBN 978-3-10-397152-1

Für Friedrich Pollock

Inhalt

VORWORT

> Jeden Monat oder beinah legten wir bei einer anderen Insel an, bei einem neuen Felsen, wo uns irgendein unbekannter Fluch erwartete. [...W]enn ich einen Blick auf diese oder jene Aufnahme werfe, [...] lässt mich eine Ergriffenheit erbeben: der Prozess der endlosen Veränderung, der Mutation, das heißt in Wahrheit der virulenten Arbeit des Todes, wird mir mit einem Schlage offenbar.
>
> Hélène Cixous, *Meine Homère ist tot...*[1]

Kalifornische Konstellation

Nach Sokrates ist die Philosophie eine Form der Hebammenkunst.[2] Der *Dialektik der Aufklärung*, die nun ihr 75-jähriges Jubiläum feiert,[3] ist selbst auf bemerkenswerte Weise auf die Welt geholfen worden. Wenn wir zurück in ihre Entstehungszeit zu Beginn der 1940er schauen könnten, würde sich eine Szene in etwa wie diese bieten: Wir befinden uns in West Los Angeles. Unter den Blicken von mehreren Holzgiraffen, die auf dem obersten Bord eines Sekretärs stehen,[4] sind drei Menschen versammelt. Sie sprechen sich allerdings mit Tiernamen an. Gretel Karplus-Adorno: die *giraffe moderne*. Theodor Wiesengrund Adorno: Nilpferd Archibald. Max Horkheimer: das Mammut.[5] Dermaßen

1 Hélène Cixous (2019): Meine Homère ist tot..., ü. v. Claudia Simma. © Wien: Passagen Verlag, S. 17.

2 Platon (2010), Theaitetos, ü. v. Friedrich Schleiermacher, S. 561–662 in: ders.: Sämtliche Werke, hrsg. v. Erich Loewental. Darmstadt: Lambert Schneider, S. 572 (148C–149B).

3 Geläufig wird das Jahr 1947 als Erscheinungsdatum genannt. Wie Martin Mittelmeier kürzlich hat nachweisen können, ist die Erstausgabe beim Amsterdamer Querido-Verlag allerdings aufgrund von Lieferschwierigkeiten erst 1948 erhältlich gewesen; vgl. Martin Mittelmeier (2021): Freiheit und Finsternis. München: Siedler, S. 261.

4 Vgl. die Fotografie von Adorno an seinem Schreibtisch in: Hartmut Scheible (1989): Theodor W. Adorno. Hamburg: Rowohlt Taschenbuch Verlag, S.109.

5 Stefan Müller-Doohm (2003): Adorno. Eine Biografie. Frankfurt a.M.: Suhrkamp, S. 92.

vorzeitlich ist Horkheimer gegenüber den anderen beiden nicht, er ist gerade mal zwölf Jahre älter als die 39-jährige Karplus, die wiederum ein Jahr vor ihrem Ehemann geboren wurde. Aber eine Dekade ist bereits eine ganze akademische Generation und Horkheimer das Herz und Urgestein des Frankfurter Instituts für Sozialforschung. Das Mammut leidet an schweren Kreislaufstörungen und einer Schreibblockade. Gesundheitliche Überlegungen bestimmten auch den Umzug aus New York, wo das Institut an der Columbia Universität affiliiert war, an die Pazifische Westküste.[6] Hier hatte die *University of California* eine ähnliche Bürgschaft nicht übernehmen wollen.[7] Horkheimer litt also auch an akademischer Isolation. »[S]icherlich gibt es außer uns dreien oder vieren noch andere«, schrieb er in einem Brief, »die so denken und fühlen wie wir, aber wir können sie nicht sehen, und vielleicht werden sie daran gehindert, sich zu äußern.«[8]

Das 1923 durch eine Stiftung des marxistisch gesinnten Millionärssohns Felix Weil gegründete Institut für Sozialforschung befand sich seit 1934 im Exil. Die »Frankfurter« hatten in der Weimarer Republik ein neuartiges, interdisziplinäres Forschungsprogramm entworfen: Philosophie wurde sozialwissenschaftlich und psychoanalytisch ergänzt und sollte als »Kritische Theorie« den Kampf der Arbeiterklasse um die Emanzipation der Menschheit unterstützen.[9] Die Kritische Theorie hatte also eine Hebammenkunst sein sollen, die der neuen Welt, mit der nach Marx die alte »schwanger ginge«,[10] zum Durchbruch verhelfen würde. Mit

6 Martin Jay (1991): Dialektische Phantasie. Die Geschichte der Frankfurter Schule und des Instituts für Sozialforschung, ü. v. Hanne Herkommer und Bodo von Greiff. Frankfurt a.M.: S. Fischer, S. 298.

7 Stuart Jeffries (2019): Grand Hotel Abgrund. Die Frankfurter Schule und ihre Zeit, ü. v. Susanne Held. Stuttgart: Klett-Cotta, S. 269.

8 Martin Jay (1991): Dialektische Phantasie. Die Geschichte der Frankfurter Schule und des Instituts für Sozialforschung, ü. v. Hanne Herkommer und Bodo von Greiff. Frankfurt a.M.: S. Fischer, S. 299 (Brief an Leo Löwenthal vom 02.02.1943).

9 Dieses Programm ist am deutlichsten ausgearbeitet in Max Horkheimer (1937): »Traditionelle und Kritische Theorie«, S. 162–216 in: ders.: Gesammelte Schriften Band 4: Schriften 1936–1941. Frankfurt a.M.: Fischer Taschenbuch Verlag.

10 Karl Marx (1962): »Das Kapital. Band 1«, in: ders./Friedrich Engels: Werke. Band 23. Berlin: Dietz Verlag, S. 779.

der Machtübernahme der Nationalsozialisten verloren Horkheimer und Adorno 1933 ihre Lehrerlaubnis. Der Aufstieg des Faschismus als Massenbewegung und Führerkult versetzte die jüdischen Wissenschaftler und marxistischen Kulturkritiker in akute Lebensgefahr. Zudem erschütterte er ihre theoretische Grundannahme, dass die Krisen der kapitalistischen Weltordnung zugleich den Motor zu deren erfolgreicher Überwindung bildeten.

Nicht allen Mitarbeitern war die Flucht gelungen. Walter Benjamin hatte sich am 26. September 1940 am verschlossenen Grenzübergang von Portbou in Spanien das Leben genommen. Gretel Karplus verlor mit Benjamin einen Grundpfeiler ihres Lebens. Sie hatte mit ihm in einem im Druck über 400 Seiten umfassenden Briefwechsel Lebenssorgen und Arbeitsprozesse geteilt und ihn symbolisch adoptiert, »anstelle des Kindes, das ich ja doch nie haben werde«.[11] Ein biologisches Kind, so erklärte Theodor Adorno einmal, hatten sie nicht gewagt in die Welt zu setzen, »da man immerhin nicht wissen kann, mit wem es einmal marschieren muss«.[12] Auch die beidseitig offene Ehe der Adornos selbst war von *queerer kinship* (oder sagen wir: »Wahlverwandtschaft«) ergänzt.[13] Mit Benjamin zusammen hatte Karplus sich auf Teddie Adorno stets als ihr gemeinsames »Sorgenkind« berufen.[14]

Zu Beginn der 1940er Jahre richtete sich eine Hauptsorge dieses Kindes auf seine Laufbahn. Adorno wollte unbedingt erwählt werden, um zusammen mit Horkheimer das von diesem anvisierte Grundlagenwerk über dialektische Logik zu verfassen. Dieses Werk, so die Hoffnung der Exilierten, würde das Fundament ihrer Gesellschaftskritik erneuern. Adorno wusste, dass er neben seinem eigenen Geist einen weiteren Vorzug mitbrachte: Gretels

11 Gretel Adorno/Walter Benjamin (2019): Briefwechsel 1930–1940, hrsg. v. Christoph Gödde und Henri Lonitz. Berlin: Suhrkamp, S. 58.

12 Stefan Müller-Doohm (2003): Adorno. Eine Biografie. Frankfurt a.M.: Suhrkamp, S. 93.

13 Staci Lynn von Boeckmann (2004): The Life and Work of Gretel Karplus/Adorno: Her Contributions to Frankfurt School Theory. Doktorarbeitsmanuskript. University of Oklahoma, S. 65 und 71.

14 Gretel Adorno/Walter Benjamin (2019): Briefwechsel 1930–1940, hrsg. v. Christoph Gödde und Henri Lonitz. Berlin: Suhrkamp, S. 49.

Mitarbeit.[15] So saß also das Trio ab November 1941 regelmäßig unter dem Blick kolonialer Kunstobjekte passioniert philosophierend beieinander. Karplus schrieb den Dialog zwischen Horkheimer und Adorno mit und legte ihn dann als Typoskript zur Bearbeitung vor.[16] Nach abgeschlossenem Tagewerk ging Horkheimer heim und die Adornos würden eine Sonnenuntergangs-Spritztour mit dem Auto die Küste entlang unternehmen.[17] Ab Februar 1942 war das allerdings nicht mehr möglich. Nach Kriegseintritt internierten die USA *Enemy Aliens*. Japaner:innen wurden in Arbeitslager gesperrt, Deutsche traf meist lediglich ein Reiseverbot und eine Ausgangssperre ab zwanzig Uhr. So sind Teile der *Dialektik der Aufklärung* gewissermaßen im Lockdown entstanden.

Wären die Adornos wie sonst, mit Karplus am Steuer, zum *cruise* Richtung Malibu Beach aufgebrochen, hätten sie vom Pier aus einen der damals dort noch verbreiteten Tintenfische erspähen können. In seinem Buch *Other Minds* schreibt der Wissenschaftstheoretiker Peter Godfrey-Smith über Oktopusse, dass sie die bestmögliche Gelegenheit böten, einer von unserer vollkommen verschiedenen Intelligenz zu begegnen; sie sind *»the closest we will come to meeting an intelligent alien«*. Was Kraken so außerirdisch macht – oder Menschen außerozeanisch, je nachdem, von wo man schaut –, ist, dass sie vor über 200 Millionen Jahren eine überraschende Abzweigung in der Evolution genommen haben.[18] Anstatt wie andere Meerestiere am unteren Ende der Nahrungskette ihre Schalen, Gehäuse oder Panzer weiterzuentwickeln, gaben sie sie gänzlich auf. Oktopusse wurden weich, nahezu flüssig, und bauten ihr Gehirn auf spektakuläre Weise aus: Sie begannen,

15 Der Hinweis auf Gretel Adornos Mitarbeit diente dem Institut sogar als Rechtfertigung für die Erhöhung von Theodor Adornos Gehalt; vgl. Staci Lynn von Boeckmann (2004): The Life and Work of Gretel Karplus/Adorno: Her Contributions to Frankfurt School Theory. Doktorarbeitsmanuskript. University of Oklahoma, S. 129.

16 Vgl. Stefan Müller-Doohm (2003): Adorno. Eine Biografie. Frankfurt a.M.: Suhrkamp, S. 89 und S. 427.

17 Staci Lynn von Boeckmann (2004): The Life and Work of Gretel Karplus/Adorno: Her Contributions to Frankfurt School Theory. Doktorarbeitsmanuskript. University of Oklahoma, S. 137.

18 Peter Godfrey-Smith (2019): Der Krake, das Meer und die tiefen Ursprünge des Bewusstseins, ü. v. Dirk Höfer. Berlin: Matthes & Seitz, S. 59.

auch an der Körperoberfläche zu schmecken und zu sehen, und entwickelten faszinierende Techniken der Tarnung und Anpassung an ihre Umgebung. Die Intelligenz der Kraken zählt im Tierreich zu einer der ausgereiftesten, aber sie ist von der der Menschentiere grundverschieden: Unser letzter gemeinsamer Verwandter lebte vor 600 Millionen Jahren.[19] Nach geläufigen Menschenkriterien mag das Krakenleben trist erscheinen, wie ein Echo auf das Schicksal des Exils: Kraken leben kurz, vereinzelt und führen ihre Farbfeuerwerke ohne erkennbares Publikum auf.[20] Eins aber ist unverkennbar: Gefangene Kraken sind Befreiungskünstlerinnen, die Aquarien knacken oder durch gezielte Wasserstrahlen Kurzschlüsse auslösen.[21]

Wenn in der *Dialektik der Aufklärung* von »Naturgeschichte« (234f.) die Rede ist, geht es nicht um Evolutionsbiologie.[22] Aber der Verweis auf den Oktopus hilft, um sich einen Kerngedanken des Werks vor Augen zu führen, dass nämlich die menschliche Vernunft aus dem natürlichen Überlebenskampf herausgewachsen ist und eine spezielle Form angenommen hat. Adorno und Horkheimer nennen diese Form »instrumentelle Vernunft«, weil sie stets auf Mittel sinnt, um sich in feindlicher Umgebung besser zu behaupten. In gewisser Weise teilen wir das Ausgangsproblem des Oktopus: Auch Menschen, zumal als für eine einzigartig lange Dauer hilflose Menschenjungen, sind ungepanzert und verletzlich. Die evolutionäre Lösung in unserem Fall bestand vor weniger als einer halben Million Jahren, also lange nach der Spezialisierung der Kopffüßer, in einem anderen Ausbau des Gehirns. Hominiden entwickelten immer größeres Geschick im Einsatz von Werkzeugen, speziell der Sprache. Anders als die achtarmigen Kraken haben wir das Wagnis des Weichbleibens gescheut.

19 Peter Godfrey-Smith (2019): Der Krake, das Meer und die tiefen Ursprünge des Bewusstseins, ü. v. Dirk Höfer. Berlin: Matthes & Seitz, S. 14.

20 Vgl. Amia Srinivasan (2017): »The Sucker, the Sucker!« in: London Review of Books 39 (17), online unter: https://www.lrb.co.uk/the-paper/v39/n17/amia-srinivasan/the-sucker-the-sucker.

21 Peter Godfrey-Smith (2019): Der Krake, das Meer und die tiefen Ursprünge des Bewusstseins, ü. v. Dirk Höfer. Berlin: Matthes & Seitz, S. 69.

22 Vgl. auch: Theodor W. Adorno (1997 [1932]): »Die Idee der Naturgeschichte«, S. 345–365 in: ders.: Philosophische Frühschriften. Frankfurt a.M.: Suhrkamp, S. 135.

Die Umschlagsthese

Die *Dialektik der Aufklärung* ist für die These berühmt geworden, dass die auf instrumenteller Vernunft basierende Aufklärung notwendig in ihr Gegenteil – Wahnsinn und Barbarei – umschlage. »Die vollends aufgeklärte Erde strahlt im Zeichen triumphalen Unheils« (9), heißt es schon auf der ersten Seite. Zur obersten Instanz erhoben, werde die Vernunft, die ein Werkzeug zur Selbsterhaltung bildet, stattdessen zur größten Bedrohung: »Entweder zerfleischt sie sich selbst, oder sie reißt die gesamte Fauna und Flora der Erde mit hinab« (235f.). Es ist verblüffend, wie geläufig uns dieser als Skandal gemeinte Befund gegenwärtig ist. Große Teile der jugendlichen Generation haben sich Freitag um Freitag auf die Straßen begeben, weil ihnen die Zukunft, für die ihnen angeblich Wissen vermittelt wird, als helle Katastrophe erscheint. »Zivilisation schlägt um in Selbstzerstörung – *what else is new*?!«, würden sie wohl sagen, wenn sie sich in die kalifornische Runde begäben.

Innerhalb der Frankfurter Schule wurde die *Dialektik der Aufklärung* dagegen oft weniger als Grundlagenwerk denn als Außenposten am Abgrund des Nihilismus betrachtet, als »hemmungslose Vernunftskepsis«.[23] Wenn die Vernunft selbst das Problem ist, woran sollte sich dann schließlich noch die Lösung orientieren? Ist es nicht übertrieben, die Moderne als ausweglosen »Teufelskreis« darzustellen?[24] Solche Einwände mahnen zurecht, nicht bei einer pauschalen Denunziation der Aufklärung stehenzubleiben.

Die Autoren der *Dialektik der Aufklärung* lassen selbst keinen Zweifel daran, dass sie als »instrumentelle« insbesondere die männliche, westliche, bürgerliche Vernunft kritisieren. »Der Bürger in den sukzessiven Gestalten des Sklavenhalters, freien Unternehmers, Administrators, ist das logische Subjekt der Aufklärung.« (90) Allein dadurch scheint einiges an Vernunft übrig zu

23 Jürgen Habermas (1985): »Die Verschlingung von Mythos und Aufklärung: Horkheimer und Adorno«, S. 130–157 in: ders.: Der philosophische Diskurs der Moderne. 12 Vorlesungen. Frankfurt a.M.: Suhrkamp, S. 156.

24 Albrecht Wellmer (1993): »Die Bedeutung der Frankfurter Schule heute. Fünf Thesen«, in: ders.: Endspiele. Die unversöhnliche Moderne. Frankfurt a.M.: Suhrkamp, S. 227.

bleiben: die Vernunft der jeweils Anderen. Aber so einfach ist es in der dialektischen Gesellschaftstheorie nicht. Wenn die Vernunft selbst patriarchal geworden ist, dann ist keine Identität vor ihr sicher, zumindest nicht, sobald sie von der Macht der Aufklärung zehrt. Auch über die Emanzipation der Frau wird hier behauptet, dass sie »in ihre[r] Durchtrainierung als Waffengattung mündet« (234). Das mag patriarchales Schmunzeln hervorrufen, aber ein Argument gegen die Emanzipation bietet es nicht. Nur gegen deren falschen, bürgerlichen Vollzug.

Dem generellen Eindruck, dass sich neue Freiheitsspielräume hinterrücks als Waffenarsenale entpuppen, leistet die Gegenwart reichlich Vorschub. Kaum dass Kommunikationstechnologie neue Austauschforen geschaffen hat, erweisen sich diese als Schlachtfelder. Während so viel Information wie noch nie zur Verfügung steht, verbreiten sich Mythen und Verschwörungstheorien in überwältigendem Ausmaß. Was in den Überlegungen zur Kulturindustrie noch übertrieben schien – dass Unterhaltung, Propaganda und Marketing ineinander aufgehen –, ist im Zeitalter einer werbedurchtränkten, datenabsaugenden Internetkultur schlicht Fakt. Auf den globalen Triumph des westlich-liberalen Demokratiemodells folgte der Aufschwung autoritärer Populismen. Man kann eigentlich alles nachprüfen, aber das unverhohlene, nachdrückliche Lügen scheint politisch gar nicht zu schaden, zumindest nicht dem »Baby-Gesicht der Männer der Praxis, der Politiker, Pfaffen, Generaldirektoren und Racketeers« (192).

Hinter dem Verweis auf die »Racketeers« – »Abzocker« wäre wohl eine mögliche Übersetzung – steckt in der *Dialektik der Aufklärung* eine ebenfalls sehr aktuelle Analyse. Der »Spätkapitalismus« zeichne sich durch ein solches Maß an Monopolbildung aus, dass weniger der Erfolg am Markt (in der »Zirkulationssphäre« [139]) Reichtum schaffe, als der Erfolg im Geklüngel, in Kartellbildung und politischem Lobbyismus. Auch diese Tendenz bestätigt gegenwärtige Sozialwissenschaft: Entscheidend für die Ausweitung des Kapitals ist der Zugang zu dessen rechtlicher Codierung, zu »big law«;[25] der digitale Kapitalismus von heute

25 Katharina Pistor (2020): Der Code des Kapitals. Wie das Recht Reichtum und Ungleichheit schafft. Berlin: Suhrkamp.

kreist um neue Monopole, nämlich monopolisierte Märkte, u.a. für »big data«.[26]

Vor allem ist und bleibt Gesellschaft aus Sicht Adornos und Horkheimers aber ein »Massenracket in der Natur« (271), eine menschlich organisierte Gesamt-Abzocke am Rest des Lebens. Vielleicht ist das der größte Nachrichtenwert der *Dialektik der Aufklärung*: dass sie politische Desaster und selbst den Zivilisationsbruch der Shoah auf die Ebene der Naturbeherrschung zurückverfolgt. So spezifische Phänomene wie Antisemitismus und misogyne Hassgewalt werden als Verwerfungen der unterjochten Natur erklärt; wo einmal der Klassenkampf den Rahmen für Erklärungen abgab, steht nun der Konflikt zwischen Mensch und Planet Erde im Vordergrund.[27]

Jürgen Habermas schrieb über den Aufbau der *Dialektik der Aufklärung* einmal leicht irritiert, dass sie »aus einem Aufsatz von etwas mehr als fünfzig Seiten, zwei Exkursen und drei Anhängen« bestehe.[28] Mir scheint, dass die aufschlussreichste Art, diese Fragmentsammlung in der Gegenwart zu lesen, von hinten ist. Anstatt die Grandiosität der Umschlagsthese abzuwägen, kann man sich von den Anhängen her ihre tiefere Einbettung erschließen und die Tentakel nach vielem Neuen ausstrecken.

Naturtraumatisierung

Liest man die *Dialektik der Aufklärung* rückwärts, von den »Aufzeichnungen und Entwürfen« aus, begegnet man abermals einem Weichtier. In einer Glosse, »Zur Genese der Dummheit«, wird die Schnecke mit ihrem »Fühlhorn« zum »Wahrzeichen der Intelligenz« (274) erklärt. Der Fühler tastet, riecht, sucht Schutz vor Hindernissen. (Sehen können Schnecken auch, aber in der ent-

26 Philipp Staab (2019): Digitaler Kapitalismus. Markt und Herrschaft in der Ökonomie der Unknappheit. Berlin: Suhrkamp, S. 30.

27 Vgl. zu dieser Deutung auch Martin Jay (1991): Dialektische Phantasie. Die Geschichte der Frankfurter Schule und des Instituts für Sozialforschung, ü. v. Hanne Herkommer und Bodo von Greiff. Frankfurt a.M.: S. Fischer, S. 300ff.

28 Jürgen Habermas (1985): »Die Verschlingung von Mythos und Aufklärung: Horkheimer und Adorno«, S. 130–157 in: ders.: Der philosophische Diskurs der Moderne. 12 Vorlesungen. Frankfurt a.M.: Suhrkamp, S. 130.

sprechenden Literaturangabe beziehen sich Horkheimer und Adorno nicht auf ein zoologisches Werk, sondern auf Goethes *Faust.*) »Das geistige Leben«, schreiben die beiden Geistesgrößen, »ist in seinen Anfängen unendlich zart« (274). Die weitere Entfaltung dieses Lebens sei darauf angewiesen, dass nicht alle ausgestreckten Fühler zurückgeschlagen würden. Der Schrecken lasse die Intelligenz-Organe verkümmern; da, wo ein verletzter Fühler war, ist dann eine Verhärtung, eine vernarbte Wunde oder eben: Dummheit. So ist das Stumpfe nicht das Ursprüngliche, sondern der Niederschlag einer frustrierten Erfahrung.

Die Verhärtung, in ihren Anfängen, ist demnach so etwas wie erschreckte Natur. Und das bleibt sie auch, wenn die Natur, die sich da erschrickt, komplexer oder bewusster ist. Anders als bei der imaginierten Schnecke kommt die menschliche Intelligenz jedoch in der Verhärtung nicht zum Stillstand – im Gegenteil, sie wächst. Wir sind auf eine Art zu Bewusstsein gelangt, die es uns ermöglicht, unsere Instrumente auch gegen uns selbst zu richten. Menschen können hart gegen sich sein, sie können dank einer Art geistigen Rückgrats auf das reflektieren, was sie tun. Sie können überhaupt gewahr werden, dass sie es sind, die so tun und schließlich sogar, dass sie auch anders könnten. Wir sind also in die Freiheit hineingewachsen. Und um derentwillen kann man sich – oder können sich zumindest die Verfasser der *Dialektik der Aufklärung* – auch nicht einfach wünschen, den Geist wieder gegen ein Paar Schneckenfühler einzutauschen. Hinzu kommt, dass die Herrschaft der instrumentellen Vernunft die Erde inzwischen auf eine Weise verwüstet hat, dass man darin auch ungern ein anderes Tier wäre. Feuchtigkeitsliebende Schnecken leiden unter dem Klimawandel, Tintenfischbestände sind überfischt.

In gewisser Hinsicht haben wir es also von der Schnecke lediglich zur Horrorschnecke geschafft. Oder, in anderen Worten: »Zivilisation ist der Sieg der Gesellschaft über Natur, der alles in bloße Natur verwandelt« (195). Der Umschlag in »bloße Natur« vollzieht sich nicht als Rückfall in die erste Natur, also nicht ins ruhige Schneckendasein, sondern als Einschließung in die zweite. Unsere zweite Natur, das geschichtlich Gewordene, wird zum dermaßen dicken Panzer, dass darin die Begabung zur Freiheit

wieder vollkommen verkümmert. Anstatt sinnvoller Gesellschaftsorganisation widmen wir uns einem permanenten Überlebenskampf mit immer katastrophaleren Kollateralschäden.
Und zugleich hegt die *Dialektik der Aufklärung* – und das mag überraschen bei Autoren, deren Pessimismus Kultstatus genießt – eine maßlose Hoffnung. Aus einer bestimmten Perspektive ist der Fluch der Verhärtung nämlich nicht zwangsläufig das letzte Wort. Der Schlusssatz des Werks nennt die Momente erstarrter Natur »Stationen, auf denen die Hoffnung zum Stillstand kam, und die in ihrer Versteinerung bezeugen, daß alles Lebendige unter einem Bann steht« (275). Könnte dieser Bann womöglich gelöst werden, wenn die Vernunft nicht weiter instrumentell, also als bloßes Kampfwerkzeug, eingesetzt würde? Wäre eine andere Natur möglich?
Aus Sicht der *Dialektik der Aufklärung* ist die Vernunft im besten Fall ein schwankendes Gebilde. Sie vermittelt zwischen zwei Vermögen: der Rezeptivität und der Einbildungskraft. Man muss einen Gegenstand auf sich wirken lassen und ihm doch immer auch vereinheitlichende Deutungen antragen. Wo diese beiden Tendenzen im Austausch bleiben, gelingt Reflexion. An deren äußeren Polen verliert sich das Selbstbewusstsein oder geht, in der Terminologie Adornos und Horkheimers, in Natur über. Sie nennen die beiden Extrempole »Mimesis« und »Mythos«. Mimesis ist eine Angleichung an die Umgebung, ein Aufgehen im Geschauten und somit ein ständiger Formwandel. Oktopusse sind darin unübertroffen. Sie können sich riesig aufbauen und dann wieder durch die engste Felsspalte schlüpfen, sie können durchsichtig erscheinen und brauchen gerade mal eine dreißigstel Sekunde, um die Farbe von Gestein oder Korallen anzunehmen, die sich in ihrer Nähe befinden. Auch wenn die Identifikation mit dem Gegenüber oder die Auflösung in der Umgebung beim Menschen anders funktioniert, bleibt der Mimesis etwas Ozeanisches beigemischt: Die Gefahr, Meereswesen zu werden, nicht mehr in die stabilere Gestalt eines Ichs und in die menschliche Vernunft zurückzufinden.
Die gegenteilige Gefahr charakterisiert das, was Adorno und Horkheimer Mythos nennen: nicht mehr aus sich herauszufinden. Denn der mythische Pol der Reflexion projiziert das eigene

Innere – Ängste, Wünsche und Vorstellungsbilder – auf jedwedes Äußere. Und obwohl das Zerfließen als Versuchung weiterbesteht, bahnt solcher Mythos den Weg, den laut Adorno und Horkheimer die menschliche Zivilisation eingeschlagen hat. Zunächst in tatsächlichen Mythen, in ersten Versuchen der Benennung und Erklärung, die die bedrohliche Welt weniger fremd machen sollten, indem sie sie der menschlichen Vorstellungswelt anglichen. Anschließend in der Aufklärung, die mit den Mythen aufräumt und diese durch wissenschaftliche Untersuchung und rationale Ableitung ersetzt.

Der Schreck im Angesicht von Gefahr führt in einem so geistigen Tier, wie wir es sind, also nicht einfach zur tauben Stelle. Er führt dazu, den eigenen Impuls zur Verhärtung der äußeren Natur zuzuschreiben. Dort ist es hart, da wütet ein Gott oder herrschen unerbittliche Gesetze. Und wenn diese Bilder sich von ihrem Ursprung in der Projektion ablösen und als objektive Gegebenheiten gelten, dann findet auch die Mimesis zu nichts Weichem mehr zurück. Sie ahmt die Härte nach, die der Mensch selbst in die Natur gelegt hat. »Von der Angleichung an die Natur bleibt allein die Verhärtung gegen diese übrig. Die Schutz- und Schreckfarbe heute ist die blinde Naturbeherrschung, die mit der weitblickenden Zweckhaftigkeit identisch ist.« (190) Wenn die Natur wirklich schrecklich wäre, dann hätte sie also auf ganzer Linie gewonnen. So stellt es sich zum Beispiel dar, als der Anti-Oktopus Odysseus von seiner Reise zurückkehrt: »[I]ronisch triumphiert die Unerbittliche, der er befiehlt, indem er als Unerbittlicher nach Hause kommt, als Richter und Rächer der Erbe der Gewalten, denen er entrann« (55). Insofern die Natur aber zumindest auch das Lebendige unter dem Bann der Versteinerung ist, unterliegt sie selbst gleich doppelt der Traumatisierung: in den als unerbittlich betrachteten und deshalb bezwungenen Gewalten und im Bezwinger, ihrem verhärteten Erben. In solcherart traumatisierter Natur wird jeder Freiraum zum Waffenarsenal.

Höhnische Mimesis und pathische Projektion

Seit Ausbruch der Coronapandemie haben Verschwörungsmythen insbesondere im deutschsprachigen Raum und in den USA ein neues Ausmaß angenommen. Zum Teil sind sie offen antisemitisch, zum Teil lassen sie antisemitische Motive in neuer Fassung aufleben – etwa das Kinderbluttrinken im QAnon-Kontext, der Wahn, durch finstere Mächte ferngesteuert zu werden, oder die Vorstellung, das eigene, »gesunde« Blut solle verdorben werden. Der Diskurs sprudelt vor Mythen, die sich selbst aggressiv als logisch und faktenbasiert ausgeben. Vieles ist nicht neu, manches rankte sich schon um die rassistische Idee einer »Islamisierung des Abendlandes«, die wahlweise von Jüd:innen oder Gender-Ideolog:innen vorbereitet würde. Überhaupt »gender«: Das feministische Fremdwort zieht einen ganz besonderen Eliminationsfuror auf sich. Kein Wunder, wo es doch zugleich auf Natur verweist und sich doch deren Fixierung als »bloße Natur« verweigert.

Nimmt man die *Dialektik der Aufklärung* ernst, ist man zwar weiterhin fassungslos, aber weniger überrascht. Das Buch bietet eine Erklärung, warum derartige Mythen keine Überreste des Mittelalters sind, sondern gerade in einer instrumentell aufgeklärten Welt unwiderstehlich werden können. Adorno und Horkheimer halten den Faschismus, der zu ihrer Zeit im beispiellosen Vernichtungswahn gipfelte, nicht für ein absolut einmaliges geschichtliches Ereignis. Sie halten den Faschismus für die Entladung einer Spannung, die die bürgerliche Gesellschaft aufbaut und der Monopolkapitalismus unhaltbar macht. Diese Spannung wurzelt in traumatisierter Natur. Adorno und Horkheimer gehen davon aus, dass die fortschreitende Entfremdung von Natur den Drang, zu ihr zurückzukehren, umso größer mache. Gerade wo die echte Mimesis außer Reichweite liegt, regiert ein Heimweh nach der Weichheit, nach dem Formverlust, danach, das Ich-Gehäuse wieder loszuwerden. Bürgerliche Kultur mag zumindest noch in sublimierter Form – Kunst, Luxus, Libertinage – eine geheime Verbindung zur Natur wahren (so die womöglich leicht verklärte Einschätzung der Exilierten). Dennoch enthält schon die bürgerliche Disziplin eine Strenge gegen das Material, eine

Affinität zur Marter, einen heimlichen Anspruch, die eigene Entsagung als Folter an andere weiterzureichen.

Die Massenkultur als bruchlose Gesamtoberfläche dagegen schlägt nicht nur mit Entfremdung, sondern auch mit Blindheit. Die in die Kulturindustrie eingespannten »Erbe[n] der Gewalten« (55) sind sich selbst vollkommen undurchsichtig, sie wissen nicht, wohin mit sich. Sobald ein äußerer Anlass für Gewalt serviert wird, schafft gerade das die Bedingung für den heillosen Rückfall – der dann eben gar kein *Rück*fall mehr ist, sondern ein Katapult in die Apokalypse. Im Antisemitismus finden freidrehende Faschist:innen auf zweierlei Weise ihre Erfüllung. Beide beschreiben die Autoren als »Ausfall der Reflexion« (199). Das soll heißen, dass autoritäre Charaktere sich nicht auf das wie auch immer verhärtete Wechselspiel von Deutungsentwurf und Empfänglichkeit einlassen. Sie rühren also nicht »von innen« an Mythos und Mimesis. Stattdessen springen sie in erkenntnistheoretisch und psychisch abgekapselte Extrempositionen. Die erste nennt Adorno selbst »pathische Projektion« (201f.); die zweite Form ließe sich vielleicht als »höhnische Mimesis« zusammenfassen.

Die pathische oder »leidende« Projektion ist das, was sich in Verschwörungsmythen ausdrückt. Antisemitische Projektionen sind nicht nur pathologisch, weil sie falsch sind. Selbstverständlich sind die von keinerlei reflektierter Rezeptivität mehr im Zaum gehaltenen Wahnvorstellungen falsch. Aber sie sind das auf eine aufschlussreiche Weise. Zunächst einmal drückt sich in den paranoiden Zuschreibungen auf die Opfer sehr präzise aus, was die Faschist:innen selbst im Sinn haben. Es ist ihr monströs gemartertes Inneres, ihre leere Macht- und Besitzgier, die sie ihren Opfern anhängen. »Anstatt der Stimme des Gewissens hört [das Pathische] Stimmen; anstatt in sich zu gehen, um das Protokoll der eigenen Machtgier aufzunehmen, schreibt es die Protokolle der Weisen von Zion den andern zu.« (199)

Der Gehalt solcher Zuschreibungen gibt aber auch Aufschluss über die Gesellschaft, in der er wuchert. Pathische Projektion ist keine Individualpathologie. Sie ist ein Zerrbild undurchschauter Herrschaft. Das Vorurteil gibt also Aufschluss über Herrschende und Herrschaft, nicht über diejenigen, die es trifft. Die hier in schillernder Unschuld eingeführte Krake etwa ist auch ein Emblem antisemitischer Diskurse. Darin figuriert sie als Täterfiktion: erwürgend stark, mit stählernen, überallhin reichenden Tentakeln. Das sind reale Attribute – der Kritischen Theorie zufolge jedenfalls – weder der Jüd:innen noch der Kraken, sondern der anonymen kapitalistischen Herrschaft. Jüd:innen und Oktopoden zeichnet lediglich aus, dass sie der paranoiden Wahrnehmung auf eine Art auffallen, die die Projektion besiegelt.

Das, was auffällig macht, ist nach Adorno zwar oft eine, wenn auch wahllos herausgegriffene, Familienähnlichkeit mit der realen Herrschaft. Dazu muss aber das nachgerade Gegenteil kommen, nämlich »ohne Schutz« (180) aufzufallen. Es trifft eben nie die wirklich Mächtigen, sondern die Schwachen, bereits Ausgestoßenen, auf die höchstens ein Abglanz der Herrschaft fällt. An ihnen kann der Faschist dann, als herrschaftskonforme Geste getarnt, sein verdrängtes Leid auslassen. Die wahrgenommene Schwäche ist nochmal eigens unerträglich. Denn selbst schwach zu sein, das ist ein Risiko, das der Faschist – ebenso wie jeder »normale« Konformist unter Bedingungen der Konkurrenz – nie einzugehen wagte. So sind die Opfer ersetzbar, aber nicht beliebig. »Ahasver und Mignon«, heißt es an einer besonders eindrücklichen Stelle, »Fremdes, das ans verheißene Land, Schönheit, die ans Geschlecht erinnert, das als widerwärtig verfemte Tier, das an Promiskuität gemahnt, zieht die Zerstörungslust der Zivilisierten auf sich, die den schmerzlichen Prozeß der Zivilisation nie ganz vollziehen konnten« (181). Ahasver, der ewig Wandernde, kann auch Migrant:in oder Obdachlose:r sein. Mignon – das geschlechtslose Rätselwesen in Goethes *Die Wahlverwandtschaften* – begegnet uns als *snowflake*, als nicht-binäre oder trans Person. Und das Tentakeltier erinnert wohl wie kein zweites an Promiskuität. »Mir jedenfalls«, schreibt Sophie A. Lewis in einer brillanten Kritik der Netflix-Doku *My Octopus Teacher*, »sagen Darstellungen von Kraken schlicht folgendes: Siehe, dieses unheimlich erhabene, wolkig-bunte Knäuel von blitzenden Zungen droht dir mit dem besten Orgasmus deines Lebens.«[29]

29 Sophie A. Lewis (2021): »My Octopus Girlfriend. On Erotophobia« in: n+1, online unter: https://www.nplusonemag.com/issue-39/reviews/my-octopus-girlfriend/ [Übersetzung EvR].

Die eigentliche Provokation besteht dabei, wie gesagt, in der Verletzlichkeit dessen, was die Aufmerksamkeit fesselt. »Denen, die Natur krampfhaft beherrschen, spiegelt die gequälte aufreizend den Schein von ohnmächtigem Glück wider. Der Gedanke an Glück ohne Macht ist unerträglich, weil er überhaupt erst Glück wäre.« (181)

Das ist der Punkt, an dem – oder dem zuvorzukommen – die höhnische Mimesis zuschlägt. Die Anspielung auf einen Genuss, auf dessen Unmöglichkeit die ganze triste Realität baut, muss ausgelöscht werden. Und zugleich ist dieser Reiz absolut magnetisch, weil er eine Ahnung des Ozeanischen erweckt, während »das Universum nur Staub [...] und abstrakte Macht« (250) enthält. »Gerechtfertigt« durch die Gehalte der pathischen Projektion, kommt also die monströs gewordene Natur zum Zug und darf ihre mimetische Arbeit leisten: »denn auch der Haß führt zur Vereinigung mit dem Objekt, in der Zerstörung« (209). In der Gewalt setzt sich dabei der ursprüngliche Impuls bis zum Letzten fort, insofern aus »den konvulsivischen Gesten von Gemarterten« (192) weiter die lebendige Schwäche spricht, die den Angriff motivierte. Das Heimweh nach dem Weichen am Grunde der Verächtlichmachung kann im Mordakt Erfüllung finden. Es kann aber auch durch gehässige Parodie, durch vermeintlichen »Witz« und durch die geradezu besessene Behauptung, sich selbst in der Opferposition zu befinden, ausagiert werden. In all diesen Fällen benutzt traumatisierte Natur die Instrumente, mit denen sie von ihrer eigenen Erfahrung abgeschnitten wurde. Horrorschnecke war ein Euphemismus.

Eingedenkende Vernunft

In seiner Geschichte der Frankfurter Schule erwähnt deren Chronist Rolf Wiggershaus, dass die Texte, die Adorno in den Jahren vor der *Dialektik der Aufklärung* schrieb, »regelmäßig mit dem Ausblick auf Erlösung« endeten.[30] »Erlösung« kann viele Namen haben. In der marxistischen Theorie lautet einer »Revolution«

30 Rolf Wiggershaus (1988): Die Frankfurter Schule. Geschichte. Theoretische Entwicklung. Politische Bedeutung. München: dtv, S. 350.

und meint gerade keine messianische Befreiung von außen, sondern die Aufgabe der Arbeiter:innenklasse, sich selbst zu befreien. In dem Buch, das die französische Philosophin Hélène Cixous über die Pflege und den Tod ihrer Mutter verfasst hat (lautmalerisch *Meine Homère ist tot...* betitelt), ist das Motiv für Erlösung die »Geburt ohne Schmerzen«.[31] Cixous entnimmt es alten Aufzeichnungen ihrer Mutter, die von Beruf Hebamme war. Sie stellt damit eine Vorstellung von Versöhnung in den Raum, die den biblischen Fluch aufhebt, der seit der Vertreibung aus dem Paradies alle Arbeit begleitet: »Unter Schmerzen sollst du deine Kinder gebären«. Die Versöhnung ist auch hier alles andere als transzendent – Konzentration, Atemtechnik und gutes Hebammenhandwerk sollen zusammenwirken.
Theodor W. Adorno entwickelt sein Bild von Erlösung im Rahmen des von Walter Benjamin übernommenen Motivs der »Naturgeschichte«. Es richtet sich als »Gegenbewegung zur falschen Projektion« (209) auf die Schmerzen der Vergangenheit und lautet: Eingedenken. Diese Chiffre durchzieht bei näherem Hinsehen auch die so oft als ausweglos gescholtene *Dialektik der Aufklärung*. Die komplette Formulierung lautet »Eingedenken der Natur im Subjekt« (47) und lässt absichtlich offen, ob da das Subjekt der Natur in sich oder die Natur im Subjekt ihrer selbst nachhängt. Überhaupt ist das »Offenlassen« der Punkt, ebenso wie die Vergegenwärtigung dessen, auf das man angewiesen bleibt, ohne dass es sich einem fügt. Wie mit einem rückwirkenden Linderungszauber soll an allen Verhärtungen der Alternative nachgespürt werden, dass dort auch etwas hätte weich bleiben können. Solidarität mit dem inneren Oktopus statt fortgesetzter Naturbeherrschung sozusagen. Der Bann, in den die instrumentelle Vernunft alle Natur gezwungen habe, würde sich lösen: Das Subjekt, das seine Angst vor mimetischen Momenten ablegte, unterstünde nicht länger dem blinden Zwang brutaler Selbsterhaltung. Und die Natur selbst – alles, das zum »Substrat von Herrschaft« (15) degradiert wurde – könnte aufleben. Das ist das Phantastischste an der Idee vom Eingedenken: dass das Leben-

31 Hélène Cixous (2019): Meine Homère ist tot..., ü. v. Claudia Simma. Wien: Passagen Verlag, S. 28.

dige nur auf Widerruf erstarrt ist, dass es weitertasten, dass »[d]ie unendliche Geduld, der nie erlöschende zarte Trieb der Kreatur nach Ausdruck und Licht« (236) seine Reise wieder aufnehmen könnte. Aber so phantastisch ist das Ganze auch wieder nicht. Es ist eine ziemlich präzise Anleitung zur De-Traumatisierung: Wo undurchschauter Wiederholungszwang an den Schmerz fesselt, soll das Einholen von Erinnerung Freiheit wiederherstellen. Ungewöhnlich ist nur, zumindest im Rahmen eines theoretischen Texts, dass dieses Erinnern nicht nur uns Einzelnen, sondern der ganzen Gattung durch Natur und Gesellschaft hindurch empfohlen wird.

Die Trostlosigkeit der *Dialektik der Aufklärung* rührt nun aber daher, dass unter Bedingungen einer absolut durchgängigen Massenkultur nie der Moment eintritt, an dem derartige Besinnung möglich wäre. Vernunft allein, selbst die erinnernde, eingedenkende, sei ohnmächtig gegen den Druck der falschen Realität: »Das erste Aufleuchten von Vernunft, das in solchem Trieb [der Kreatur nach Ausdruck und Licht] sich meldet und im erinnernden Denken des Menschen widerscheint, trifft auch am glücklichsten Tage seinen unaufhebbaren Widerspruch: das Verhängnis, das Vernunft allein nicht wenden kann« (237). Horkheimer und Adorno delegieren die Hoffnung deshalb an die Peripetie des Wahnsinns. Sie hoffen, dass gerade das überwältigende Grauen eine Lücke aufreißt, durch die hindurch dann die Erinnerungsarbeit schlüpft. Alles andere also als eine schmerzfreie Geburt.

Die *Dialektik der Aufklärung* insgesamt, in all ihren Übertreibungen, bemüht sich um genau so eine Öffnung. Gerade indem die Theorie das lückenlose Grauen der Weltgeschichte beschwört, soll sie ein Innehalten bewirken, das dem unbeschreiblichen Schrecken der Shoah angemessen wäre. Der Text weist unausgesprochen über sich hinaus, soll Besinnung vorbereiten.

Es gibt aber auch eine Stelle im Text selbst, an der der Übergang von Darstellung in Eingedenken ausdrücklich vollzogen wird. Sie findet sich auf der letzten Seite des Odyssee-Kapitels, also im ersten der zwei Exkurse. Dort wird relativ unvermittelt die Beschreibung des Mords aufgerufen, den der »zu Heimat und festem Besitz« (53) zurückgekehrte Odysseus an seinen Mägden begeht. Sie hatten in seiner Abwesenheit den Haushalt am Laufen gehalten. Nur so konnte Ehefrau Penelope sich darauf konzentrieren, jeden Tag ein Tuch zu weben, das sie über Nacht wieder auflöste (laut Hannah Arendt eine Allegorie für das Denken).[32] Die Mägde waren außerdem verschiedene Beziehungen mit den erfolglos um Penelope werbenden Freiern eingegangen, ein Ausbruch aus der geschlossenen Ökonomie des patriarchal-sklavenhalterischen Haushalts, den Odysseus weniger durch Rückkehr als durch den Vollzug seines Richtspruchs wieder herstellt. Die Passage lautet folgendermaßen:

> Mit ungerührter Gelassenheit [...] wird das Los der Gehenkten dargestellt und ausdruckslos dem Tod von Vögeln in der Schlinge verglichen [...]. Daran schließt sich der Vers, der berichtet, die aneinander Gereihten ‚zappelten dann mit den Füßen ein weniges, aber nicht lange'. [...] Als Bürger, der der Hinrichtung nachsinnt, tröstet Homer sich und die Zuhörer, die eigentlich Leser sind, mit der gesicherten Feststellung, daß es nicht lange währte, ein Augenblick und alles war vorüber. Aber nach dem ‚Nicht lange' steht der innere Fluß der Erzählung still. Nicht lange? fragt die Geste des Erzählers und straft seine Gelassenheit Lügen. Indem sie den Bericht aufhält, verwehrt sie es, die Gerichteten zu vergessen, und deckt die unnennbare ewige Qual der einen Sekunde auf, in der die Mägde mit dem Tod kämpfen. (86f.)

In der Lücke nach der vorschnellen Beschwichtigung wird dem Grauen Raum gegeben. Der Text hält inne. Einige Sätze weiter wird die betreffende Homer-Stelle – die die Qual bezeugende Stille – als »tröstende Hand im Eingedenken von Es war Einmal« (87) beschrieben. Es war Einmal – es ist also vorüber. Wenn der Punkt benannt ist, an dem der Gewaltakt geschah, könnte von seiner Wiederholung Abstand genommen werden. Aber ist er benannt? Oder bleibt die Arbeit noch zu tun? Der voranstehende Text bespricht Stationen der Verhärtung: eine Insel nach der anderen, auf der Odysseus mit List und Gewalt die urtümlichen Gestalten besiegt, die er gegen sich aufgebracht hat. Schön und gut, aber ist das nicht zu viel Aufmerksamkeit für den, der hier eben einen Femizid an Hausangestellten verübt hat? Gibt es nicht auch eine Geschichte dieser Mägde, die es wert wäre, bedacht zu werden? Ihre Regungen werden mit denen von Vögeln vergli-

32 Hannah Arendt (1998): Vom Leben des Geistes. Das Denken. Das Wollen, hrsg. v. Marc McCarthy, ü. v. Hermann Vetter. München: Piper, S. 93.

chen. An anderer Stelle im Text heißt es, dass noch in der Todeszuckung, »am äußersten Gegenpol der Freiheit, [...] die Freiheit unwiderstehlich als die durchkreuzte Bestimmung der Materie« (192) durchscheine. Besinnung beginnt damit, auf diese Regung nicht mit höhnischer Mimesis zu reagieren. Aber dann muss der vereitelten Freiheit weiter nachgegangen werden. Nicht gleich der Freiheit der Materie: der Freiheit der Mägde, die sich auch von derjenigen der Vögel unterscheidet.

Die Autoren der *Dialektik der Aufklärung* scheuen sich nicht, die Arbeit der Reflexion bis ins Erspüren mimetischer Tentakel auszuweiten, um der instrumentellen Vernunft zu widerstehen. Und doch klingt ihr Naturbegriff zwischendurch gelegentlich so, wie sich der Dschungel einem darin verirrten Privatdozenten darstellte. Die Betonung des Überlebenskampfs überschattet die Regenerationsleistung, die jedes Ökosystem durchzieht und in menschlicher Care-Arbeit bewusst geleistet wird. Diese Arbeit schlecht entlohnt oder sogar unfrei verrichten zu müssen, ist die spezifische Härte der weiblichen und oft auch rassifizierten Natur unter Bedingungen der Sachherrschaft. Und doch äußert sich in dieser Arbeit die Möglichkeit zu freier Tätigkeit. Sie reflektiert nicht nur auf »den nie erlöschenden zarten Trieb der Kreatur nach Ausdruck und Licht« (236). Sie kommt ihm entgegen.

Adorno und Horkheimer betonen die Monotonie, den Wiederholungszwang, das Bewusstlose in natürlichen Zyklen. Aber es ist falsch, ökologische Wiederkehr gänzlich mit Starre oder gar Leblosigkeit in eins fallen zu lassen. Wer das tut, lagert die menschliche Sorgearbeit auf eine mythische Insel aus. Zumindest jenseits patriarchaler Zurichtung kann Sorge von Freiheit durchdrungen sein – weil frau es auch lassen könnte. In der *Dialektik der Aufklärung* geht es nur einmal kurz um das Nähren von Kindern. Eine der Inseln, die Odysseus bereist, ist die der Lotosesser. In schwindelerregender Assoziation von Individualentwicklung und Weltgeschichtsstadien legen die Autoren den Bezug von Lotophagen sowohl auf die Ökonomie der Jäger und Sammler als auch auf die orale Phase der Kleinkindentwicklung nahe. »Das Essen von Blumen [...] verheißt einen Zustand, in dem die Reproduktion des Lebens von der bewußten Selbsterhaltung, die Seligkeit des Satten von der Nützlichkeit planvoller Ernährung unabhängig ist.« (71) Dann geht es schnell wieder um die Gewalt, die Odysseus sich antun muss, um der Verlockung dieser Insel zu widerstehen. Man könnte aber auch bei der Frage nach der Reproduktion des Lebens verweilen. Sie geschieht in unserem Fall nicht durch Blumendiät, und sie bedarf eines Gegenübers. Anstatt zum herrischen Subjekt könnte der Weg vom seligen Satten auch zum reflektiert Nährenden führen. Natureingedenken bzw. reflektierte Mimesis bestünde dann darin, sich der Natur insofern anzugleichen, als sie für Gedeihen sorgt. Menschen, insbesondere die Mägde und Mütter unter ihnen, haben das durch alle Epochen der instrumentellen Vernunft hindurch getan. (Wie durchsetzt von Gewalt auch immer – selbstverständlich sind auch Mägde und Mütter vor Autoritarismus nicht gefeit.) Wo aber bleibt ihre Freiheit?

Hélène Cixous beschreibt in ihrem bereits erwähnten Buch anhand der Palliativpflege ihrer Mutter auf erschütternde Weise die Rückwendung und Spiegelung der ihr einst zuteil gewordenen Sorge:

> *Maman.* Das Wort sucht mich. Ich taste ins Dunkel in dem ich nur die klanglose Stimme ohne Adresse sehe. Das Wort ist also nicht tot. Wörter, die man braucht, wollen leben, vor allem dieses [...]. Zu Mittag gebe ich ihr, unter Schwierigkeiten, zu trinken. Ich benütze die Spritze ich führe die Spritze in die Spalte ein. Sie schluckt nicht. Sie schluckt. Sie hebt die Augenlider und murmelt, deutlich, Hélène, Hélène. Ich sage ich bete Dich an meine große Geliebte.[33]

Die Position von Nährender und Genährter verschwimmen hier. Gerade weil das so oktopodal-mimetisch ist, ist es frei. Hélène vollzieht nach, was ihr selbst an Sorge zuteil wurde. Und daran, wie hier die Rollen vertauscht sind, zeigt sich der Bruch des Naturzwangs. Die Sorge um Alte und Kranke ist Ausweis der Zivilisation, eine gezielte Rückwendung, kein Reproduktionsschicksal. Cixous indessen vertauscht selbst noch die Frage der Autorschaft ihres Berichts. Gleich am Anfang ihres Buchs stellt sie die verwirrende und in der Folge auch teilweise zurückgenommene Behauptung auf: »Dieses Buch ist bis zur letzten Zeile von meiner

33 Hélène Cixous (2019): Meine Homère ist tot..., ü. v. Claudia Simma. Wien: Passagen Verlag, S. 178f.

Mutter schon geschrieben.«[34] Auch das ist eine Übung im Eingedenken. Vielleicht erinnern Sie sich, wenn Sie jetzt die *Dialektik der Aufklärung* lesen, auch manchmal daran, wer die geschrieben hat.

Wenn Vernunft insgesamt dahin käme, sich die Regeneration und Zuarbeit zu vergegenwärtigen, die ihr von sorgenden Nächsten und natürlichen Zyklen zuteilwird, wäre die Aufklärung vom Rückfall in den Mythos befreit. Ammen und Mägde würden weder hinter Blumen verschleiert, noch hingerichtet. Nicht länger instrumentell, fiele Vernunft dann mit wirklicher Selbsterhaltung zusammen.

Und die Kraken? »Viele Oktopusse sind durch winzige Löcher aus ihren Aquarien entkommen«, notiert die Philosophin Amia Srinivasan in ihrer Besprechung von Godfreys Buch, »von manchen weiß man, dass sie den Deckel von ihren Becken heben und dann ihren Weg suchen, selbst über trockenen Boden [...] zum nächsten Ausguss und von dort, womöglich, nach Hause ins Meer.«[35]

Eva von Redecker, Januar 2022

34 Hélène Cixous (2019): Meine Homère ist tot…, ü. v. Claudia Simma. Wien: Passagen Verlag, S. 11.

35 Amia Srinivasan (2017): »The Sucker, the Sucker!« in: London Review of Books 39 (17), online unter: https://www.lrb.co.uk/the-paper/v39/n17/amia-srinivasan/the-sucker-the-sucker [Übersetzung EvR].

Zur Neuausgabe

Die ›Dialektik der Aufklärung‹ ist 1947 bei Querido in Amsterdam erschienen. Das Buch, das erst allmählich sich verbreitete, ist seit geraumer Zeit vergriffen. Wenn wir den Band nach mehr als zwanzig Jahren jetzt wieder herausbringen, so bewegt uns nicht allein vielfaches Drängen, sondern die Vorstellung, daß nicht wenige der Gedanken auch heute noch an der Zeit sind und unsere späteren theoretischen Bemühungen weitgehend bestimmt haben. Kein Außenstehender wird leicht sich vorstellen, in welchem Maß wir beide für jeden Satz verantwortlich sind. Große Abschnitte haben wir zusammen diktiert; die Spannung der beiden geistigen Temperamente, die in der ›Dialektik‹ sich verbanden, ist deren Lebenselement.

Nicht an allem, was in dem Buch gesagt ist, halten wir unverändert fest. Das wäre unvereinbar mit einer Theorie, welche der Wahrheit einen Zeitkern zuspricht, anstatt sie als Unveränderliches der geschichtlichen Bewegung entgegenzusetzen. Das Buch wurde in einem Augenblick verfaßt, in dem das Ende des nationalsozialistischen Terrors absehbar war. An nicht wenigen Stellen jedoch ist die Formulierung der Realität von heute nicht mehr angemessen. Indessen haben wir den Übergang zur verwalteten Welt schon damals nicht zu harmlos eingeschätzt.

In der Periode der politischen Spaltung in übergroße Blöcke, die objektiv dazu gedrängt werden, aufeinander zu prallen, hat das Grauen sich fortgesetzt. Die Konflikte in der Dritten Welt, das erneute Anwachsen des Totalitarismus sind so wenig nur historische Zwischenfälle, wie, der ›Dialektik‹ zufolge, der damalige Faschismus es war. Kritisches Denken, das auch vor dem Fortschritt nicht innehält, verlangt heute Parteinahme für die Residuen von Freiheit, für Tendenzen zur realen Humanität, selbst wenn sie angesichts des großen historischen Zuges ohnmächtig scheinen.

Die in dem Buch erkannte Entwicklung zur totalen Integration ist unterbrochen, nicht abgebrochen; sie droht, über Diktaturen und Kriege sich zu vollziehen. Die Prognose des damit verbundenen Umschlags von Aufklärung in Positivismus, den Mythos dessen, was der Fall ist, schließlich die Identität von Intelligenz und Geistfeindschaft hat überwältigend sich bestätigt. Unsere Konzeption der Geschichte wähnt nicht, ihr enthoben zu sein, aber sie jagt nicht positivistisch nach Information. Als Kritik von Philosophie will sie Philosophie nicht preisgeben.

Aus Amerika, wo das Buch geschrieben ist, kehrten in der Überzeugung wir nach Deutschland zurück, theoretisch wie praktisch mehr tun zu können als anderswo. Zusammen mit Friedrich Pollock, dem das Buch, wie seinerzeit zum fünfzigsten so heute zu seinem fünfundsiebzigsten Geburtstag, gewidmet ist, haben wir das Institut für Sozialforschung in dem Gedanken wieder aufgebaut, die in der ›Dialektik‹ formulierte Konzeption weiterzutreiben. Bei der Fortbildung unserer Theorie und den anschließenden gemeinsamen Erfahrungen hat uns Gretel Adorno, wie schon bei der ersten Fassung, im schönsten Sinn geholfen.

Mit Änderungen verfuhren wir weit sparsamer, als bei Neuausgaben von Jahrzehnte zurückliegenden Büchern üblich ist. Wir wollten nicht retouchieren, was wir geschrieben hatten, nicht einmal die offenkundig inadäquaten Stellen; den Text voll auf den gegenwärtigen Stand zu bringen, wäre ohnehin auf nicht weniger hinausgelaufen als auf ein neues Buch. Daß es heute mehr darauf ankommt, Freiheit zu bewahren, sie auszubreiten und zu entfalten, anstatt, wie immer mittelbar, den Lauf zur verwalteten Welt zu beschleunigen, haben wir auch in unseren späteren Schriften ausgedrückt. Wir haben uns im wesentlichen mit der Berichtigung von Druckfehlern und ähnlichem begnügt. Durch solche Zurückhaltung wird das Buch zur Dokumentation; wir hoffen, es sei zugleich mehr.

Frankfurt am Main, April 1969

MAX HORKHEIMER THEODOR W. ADORNO

Vorrede

Als die Arbeit begonnen wurde, deren erste Proben wir Friedrich Pollock widmen, hatten wir gehofft, das Ganze zu seinem fünfzigsten Geburtstag abgeschlossen vorlegen zu können. Je mehr wir aber in die Aufgabe eindrangen, desto deutlicher wurden wir des Mißverhältnisses zwischen ihr und unseren Kräften gewahr. Was wir uns vorgesetzt hatten, war tatsächlich nicht weniger als die Erkenntnis, warum die Menschheit, anstatt in einen wahrhaft menschlichen Zustand einzutreten, in eine neue Art von Barbarei versinkt. Wir unterschätzten die Schwierigkeiten der Darstellung, weil wir zu sehr noch dem gegenwärtigen Bewußtsein vertrauten. Hatten wir auch seit vielen Jahren bemerkt, daß im modernen Wissenschaftsbetrieb die großen Erfindungen mit wachsendem Zerfall theoretischer Bildung bezahlt werden, so glaubten wir immerhin dem Betrieb so weit folgen zu dürfen, daß sich unsere Leistung vornehmlich auf Kritik oder Fortführung fachlicher Lehren beschränkte. Sie sollte sich wenigstens thematisch an die traditionellen Disziplinen halten, an Soziologie, Psychologie und Erkenntnistheorie.

Die Fragmente, die wir hier vereinigt haben, zeigen jedoch, daß wir jenes Vertrauen aufgeben mußten. Bildet die aufmerksame Pflege und Prüfung der wissenschaftlichen Überlieferung, besonders dort, wo sie von positivistischen Reinigern als nutzloser Ballast dem Vergessen überantwortet wird, ein Moment der Erkenntnis, so ist dafür im gegenwärtigen Zusammenbruch der bürgerlichen Zivilisation nicht bloß der Betrieb sondern der Sinn von Wissenschaft fraglich geworden. Was die eisernen Faschisten heuchlerisch anpreisen und die anpassungsfähigen Experten der Humanität naiv durchsetzen: die rastlose Selbstzerstörung der Aufklärung zwingt das Denken dazu, sich auch die letzte Arglosigkeit gegenüber den Gewohnheiten und Richtungen des Zeitgeistes zu verbieten. Wenn die Öffentlichkeit einen Zustand erreicht hat, in dem unentrinnbar der Gedanke zur Ware und die Sprache zu deren

Anpreisung wird, so muß der Versuch, solcher Depravation auf die Spur zu kommen, den geltenden sprachlichen und gedanklichen Anforderungen Gefolgschaft versagen, ehe deren welthistorische Konsequenzen ihn vollends vereiteln.
Wären es nur die Hindernisse, die sich aus der selbstvergessenen Instrumentalisierung der Wissenschaft ergeben, so könnte das Denken über gesellschaftliche Fragen wenigstens an die Richtungen anknüpfen, die zur offiziellen Wissenschaft oppositionell sich verhalten. Aber auch diese sind von dem Gesamtprozeß der Produktion ergriffen. Sie haben sich nicht weniger verändert als die Ideologie, der sie galten. Es widerfährt ihnen, was dem triumphierenden Gedanken seit je geschehen ist. Tritt er willentlich aus seinem kritischen Element heraus als bloßes Mittel in den Dienst eines Bestehenden, so treibt er wider Willen dazu, das Positive, das er sich erwählte, in ein Negatives, Zerstörerisches zu verwandeln. Die Philosophie, die im achtzehnten Jahrhundert, den Scheiterhaufen für Bücher und Menschen zum Trotz, der Infamie die Todesfurcht einflößte, ging unter Bonaparte schon zu ihr über. Schließlich usurpierte die apologetische Schule Comtes die Nachfolge der unversöhnlichen Enzyklopädisten und reichte allem die Hand, wogegen jene einmal gestanden hatten. Die Metamorphosen von Kritik in Affirmation lassen auch den theoretischen Gehalt nicht unberührt, seine Wahrheit verflüchtigt sich. In der Gegenwart freilich eilt die motorisierte Geschichte solchen geistigen Entwicklungen noch voraus, und die offiziellen Wortführer, die andere Sorgen haben, liquidieren die Theorie, die ihnen zum Platz an der Sonne verhalf, noch ehe sie sich recht prostituieren kann.
Bei der Selbstbesinnung über seine eigene Schuld sieht sich Denken daher nicht bloß des zustimmenden Gebrauchs der wissenschaftlichen und alltäglichen, sondern ebensosehr jener oppositionellen Begriffssprache beraubt. Kein Ausdruck bietet sich mehr an, der nicht zum Einverständnis mit herrschenden Denkrichtungen hinstrebte, und was die abgegriffene Sprache nicht selbsttätig leistet, wird von den gesellschaftlichen Maschinerien präzis nachgeholt. Den aus Besorgnis vor größeren Unkosten von den Filmfabriken freiwillig unterhaltenen Zensoren entsprechen analoge Instanzen in allen Ressorts. Der Prozeß, dem ein literarischer Text, wenn nicht in automatischer Vorausschau seines Herstellers, so

jedenfalls durch den Stab von Lektoren, Herausgebern, Umarbeitern, ghost writers in- und außerhalb der Verlagsbüros unterworfen wird, überbietet an Gründlichkeit noch jede Zensur. Deren Funktionen vollends überflüssig zu machen, scheint trotz aller wohltätigen Reformen der Ehrgeiz des Erziehungssystems zu sein. In der Meinung, ohne strikte Beschränkung auf Tatsachenfeststellung und Wahrscheinlichkeitsrechnung bliebe der erkennende Geist allzu empfänglich für Scharlatanerie und Aberglauben, präpariert es den verdorrenden Boden für die gierige Aufnahme von Scharlatanerie und Aberglauben. Wie Prohibition seit je dem giftigeren Produkt Eingang verschaffte, arbeitete die Absperrung der theoretischen Einbildungskraft dem politischen Wahne vor. Auch sofern die Menschen ihm noch nicht verfallen sind, werden sie durch die Zensurmechanismen, die äußeren wie die ihnen selbst eingepflanzten, der Mittel des Widerstands beraubt.

Die Aporie, der wir uns bei unserer Arbeit gegenüber fanden, erwies sich somit als der erste Gegenstand, den wir zu untersuchen hatten: die Selbstzerstörung der Aufklärung. Wir hegen keinen Zweifel – und darin liegt unsere petitio principii –, daß die Freiheit in der Gesellschaft vom aufklärenden Denken unabtrennbar ist. Jedoch glauben wir, genauso deutlich erkannt zu haben, daß der Begriff eben dieses Denkens, nicht weniger als die konkreten historischen Formen, die Institutionen der Gesellschaft, in die es verflochten ist, schon den Keim zu jenem Rückschritt enthalten, der heute überall sich ereignet. Nimmt Aufklärung die Reflexion auf dieses rückläufige Moment nicht in sich auf, so besiegelt sie ihr eigenes Schicksal. Indem die Besinnung auf das Destruktive des Fortschritts seinen Feinden überlassen bleibt, verliert das blindlings pragmatisierte Denken seinen aufhebenden Charakter, und darum auch die Beziehung auf Wahrheit. An der rätselhaften Bereitschaft der technologisch erzogenen Massen, in den Bann eines jeglichen Despotismus zu geraten, an ihrer selbstzerstörerischen Affinität zur völkischen Paranoia, an all dem unbegriffenen Widersinn wird die Schwäche des gegenwärtigen theoretischen Verständnisses offenbar.

Wir glauben, in diesen Fragmenten insofern zu solchem Verständnis beizutragen, als wir zeigen, daß die Ursache des Rückfalls von Aufklärung in Mythologie nicht so sehr bei den eigens zum Zweck des Rückfalls ersonnenen nationalistischen, heidnischen und sonstigen modernen Mythologien zu suchen ist, sondern bei der in Furcht vor der Wahrheit erstarrenden Aufklärung selbst. Beide Begriffe sind dabei nicht bloß als geistesgeschichtliche sondern real zu verstehen. Wie die Aufklärung die wirkliche Bewegung der bürgerlichen Gesellschaft als ganzer unter dem Aspekt ihrer in Personen und Institutionen verkörperten Idee ausdrückt, so heißt Wahrheit nicht bloß das vernünftige Bewußtsein, sondern ebensosehr dessen Gestalt in der Wirklichkeit. Die Angst des rechten Sohns moderner Zivilisation, von den Tatsachen abzugehen, die doch bei der Wahrnehmung schon durch die herrschenden Usancen in Wissenschaft, Geschäft und Politik klischeemäßig zugerichtet sind, ist unmittelbar dieselbe wie die Angst vor der gesellschaftlichen Abweichung. Durch jene Usancen wird auch der Begriff von Klarheit in Sprache und Denken definiert, dem Kunst, Literatur und Philosophie heute genügen sollen. Indem er das an den Tatsachen wie den herrschenden Denkformen negativ ansetzende Denken als dunkle Umständlichkeit, am liebsten als landesfremd, tabuiert, hält er den Geist in immer tieferer Blindheit gebannt. Es gehört zum heillosen Zustand, daß auch der ehrlichste Reformer, der in abgegriffener Sprache die Neuerung empfiehlt, durch Übernahme des eingeschliffenen Kategorienapparats und der dahinter stehenden schlechten Philosophie die Macht des Bestehenden verstärkt, die er brechen möchte. Die falsche Klarheit ist nur ein anderer Ausdruck für den Mythos. Er war immer dunkel und einleuchtend zugleich. Seit je hat er durch Vertrautheit und Enthebung von der Arbeit des Begriffs sich ausgewiesen.

Die Naturverfallenheit der Menschen heute ist vom gesellschaftlichen Fortschritt nicht abzulösen. Die Steigerung der wirtschaftlichen Produktivität, die einerseits die Bedingungen für eine gerechtere Welt herstellt, verleiht andererseits dem technischen Apparat und den sozialen Gruppen, die über ihn verfügen, eine unmäßige Überlegenheit über den Rest der Bevölkerung. Der Einzelne wird gegenüber den ökonomischen Mächten vollends annulliert. Dabei treiben diese die Gewalt der Gesellschaft über die Natur auf nie geahnte Höhe. Während der Einzelne vor dem Apparat verschwindet, den er bedient, wird er von diesem besser als je versorgt. Im ungerechten Zustand steigt die Ohnmacht und Lenkbarkeit der Masse mit der ihr zugeteilten Gütermenge. Die materiell ansehnliche und sozial klägliche Hebung des Lebensstandards der Unteren spiegelt sich in der gleißnerischen Verbreitung des Geistes. Sein wahres Anliegen ist die Negation der Verdinglichung. Er muß zergehen, wo er zum Kulturgut verfestigt und für Konsumzwecke ausgehändigt wird. Die Flut präziser Information und gestriegelten Amüsements witzigt und verdummt die Menschen zugleich.

Es geht nicht um die Kultur als Wert, wie die Kritiker der Zivilisation, Huxley, Jaspers, Ortega y Gasset und andere, im Sinn haben, sondern die Aufklärung muß sich auf sich selbst besinnen, wenn die Menschen nicht vollends verraten werden sollen. Nicht um die Konservierung der Vergangenheit, sondern um die Einlösung der vergangenen Hoffnung ist es zu tun. Heute aber setzt die Vergangenheit sich fort als Zerstörung der Vergangenheit. War die respektable Bildung bis zum neunzehnten Jahrhundert ein Privileg, bezahlt mit gesteigerten Leiden der Bildungslosen, so ist im zwanzigsten der hygienische Fabrikraum durch Einschmelzen alles Kulturellen im gigantischen Tiegel erkauft. Das wäre vielleicht nicht einmal ein so hoher Preis, wie jene Verteidiger der Kultur glauben, trüge nicht der Ausverkauf der Kultur dazu bei, die ökonomischen Errungenschaften in ihr Gegenteil zu verkehren.

Unter den gegebenen Verhältnissen werden die Glücksgüter selbst zu Elementen des Unglücks. Wirkte ihre Masse, mangels des gesellschaftlichen Subjekts, während der vergangenen Periode als sogenannte Überproduktion in Krisen der Binnenwirtschaft sich aus, so erzeugt sie heute, vermöge der Inthronisierung von Machtgruppen als jenes gesellschaftliche Subjekt, die internationale Drohung des Faschismus: der Fortschritt schlägt in den Rückschritt um. Daß der hygienische Fabrikraum und alles, was dazu gehört, Volkswagen und Sportpalast, die Metaphysik stumpfsinnig liquidiert, wäre noch gleichgültig, aber daß sie im gesellschaftlichen Ganzen selbst zur Metaphysik werden, zum ideologischen Vorhang, hinter dem sich das reale Unheil zusammenzieht, ist nicht gleichgültig. Davon gehen unsere Fragmente aus.

Die erste Abhandlung, die theoretische Grundlage der folgenden, sucht die Verflechtung von Rationalität und gesellschaftlicher Wirklichkeit, ebenso wie die davon untrennbare von Natur und Naturbeherrschung, dem Verständnis näherzubringen. Die dabei an Aufklärung geübte Kritik soll einen positiven Begriff von ihr vorbereiten, der sie aus ihrer Verstrickung in blinder Herrschaft löst. Grob ließe die erste Abhandlung in ihrem kritischen Teil auf zwei Thesen sich bringen: schon der Mythos ist Aufklärung, und: Aufklärung schlägt in Mythologie zurück. Diese Thesen werden in den beiden Exkursen an spezifischen Gegenständen durchgeführt. Der erste verfolgt die Dialektik von Mythos und Aufklärung an der Odyssee, als einem der frühsten repräsentativen Zeugnisse bürgerlich-abendländischer Zivilisation. Im Mittelpunkt stehen die Begriffe Opfer und Entsagung, an denen Differenz so gut wie Einheit von mythischer Natur und aufgeklärter Naturbeherrschung sich erweisen. Der zweite Exkurs beschäftigt sich mit Kant, Sade und Nietzsche, den unerbittlichen Vollendern der Aufklärung. Er zeigt, wie die Unterwerfung alles Natürlichen unter das selbstherrliche Subjekt zuletzt gerade in der Herrschaft des blind Objektiven, Natürlichen gipfelt. Diese Tendenz ebnet alle Gegensätze des bürgerlichen Denkens ein, zumal den der moralischen Strenge und der absoluten Amoralität.

Der Abschnitt ›Kulturindustrie‹ zeigt die Regression der Aufklärung an der Ideologie, die in Film und Radio ihren maßgebenden Ausdruck findet. Aufklärung besteht dabei vor allem im Kalkül der Wirkung und der Technik von Herstellung und Verbreitung; ihrem eigentlichen Gehalt nach erschöpft sich die Ideologie in der Vergötzung des Daseienden und der Macht, von der die Technik kontrolliert wird. Bei der Behandlung dieses Widerspruchs wird die Kulturindustrie ernster genommen, als sie es von sich aus möchte. Aber da ihre Berufung auf den eigenen kommerziellen Charakter, das Bekenntnis zur gemilderten Wahrheit, längst zu einer Ausrede geworden ist, mit der sie sich der Verantwortung für die Lüge entzieht, so hält unsere Analyse sich an den objektiv den Produkten innewohnenden Anspruch, ästhetische Gebilde und damit gestaltete Wahrheit zu sein. Sie erweist das gesellschaftliche Unwesen an der Nichtigkeit jenes Anspruchs. Mehr noch als die anderen Abschnitte ist der über Kulturindustrie fragmentarisch.

Die thesenhafte Erörterung der ›Elemente des Antisemitismus‹ gilt der Rückkehr der aufgeklärten Zivilisation zur Barbarei in der Wirklichkeit. Nicht bloß die ideelle, auch die praktische Tendenz zur Selbstvernichtung gehört der Rationalität seit Anfang zu, keineswegs nur der Phase, in der jene nackt hervortritt. In diesem Sinne wird eine philosophische Urgeschichte des Antisemitismus entworfen. Sein ›Irrationalismus‹ wird aus dem Wesen der herrschenden Vernunft selber und der ihrem Bild entsprechenden Welt abgeleitet. Die ›Elemente‹ stehen in unmittelbarem Zusammenhang mit empirischen Forschungen des Instituts für Sozialforschung, der von Felix Weil gegründeten und am Leben erhaltenen Stiftung, ohne die nicht bloß unsere Studien, sondern ein gut Teil der trotz Hitler noch fortgesetzten theoretischen Arbeit deutscher Emigranten nicht möglich gewesen wäre. Die ersten drei Thesen schrieben wir zusammen mit Leo Löwenthal, mit dem wir seit den ersten Frankfurter Jahren an vielen wissenschaftlichen Fragen gemeinsam arbeiten.

Im letzten Teil werden Aufzeichnungen und Entwürfe publiziert, die teils in den Gedankenkreis der voraufgehenden Abhandlungen gehören, ohne dort ihre Stelle zu finden, teils Probleme kommender Arbeit vorläufig umreißen. Die meisten beziehen sich auf eine dialektische Anthropologie.

Los Angeles, California, Mai 1944

Das Buch enthält keinerlei wesentliche Änderungen des Texts, wie er noch während des Krieges abgeschlossen wurde. Nachträglich hinzugefügt ist einzig die letzte These der ›Elemente des Antisemitismus‹.

Juni 1947

MAX HORKHEIMER THEODOR W. ADORNO

Begriff der Aufklärung

Seit je hat Aufklärung im umfassendsten Sinn fortschreitenden Denkens das Ziel verfolgt, von den Menschen die Furcht zu nehmen und sie als Herren einzusetzen. Aber die vollends aufgeklärte Erde strahlt im Zeichen triumphalen Unheils. Das Programm der Aufklärung war die Entzauberung der Welt. Sie wollte die Mythen auflösen und Einbildung durch Wissen stürzen. Bacon, »der Vater der experimentellen Philosophie«[1], hat die Motive schon versammelt. Er verachtet die Adepten der Tradition, die »zuerst glauben, daß andere wissen, was sie nicht wissen; und nachher, daß sie selbst wissen, was sie nicht wissen. Leichtgläubigkeit jedoch, Widerwille gegen den Zweifel, Unbesonnenheit im Antworten, Prahlerei mit Bildung, Scheu zu widersprechen, Interessiertheit, Lässigkeit in eigener Forschung, Wortfetischismus, Stehenbleiben bei bloßen Teilerkenntnissen: dies und Ähnliches hat die glückliche Ehe des menschlichen Verstandes mit der Natur der Dinge verhindert, und ihn statt dessen an eitle Begriffe und planlose Experimente verkuppelt: die Frucht und Nachkommenschaft einer so rühmlichen Verbindung kann man sich leicht vorstellen. Die Druckerpresse, eine grobe Erfindung; die Kanone, eine die schon nahe lag; der Kompaß, in gewissem Grad bereits früher bekannt: welche Veränderung haben nicht diese drei hervorgebracht – die eine im Zustand der Wissenschaft, die andere in dem des Krieges, die dritte in dem der Finanzen, des Handels und der Schiffahrt! Und auf diese, sage ich, ist man nur zufällig gestolpert und gestoßen. Also die Überlegenheit des Menschen liegt im Wissen, das duldet keinen Zweifel. Darin sind viele Dinge aufbewahrt, welche Könige mit all ihren Schätzen nicht kaufen können, über die ihr Befehl nicht gebietet, von denen ihre Kundschafter und Zuträger keine Nachricht bringen, zu deren Ursprungs-

1 Voltaire, Lettres philosophiques XII. Œuvres complètes. Ed. Garnier. Paris 1879. Band XXII. S. 118.

ländern ihre Seefahrer und Entdecker nicht segeln können. Heute beherrschen wir die Natur in unserer bloßen Meinung und sind ihrem Zwange unterworfen; ließen wir uns jedoch von ihr in der Erfindung leiten, so würden wir ihr in der Praxis gebieten.«[2]
Trotz seiner Fremdheit zur Mathematik hat Bacon die Gesinnung der Wissenschaft, die auf ihn folgte, gut getroffen. Die glückliche Ehe zwischen dem menschlichen Verstand und der Natur der Dinge, die er im Sinne hat, ist patriarchal: der Verstand, der den Aberglauben besiegt, soll über die entzauberte Natur gebieten. Das Wissen, das Macht ist, kennt keine Schranken, weder in der Versklavung der Kreatur noch in der Willfährigkeit gegen die Herren der Welt. Wie allen Zwecken der bürgerlichen Wirtschaft in der Fabrik und auf dem Schlachtfeld, so steht es den Unternehmenden ohne Ansehen der Herkunft zu Gebot. Die Könige verfügen über die Technik nicht unmittelbarer als die Kaufleute: sie ist so demokratisch wie das Wirtschaftssystem, mit dem sie sich entfaltet. Technik ist das Wesen dieses Wissens. Es zielt nicht auf Begriffe und Bilder, nicht auf das Glück der Einsicht, sondern auf Methode, Ausnutzung der Arbeit anderer, Kapital. Die vielen Dinge, die es nach Bacon noch aufbewahrt, sind selbst wieder nur Instrumente: das Radio als sublimierte Druckerpresse, das Sturzkampfflugzeug als wirksamere Artillerie, die Fernsteuerung als der verläßlichere Kompaß. Was die Menschen von der Natur lernen wollen, ist, sie anzuwenden, um sie und die Menschen vollends zu beherrschen. Nichts anderes gilt. Rücksichtslos gegen sich selbst hat die Aufklärung noch den letzten Rest ihres eigenen Selbstbewußtseins ausgebrannt. Nur solches Denken ist hart genug, die Mythen zu zerbrechen, das sich selbst Gewalt antut. Vor dem Triumph des Tatsachensinns heute wäre auch Bacons nominalistisches Credo noch als Metaphysik verdächtig und verfiele dem Verdikt der Eitelkeit, das er über die Scholastik aussprach. Macht und Erkenntnis sind synonym.[3] Das unfruchtbare Glück aus Erkenntnis ist lasziv für Bacon wie für Luther. Nicht auf jene Befrie-

2 Bacon, In Praise of Knowledge. Miscellaneous Tracts Upon Human Philosophy. The Works of Francis Bacon. Ed. Basil Montagu. London 1825. Band I. S 254f.

3 Vgl. Bacon, Novum Organum a.a.O. Band XIV. S. 31.

digung, die den Menschen Wahrheit heiße, sondern auf »operation«, das wirksame Verfahren, komme es an; nicht in »plausiblen, ergötzlichen, ehrwürdigen oder effektvollen Reden, oder irgendwelchen einleuchtenden Argumenten, sondern im Wirken und Arbeiten und der Entdeckung vorher unbekannter Einzelheiten zur besseren Ausstattung und Hilfe im Leben« liege »das wahre Ziel und Amt der Wissenschaft«[4]. Es soll kein Geheimnis geben, aber auch nicht den Wunsch seiner Offenbarung.

Die Entzauberung der Welt ist die Ausrottung des Animismus. Xenophanes höhnt die vielen Götter, weil sie den Menschen, ihren Erzeugern, mit allem Zufälligen und Schlechten glichen, und die jüngste Logik denunziert die geprägten Worte der Sprache als falsche Münzen, die man besser durch neutrale Spielmarken ersetzt. Die Welt wird zum Chaos und Synthesis zur Rettung. Kein Unterschied soll sein zwischen dem Totemtier, den Träumen des Geistersehers und der absoluten Idee. Auf dem Weg zur neuzeitlichen Wissenschaft leisten die Menschen auf Sinn Verzicht. Sie ersetzen den Begriff durch die Formel, Ursache durch Regel und Wahrscheinlichkeit. Die Ursache war nur der letzte philosophische Begriff, an dem wissenschaftliche Kritik sich maß, gleichsam weil er allein von den alten Ideen ihr noch sich stellte, die späteste Säkularisierung des schaffenden Prinzips. Substanz und Qualität, Tätigkeit und Leiden, Sein und Dasein zeitgemäß zu definieren, war seit Bacon ein Anliegen der Philosophie, aber die Wissenschaft kam schon ohne solche Kategorien aus. Sie waren als Idola Theatri der alten Metaphysik zurückgeblieben und schon zu ihrer Zeit Denkmale von Wesenheiten und Mächten der Vorvergangenheit. Dieser hatten Leben und Tod in den Mythen sich ausgelegt und verflochten. Die Kategorien, in denen die abendländische Philosophie ihre ewige Naturordnung bestimmte, markierten die Stellen, die einst Oknos und Persephone, Ariadne und Nereus innehatten. Die vorsokratischen Kosmologien halten den Augenblick des Übergangs fest. Die Feuchte, das Ungeschiedene, die Luft, das Feuer, die dort als Urstoff der Natur angesprochen werden, sind gerade erst rationalisierte Niederschläge der mythischen Anschauung.

4 Bacon, Valerius Terminus, of the Interpretation of Nature. Miscellaneous Tracts a.a.O. Band I. S. 281.

Wie die Bilder der Zeugung aus Strom und Erde, die vom Nil zu den Griechen kamen, hier zu hylozoistischen Prinzipien, zu Elementen wurden, so vergeistigte sich insgesamt die wuchernde Vieldeutigkeit der mythischen Dämonen zur reinen Form der ontologischen Wesenheiten. Durch Platons Ideen werden schließlich auch die patriarchalen Götter des Olymp vom philosophischen Logos erfaßt. Die Aufklärung aber erkannte im platonischen und aristotelischen Erbteil der Metaphysik die alten Mächte wieder und verfolgte den Wahrheitsanspruch der Universalien als Superstition. In der Autorität der allgemeinen Begriffe meint sie noch die Furcht vor den Dämonen zu erblicken, durch deren Abbilder die Menschen im magischen Ritual die Natur zu beinflussen suchten. Von nun an soll die Materie endlich ohne Illusion waltender oder innewohnender Kräfte, verborgener Eigenschaften beherrscht werden. Was dem Maß von Berechenbarkeit und Nützlichkeit sich nicht fügen will, gilt der Aufklärung für verdächtig. Darf sie sich einmal ungestört von auswendiger Unterdrückung entfalten, so ist kein Halten mehr. Ihren eigenen Ideen von Menschenrecht ergeht es dabei nicht anders als den älteren Universalien. An jedem geistigen Widerstand, den sie findet, vermehrt sich bloß ihre Stärke.[5] Das rührt daher, daß Aufklärung auch in den Mythen noch sich selbst wiedererkennt. Auf welche Mythen der Widerstand sich immer berufen mag, schon dadurch, daß sie in solchem Gegensatz zu Argumenten werden, bekennen sie sich zum Prinzip der zersetzenden Rationalität, das sie der Aufklärung vorwerfen. Aufklärung ist totalitär.

Als Grund des Mythos hat sie seit je den Anthropomorphismus, die Projektion von Subjektivem auf die Natur aufgefaßt.[6] Das Übernatürliche, Geister und Dämonen, seien Spiegelbilder der Menschen, die von Natürlichem sich schrecken lassen. Die vielen mythischen Gestalten lassen sich der Aufklärung zufolge alle auf den gleichen Nenner bringen, sie reduzieren sich auf das Subjekt. Die Antwort des Ödipus auf das Rätsel der Sphinx: »Es ist der

5 Vgl. Hegel, Phänomenologie des Geistes. Werke. Band II. S. 410 f.

6 Xenophanes, Montaigne, Hume, Feuerbach und Salomon Reinach sind sich darin einig. Vgl. zu Reinach: Orpheus. From the French by F. Simmons. London und New York 1909. S. 6 ff.

Mensch« wird als stereotype Auskunft der Aufklärung unterschiedslos wiederholt, gleichgültig ob dieser ein Stück objektiven Sinnes, die Umrisse einer Ordnung, die Angst vor bösen Mächten oder die Hoffnung auf Erlösung vor Augen steht. Als Sein und Geschehen wird von der Aufklärung vorweg nur anerkannt, was durch Einheit sich erfassen läßt; ihr Ideal ist das System, aus dem alles und jedes folgt. Nicht darin unterscheiden sich ihre rationalistische und empiristische Version. Mochten die einzelnen Schulen die Axiome verschieden interpretieren, die Struktur der Einheitswissenschaft war stets dieselbe. Bacons Postulat der Una scientia universalis[7] ist bei allem Pluralismus der Forschungsgebiete dem Unverbindbaren so feind wie die Leibniz'sche Mathesis universalis dem Sprung. Die Vielheit der Gestalten wird auf Lage und Anordnung, die Geschichte aufs Faktum, die Dinge auf Materie abgezogen. Auch Bacon zufolge soll zwischen höchsten Prinzipien und Beobachtungssätzen eindeutige logische Verbindung durch Stufen der Allgemeinheit bestehen. De Maistre spottet, er hege »une idole d'échelle«[8]. Die formale Logik war die große Schule der Vereinheitlichung. Sie bot den Aufklärern das Schema der Berechenbarkeit der Welt. Die mythologisierende Gleichsetzung der Ideen mit den Zahlen in Platons letzten Schriften spricht die Sehnsucht aller Entmythologisierung aus: die Zahl wurde zum Kanon der Aufklärung. Dieselben Gleichungen beherrschen die bürgerliche Gerechtigkeit und den Warenaustausch. »Ist nicht die Regel, wenn Du Ungleiches zu Gleichem addierst kommt Ungleiches heraus, ein Grundsatz sowohl der Gerechtigkeit als der Mathematik? Und besteht nicht eine wahrhafte Übereinstimmung zwischen wechselseitiger und ausgleichender Gerechtigkeit auf der einen und zwischen geometrischen und arithmetischen Proportionen auf der anderen Seite?«[9] Die bürgerliche Gesellschaft ist beherrscht vom Äquivalent. Sie macht Ungleichnamiges komparabel, indem sie es auf abstrakte Größen reduziert. Der Aufklärung wird zum Schein, was in Zahlen, zuletzt in der Eins, nicht aufgeht; der mo-

7 Bacon, De augmentis scientiarum a.a.O. Band VIII. S. 152.

8 Les Soirées de Saint-Pétersbourg. 5ième entretien. Œuvres complètes. Lyon 1891. Band IV. S. 256.

9 Bacon, Advancement of Learning a.a.O. Band II. S. 126.

derne Positivismus verweist es in die Dichtung. Einheit bleibt die Losung von Parmenides bis auf Russell. Beharrt wird auf der Zerstörung von Göttern und Qualitäten.
Aber die Mythen, die der Aufklärung zum Opfer fallen, waren selbst schon deren eigenes Produkt. In der wissenschaftlichen Kalkulation des Geschehens wird die Rechenschaft annulliert, die der Gedanke in den Mythen einmal vom Geschehen gegeben hatte. Der Mythos wollte berichten, nennen, den Ursprung sagen: damit aber darstellen, festhalten, erklären. Mit der Aufzeichnung und Sammlung der Mythen hat sich das verstärkt. Sie wurden früh aus dem Bericht zur Lehre. Jedes Ritual schließt eine Vorstellung des Geschehens wie des bestimmten Prozesses ein, der durch den Zauber beeinflußt werden soll. Dieses theoretische Element des Rituals hat sich in den frühesten Epen der Völker verselbständigt. Die Mythen, wie sie die Tragiker vorfanden, stehen schon im Zeichen jener Disziplin und Macht, die Bacon als das Ziel verherrlicht. An die Stelle der lokalen Geister und Dämonen war der Himmel und seine Hierarchie getreten, an die Stelle der Beschwörungspraktiken des Zauberers und Stammes das wohl abgestufte Opfer und die durch Befehl vermittelte Arbeit von Unfreien. Die olympischen Gottheiten sind nicht mehr unmittelbar mit Elementen identisch, sie bedeuten sie. Bei Homer steht Zeus dem Taghimmel vor, Apollon lenkt die Sonne, Helios und Eos spielen bereits ins Allegorische hinüber. Die Götter scheiden sich von den Stoffen als deren Inbegriffe. Sein zerfällt von nun an in den Logos, der sich mit dem Fortschritt der Philosophie zur Monade, zum bloßen Bezugspunkt zusammenzieht, und in die Masse aller Dinge und Kreaturen draußen. Der eine Unterschied zwischen eigenem Dasein und Realität verschlingt alle anderen. Ohne Rücksicht auf die Unterschiede wird die Welt dem Menschen untertan. Darin stimmen jüdische Schöpfungsgeschichte und olympische Religion überein. »... und sie sollen bewältigen die Fische des Meeres und das Gevögel des Himmels und das Vieh und die ganze Erde und all das Gewürm, das sich regt auf Erden.«[10] »O Zeus, Vater Zeus, dein ist die Herrschaft des Himmels, und du überschaust die Werke der Menschen, frevelhafte wie gerechte und auch der Tiere Übermut,

10 Genesis I, 26.

und Rechtschaffenheit liegt dir am Herzen.«[11] »Denn so steht es damit, daß der eine sogleich büßt, ein anderer später; sollte aber einer selber entkommen und das drohende Verhängnis der Götter ihn nicht erreichen, so trifft es mit Sicherheit doch endlich ein, und Unschuldige müssen die Tat büßen, seien es seine Kinder, sei es ein späteres Geschlecht.«[12] Vor den Göttern besteht nur, wer sich ohne Rest unterwirft. Das Erwachen des Subjekts wird erkauft durch die Anerkennung der Macht als des Prinzips aller Beziehungen. Gegenüber der Einheit solcher Vernunft sinkt die Scheidung von Gott und Mensch zu jener Irrelevanz herab, auf welche unbeirrbar Vernunft gerade seit der ältesten Homerkritik schon hinwies. Als Gebieter über Natur gleichen sich der schaffende Gott und der ordnende Geist. Die Gottesebenbildlichkeit des Menschen besteht in der Souveränität übers Dasein, im Blick des Herrn, im Kommando.

Der Mythos geht in die Aufklärung über und die Natur in bloße Objektivität. Die Menschen bezahlen die Vermehrung ihrer Macht mit der Entfremdung von dem, worüber sie die Macht ausüben. Die Aufklärung verhält sich zu den Dingen wie der Diktator zu den Menschen. Er kennt sie, insofern er sie manipulieren kann. Der Mann der Wissenschaft kennt die Dinge, insofern er sie machen kann. Dadurch wird ihr An sich Für ihn. In der Verwandlung enthüllt sich das Wesen der Dinge immer als je dasselbe, als Substrat von Herrschaft. Diese Identität konstituiert die Einheit der Natur. Sie so wenig wie die Einheit des Subjekts war von der magischen Beschwörung vorausgesetzt. Die Riten des Schamanen wandten sich an den Wind, den Regen, die Schlange draußen oder den Dämon im Kranken, nicht an Stoffe oder Exemplare. Es war nicht der eine und identische Geist, der Magie betrieb; er wechselte gleich den Kultmasken, die den vielen Geistern ähnlich sein sollten. Magie ist blutige Unwahrheit, aber in ihr wird Herrschaft noch nicht dadurch verleugnet, daß sie sich, in die reine Wahrheit transformiert, der ihr verfallenen Welt zugrundelegt. Der Zauberer macht sich Dämonen ähnlich; um sie zu erschrecken oder zu

11 Archilochos, fr. 87. Zitiert bei Deussen. Allgemeine Geschichte der Philosophie. Band II. Erste Abteilung. Leipzig 1911. S. 18.
12 Solon, fr. 13,25 folg. a. a. O. S. 20.

besänftigen, gebärdet er sich schreckhaft oder sanft. Wenngleich sein Amt die Wiederholung ist, hat er sich noch nicht wie der Zivilisierte, dem dann die bescheidenen Jagdgründe zum einheitlichen Kosmos, zum Inbegriff aller Beutemöglichkeit zusammenschrumpfen, fürs Ebenbild der unsichtbaren Macht erklärt. Als solches Ebenbild erst erlangt der Mensch die Identität des Selbst, das sich in der Identifizierung mit anderem nicht verlieren kann, sondern sich als undurchdringliche Maske ein für allemal in Besitz nimmt. Es ist die Identität des Geistes und ihr Korrelat, die Einheit der Natur, der die Fülle der Qualitäten erliegt. Die disqualifizierte Natur wird zum chaotischen Stoff bloßer Einteilung und das allgewaltige Selbst zum bloßen Haben, zur abstrakten Identität. In der Magie gibt es spezifische Vertretbarkeit. Was dem Speer des Feindes, seinem Haar, seinem Namen geschieht, werde zugleich der Person angetan, anstelle des Gottes wird das Opfertier massakriert. Die Substitution beim Opfer bezeichnet einen Schritt zur diskursiven Logik hin. Wenn auch die Hirschkuh, die für die Tochter, das Lamm, das für den Erstgeborenen darzubringen war, noch eigene Qualitäten haben mußten, stellten sie doch bereits die Gattung vor. Sie trugen die Beliebigkeit des Exemplars in sich. Aber die Heiligkeit des hic et nunc, die Einmaligkeit des Erwählten, in die das Stellvertretende eingeht, unterscheidet es radikal, macht es im Austausch unaustauschbar. Dem bereitet die Wissenschaft ein Ende. In ihr gibt es keine spezifische Vertretbarkeit: wenn schon Opfertiere so doch keinen Gott. Vertretbarkeit schlägt um in universale Fungibilität. Ein Atom wird nicht in Stellvertretung sondern als Spezimen der Materie zertrümmert, und das Kaninchen geht nicht in Stellvertretung sondern verkannt als bloßes Exemplar durch die Passion des Laboratoriums. Weil in der funktionalen Wissenschaft die Unterschiede so flüssig sind, daß alles in der einen Materie untergeht, versteinert der wissenschaftliche Gegenstand und das starre Ritual von ehedem erscheint als schmiegsam, da es dem Einen noch das Andere unterschob. Die Welt der Magie enthielt noch Unterschiede, deren Spuren selbst in der Sprachform verschwunden sind.[13] Die mannigfaltigen Affini-

13 Vgl. etwa Robert H. Lowie, An Introduction to Cultural Anthropology. New York 1940. S. 344 f.

täten zwischen Seiendem werden von der einen Beziehung zwischen sinngebendem Subjekt und sinnlosem Gegenstand, zwischen rationaler Bedeutung und zufälligem Bedeutungsträger verdrängt. Auf der magischen Stufe galten Traum und Bild nicht als bloßes Zeichen der Sache, sondern als mit dieser durch Ähnlichkeit oder durch den Namen verbunden. Die Beziehung ist nicht die der Intention sondern der Verwandtschaft. Die Zauberei ist wie die Wissenschaft auf Zwecke aus, aber sie verfolgt sie durch Mimesis, nicht in fortschreitender Distanz zum Objekt. Sie gründet keineswegs in der »Allmacht der Gedanken«, die der Primitive sich zuschreiben soll wie der Neurotiker[14]; eine »Überschätzung der seelischen Vorgänge gegen die Realität« kann es dort nicht geben, wo Gedanken und Realität nicht radikal geschieden sind. Die »unerschütterliche Zuversicht auf die Möglichkeit der Weltbeherrschung«[15], die Freud anachronistisch der Zauberei zuschreibt, entspricht erst der realitätsgerechten Weltbeherrschung mittels der gewiegteren Wissenschaft. Zur Ablösung der ortsgebundenen Praktiken des Medizinmanns durch die allumspannende industrielle Technik bedurfte es erst der Verselbständigung der Gedanken gegenüber den Objekten, wie sie im realitätsgerechten Ich vollzogen wird.

Als sprachlich entfaltete Totalität, deren Wahrheitsanspruch den älteren mythischen Glauben, die Volksreligion, herabdrückt, ist der solare, patriarchale Mythos selbst Aufklärung, mit der die philosophische auf einer Ebene sich messen kann. Ihm wird nun heimgezahlt. Die Mythologie selbst hat den endlosen Prozeß der Aufklärung ins Spiel gesetzt, in dem mit unausweichlicher Notwendigkeit immer wieder jede bestimmte theoretische Ansicht der vernichtenden Kritik verfällt, nur ein Glaube zu sein, bis selbst noch die Begriffe des Geistes, der Wahrheit, ja der Aufklärung zum animistischen Zauber geworden sind. Das Prinzip der schicksalhaften Notwendigkeit, an der die Helden des Mythos zugrunde gehen, und die sich als logische Konsequenz aus dem Orakelspruch herausspinnt, herrscht nicht bloß, zur Stringenz formaler Logik geläutert, in jedem rationalistischen System der abendländischen

14 Vgl. Freud, Totem und Tabu. Gesammelte Werke. Band IX. S. 106ff.
15 A.a.O. S. 110.

Philosophie, sondern waltet selbst über der Folge der Systeme, die mit der Götterhierarchie beginnt und in permanenter Götzendämmerung den Zorn gegen mangelnde Rechtschaffenheit als den identischen Inhalt tradiert. Wie die Mythen schon Aufklärung vollziehen, so verstrickt Aufklärung mit jedem ihrer Schritte tiefer sich in Mythologie. Allen Stoff empfängt sie von den Mythen, um sie zu zerstören, und als Richtende gerät sie in den mythischen Bann. Sie will dem Prozeß von Schicksal und Vergeltung sich entziehen, indem sie an ihm selbst Vergeltung übt. In den Mythen muß alles Geschehen Buße dafür tun, daß es geschah. Dabei bleibt es in der Aufklärung: die Tatsache wird nichtig, kaum daß sie geschah. Die Lehre der Gleichheit von Aktion und Reaktion behauptete die Macht der Wiederholung übers Dasein, lange nachdem die Menschen der Illusion sich entäußert hatten, durch Wiederholung mit dem wiederholten Dasein sich zu identifizieren und so seiner Macht sich zu entziehen. Je weiter aber die magische Illusion entschwindet, um so unerbittlicher hält Wiederholung unter dem Titel Gesetzlichkeit den Menschen in jenem Kreislauf fest, durch dessen Vergegenständlichung im Naturgesetz er sich als freies Subjekt gesichert wähnt. Das Prinzip der Immanenz, der Erklärung jeden Geschehens als Wiederholung, das die Aufklärung wider die mythische Einbildungskraft vertritt, ist das des Mythos selber. Die trockene Weisheit, die nichts Neues unter der Sonne gelten läßt, weil die Steine des sinnlosen Spiels ausgespielt, die großen Gedanken alle schon gedacht, die möglichen Entdekkungen vorweg konstruierbar, die Menschen auf Selbsterhaltung durch Anpassung festgelegt seien – diese trockene Weisheit reproduziert bloß die phantastische, die sie verwirft; die Sanktion des Schicksals, das durch Vergeltung unablässig wieder herstellt, was je schon war. Was anders wäre, wird gleichgemacht. Das ist das Verdikt, das die Grenzen möglicher Erfahrung kritisch aufrichtet. Bezahlt wird die Identität von allem mit allem damit, daß nichts zugleich mit sich selber identisch sein darf. Aufklärung zersetzt das Unrecht der alten Ungleichheit, das unvermittelte Herrentum, verewigt es aber zugleich in der universalen Vermittlung, dem Beziehen jeglichen Seienden auf jegliches. Sie besorgt, was Kierkegaard seiner protestantischen Ethik nachrühmt und was im Sagenkreis des Herakles als eines der Urbilder mythischer Gewalt steht:

sie schneidet das Inkommensurable weg. Nicht bloß werden im Gedanken die Qualitäten aufgelöst, sondern die Menschen zur realen Konformität gezwungen. Die Wohltat, daß der Markt nicht nach Geburt fragt, hat der Tauschende damit bezahlt, daß er seine von Geburt verliehenen Möglichkeiten von der Produktion der Waren, die man auf dem Markte kaufen kann, modellieren läßt. Den Menschen wurde ihr Selbst als ein je eigenes, von allen anderen verschiedenes geschenkt, damit es desto sicherer zum gleichen werde. Weil es aber nie ganz aufging, hat auch über die liberalistische Periode hin Aufklärung stets mit dem sozialen Zwang sympathisiert. Die Einheit des manipulierten Kollektivs besteht in der Negation jedes Einzelnen, es ist Hohn auf die Art Gesellschaft, die es vermöchte, ihn zu einem zu machen. Die Horde, deren Namen zweifelsohne in der Organisation der Hitlerjugend vorkommt, ist kein Rückfall in die alte Barbarei, sondern der Triumph der repressiven Egalität, die Entfaltung der Gleichheit des Rechts zum Unrecht durch die Gleichen. Der Talmi-Mythos der Faschisten enthüllt sich als der echte der Vorzeit, insofern der echte die Vergeltung erschaute, während der falsche sie blind an den Opfern vollstreckt. Jeder Versuch, den Naturzwang zu brechen, indem Natur gebrochen wird, gerät nur um so tiefer in den Naturzwang hinein. So ist die Bahn der europäischen Zivilisation verlaufen. Die Abstraktion, das Werkzeug der Aufklärung, verhält sich zu ihren Objekten wie das Schicksal, dessen Begriff sie ausmerzt: als Liquidation. Unter der nivellierenden Herrschaft des Abstrakten, die alles in der Natur zum Wiederholbaren macht, und der Industrie, für die sie es zurichtet, wurden schließlich die Befreiten selbst zu jenem »Trupp«, den Hegel[16] als das Resultat der Aufklärung bezeichnet hat.

Die Distanz des Subjekts zum Objekt, Voraussetzung der Abstraktion, gründet in der Distanz zur Sache, die der Herr durch den Beherrschten gewinnt. Die Gesänge Homers und die Hymnen des Rigveda stammen aus der Zeit der Grundherrschaft und der festen Plätze, in der ein kriegerisches Herrenvolk über der Masse besiegter Autochthonen sich seßhaft macht.[17] Der höchste Gott unter den

16 Phänomenologie des Geistes a.a.O. S. 424.

17 Vgl. W. Kirfel, Geschichte Indiens, in: Propyläenweltgeschichte. Band

Göttern entstand mit dieser bürgerlichen Welt, in welcher der König als Anführer des gewappneten Adels die Unterworfenen am Boden hält, während Ärzte, Wahrsager, Handwerker, Händler den Verkehr besorgen. Mit dem Ende des Nomadentums ist die gesellschaftliche Ordnung auf der Basis festen Eigentums hergestellt. Herrschaft und Arbeit treten auseinander. Ein Eigentümer wie Odysseus »leitet aus der Ferne ein zahlreiches, peinlich gegliedertes Personal von Ochsenhirten, Schäfern, Schweinehirten und Dienern. Am Abend, wenn er aus seinem Schloß gesehen hat, wie das Land durch tausend Feuer erhellt wird, kann er sich ruhig zum Schlafe legen: er weiß, daß seine braven Diener wachen, um die wilden Tiere fernzuhalten, und die Diebe aus den Gehegen verjagen, zu deren Schutze sie da sind.«[18] Die Allgemeinheit der Gedanken, wie die diskursive Logik sie entwickelt, die Herrschaft in der Sphäre des Begriffs, erhebt sich auf dem Fundament der Herrschaft in der Wirklichkeit. In der Ablösung des magischen Erbes, der alten diffusen Vorstellungen, durch die begriffliche Einheit drückt sich die durch Befehl gegliederte, von den Freien bestimmte Verfassung des Lebens aus. Das Selbst, das die Ordnung und Unterordnung an der Unterwerfung der Welt lernte, hat bald Wahrheit überhaupt mit dem disponierenden Denken ineinsgesetzt, ohne dessen feste Unterscheidungen sie nicht bestehen kann. Es hat mit dem mimetischen Zauber die Erkenntnis tabuiert, die den Gegenstand wirklich trifft. Sein Haß gilt dem Bild der überwundenen Vorwelt und ihrem imaginären Glück. Die chthonischen Götter der Ureinwohner werden in die Hölle verbannt, zu der unter der Sonnen- und Lichtreligion von Indra und Zeus die Erde sich wandelt.

Himmel und Hölle aber hingen zusammen. Wie der Name des Zeus in Kulten, die einander nicht ausschlossen, einem unterirdischen wie einem Lichtgott zukam[19], wie die olympischen Götter mit den chthonischen jede Art Umgang pflogen, so waren die gu-

III. S. 261 f., und G. Glotz, Histoire Grècque. Band I. in: Histoire Ancienne. Paris 1938. S. 137 ff.

18 G. Glotz a. a. O. S. 140.

19 Vgl. Kurt Eckermann, Jahrbuch der Religionsgeschichte und Mythologie. Halle 1845. Band I. S. 241, und O. Kern, Die Religion der Griechen. Berlin 1926. Band I. S. 181 f.

ten und schlechten Mächte, Heil und Unheil nicht eindeutig voneinander geschieden. Sie waren verkettet wie Entstehen und Vergehen, Leben und Tod, Sommer und Winter. In der hellen Welt der griechischen Religion lebt die trübe Ungeschiedenheit des religiösen Prinzips fort, das in den frühsten bekannten Stadien der Menschheit als Mana verehrt wurde. Primär, undifferenziert ist es alles Unbekannte, Fremde; das was den Erfahrungsumkreis transzendiert, was an den Dingen mehr ist als ihr vorweg bekanntes Dasein. Was der Primitive dabei als übernatürlich erfährt, ist keine geistige Substanz als Gegensatz zur materiellen, sondern die Verschlungenheit des Natürlichen gegenüber dem einzelnen Glied. Der Ruf des Schreckens, mit dem das Ungewohnte erfahren wird, wird zu seinem Namen. Er fixiert die Transzendenz des Unbekannten gegenüber dem Bekannten und damit den Schauder als Heiligkeit. Die Verdoppelung der Natur in Schein und Wesen, Wirkung und Kraft, die den Mythos sowohl wie die Wissenschaft erst möglich macht, stammt aus der Angst des Menschen, deren Ausdruck zur Erklärung wird. Nicht die Seele wird in die Natur verlegt, wie der Psychologismus glauben macht; Mana, der bewegende Geist, ist keine Projektion, sondern das Echo der realen Übermacht der Natur in den schwachen Seelen der Wilden. Die Spaltung von Belebtem und Unbelebtem, die Besetzung bestimmter Orte mit Dämonen und Gottheiten, entspringt erst aus diesem Präanimismus. In ihm ist selbst die Trennung von Subjekt und Objekt schon angelegt. Wenn der Baum nicht mehr bloß als Baum sondern als Zeugnis für ein anderes, als Sitz des Mana angesprochen wird, drückt die Sprache den Widerspruch aus, daß nämlich etwas es selber und zugleich etwas anderes als es selber sei, identisch und nicht identisch.[20] Durch die Gottheit wird die Sprache aus der Tautologie zur Sprache. Der Begriff, den man gern als Merkmalseinheit des darunter Befaßten definiert, war vielmehr seit Beginn das Produkt dialektischen Denkens, worin jedes stets nur ist, was es ist, indem es zu dem wird, was es nicht ist. Das war die Urform objek-

20 So beschreiben Hubert und Mauß den Vorstellungsgehalt der »Sympathie«, der Mimesis: »L'un est le tout, tout est dans l'un, la nature triomphe de la nature.« – H. Hubert et M. Mauß, Théorie générale de la Magie, in: L'Année Sociologique. 1902–3. S. 100.

tivierender Bestimmung, in der Begriff und Sache auseinandertraten, derselben, die im homerischen Epos schon weit gediehen ist und in der modernen positiven Wissenschaft sich überschlägt. Aber diese Dialektik bleibt ohnmächtig, soweit sie aus dem Ruf des Schreckens sich entfaltet, der die Verdoppelung, die Tautologie des Schreckens selbst ist. Die Götter können die Furcht nicht vom Menschen nehmen, deren versteinerte Laute sie als ihre Namen tragen. Der Furcht wähnt er ledig zu sein, wenn es nichts Unbekanntes mehr gibt. Das bestimmt die Bahn der Entmythologisierung, der Aufklärung, die das Lebendige mit dem Unlebendigen ineinssetzt wie der Mythos das Unlebendige mit dem Lebendigen. Aufklärung ist die radikal gewordene, mythische Angst. Die reine Immanenz des Positivismus, ihr letztes Produkt, ist nichts anderes als ein gleichsam universales Tabu. Es darf überhaupt nichts mehr draußen sein, weil die bloße Vorstellung des Draußen die eigentliche Quelle der Angst ist. Wenn die Rache des Primitiven für den Mord, der an einem der Seinen begangen war, zuweilen sich durch Aufnahme des Mörders in die eigene Familie beschwichtigen ließ[21], bedeutete das eine wie das andere das Einsaugen des fremden Bluts ins eigene, die Herstellung der Immanenz. Der mythische Dualismus führt nicht über den Umkreis des Daseins hinaus. Die vom Mana durchherrschte Welt und noch die des indischen und griechischen Mythos sind ausweglos und ewig gleich. Alle Geburt wird mit dem Tod bezahlt, jedes Glück mit Unglück. Menschen und Götter mögen versuchen, in ihrer Frist die Lose nach anderen Maßen zu verteilen als der blinde Gang des Schicksals, am Ende triumphiert das Dasein über sie. Selbst ihre Gerechtigkeit noch, die dem Verhängnis abgerungen ist, trägt seine Züge; sie entspricht dem Blick, den die Menschen, Primitive sowohl wie Griechen und Barbaren, aus einer Gesellschaft des Drucks und Elends auf die Umwelt werfen. Daher gelten denn der mythischen wie der aufgeklärten Gerechtigkeit Schuld und Buße, Glück und Unglück als Seiten einer Gleichung. Gerechtigkeit geht unter in Recht. Der Schamane bannt das Gefährliche durch dessen Bild. Gleichheit ist sein Mittel. Sie regelt Strafe und

21 Vgl. Westermarck, Ursprung der Moralbegriffe, Leipzig 1913. Band I. S. 402.

Verdienst in der Zivilisation. Auf Naturverhältnisse lassen sich auch die Vorstellungen der Mythen ohne Rest zurückführen. Wie das Sternbild der Zwillinge mit allen anderen Symbolen der Zweiheit auf den unentrinnbaren Kreislauf der Natur verweist, wie dieser selbst im Symbol des Eies, dem sie entsprungen sind, sein uraltes Zeichen hat, so weist die Waage in der Hand des Zeus, welche die Gerechtigkeit der gesamten patriarchalen Welt versinnbildlicht, auf bloße Natur zurück. Der Schritt vom Chaos zur Zivilisation, in der die natürlichen Verhältnisse nicht mehr unmittelbar sondern durch das Bewußtsein der Menschen hindurch ihre Macht ausüben, hat am Prinzip der Gleichheit nichts geändert. Ja die Menschen büßten gerade diesen Schritt mit der Anbetung dessen, dem sie vorher bloß wie alle anderen Kreaturen unterworfen waren. Zuvor standen die Fetische unter dem Gesetz der Gleichheit. Nun wird die Gleichheit selber zum Fetisch. Die Binde über den Augen der Justitia bedeutet nicht bloß, daß ins Recht nicht eingegriffen werden soll, sondern daß es nicht aus Freiheit stammt.

Die Lehre der Priester war symbolisch in dem Sinn, daß in ihr Zeichen und Bild zusammenfielen. Wie die Hieroglyphen bezeugen, hat das Wort ursprünglich auch die Funktion des Bildes erfüllt. Sie ist auf die Mythen übergegangen. Mythen wie magische Riten meinen die sich wiederholende Natur. Sie ist der Kern des Symbolischen: ein Sein oder ein Vorgang, der als ewig vorgestellt wird, weil er im Vollzug des Symbols stets wieder Ereignis werden soll. Unerschöpflichkeit, endlose Erneuerung, Permanenz des Bedeuteten sind nicht nur Attribute aller Symbole, sondern ihr eigentlicher Gehalt. Die Darstellungen der Schöpfung, in denen die Welt aus der Urmutter, der Kuh oder dem Ei hervorgeht, sind im Gegensatz zur jüdischen Genesis symbolisch. Der Spott der Alten über die allzu menschlichen Götter ließ den Kern unberührt. Individualität erschöpft das Wesen der Götter nicht. Noch hatten sie etwas vom Mana an sich; sie verkörperten Natur als allgemeine Macht. Mit ihren präanimistischen Zügen ragen sie in die Aufklärung. Unter der schamhaften Hülle der olympischen chronique scandaleuse hatte sich bereits die Lehre von der Vermischung, vom Druck und Stoß der Elemente herausgebildet, die alsbald sich als Wissenschaft etablierte und die Mythen zu Phantasiegebilden machte. Mit der sauberen Scheidung von Wissenschaft und Dichtung greift die mit ihrer Hilfe schon bewirkte Arbeitsteilung auf die Sprache über. Als Zeichen kommt das Wort an die Wissenschaft; als Ton, als Bild, als eigentliches Wort wird es unter die verschiedenen Künste aufgeteilt, ohne daß es sich durch deren Addition, durch Synästhesie oder Gesamtkunst je wiederherstellen ließe. Als Zeichen soll Sprache zur Kalkulation resignieren, um Natur zu erkennen, den Anspruch ablegen, ihr ähnlich zu sein. Als Bild soll sie zum Abbild resignieren, um ganz Natur zu sein, den Anspruch ablegen, sie zu erkennen. Mit fortschreitender Aufklärung haben es nur die authentischen Kunstwerke vermocht, der bloßen Imitation dessen, was ohnehin schon ist, sich zu entziehen. Die gängige Antithese von Kunst und Wissenschaft, die beide als Kulturbereiche voneinander reißt, um sie als Kulturbereiche gemeinsam verwaltbar zu machen, läßt sie am Ende als genaue Gegensätze vermöge ihrer eigenen Tendenzen ineinander übergehen. Wissenschaft, in ihrer neopositivistischen Interpretation, wird zum Ästhetizismus, zum System abgelöster Zeichen, bar jeglicher Intention, die das System transzendierte: zu jenem Spiel, als welches die Mathematiker ihre Sache längst schon stolz deklarierten. Die Kunst der integralen Abbildlichkeit aber verschrieb sich bis in ihre Techniken der positivistischen Wissenschaft. Sie wird in der Tat zur Welt noch einmal, zur ideologischen Verdoppelung, zur fügsamen Reproduktion. Die Trennung von Zeichen und Bild ist unabwendbar. Wird sie jedoch ahnungslos selbstzufrieden nochmals hypostasiert, so treibt jedes der beiden isolierten Prinzipien zur Zerstörung der Wahrheit hin.

Den Abgrund, der bei der Trennung sich auftat, hat Philosophie im Verhältnis von Anschauung und Begriff erblickt und stets wieder vergebens zu schließen versucht: ja durch diesen Versuch wird sie definiert. Meist hat sie sich freilich auf die Seite gestellt, von der sie den Namen hat. Platon verbannte die Dichtung mit der gleichen Geste wie der Positivismus die Ideenlehre. Mit seiner vielgerühmten Kunst habe Homer weder öffentliche noch private Reformen durchgesetzt, weder einen Krieg gewonnen noch eine Erfindung gemacht. Wir wüßten von keiner zahlreichen Anhängerschaft, die ihn geehrt oder geliebt hätte. Kunst habe ihre Nützlichkeit erst zu erweisen.[22] Nachahmung ist bei ihm wie bei den Juden verfemt. Von Vernunft und Religion wird das Prinzip der Zauberei in Acht und Bann getan. Noch in der entsagenden Distanz vom Dasein, als Kunst, bleibt es unehrlich; die es praktizieren, werden zu fahrenden Leuten, überlebenden Nomaden, die unter den seßhaft Gewordenen keine Heimat finden. Natur soll nicht mehr durch Angleichung beeinflußt, sondern durch Arbeit beherrscht werden. Das Kunstwerk hat es noch mit der Zauberei gemeinsam, einen eigenen, in sich abgeschlossenen Bereich zu setzen, der dem Zusammenhang profanen Daseins entrückt ist. In ihm herrschen besondere Gesetze. Wie der Zauberer als erstes bei der Zeremonie den Ort, in dem die heiligen Kräfte spielen sollen, gegen alle Umwelt eingrenzte, so zeichnet mit jedem Kunstwerk dessen Umkreis geschlossen vom Wirklichen sich ab. Gerade der Verzicht auf Einwirkung, durch welchen Kunst von der magischen Sympathie sich scheidet, hält das magische Erbe um so tiefer fest. Er rückt das reine Bild in Gegensatz zur leibhaften Existenz, deren Elemente es in sich aufhebt. Es liegt im Sinn des Kunstwerks, dem ästhetischen Schein, das zu sein, wozu in jenem Zauber des Primitiven das neue, schreckliche Geschehnis wurde: Erscheinung des Ganzen im Besonderen. Im Kunstwerk wird immer noch einmal die Verdoppelung vollzogen, durch die das Ding als Geistiges, als Äußerung des Mana erschien. Das macht seine Aura aus. Als Ausdruck der Totalität beansprucht Kunst die Würde des Absoluten. Die Philosophie ist dadurch zuweilen bewogen worden, ihr den Vorrang vor der begrifflichen Erkenntnis zuzusprechen. Nach Schelling setzt die Kunst da ein, wo das Wissen die Menschen im Stich läßt. Sie gilt ihm als »das Vorbild der Wissenschaft, und wo die Kunst sei, soll die Wissenschaft erst hinkommen«[23]. Die Trennung von Bild und Zeichen wird im Sinn seiner Lehre »durch jede einzelne Darstellung der Kunst vollständig aufgehoben«[24]. Solchem Vertrauen in Kunst war die bürgerliche Welt nur selten offen. Wo sie das Wissen einschränkte, geschah es in der Regel

22 Vgl. Platon, Das zehnte Buch des Staats.
23 Erster Entwurf eines Systems der Naturphilosophie. Fünfter Hauptabschnitt. Werke. Erste Abteilung. Band II. S. 623.
24 A.a.O. S. 626.

nicht, um für die Kunst, sondern um zum Glauben Platz zu bekommen. Durch ihn behauptete die militante Religiosität des neueren Zeitalters, Torquemada, Luther, Mohammed, Geist und Dasein zu versöhnen. Aber Glaube ist ein privativer Begriff: er wird als Glaube vernichtet, wenn er seinen Gegensatz zum Wissen oder seine Übereinstimmung mit ihm nicht fortwährend hervorkehrt. Indem er auf die Einschränkung des Wissens angewiesen bleibt, ist er selbst eingeschränkt. Den im Protestantismus unternommenen Versuch des Glaubens, das ihm transzendente Prinzip der Wahrheit, ohne das er nicht bestehen kann, wie in der Vorzeit unmittelbar im Wort selbst zu finden und diesem die symbolische Gewalt zurückzugeben, hat er mit dem Gehorsam aufs Wort, und zwar nicht aufs heilige, bezahlt. Indem der Glaube unweigerlich als Feind oder Freund ans Wissen gefesselt bleibt, perpetuiert er die Trennung im Kampf, sie zu überwinden: sein Fanatismus ist das Mal seiner Unwahrheit, das objektive Zugeständnis, daß, wer nur glaubt, eben damit nicht mehr glaubt. Das schlechte Gewissen ist seine zweite Natur. Im geheimen Bewußtsein des Mangels, der ihm notwendig anhaftet, des ihm immanenten Widerspruchs, die Versöhnung zum Beruf zu machen, liegt der Grund, daß alle Redlichkeit der Gläubigen seit je schon reizbar und gefährlich war. Nicht als Überspannung sondern als Verwirklichung des Prinzips des Glaubens selber sind die Greuel von Feuer und Schwert, Gegenreformation und Reformation, verübt worden. Der Glaube offenbart sich stets wieder als vom Schlage der Weltgeschichte, der er gebieten möchte, ja er wird in der Neuzeit zu ihrem bevorzugten Mittel, ihrer besonderen List. Unaufhaltsam ist nicht bloß die Aufklärung des achtzehnten Jahrhunderts, der Hegel es bestätigte, sondern, wie kein anderer es besser wußte, die Bewegung des Gedankens selbst. Schon in der niedersten wie noch in der höchsten Einsicht ist die ihrer Distanz zur Wahrheit enthalten, die den Apologeten zum Lügner macht. Die Paradoxie des Glaubens entartet schließlich zum Schwindel, zum Mythos des zwanzigsten Jahrhunderts und seine Irrationalität zur rationalen Veranstaltung in der Hand der restlos Aufgeklärten, welche die Gesellschaft ohnehin zur Barbarei hinsteuern.

Schon wenn die Sprache in die Geschichte eintritt, sind ihre Meister Priester und Zauberer. Wer die Symbole verletzt, verfällt im

Namen der überirdischen den irdischen Mächten, deren Vertreter jene berufenen Organe der Gesellschaft sind. Was dem vorausgeht, liegt im Dunklen. Der Schauder, aus dem das Mana geboren wird, war überall, wo es in der Ethnologie begegnet, zumindest von den Stammesältesten, schon sanktioniert. Das unidentische, zerfließende Mana wird von Menschen konsistent gemacht und gewaltsam materialisiert. Bald bevölkern die Zauberer jeden Ort mit Emanationen und ordnen der Vielfalt der sakralen Bereiche die der sakralen Riten zu. Sie entfalten mit der Geisterwelt und deren Eigenheiten ihr zünftiges Wissen und ihre Gewalt. Das heilige Wesen überträgt sich auf die Zauberer, die mit ihm umgehen. Auf den ersten nomadischen Stufen nehmen die Mitglieder des Stammes noch selbständigen Anteil an der Beeinflussung des Naturlaufs. Das Wild wird von den Männern aufgespürt, die Frauen besorgen Arbeit, die ohne straffes Kommando geschehen kann. Wieviel Gewalt der Gewöhnung selbst an so einfache Ordnung vorherging, ist unbestimmbar. In ihr schon ist die Welt geteilt in einen Bezirk der Macht und in Profanes. In ihr schon ist der Naturlauf als Ausfluß des Mana zur Norm erhoben, die Unterwerfung verlangt. Wenn aber der nomadische Wilde bei aller Unterwerfung auch an dem Zauber, der sie begrenzte, noch teilnahm und sich selbst ins Wild verkleidete, um es zu beschleichen, so ist in späteren Perioden der Verkehr mit Geistern und die Unterwerfung auf verschiedene Klassen der Menschheit verteilt: die Macht ist auf der einen, der Gehorsam auf der anderen Seite. Die wiederkehrenden, ewig gleichen Naturprozesse werden den Unterworfenen, sei es von fremden Stämmen, sei es von den eigenen Cliquen, als Rhythmus der Arbeit nach dem Takt von Keule und Prügelstock eingebläut, der in jeder barbarischen Trommel, jedem monotonen Ritual widerhallt. Die Symbole nehmen den Ausdruck des Fetischs an. Die Wiederholung der Natur, die sie bedeuten, erweist im Fortgang stets sich als die von ihnen repräsentierte Permanenz des gesellschaftlichen Zwangs. Der zum festen Bild vergegenständlichte Schauder wird zum Zeichen der verfestigten Herrschaft von Privilegierten. Das aber bleiben die allgemeinen Begriffe, auch wenn sie alles Bildlichen sich entäußert haben. Noch die deduktive Form der Wissenschaft spiegelt Hierarchie und Zwang. Wie die ersten Kategorien den organisierten Stamm und seine

Macht über den Einzelnen repräsentierten, gründet die gesamte logische Ordnung, Abhängigkeit, Verkettung, Umgreifen und Zusammenschluß der Begriffe in den entsprechenden Verhältnissen der sozialen Wirklichkeit, der Arbeitsteilung.[25] Nur freilich ist dieser gesellschaftliche Charakter der Denkformen nicht, wie Durkheim lehrt, Ausdruck gesellschaftlicher Solidarität, sondern Zeugnis der undurchdringlichen Einheit von Gesellschaft und Herrschaft. Herrschaft verleiht dem gesellschaftlichen Ganzen, in welchem sie sich festsetzt, erhöhte Konsistenz und Kraft. Die Arbeitsteilung, zu der sich die Herrschaft gesellschaftlich entfaltet, dient dem beherrschten Ganzen zur Selbsterhaltung. Damit aber wird notwendig das Ganze als Ganzes, die Betätigung der ihm immanenten Vernunft, zur Vollstreckung des Partikularen. Die Herrschaft tritt dem Einzelnen als das Allgemeine gegenüber, als die Vernunft in der Wirklichkeit. Die Macht aller Mitglieder der Gesellschaft, denen als solchen kein anderer Ausweg offen ist, summiert sich durch die ihnen auferlegte Arbeitsteilung immer von neuem zur Realisierung eben des Ganzen, dessen Rationalität dadurch wiederum vervielfacht wird. Was allen durch die Wenigen geschieht, vollzieht sich stets als Überwältigung Einzelner durch Viele: stets trägt die Unterdrückung der Gesellschaft zugleich die Züge der Unterdrückung durch ein Kollektiv. Es ist diese Einheit von Kollektivität und Herrschaft und nicht die unmittelbare gesellschaftliche Allgemeinheit, Solidarität, die in den Denkformen sich niederschlägt. Die philosophischen Begriffe, mit denen Platon und Aristoteles die Welt darstellen, erhoben durch den Anspruch auf allgemeine Geltung die durch sie begründeten Verhältnisse zum Rang der wahren Wirklichkeit. Sie stammten, wie es bei Vico heißt[26], vom Marktplatz von Athen; sie spiegelten mit derselben Reinheit die Gesetze der Physik, die Gleichheit der Vollbürger und die Inferiorität von Weibern, Kindern, Sklaven wider. Die Sprache selbst verlieh dem Gesagten, den Verhältnissen der Herrschaft, jene Allgemeinheit, die sie als Verkehrsmittel einer bürgerlichen Gesellschaft angenommen hatte. Der metaphysische Nach-

25 Vgl. E. Durkheim, De quelques formes primitives de classification. L'Année Sociologique. Band IV. 1903. S. 66 ff.
26 G. Vico, Die Neue Wissenschaft über die gemeinschaftliche Natur der Völker. Übers. von Auerbach. München 1924. S. 397.

druck, die Sanktion durch Ideen und Normen, war nichts als die Hypostasierung der Härte und Ausschließlichkeit, welche die Begriffe überall dort annehmen mußten, wo die Sprache die Gemeinschaft der Herrschenden zur Ausübung des Kommandos zusammenschloß. Als solche Bekräftigung der gesellschaftlichen Macht der Sprache wurden die Ideen um so überflüssiger, je mehr diese Macht anwuchs, und die Sprache der Wissenschaft hat ihnen das Ende bereitet. Nicht an der bewußten Rechtfertigung haftete die Suggestion, die etwas vom Schrecken des Fetischs noch an sich hat. Die Einheit von Kollektivität und Herrschaft zeigt sich vielmehr in der Allgemeinheit, welche der schlechte Inhalt in der Sprache notwendig annimmt, sowohl in der metaphysischen wie in der wissenschaftlichen. Die metaphysische Apologie verriet die Ungerechtigkeit des Bestehenden wenigstens durch die Inkongruenz von Begriff und Wirklichkeit. In der Unparteilichkeit der wissenschaftlichen Sprache hat das Ohnmächtige vollends die Kraft verloren, sich Ausdruck zu verschaffen, und bloß das Bestehende findet ihr neutrales Zeichen. Solche Neutralität ist metaphysischer als die Metaphysik. Die Aufklärung hat schließlich nicht bloß die Symbole sondern auch ihre Nachfolger, die Allgemeinbegriffe, aufgezehrt und von der Metaphysik nichts übriggelassen als die abstrakte Angst vor dem Kollektiv, aus der sie entsprang. Begriffe sind vor der Aufklärung wie Rentner vor den industriellen Trusts: keiner darf sich sicher fühlen. Hat der logische Positivismus der Wahrscheinlichkeit noch eine Chance gegeben, so setzt sie der ethnologische schon dem Wesen gleich. »Nos idées vagues de chance et de quintessence sont de pâles survivances de cette notion beaucoup plus riche«[27], nämlich der magischen Substanz.
Die Aufklärung als nominalistische macht Halt vor dem Nomen, dem umfanglosen, punktuellen Begriff, dem Eigennamen. Ob, wie einige behaupteten[28], die Eigennamen ursprünglich zugleich Gattungsnamen waren, ist mit Gewißheit nicht mehr auszumachen, doch haben jene das Schicksal der letzteren noch nicht geteilt. Die von Hume und Mach geleugnete Ichsubstanz ist nicht dasselbe wie der Name. In der jüdischen Religion, in der die Idee des Pa-

27 Hubert et Mauß a. a. O. S. 118.
28 Vgl. Tönnies, Philosophische Terminologie, in: Psychologisch-Soziologische Ansicht. Leipzig 1908. S. 31.

triarchats zur Vernichtung des Mythos sich steigert, bleibt das Band zwischen Namen und Sein anerkannt durch das Verbot, den Gottesnamen auszusprechen. Die entzauberte Welt des Judentums versöhnt die Zauberei durch deren Negation in der Idee Gottes. Die jüdische Religion duldet kein Wort, das der Verzweiflung alles Sterblichen Trost gewährte. Hoffnung knüpft sie einzig ans Verbot, das Falsche als Gott anzurufen, das Endliche als das Unendliche, die Lüge als Wahrheit. Das Unterpfand der Rettung liegt in der Abwendung von allem Glauben, der sich ihr unterschiebt, die Erkenntnis in der Denunziation des Wahns. Die Verneinung freilich ist nicht abstrakt. Die unterschiedslose Bestreitung jedes Positiven, die stereotype Formel der Nichtigkeit, wie der Buddhismus sie anwendet, setzt sich über das Verbot, das Absolute mit Namen zu nennen, ebenso hinweg wie sein Gegenteil, der Pantheismus, oder seine Fratze, die bürgerliche Skepsis. Die Erklärungen der Welt als des Nichts oder Alls sind Mythologien und die garantierten Pfade zur Erlösung sublimierte magische Praktiken. Die Selbstzufriedenheit des Vorwegbescheidwissens und die Verklärung der Negativität zur Erlösung sind unwahre Formen des Widerstands gegen den Betrug. Gerettet wird das Recht des Bildes in der treuen Durchführung seines Verbots. Solche Durchführung, »bestimmte Negation«[29], ist nicht durch die Souveränität des abstrakten Begriffs gegen die verführende Anschauung gefeit, so wie die Skepsis es ist, der das Falsche wie das Wahre als nichtig gilt. Die bestimmte Negation verwirft die unvollkommenen Vorstellungen des Absoluten, die Götzen, nicht wie der Rigorismus, indem sie ihnen die Idee entgegenhält, der sie nicht genügen können. Dialektik offenbart vielmehr jedes Bild als Schrift. Sie lehrt aus seinen Zügen das Eingeständnis seiner Falschheit lesen, das ihm seine Macht entreißt und sie der Wahrheit zueignet. Damit wird die Sprache mehr als ein bloßes Zeichensystem. Mit dem Begriff der bestimmten Negation hat Hegel ein Element hervorgehoben, das Aufklärung von dem positivistischen Zerfall unterscheidet, dem er sie zurechnet. Indem er freilich das gewußte Resultat des gesamten Prozesses der Negation: die Totalität in System und Geschichte, schließlich doch zum Absoluten machte, verstieß er gegen das Verbot und verfiel selbst der Mythologie.

29 Hegel a.a.O. S. 65.

Das ist nicht bloß seiner Philosophie als der Apotheose des fortschreitenden Denkens widerfahren, sondern der Aufklärung selbst, als der Nüchternheit, durch die sie von Hegel und von Metaphysik überhaupt sich zu unterscheiden meint. Denn Aufklärung ist totalitär wie nur irgendein System. Nicht was ihre romantischen Feinde ihr seit je vorgeworfen haben, analytische Methode, Rückgang auf Elemente, Zersetzung durch Reflexion ist ihre Unwahrheit, sondern daß für sie der Prozeß von vornherein entschieden ist. Wenn im mathematischen Verfahren das Unbekannte zum Unbekannten einer Gleichung wird, ist es damit zum Altbekannten gestempelt, ehe noch ein Wert eingesetzt ist. Natur ist, vor und nach der Quantentheorie, das mathematisch zu Erfassende; selbst was nicht eingeht, Unauflöslichkeit und Irrationalität, wird von mathematischen Theoremen umstellt. In der vorwegnehmenden Identifikation der zu Ende gedachten mathematisierten Welt mit der Wahrheit meint Aufklärung vor der Rückkehr des Mythischen sicher zu sein. Sie setzt Denken und Mathematik in eins. Dadurch wird diese gleichsam losgelassen, zur absoluten Instanz gemacht. »Eine unendliche Welt, hier eine Welt von Idealitäten, ist konzipiert als eine solche, deren Objekte nicht einzelweise unvollkommen und wie zufällig unserer Erkenntnis zugänglich werden, sondern eine rationale, systematisch einheitliche Methode erreicht – im unendlichen Fortschreiten – schließlich jedes Objekt nach seinem vollen Ansichsein ... In der Galileischen Mathematisierung der Natur wird nun *diese selbst* unter der Leitung der neuen Mathematik idealisiert, sie wird – modern ausgedrückt – selbst zu einer mathematischen Mannigfaltigkeit.«[30] Denken verdinglicht sich zu einem selbsttätig ablaufenden, automatischen Prozeß, der Maschine nacheifernd, die er selber hervorbringt, damit sie ihn schließlich ersetzen kann. Aufklärung[31] hat die klassische Forderung, das Denken zu denken – Fichtes Philosophie ist ihre radikale Entfaltung – beiseitegeschoben, weil sie vom Gebot, der Praxis zu gebieten, ablenke, das doch Fichte selbst vollstrecken wollte. Die ma-

30 Edmund Husserl, »Die Krisis der europäischen Wissenschaften und die transzendentale Phänomenologie«, in: Philosophia. Belgrad 1936. S. 95 ff.
31 Vgl. Schopenhauer, Parerga und Paralipomena. Band II. § 356. Werke. Ed. Deussen. Band V. S. 671.

thematische Verfahrungsweise wurde gleichsam zum Ritual des Gedankens. Trotz der axiomatischen Selbstbeschränkung instauriert sie sich als notwendig und objektiv: sie macht das Denken zur Sache, zum Werkzeug, wie sie es selber nennt. Mit solcher Mimesis aber, in der das Denken der Welt sich gleichmacht, ist nun das Tatsächliche so sehr zum Einzigen geworden, daß noch die Gottesleugnung dem Urteil über die Metaphysik verfällt. Dem Positivismus, der das Richteramt der aufgeklärten Vernunft antrat, gilt in intelligible Welten auszuschweifen nicht mehr bloß als verboten, sondern als sinnloses Geplapper. Er braucht – zu seinem Glück – nicht atheistisch zu sein, weil das versachlichte Denken nicht einmal die Frage stellen kann. Den offiziellen Kultus, als einen erkenntnisfreien Sonderbereich gesellschaftlicher Betriebsamkeit, läßt der positivistische Zensor ebenso gern wie die Kunst passieren; die Leugnung, die selbst mit dem Anspruch auftritt, Erkenntnis zu sein, niemals. Die Entfernung des Denkens von dem Geschäft, das Tatsächliche zuzurichten, das Heraustreten aus dem Bannkreis des Daseins, gilt der szientifischen Gesinnung ebenso als Wahnsinn und Selbstvernichtung, wie dem primitiven Zauberer das Heraustreten aus dem magischen Kreis, den er für die Beschwörung gezogen hat, und beidemale ist dafür gesorgt, daß die Tabuverletzung dem Frevler auch wirklich zum Unheil ausschlägt. Naturbeherrschung zieht den Kreis, in den Kritik der reinen Vernunft das Denken bannte. Kant hat die Lehre von dessen rastlos mühseligem Fortschritt ins Unendliche mit dem Beharren auf seiner Unzulänglichkeit und ewigen Begrenztheit vereint. Der Bescheid, den er erteilte, ist ein Orakelspruch. Kein Sein ist in der Welt, das Wissenschaft nicht durchdringen könnte, aber was von Wissenschaft durchdrungen werden kann, ist nicht das Sein. Auf das Neue zielt nach Kant das philosophische Urteil ab, und doch erkennt es nichts Neues, da es stets bloß wiederholt, was Vernunft schon immer in den Gegenstand gelegt. Diesem in den Sparten der Wissenschaft vor den Träumen eines Geistersehers gesicherten Denken aber wird die Rechnung präsentiert: die Weltherrschaft über die Natur wendet sich gegen das denkende Subjekt selbst, nichts wird von ihm übriggelassen, als eben jenes ewig gleiche Ich denke, das alle meine Vorstellungen muß begleiten können. Subjekt und Objekt werden beide nichtig. Das abstrakte Selbst, der Rechtstitel aufs

Protokollieren und Systematisieren hat nichts sich gegenüber als das abstrakte Material, das keine andere Eigenschaft besitzt als solchem Besitz Substrat zu sein. Die Gleichung von Geist und Welt geht am Ende auf, aber nur so, daß ihre beiden Seiten gegeneinander gekürzt werden. In der Reduktion des Denkens auf mathematische Apparatur ist die Sanktion der Welt als ihres eigenen Maßes beschlossen. Was als Triumph subjektiver Rationalität erscheint, die Unterwerfung alles Seienden unter den logischen Formalismus, wird mit der gehorsamen Unterordnung der Vernunft unters unmittelbar Vorfindliche erkauft. Das Vorfindliche als solches zu begreifen, den Gegebenheiten nicht bloß ihre abstrakten raumzeitlichen Beziehungen abzumerken, bei denen man sie dann packen kann, sondern sie im Gegenteil als die Oberfläche, als vermittelte Begriffsmomente zu denken, die sich erst in der Entfaltung ihres gesellschaftlichen, historischen, menschlichen Sinnes erfüllen – der ganze Anspruch der Erkenntnis wird preisgegeben. Er besteht nicht im bloßen Wahrnehmen, Klassifizieren und Berechnen, sondern gerade in der bestimmenden Negation des je Unmittelbaren. Der mathematische Formalismus aber, dessen Medium die Zahl, die abstrakteste Gestalt des Unmittelbaren ist, hält statt dessen den Gedanken bei der bloßen Unmittelbarkeit fest. Das Tatsächliche behält recht, die Erkenntnis beschränkt sich auf seine Wiederholung, der Gedanke macht sich zur bloßen Tautologie. Je mehr die Denkmaschinerie das Seiende sich unterwirft, um so blinder bescheidet sie sich bei dessen Reproduktion. Damit schlägt Aufklärung in die Mythologie zurück, der sie nie zu entrinnen wußte. Denn Mythologie hatte in ihren Gestalten die Essenz des Bestehenden: Kreislauf, Schicksal, Herrschaft der Welt als die Wahrheit zurückgespiegelt und der Hoffnung entsagt. In der Prägnanz des mythischen Bildes wie in der Klarheit der wissenschaftlichen Formel wird die Ewigkeit des Tatsächlichen bestätigt und das bloße Dasein als der Sinn ausgesprochen, den es versperrt. Die Welt als gigantisches analytisches Urteil, der einzige, der von allen Träumen der Wissenschaft übrig blieb, ist vom gleichen Schlage wie der kosmische Mythos, der den Wechsel von Frühling und Herbst an den Raub Persephones knüpfte. Die Einmaligkeit des mythischen Vorgangs, die den faktischen legitimieren soll, ist Trug. Ursprünglich war der Raub der Göttin unmittelbar eins mit dem Sterben der Natur. Er wiederholte sich mit jedem Herbst, und selbst die Wiederholung war nicht Folge von Getrenntem, sondern dasselbe jedes Mal. Mit der Verhärtung des Zeitbewußtseins wurde der Vorgang als einmaliger in der Vergangenheit fixiert und der Schauder vor dem Tod in jedem neuen Zyklus der Jahreszeiten durch Rekurs aufs längst Gewesene ritual zu beschwichtigen getrachtet. Die Trennung aber ist ohnmächtig. Vermöge der Setzung jenes einmaligen Vergangenen nimmt der Zyklus den Charakter des Unausweichlichen an, und der Schauder strahlt vom Alten aufs ganze Geschehen als dessen bloße Wiederholung aus. Die Subsumtion des Tatsächlichen, sei es unter die sagenhafte Vorgeschichte, sei es unter den mathematischen Formalismus, die symbolische Beziehung des Gegenwärtigen auf den mythischen Vorgang im Ritus oder auf die abstrakte Kategorie in der Wissenschaft läßt das Neue als Vorbestimmtes erscheinen, das somit in Wahrheit das Alte ist. Ohne Hoffnung ist nicht das Dasein sondern das Wissen, das im bildhaften oder mathematischen Symbol das Dasein als Schema sich zu eigen macht und perpetuiert.

In der aufgeklärten Welt ist Mythologie in die Profanität eingegangen. Das von den Dämonen und ihren begrifflichen Abkömmlingen gründlich gereinigte Dasein nimmt in seiner blanken Natürlichkeit den numinosen Charakter an, den die Vorwelt den Dämonen zuschob. Unter dem Titel der brutalen Tatsachen wird das gesellschaftliche Unrecht, aus dem diese hervorgehen, heute so sicher als ein dem Zugriff ewig sich entziehendes geheiligt, wie der Medizinmann unter dem Schutze seiner Götter sakrosankt war. Nicht bloß mit der Entfremdung der Menschen von den beherrschten Objekten wird für die Herrschaft bezahlt: mit der Versachlichung des Geistes wurden die Beziehungen der Menschen selber verhext, auch die jedes Einzelnen zu sich. Er schrumpft zum Knotenpunkt konventioneller Reaktionen und Funktionsweisen zusammen, die sachlich von ihm erwartet werden. Der Animismus hatte die Sache beseelt, der Industrialismus versachlicht die Seelen. Der ökonomische Apparat stattet schon selbsttätig, vor der totalen Planung, die Waren mit den Werten aus, die über das Verhalten der Menschen entscheiden. Seit mit dem Ende des freien Tausches die Waren ihre ökonomischen Qualitäten einbüßten bis auf den Fetischcharakter, breitet dieser wie eine Starre über das Leben der

Gesellschaft in all seinen Aspekten sich aus. Durch die ungezählten Agenturen der Massenproduktion und ihrer Kultur werden die genormten Verhaltensweisen dem Einzelnen als die allein natürlichen, anständigen, vernünftigen aufgeprägt. Er bestimmt sich nur noch als Sache, als statistisches Element, als success or failure. Sein Maßstab ist die Selbsterhaltung, die gelungene oder mißlungene Angleichung an die Objektivität seiner Funktion und die Muster, die ihr gesetzt sind. Alles andere, Idee und Kriminalität, erfährt die Kraft des Kollektivs, das von der Schulklasse bis zur Gewerkschaft aufpaßt. Selbst das drohende Kollektiv jedoch gehört nur zur trügenden Oberfläche, unter der die Mächte sich bergen, die es als gewalttätiges manipulieren. Seine Brutalität, die den Einzelnen bei der Stange hält, stellt so wenig die wahre Qualität der Menschen dar wie der Wert die der Gebrauchsdinge. Die dämonenhaft verzerrte Gestalt, die in der Helle der vorurteilslosen Kenntnis Dinge und Menschen angenommen haben, weist auf die Herrschaft zurück, auf das Prinzip, das schon die Spezifikation des Mana in die Geister und Gottheiten bewirkte und den Blick im Blendwerk von Zauberern und Medizinmännern fing. Die Fatalität, durch welche die Vorzeit den unverständlichen Tod sanktionierte, geht ins lückenlos verständliche Dasein über. Der mittägliche panische Schrecken, in dem die Menschen der Natur als Allheit plötzlich innewurden, hat seine Korrespondenz gefunden in der Panik, die heute in jedem Augenblick bereit ist auszubrechen: die Menschen erwarten, daß die Welt, die ohne Ausgang ist, von einer Allheit in Brand gesetzt wird, die sie selber sind und über die sie nichts vermögen.

Das mythische Grauen der Aufklärung gilt dem Mythos. Sie gewahrt ihn nicht bloß in unaufgehellten Begriffen und Worten, wie die semantische Sprachkritik wähnt, sondern in jeglicher menschlichen Äußerung, wofern sie keine Stelle im Zweckzusammenhang jener Selbsterhaltung hat. Der Satz des Spinoza »Conatus sese conservandi primum et unicum virtutis est fundamentum«[32] enthält die wahre Maxime aller westlichen Zivilisation, in der die religiösen und philosophischen Differenzen des Bürgertums zur

32 Ethica. Pars IV. Propos XXII. Coroll.

Ruhe kommen. Das Selbst, das nach der methodischen Ausmerzung aller natürlichen Spuren als mythologischer weder Körper noch Blut noch Seele und sogar natürliches Ich mehr sein sollte, bildete zum transzendentalen oder logischen Subjekt sublimiert den Bezugspunkt der Vernunft, der gesetzgebenden Instanz des Handelns. Wer unmittelbar, ohne rationale Beziehung auf Selbsterhaltung dem Leben sich überläßt, fällt nach dem Urteil von Aufklärung wie Protestantismus ins Vorgeschichtliche zurück. Der Trieb als solcher sei mythisch wie der Aberglaube; dem Gott dienen, den das Selbst nicht postuliert, irrsinnig wie die Trunksucht. Beiden hat der Fortschritt dasselbe Schicksal bereitet: der Anbetung und dem Versinken ins unmittelbar natürliche Sein; er hat den Selbstvergessenen des Gedankens wie den der Lust mit Fluch belegt. Vermittelt durchs Prinzip des Selbst ist die gesellschaftliche Arbeit jedes Einzelnen in der bürgerlichen Wirtschaft; sie soll den einen das vermehrte Kapital, den anderen die Kraft zur Mehrarbeit zurückgeben. Je weiter aber der Prozeß der Selbsterhaltung durch bürgerliche Arbeitsteilung geleistet wird, um so mehr erzwingt er die Selbstentäußerung der Individuen, die sich an Leib und Seele nach der technischen Apparatur zu formen haben. Dem trägt wiederum das aufgeklärte Denken Rechnung: schließlich wird dem Schein nach das transzendentale Subjekt der Erkenntnis als die letzte Erinnerung an Subjektivität selbst noch abgeschafft und durch die desto reibungslosere Arbeit der selbsttätigen Ordnungsmechanismen ersetzt. Die Subjektivität hat sich zur Logik angeblich beliebiger Spielregeln verflüchtigt, um desto ungehemmter zu verfügen. Der Positivismus, der schließlich auch vor dem Hirngespinst im wörtlichsten Sinn, Denken selber, nicht Halt machte, hat noch die letzte unterbrechende Instanz zwischen individueller Handlung und gesellschaftlicher Norm beseitigt. Der technische Prozeß, zu dem das Subjekt nach seiner Tilgung aus dem Bewußtsein sich versachlicht hat, ist frei von der Vieldeutigkeit des mythischen Denkens wie von allem Bedeuten überhaupt, weil Vernunft selbst zum bloßen Hilfsmittel der allumfassenden Wirtschaftsapparatur wurde. Sie dient als allgemeines Werkzeug, das zur Verfertigung aller andern Werkzeuge taugt, starr zweckgerichtet, verhängnisvoll wie das genau berechnete Hantieren in der materiellen Produktion, dessen Resultat für die Menschen jeder Berechnung sich entzieht. Endlich hat sich ihr alter Ehrgeiz, reines Organ der Zwecke zu sein, erfüllt. Die Ausschließlichkeit der logischen Gesetze stammt aus solcher Einsinnigkeit der Funktion, in letzter Hinsicht aus dem Zwangscharakter der Selbsterhaltung. Diese spitzt sich immer wieder zu auf die Wahl zwischen Überleben und Untergang, die noch widerscheint im Prinzip, daß von zwei kontradiktorischen Sätzen nur einer wahr und einer falsch sein kann. Der Formalismus dieses Prinzips und der ganzen Logik, als die es sich etabliert, rührt von der Undurchsichtigkeit und Verstricktheit der Interessen in einer Gesellschaft her, in der die Erhaltung der Formen und die der Einzelnen nur zufällig zusammenstimmt. Die Verweisung des Denkens aus der Logik ratifiziert im Hörsaal die Versachlichung des Menschen in Fabrik und Büro. So greift das Tabu auf die tabuierende Macht über, die Aufklärung auf den Geist, der sie selber ist. Damit aber wird die Natur als wahre Selbsterhaltung durch den Prozeß losgelassen, der sie auszutreiben versprach, im Individuum nicht anders als im kollektiven Schicksal von Krise und Krieg. Wenn der Theorie als einzige Norm das Ideal der Einheitswissenschaft verbleibt, muß die Praxis dem rückhaltlosen Betrieb der Weltgeschichte verfallen. Das von Zivilisation vollends erfaßte Selbst löst sich auf in ein Element jener Unmenschlichkeit, der Zivilisation von Anbeginn zu entrinnen trachtete. Die älteste Angst geht in Erfüllung, die vor dem Verlust des eignen Namens. Rein natürliche Existenz, animalische und vegetative, bildete der Zivilisation die absolute Gefahr. Mimetische, mythische, metaphysische Verhaltensweisen galten nacheinander als überwundene Weltalter, auf die hinabzusinken mit dem Schrecken behaftet war, daß das Selbst in jene bloße Natur zurückverwandelt werde, der es sich mit unsäglicher Anstrengung entfremdet hatte, und die ihm eben darum unsägliches Grauen einflößte. Die lebendige Erinnerung an die Vorzeit, schon an die nomadischen, um wie viel mehr an die eigentlich präpatriarchalischen Stufen, war mit den furchtbarsten Strafen in allen Jahrtausenden aus dem Bewußtsein der Menschen ausgebrannt worden. Der aufgeklärte Geist ersetzte Feuer und Rad durch das Stigma, das er aller Irrationalität aufprägte, da sie ins Verderben führt. Der Hedonismus war maßvoll, die Extreme ihm nicht weniger verhaßt als dem Aristoteles. Das bürgerliche Ideal der Natürlichkeit meint nicht die amorphe Natur, sondern die Tugend der Mitte. Promiskuität und Askese, Überfluß und Hunger sind trotz der Gegensätzlichkeit unmittelbar identisch als Mächte der Auflösung. Durch die Unterstellung des gesamten Lebens unter die Erfordernisse seiner Erhaltung garantiert die befehlende Minorität mit ihrer eigenen Sicherheit auch den Fortbestand des Ganzen. Zwischen der Szylla des Rückfalls in einfache Reproduktion und der Charybdis der fessellosen Erfüllung will der herrschende Geist von Homer bis zur Moderne hindurchsteuern; jedem anderen Leitstern als dem des kleineren Übels hat er von je mißtraut. Die deutschen Neuheiden und Verwalter der Kriegsstimmung wollen die Lust wieder freigeben. Da sie aber im Arbeitsdruck der Jahrtausende sich hassen gelernt hatte, bleibt sie in der totalitären Emanzipation durch Selbstverachtung gemein und verstümmelt. Sie bleibt der Selbsterhaltung verhaftet, zu der sie die inzwischen abgesetzte Vernunft vordem erzogen hat. An den Wendestellen der westlichen Zivilisation, vom Übergang zur olympischen Religion bis zu Renaissance, Reformation und bürgerlichem Atheismus, wann immer neue Völker und Schichten den Mythos entschiedener verdrängten, wurde die Furcht vor der unerfaßten, drohenden Natur, Konsequenz von deren eigener Verstofflichung und Vergegenständlichung, zum animistischen Aberglauben herabgesetzt und die Beherrschung der Natur drinnen und draußen zum absoluten Lebenszweck gemacht. Ist am Ende Selbsterhaltung automatisiert, so wird Vernunft von denen entlassen, die als Lenker der Produktion ihr Erbe antraten und sie nun an den Enterbten fürchten. Das Wesen der Aufklärung ist die Alternative, deren Unausweichlichkeit die der Herrschaft ist. Die Menschen hatten immer zu wählen zwischen ihrer Unterwerfung unter Natur oder der Natur unter das Selbst. Mit der Ausbreitung der bürgerlichen Warenwirtschaft wird der dunkle Horizont des Mythos von der Sonne der kalkulierenden Vernunft aufgehellt, unter deren eisigen Strahlen die Saat der neuen Barbarei heranreift. Unter dem Zwang der Herrschaft hat die menschliche Arbeit seit je vom Mythos hinweggeführt, in dessen Bannkreis sie unter der Herrschaft stets wieder geriet.

In einer homerischen Erzählung ist die Verschlingung von Mythos, Herrschaft und Arbeit aufbewahrt. Der zwölfte Gesang der

Odyssee berichtet von der Vorbeifahrt an den Sirenen. Ihre Lokkung ist die des sich Verlierens im Vergangenen. Der Held aber, an den sie ergeht, ist im Leiden mündig geworden. In der Vielfalt der Todesgefahren, in denen er sich durchhalten mußte, hat sich ihm die Einheit des eigenen Lebens, die Identität der Person gehärtet. Wie Wasser, Erde und Luft scheiden sich ihm die Bereiche der Zeit. Ihm ist die Flut dessen, was war, vom Felsen der Gegenwart zurückgetreten, und die Zukunft lagert wolkig am Horizont. Was Odysseus hinter sich ließ, tritt in die Schattenwelt: so nahe noch ist das Selbst dem vorzeitlichen Mythos, dessen Schoß es sich entrang, daß ihm die eigene erlebte Vergangenheit zur mythischen Vorzeit wird. Durch feste Ordnung der Zeit sucht es, dem zu begegnen. Das dreigeteilte Schema soll den gegenwärtigen Augenblick von der Macht der Vergangenheit befreien, indem es diese hinter die absolute Grenze des Unwiederbringlichen verweist und als praktikables Wissen dem Jetzt zur Verfügung stellt. Der Drang, Vergangenes als Lebendiges zu erretten, anstatt als Stoff des Fortschritts zu benützen, stillte sich allein in der Kunst, der selbst Geschichte als Darstellung vergangenen Lebens zugehört. Solange Kunst darauf verzichtet, als Erkenntnis zu gelten, und sich dadurch von der Praxis abschließt, wird sie von der gesellschaftlichen Praxis toleriert wie die Lust. Der Gesang der Sirenen aber ist noch nicht zur Kunst entmächtigt. Sie wissen »alles, was irgend geschah auf der viel ernährenden Erde«[33], zumal woran Odysseus selbst teilhatte, »wie viel in den Ebenen Trojas Argos' Söhn' und die Troer vom Rat der Götter geduldet«[34]. Indem sie jüngst Vergangenes unmittelbar beschwören, bedrohen sie mit dem unwiderstehlichen Versprechen von Lust, als welches ihr Gesang vernommen wird, die patriarchale Ordnung, die das Leben eines jeden nur gegen sein volles Maß an Zeit zurückgibt. Wer ihrem Gaukelspiel folgt, verdirbt, wo einzig immerwährende Geistesgegenwart der Natur die Existenz abtrotzt. Wenn die Sirenen von allem wissen, was geschah, so fordern sie die Zukunft als Preis dafür, und die Verheißung der frohen Rückkehr ist der Trug, mit dem das Vergangene den Sehnsüchtigen einfängt. Odysseus ist

33 Odyssee, XII, 191.
34 A.a.O. XII, 189–90.

gewarnt von Kirke, der Gottheit der Rückverwandlung ins Tier, der er widerstand, und die ihn dafür stark macht, anderen Mächten der Auflösung zu widerstehen. Aber die Lockung der Sirenen bleibt übermächtig. Keiner, der ihr Lied hört, kann sich entziehen. Furchtbares hat die Menschheit sich antun müssen, bis das Selbst, der identische, zweckgerichtete, männliche Charakter des Menschen geschaffen war, und etwas davon wird noch in jeder Kindheit wiederholt. Die Anstrengung, das Ich zusammenzuhalten, haftet dem Ich auf allen Stufen an, und stets war die Lockung, es zu verlieren, mit der blinden Entschlossenheit zu seiner Erhaltung gepaart. Der narkotische Rausch, der für die Euphorie, in der das Selbst suspendiert ist, mit todähnlichem Schlaf büßen läßt, ist eine der ältesten gesellschaftlichen Veranstaltungen, die zwischen Selbsterhaltung und -vernichtung vermitteln, ein Versuch des Selbst, sich selber zu überleben. Die Angst, das Selbst zu verlieren und mit dem Selbst die Grenze zwischen sich und anderem Leben aufzuheben, die Scheu vor Tod und Destruktion, ist einem Glücksversprechen verschwistert, von dem in jedem Augenblick die Zivilisation bedroht war. Ihr Weg war der von Gehorsam und Arbeit, über dem Erfüllung immerwährend bloß als Schein, als entmachtete Schönheit leuchtet. Der Gedanke des Odysseus, gleich feind dem eigenen Tod und eigenen Glück, weiß darum. Er kennt nur zwei Möglichkeiten des Entrinnens. Die eine schreibt er den Gefährten vor. Er verstopft ihnen die Ohren mit Wachs, und sie müssen nach Leibeskräften rudern. Wer bestehen will, darf nicht auf die Lockung des Unwiederbringlichen hören, und er vermag es nur, indem er sie nicht zu hören vermag. Dafür hat die Gesellschaft stets gesorgt. Frisch und konzentriert müssen die Arbeitenden nach vorwärts blicken und liegenlassen, was zur Seite liegt. Den Trieb, der zur Ablenkung drängt, müssen sie verbissen in zusätzliche Anstrengung sublimieren. So werden sie praktisch. – Die andere Möglichkeit wählt Odysseus selber, der Grundherr, der die anderen für sich arbeiten läßt. Er hört, aber ohnmächtig an den Mast gebunden, und je größer die Lockung wird, um so stärker läßt er sich fesseln, so wie nachmals die Bürger auch sich selber das Glück um so hartnäckiger verweigerten, je näher es ihnen mit dem Anwachsen der eigenen Macht rückte. Das Gehörte bleibt für ihn folgenlos, nur mit dem Haupt vermag er zu winken, ihn loszubinden, aber es ist zu spät, die Gefährten, die selbst nicht hören, wissen nur von der Gefahr des Lieds, nicht von seiner Schönheit, und lassen ihn am Mast, um ihn und sich zu retten. Sie reproduzieren das Leben des Unterdrückers in eins mit dem eigenen, und jener vermag nicht mehr aus seiner gesellschaftlichen Rolle herauszutreten. Die Bande, mit denen er sich unwiderruflich an die Praxis gefesselt hat, halten zugleich die Sirenen aus der Praxis fern: ihre Lockung wird zum bloßen Gegenstand der Kontemplation neutralisiert, zur Kunst. Der Gefesselte wohnt einem Konzert bei, reglos lauschend wie später die Konzertbesucher, und sein begeisterter Ruf nach Befreiung verhallt schon als Applaus. So treten Kunstgenuß und Handarbeit im Abschied von der Vorwelt auseinander. Das Epos enthält bereits die richtige Theorie. Das Kulturgut steht zur kommandierten Arbeit in genauer Korrelation, und beide gründen im unentrinnbaren Zwang zur gesellschaftlichen Herrschaft über die Natur.

Maßnahmen, wie sie auf dem Schiff des Odysseus im Angesicht der Sirenen durchgeführt werden, sind die ahnungsvolle Allegorie der Dialektik der Aufklärung. Wie Vertretbarkeit das Maß von Herrschaft ist und jener der Mächtigste, der sich in den meisten Verrichtungen vertreten lassen kann, so ist Vertretbarkeit das Vehikel des Fortschritts und zugleich der Regression. Unter den gegebenen Verhältnissen bedeutet das Ausgenommensein von Arbeit, nicht bloß bei Arbeitslosen sondern selbst am sozialen Gegenpol, auch Verstümmelung. Die Oberen erfahren das Dasein, mit dem sie nicht mehr umzugehen brauchen, nur noch als Substrat und erstarren ganz zum kommandierenden Selbst. Der Primitive erfuhr das Naturding bloß als sich entziehenden Gegenstand der Begierde, »der Herr aber, der den Knecht zwischen es und sich eingeschoben, schließt sich dadurch nur mit der Unselbständigkeit des Dinges zusammen und genießt es rein; die Seite der Selbständigkeit aber überläßt er dem Knechte, der es bearbeitet.«[35] Odysseus wird in der Arbeit vertreten. Wie er der Lockung zur Selbstpreisgabe nicht nachgeben kann, so entbehrt er als Eigentümer zuletzt auch der Teilnahme an der Arbeit, schließlich selbst ihrer Lenkung, während freilich die Gefährten bei aller Nähe zu

35 Hegel, Phänomenologie des Geistes a.a.O. S. 146.

den Dingen die Arbeit nicht genießen können, weil sie sich unter Zwang, verzweifelt, bei gewaltsam verschlossenen Sinnen vollzieht. Der Knecht bleibt unterjocht an Leib und Seele, der Herr regrediert. Keine Herrschaft noch hat es vermocht, diesen Preis abzudingen, und die Kreisähnlichkeit der Geschichte in ihrem Fortschritt wird miterklärt von solcher Schwächung, dem Äquivalent der Macht. Die Menschheit, deren Geschicklichkeit und Kenntnis mit der Arbeitsteilung sich differenziert, wird zugleich auf anthropologisch primitivere Stufen zurückgezwungen, denn die Dauer der Herrschaft bedingt bei technischer Erleichterung des Daseins die Fixierung der Instinkte durch stärkere Unterdrückung. Die Phantasie verkümmert. Nicht daß die Individuen hinter der Gesellschaft oder ihrer materiellen Produktion zurückgeblieben seien, macht das Unheil aus. Wo die Entwicklung der Maschine in die der Herrschaftsmaschinerie schon umgeschlagen ist, so daß technische und gesellschaftliche Tendenz, von je verflochten, in der totalen Erfassung der Menschen konvergieren, vertreten die Zurückgebliebenen nicht bloß die Unwahrheit. Demgegenüber involviert Anpassung an die Macht des Fortschritts den Fortschritt der Macht, jedes Mal aufs neue jene Rückbildungen, die nicht den mißlungenen sondern gerade den gelungenen Fortschritt seines eigenen Gegenteils überführen. Der Fluch des unaufhaltsamen Fortschritts ist die unaufhaltsame Regression.

Diese beschränkt sich nicht auf die Erfahrung der sinnlichen Welt, die an leibhafte Nähe gebunden ist, sondern affiziert zugleich den selbstherrlichen Intellekt, der von der sinnlichen Erfahrung sich trennt, um sie zu unterwerfen. Die Vereinheitlichung der intellektuellen Funktion, kraft welcher die Herrschaft über die Sinne sich vollzieht, die Resignation des Denkens zur Herstellung von Einstimmigkeit, bedeutet Verarmung des Denkens so gut wie der Erfahrung; die Trennung beider Bereiche läßt beide als beschädigte zurück. In der Beschränkung des Denkens auf Organisation und Verwaltung, von den Oberen seit dem schlauen Odysseus bis zu den naiven Generaldirektoren eingeübt, ist die Beschränktheit mitgesetzt, welche die Großen befällt, sobald es nicht bloß um die Manipulation der Kleinen geht. Der Geist wird in der Tat zum Apparat der Herrschaft und Selbstbeherrschung, als den ihn die bürgerliche Philosophie seit je verkannte. Die tauben Ohren, die

den fügsamen Proletariern seit dem Mythos blieben, haben vor der Unbewegtheit des Gebieters nichts voraus. Von der Unreife der Beherrschten lebt die Überreife der Gesellschaft. Je komplizierter und feiner die gesellschaftliche, ökonomische und wissenschaftliche Apparatur, auf deren Bedienung das Produktionssystem den Leib längst abgestimmt hat, um so verarmter die Erlebnisse, deren er fähig ist. Die Eliminierung der Qualitäten, ihre Umrechnung in Funktionen überträgt sich von der Wissenschaft vermöge der rationalisierten Arbeitsweisen auf die Erfahrungswelt der Völker und ähnelt sie tendenziell wieder der der Lurche an. Die Regression der Massen heute ist die Unfähigkeit, mit eigenen Ohren Ungehörtes hören, Unergriffenes mit eigenen Händen tasten zu können, die neue Gestalt der Verblendung, die jede besiegte mythische ablöst. Durch die Vermittlung der totalen, alle Beziehungen und Regungen erfassenden Gesellschaft hindurch werden die Menschen zu eben dem wieder gemacht, wogegen sich das Entwicklungsgesetz der Gesellschaft, das Prinzip des Selbst gekehrt hatte: zu bloßen Gattungswesen, einander gleich durch Isolierung in der zwangshaft gelenkten Kollektivität. Die Ruderer, die nicht zueinander sprechen können, sind einer wie der andere im gleichen Takte eingespannt wie der moderne Arbeiter in der Fabrik, im Kino und im Kollektiv. Die konkreten Arbeitsbedingungen in der Gesellschaft erzwingen den Konformismus und nicht die bewußten Beeinflussungen, welche zusätzlich die unterdrückten Menschen dumm machten und von der Wahrheit abzögen. Die Ohnmacht der Arbeiter ist nicht bloß eine Finte der Herrschenden, sondern die logische Konsequenz der Industriegesellschaft, in die das antike Fatum unter der Anstrengung, ihm zu entgehen, sich schließlich gewandelt hat.
Diese logische Notwendigkeit aber ist keine endgültige. Sie bleibt an die Herrschaft gefesselt, als deren Abglanz und Werkzeug zugleich. Daher ist ihre Wahrheit nicht weniger fragwürdig als ihre Evidenz unausweichbar. Die eigene Fragwürdigkeit konkret zu bezeichnen freilich hat Denken stets wieder ausgereicht. Es ist der Knecht, dem der Herr nicht nach Belieben Einhalt tun kann. Indem die Herrschaft, seit die Menschen seßhaft wurden, und dann in der Warenwirtschaft, zu Gesetz und Organisation sich verdinglichte, mußte sie sich beschränken. Das Instrument gewinnt Selb-

ständigkeit: die vermittelnde Instanz des Geistes mildert unabhängig vom Willen der Lenker die Unmittelbarkeit des ökonomischen Unrechts. Die Instrumente der Herrschaft, die alle erfassen sollen, Sprache, Waffen, schließlich Maschinen, müssen sich von allen erfassen lassen. So setzt sich in der Herrschaft das Moment der Rationalität als ein von ihr auch verschiedenes durch. Die Gegenständlichkeit des Mittels, die es universal verfügbar macht, seine »Objektivität« für alle, impliziert bereits die Kritik von Herrschaft, als deren Mittel Denken erwuchs. Auf dem Weg von der Mythologie zur Logistik hat Denken das Element der Reflexion auf sich verloren, und die Maschinerie verstümmelt die Menschen heute, selbst wenn sie sie ernährt. In der Gestalt der Maschinen aber bewegt die entfremdete Ratio auf eine Gesellschaft sich zu, die das Denken in seiner Verfestigung als materielle wie intellektuelle Apparatur mit dem befreiten Lebendigen versöhnt und auf die Gesellschaft selbst als sein reales Subjekt bezieht. Seit je war der partikulare Ursprung des Denkens und seine universale Perspektive untrennbar. Heute ist, mit der Verwandlung der Welt in Industrie, die Perspektive des Allgemeinen, die gesellschaftliche Verwirklichung des Denkens, so weit offen, daß ihretwegen Denken von den Herrschenden selber als bloße Ideologie verleugnet wird. Es ist der verräterische Ausdruck des schlechten Gewissens der Cliquen, in denen am Ende die ökonomische Notwendigkeit sich verkörpert, daß seine Offenbarungen, von den Intuitionen des Führers bis zur dynamischen Weltanschauung, in entschlossenem Gegensatz zur früheren bürgerlichen Apologetik die eigenen Untathandlungen nicht mehr als notwendige Konsequenzen gesetzlicher Zusammenhänge anerkennen. Die mythologischen Lügen von Sendung und Schicksal, die sie dafür einsetzen, sprechen nicht einmal ganz die Unwahrheit: es sind nicht mehr die objektiven Marktgesetze, die in den Handlungen der Unternehmer walteten und zur Katastrophe trieben. Vielmehr vollstreckt die bewußte Entscheidung der Generaldirektoren als Resultante, die an Zwangsläufigkeit den blindesten Preismechanismen nichts nachgibt, das alte Wertgesetz und damit das Schicksal des Kapitalismus. Die Herrschenden selbst glauben an keine objektive Notwendigkeit, wenn sie auch zuweilen so nennen, was sie aushecken. Sie spielen sich als die Ingenieure der Weltgeschichte auf. Nur die

Beherrschten nehmen die Entwicklung, die sie mit jeder dekretierten Steigerung der Lebenshaltung um einen Grad ohnmächtiger macht, als unantastbar notwendige hin. Nachdem man den Lebensunterhalt derer, die zur Bedienung der Maschinen überhaupt noch gebraucht werden, mit einem minimalen Teil der Arbeitszeit verfertigen kann, die den Herren der Gesellschaft zur Verfügung steht, wird jetzt der überflüssige Rest, die ungeheure Masse der Bevölkerung als zusätzliche Garde fürs System gedrillt, um dessen großen Plänen heute und morgen als Material zu dienen. Sie werden durchgefüttert als Armee der Arbeitslosen. Ihre Herabsetzung zu bloßen Objekten des Verwaltungswesens, die jede Sparte des modernen Lebens bis in Sprache und Wahrnehmung präformiert, spiegelt ihnen die objektive Notwendigkeit vor, gegen die sie nichts zu vermögen glauben. Das Elend als Gegensatz von Macht und Ohnmacht wächst ins Ungemessene zusammen mit der Kapazität, alles Elend dauernd abzuschaffen. Undurchdringlich für jeden Einzelnen ist der Wald von Cliquen und Institutionen, die von den obersten Kommandohöhen der Wirtschaft bis zu den letzten professionellen Rackets für die grenzenlose Fortdauer des Status sorgen. Ein Proletarier ist schon vor dem Gewerkschaftsbonzen, fällt er diesem einmal auf, geschweige vor dem Manager, nichts mehr als ein überzähliges Exemplar, während der Bonze wiederum vor seiner eigenen Liquidation erzittern muß.

Die Absurdität des Zustandes, in dem die Gewalt des Systems über die Menschen mit jedem Schritt wächst, der sie aus der Gewalt der Natur herausführt, denunziert die Vernunft der vernünftigen Gesellschaft als obsolet. Ihre Notwendigkeit ist Schein, nicht weniger als die Freiheit der Unternehmer, die ihre zwangshafte Natur zuletzt in deren unausweichlichen Kämpfen und Abkommen offenbart. Solchen Schein, in dem die restlos aufgeklärte Menschheit sich verliert, vermag das Denken nicht aufzulösen, das als Organ der Herrschaft zwischen Befehl und Gehorsam zu wählen hat. Ohne sich der Verstrickung, in der es in der Vorgeschichte befangen bleibt, entwinden zu können, reicht es jedoch hin, die Logik des Entweder-Oder, Konsequenz und Antinomie, mit der es von Natur radikal sich emanzipierte, als diese Natur, unversöhnt und sich selbst entfremdet, wiederzuerkennen. Denken, in dessen Zwangsmechanismus Natur sich reflektiert und fortsetzt, reflektiert eben vermöge seiner unaufhaltsamen Konsequenz auch sich selber als ihrer selbst vergessene Natur, als Zwangsmechanismus. Zwar ist Vorstellung nur ein Instrument. Die Menschen distanzieren denkend sich von Natur, um sie so vor sich hinzustellen, wie sie zu beherrschen ist. Gleich dem Ding, dem materiellen Werkzeug, das in verschiedenen Situationen als dasselbe festgehalten wird und so die Welt als das Chaotische, Vielseitige, Disparate vom Bekannten, Einen, Identischen scheidet, ist der Begriff das ideelle Werkzeug, das in die Stelle an allen Dingen paßt, wo man sie packen kann. Denken wird denn auch illusionär, wann immer es die trennende Funktion, Distanzierung und Vergegenständlichung, verleugnen will. Alle mystische Vereinigung bleibt Trug, die ohnmächtig inwendige Spur der abgedungenen Revolution. Indem aber Aufklärung gegen jede Hypostasierung der Utopie recht behält und die Herrschaft als Entzweiung ungerührt verkündet, wird der Bruch von Subjekt und Objekt, den sie zu überdecken verwehrt, zum Index der Unwahrheit seiner selbst und der Wahrheit. Die Verfemung des Aberglaubens hat stets mit dem Fortschritt der Herrschaft zugleich deren Bloßstellung bedeutet. Aufklärung ist mehr als Aufklärung, Natur, die in ihrer Entfremdung vernehmbar wird. In der Selbsterkenntnis des Geistes als mit sich entzweiter Natur ruft wie in der Vorzeit Natur sich selber an, aber nicht mehr unmittelbar mit ihrem vermeintlichen Namen, der die Allmacht bedeutet, als Mana, sondern als Blindes, Verstümmeltes. Naturverfallenheit besteht in der Naturbeherrschung, ohne die Geist nicht existiert. Durch die Bescheidung, in der dieser als Herrschaft sich bekennt und in Natur zurücknimmt, zergeht ihm der herrschaftliche Anspruch, der ihn gerade der Natur versklavt. Vermag die Menschheit in der Flucht vor der Notwendigkeit, in Fortschritt und Zivilisation, auch nicht innezuhalten, ohne Erkenntnis selbst preiszugeben, so verkennt sie die Wälle, die sie gegen die Notwendigkeit aufführt, die Institutionen, die Praktiken der Beherrschung, die von der Unterjochung der Natur auf die Gesellschaft seit je zurückgeschlagen haben, wenigstens nicht mehr als Garanten der kommenden Freiheit. Jeder Fortschritt der Zivilisation hat mit der Herrschaft auch jene Perspektive auf deren Beschwichtigung erneuert. Während jedoch die reale Geschichte aus dem realen Leiden gewoben ist, das keineswegs proportional mit dem Anwachsen der Mittel zu seiner Abschaffung geringer wird, ist die Erfüllung der Perspektive auf den Begriff angewiesen. Denn er distanziert nicht bloß, als Wissenschaft, die Menschen von der Natur, sondern als Selbstbesinnung eben des Denkens, das in der Form der Wissenschaft an die blinde ökonomische Tendenz gefesselt bleibt, läßt er die das Unrecht verewigende Distanz ermessen. Durch solches Eingedenken der Natur im Subjekt, in dessen Vollzug die verkannte Wahrheit aller Kultur beschlossen liegt, ist Aufklärung der Herrschaft überhaupt entgegengesetzt und der Ruf, der Aufklärung Einhalt zu tun, ertönte auch zu Vaninis Zeiten weniger aus Angst vor der exakten Wissenschaft als aus Haß gegen den zuchtlosen Gedanken, der aus dem Banne der Natur heraustritt, indem er als deren eigenes Erzittern vor ihr selbst sich bekennt. Die Priester haben Mana stets an dem Aufklärer gerächt, der Mana versöhnte, indem er vorm Schrecken, der so hieß, erschrak, und die Auguren der Aufklärung waren in der Hybris mit den Priestern einig. Aufklärung hatte als bürgerliche längst vor Turgot und d'Alembert sich an ihr positivistisches Moment verloren. Sie war vor der Verwechslung der Freiheit mit dem Betrieb der Selbsterhaltung nie gefeit. Die Suspension des Begriffs, gleichviel ob sie im Namen des Fortschritts oder der Kultur erfolgte, die sich insgeheim schon lange gegen die Wahrheit verständigt hatten, gab der Lüge das Feld frei. Diese war in einer Welt, die nur Protokollsätze verifizierte und den zur Leistung großer Denker entwürdigten Gedanken als eine Art verjährter Schlagzeile aufbewahrte, von der zum Kulturgut neutralisierten Wahrheit nicht mehr zu unterscheiden.

Die Herrschaft bis ins Denken selbst hinein als unversöhnte Natur zu erkennen aber vermöchte jene Notwendigkeit zu lockern, welcher als Zugeständnis an den reaktionären common sense der Sozialismus selbst vorschnell die Ewigkeit bestätigte. Indem er für alle Zukunft die Notwendigkeit zur Basis erhob und den Geist auf gut idealistisch zur höchsten Spitze depravierte, hielt er das Erbe der bürgerlichen Philosophie allzu krampfhaft fest. So bliebe das Verhältnis der Notwendigkeit zum Reich der Freiheit bloß quantitativ, mechanisch, und Natur, als ganz fremd gesetzt, wie in der ersten Mythologie, würde totalitär und absorbierte die Freiheit samt dem Sozialismus. Mit der Preisgabe des Denkens, das in seiner verdinglichten Gestalt als Mathematik, Maschine, Organisation an den seiner vergessenden Menschen sich rächt, hat Aufklärung ihrer eigenen Verwirklichung entsagt. Indem sie alles Einzelne in Zucht nahm, ließ sie dem unbegriffenen Ganzen die Freiheit, als Herrschaft über die Dinge auf Sein und Bewußtsein der Menschen zurückzuschlagen. Umwälzende wahre Praxis aber hängt ab von der Unnachgiebigkeit der Theorie gegen die Bewußtlosigkeit, mit der die Gesellschaft das Denken sich verhärten läßt. Nicht die materiellen Voraussetzungen der Erfüllung, die losgelassene Technik als solche, stellen die Erfüllung in Frage. Das behaupten die Soziologen, die nun wieder auf ein Gegenmittel sinnen, und sei es kollektivistischen Schlages, um des Gegenmittels Herr zu werden.[36] Schuld ist ein gesellschaftlicher Verblendungszusammenhang. Der mythische wissenschaftliche Respekt der Völker vor dem Gegebenen, das sie doch immerzu schaffen, wird schließlich selbst zur positiven Tatsache, zur Zwingburg, der gegenüber noch die revolutionäre Phantasie sich als Utopismus vor sich selber schämt und zum fügsamen Vertrauen auf die objektive Tendenz der Geschichte entartet. Als Organ solcher Anpassung, als bloße Konstruktion von Mitteln ist Aufklärung so destruktiv, wie ihre romantischen Feinde es ihr nachsagen. Sie kommt erst zu sich selbst, wenn sie dem letzten Einverständnis mit diesen absagt und das falsche Absolute, das Prinzip der blinden Herrschaft, aufzuheben wagt. Der Geist solcher unnachgiebigen Theorie vermöchte den des erbarmungslosen Fortschritts selber an seinem Ziel umzuwenden. Sein Herold Bacon hat von den vielen Dingen geträumt, »welche Könige mit all ihren Schätzen nicht kaufen können, über die ihr Befehl nicht gebietet, von denen ihre Kundschafter und Zuträger keine Nachricht bringen«. Wie er es wünschte, sind sie den Bürgern zugefallen, den aufgeklärten Erben der Könige. Indem die bürgerliche Wirtschaft die Gewalt durch die Vermittlung des Marktes vervielfachte, hat sie auch ihre

36 »The supreme question which confronts our generation today – the question to which all other problems are merely corollaries – is whether technology can be brought under control... Nobody can be sure of the formula by which this end can be achieved... We must draw on all the resources to which access can be had...« (The Rockefeller Foundation. A Review for 1943. New York 1944. S. 33 ff.)

Dinge und Kräfte so vervielfacht, daß es zu deren Verwaltung nicht bloß der Könige, sondern auch der Bürger nicht mehr bedarf: nur noch Aller. Sie lernen an der Macht der Dinge, der Macht endlich zu entraten. Aufklärung vollendet sich und hebt sich auf, wenn die nächsten praktischen Zwecke als das erlangte Fernste sich enthüllen, und die Länder, »von denen ihre Kundschafter und Zuträger keine Nachricht bringen«, nämlich die von der herrschaftlichen Wissenschaft verkannte Natur, als die des Ursprungs erinnert werden. Heute, da Bacons Utopie, daß wir »der Natur in der Praxis gebieten« in tellurischem Maßstab sich erfüllt hat, wird das Wesen des Zwanges offenbar, den er der unbeherrschten zuschrieb. Es war Herrschaft selbst. In ihre Auflösung vermag das Wissen, in dem nach Bacon die »Überlegenheit des Menschen« ohne Zweifel bestand, nun überzugehen. Angesichts solcher Möglichkeit aber wandelt im Dienst der Gegenwart Aufklärung sich zum totalen Betrug der Massen um.

EXKURS I

Odysseus oder Mythos und Aufklärung

Wie die Erzählung von den Sirenen die Verschränktheit von Mythos und rationaler Arbeit in sich beschließt, so legt die Odyssee insgesamt Zeugnis ab von der Dialektik der Aufklärung. Das Epos zeigt, zumal in seiner ältesten Schicht, an den Mythos sich gebunden: die Abenteuer stammen aus der volksmäßigen Überlieferung. Aber indem der homerische Geist der Mythen sich bemächtigt, sie »organisiert«, tritt er in Widerspruch zu ihnen. Die gewohnte Gleichsetzung von Epos und Mythos, die ohnehin von der neueren klassischen Philologie aufgelöst ward, erweist sich vollends der philosophischen Kritik als Trug. Beide Begriffe treten auseinander. Sie markieren zwei Phasen eines historischen Prozesses, der an den Nahtstellen der homerischen Redaktion selber noch sich erkennen läßt. Die homerische Rede schafft Allgemeinheit der Sprache, wenn sie sie nicht bereits voraussetzt; sie löst die hierarchische Ordnung der Gesellschaft durch die exoterische Gestalt ihrer Darstellung auf, selbst und gerade wo sie jene verherrlicht; vom Zorn des Achill und der Irrfahrt des Odysseus Singen ist bereits sehnsüchtige Stilisierung dessen, was sich nicht mehr singen läßt, und der Held der Abenteuer erweist sich als Urbild eben des bürgerlichen Individuums, dessen Begriff in jener einheitlichen Selbstbehauptung entspringt, deren vorweltliches Muster der Umgetriebene abgibt. Am Epos, dem geschichtsphilosophischen Widerspiel zum Roman, treten schließlich die romanähnlichen Züge hervor, und der ehrwürdige Kosmos der sinnerfüllten homerischen Welt offenbart sich als Leistung der ordnenden Vernunft, die den Mythos zerstört gerade vermöge der rationalen Ordnung, in der sie ihn spiegelt.

Die Einsicht in das bürgerlich aufklärerische Element Homers ist von der spätromantisch-deutschen Interpretation der Antike, die Nietzsches frühen Schriften folgte, unterstrichen worden. Nietzsche hat wie wenige seit Hegel die Dialektik der Aufklärung erkannt. Er hat ihr zwiespältiges Verhältnis zur Herrschaft formuliert. Man soll »die Aufklärung ins Volk treiben, daß die Priester alle mit schlechten Gewissen Priester werden –, ebenso muß man es mit dem Staate machen. Das ist Aufgabe der Aufklärung, den Fürsten und Staatsmännern ihr ganzes Gebaren zur absichtlichen Lüge zu machen ...«[1] Andererseits war die Aufklärung seit je ein Mittel der »großen Regierungskünstler (Konfuzius in China, das Imperium Romanum, Napoleon, das Papsttum, zur Zeit, wo es der Macht und nicht nur der Welt sich zugekehrt hatte) ... Die Selbsttäuschung der Menge über diesen Punkt, z. B. in aller Demokratie, ist äußerst wertvoll: die Verkleinerung und Regierbarkeit der Menschen wird als ›Fortschritt‹ erstrebt!«[2] Indem solcher Doppelcharakter der Aufklärung als historisches Grundmotiv hervortritt, wird ihr Begriff, als der fortschreitenden Denkens, bis zum Beginn überlieferter Geschichte ausgedehnt. Während jedoch Nietzsches Verhältnis zur Aufklärung, und damit zu Homer, selber zwiespältig blieb; während er in der Aufklärung sowohl die universale Bewegung souveränen Geistes erblickte, als deren Vollender er sich empfand, wie die lebensfeindliche, »nihilistische« Macht, ist bei seinen vorfaschistischen Nachfahren das zweite Moment allein übriggeblieben und zur Ideologie pervertiert. Diese wird zum blinden Lob des blinden Lebens, dem die gleiche Praxis sich verschreibt, von der alles Lebendige unterdrückt wird. Das kommt an der Stellung der Kulturfaschisten zu Homer zum Ausdruck. Sie wittern in der homerischen Darstellung feudaler Verhältnisse ein Demokratisches, stempeln das Werk als eines von Seefahrern und Händlern und verwerfen das jonische Epos als allzu rationale Rede und geläufige Kommunikation. Der böse Blick derer, die mit aller scheinbar unmittelbaren Herrschaft sich einig fühlen und alle Vermittlung, den »Liberalismus« jeglicher Stufe verfemen, hat ein Richtiges gewahrt. In der Tat erstrecken die Linien von Vernunft, Liberalität, Bürgerlichkeit sich unvergleichlich viel weiter, als die historische Vorstellung annimmt, die den Begriff des Bürgers erst vom Ende der mittelalterlichen Feudalität her datiert. Indem die neuromantische Reaktion den Bürger dort noch identifiziert, wo der ältere bürgerliche Humanismus heilige Frühe

1 Nietzsche, Nachlaß. Werke. Band XIV. S. 206.
2 A. a. O. Band XV. S. 235.

wähnt, die ihn selber legitimieren soll, sind Weltgeschichte und Aufklärung in eins gesetzt. Die modische Ideologie, welche Liquidation von Aufklärung zu ihrer eigensten Sache macht, erweist ihr widerwillig die Reverenz. Noch in der entlegensten Ferne ist sie gezwungen, aufgeklärtes Denken anzuerkennen. Gerade seine älteste Spur droht dem schlechten Gewissen der heutigen Archaiker, den ganzen Prozeß noch einmal zu entbinden, den zu ersticken sie sich vorgenommen haben, während sie bewußtlos zugleich ihn vollstrecken.

Aber die Einsicht in den antimythologischen, aufgeklärten Charakter Homers, seinen Gegensatz zur chthonischen Mythologie, bleibt unwahr als beschränkte. Im Dienste der repressiven Ideologie hält etwa Rudolf Borchardt, der bedeutendste und darum ohnmächtigste unter den Esoterikern der deutschen Schwerindustrie, mit der Analyse allzu früh inne. Er sieht nicht, daß die gepriesenen Ursprungsmächte selbst bereits eine Stufe von Aufklärung darstellen. Indem er allzu umstandslos das Epos als Roman denunziert, entgeht ihm, was Epos und Mythos in der Tat gemein haben: Herrschaft und Ausbeutung. Das Unedle, das er am Epos verdammt, Vermittlung und Zirkulation, ist nur die Entfaltung jenes fragwürdig Edlen, das er am Mythos vergöttert, der nackten Gewalt. Der vorgeblichen Echtheit, dem archaischen Prinzip von Blut und Opfer, haftet schon etwas vom schlechten Gewissen und der Schlauheit der Herrschaft an, die der nationalen Erneuerung eigen sind, welche heute der Urzeit als Reklame sich bedient. Schon der originale Mythos enthält das Moment der Lüge, das im Schwindelhaften des Faschismus triumphiert, und das dieser der Aufklärung aufbürdet. Kein Werk aber legt von der Verschlungenheit von Aufklärung und Mythos beredteres Zeugnis ab als das homerische, der Grundtext der europäischen Zivilisation. Bei Homer treten Epos und Mythos, Form und Stoff nicht sowohl einfach auseinander, als daß sie sich auseinandersetzten. Der ästhetische Dualismus bezeugt die geschichtsphilosophische Tendenz. »Der apollinische Homer ist nur der Fortsetzer jenes allgemein menschlichen Kunstprozesses, dem wir die Individuation verdanken.«[3]

3 Nietzsche a. a. O. Band IX. S. 289.

In den Stoffschichten Homers haben die Mythen sich niedergeschlagen; der Bericht von ihnen aber, die Einheit, die den diffusen Sagen abgezwungen ward, ist zugleich die Beschreibung der Fluchtbahn des Subjekts vor den mythischen Mächten. Das gilt im tieferen Sinne bereits von der Ilias. Der Zorn des mythischen Sohns einer Göttin gegen den rationalen Heerkönig und Organisator, die disziplinlose Untätigkeit jenes Helden, endlich die Erfassung des siegreich Todverfallenen durch die nationalhellenische, nicht länger mehr stammesmäßige Not, vermittelt durch die mythische Treue zum toten Gefährten, hält die Verschlingung von Prähistorie und Geschichte fest. Es gilt um soviel drastischer für die Odyssee, wie diese der Form des Abenteuerromans nähersteht. Im Gegensatz des einen überlebenden Ich zum vielfältigen Schicksal prägt sich derjenige der Aufklärung zum Mythos aus. Die Irrfahrt von Troja nach Ithaka ist der Weg des leibhaft gegenüber der Naturgewalt unendlich schwachen und im Selbstbewußtsein erst sich bildenden Selbst durch die Mythen. Die Vorwelt ist in den Raum säkularisiert, den er durchmißt, die alten Dämonen bevölkern den fernen Rand und die Inseln des zivilisierten Mittelmeers, zurückgescheucht in Felsgestalt und Höhle, woraus sie einmal im Schauder der Urzeit entsprangen. Die Abenteuer aber bedenken jeden Ort mit seinem Namen. Aus ihnen gerät die rationale Übersicht über den Raum. Der zitternde Schiffbrüchige nimmt die Arbeit des Kompasses vorweg. Seine Ohnmacht, der kein Ort des Meeres unbekannt mehr bleibt, zielt zugleich auf die Entmächtigung der Mächte. Die einfache Unwahrheit an den Mythen aber, daß nämlich Meer und Erde wahrhaft nicht von Dämonen bewohnt werden, Zaubertrug und Diffusion der überkommenen Volksreligion, wird unterm Blick des Mündigen zur »Irre« gegenüber der Eindeutigkeit des Zwecks seiner Selbsterhaltung, der Rückkehr zu Heimat und festem Besitz. Die Abenteuer, die Odysseus besteht, sind allesamt gefahrvolle Lockungen, die das Selbst aus der Bahn seiner Logik herausziehen. Er überläßt sich ihnen immer wieder aufs neue, probiert es als unbelehrbar Lernender, ja zuweilen als töricht Neugieriger, wie ein Mime unersättlich seine Rollen ausprobiert. »Wo aber Gefahr ist, wächst / Das Rettende auch«[4]: das Wissen, in dem seine Identität besteht und das ihm zu überleben ermöglicht, hat seine Substanz an der Erfah rung des Vielfältigen, Ablenkenden, Auflösenden, und der wissend Überlebende ist zugleich der, welcher der Todesdrohung am verwegensten sich überläßt, an der er zum Leben hart und stark wird. Das ist das Geheimnis im Prozeß zwischen Epos und Mythos: das Selbst macht nicht den starren Gegensatz zum Abenteuer aus, sondern formt in seiner Starrheit sich erst durch diesen Gegensatz, Einheit bloß in der Mannigfaltigkeit dessen, was jene Einheit verneint.[5] Odysseus, wie die Helden aller eigentlichen Ro-

4 Hölderlin, Patmos. Gesamtausgabe des Inselverlags. Text nach Zinkernagel. Leipzig o.J. S. 230.

5 Dieser Prozeß hat sein unmittelbares Zeugnis gefunden im Anfang des zwanzigsten Gesanges. Odysseus bemerkt, wie die Mägde nachts zu den Freiern schleichen, »Und das Herz im Innersten bellt' ihm. / So wie die mutige Hündin, die zarten Jungen umwandelnd, / Jemand, den sie nicht kennt, anbellt und zum Kampf sich ereifert, / So in dem Busen ihm bellt' es, vor Grimm ob der schändlichen Frevel. / Er schlug an die Brust und strafte das Herz mit den Worten: / Dulde nun aus, mein Herz! noch Härteres hast du geduldet, / Jenes Tags, da in Wut der ungeheure Kyklop mir / Fraß die tapferen Freund'; allein du ertrugst, bis ein Ratschluß / Dich aus der Höhle geführt, wo Todesgraun du zuvorsahst! / Also sprach er, das Herz im wallenden Busen bestrafend; / Bald nun blieb in der Fassung das Herz ihm, und unerschüttert / Dauert' es aus. Doch er selbst noch wälzete sich hierhin und dorthin« (xx, 13/24). Noch ist das Subjekt nicht in sich fest, identisch gefügt. Unabhängig von ihm regen sich die Affekte, Mut und Herz. »Im Anfang des y bellt die kradie oder auch das etor (die beiden Wörter sind synonym 17.22), und Odysseus schlägt an seine Brust, also gegen sein Herz und redet es an. Herzklopfen hat er, also regt sich der Körperteil wider seinen Willen. Da ist seine Anrede nicht eine bloße Form, wie wenn bei Euripides Hand und Fuß angeredet werden, weil sie in Tätigkeit treten sollen, sondern das Herz handelt selbständig.« (Wilamowitz-Moellendorff, Die Heimkehr des Odysseus. Berlin 1927. S. 189.) Der Affekt wird dem Tier gleichgesetzt, das der Mensch unterjocht: das Gleichnis von der Hündin gehört derselben Erfahrungsschicht an wie die Verwandlung der Gefährten in Schweine. Das Subjekt, aufgespalten noch und zur Gewalt gegen die Natur in sich gezwungen wie gegen die draußen, »straft« das Herz, indem es zur Geduld angehalten und ihm, im Vorblick auf die Zeit, die unmittelbare Gegenwart verwehrt wird. Sich an die Brust schlagen ist später zur Geste des Triumphs geworden: der Sieger drückt aus, daß sein Sieg stets einer über die eigene Natur ist. Die Leistung wird vollbracht von der selbsterhaltenden Vernunft. »... zunächst dachte der Redende noch an das ungebärdig klopfende Herz; dem war die metis überlegen, die also geradezu eine andere innere Kraft ist: sie hat den Odysseus gerettet. Die späteren Philosophen würden sie als

mane nach ihm, wirft sich weg gleichsam, um sich zu gewinnen; die Entfremdung von der Natur, die er leistet, vollzieht sich in der Preisgabe an die Natur, mit der er in jedem Abenteuer sich mißt, und ironisch triumphiert die Unerbittliche, der er befiehlt, indem er als Unerbittlicher nach Hause kommt, als Richter und Rächer der Erbe der Gewalten, denen er entrann. So sehr ist auf der homerischen Stufe die Identität des Selbst Funktion des Unidentischen, der dissoziierten, unartikulierten Mythen, daß sie diesen sich entlehnen muß. Noch ist die innerliche Organisationsform von Individualität, Zeit, so schwach, daß die Einheit der Abenteuer äußerlich, ihre Folge der räumliche Wechsel von Schauplätzen, den Orten von Lokalgottheiten bleibt, nach welchen der Sturm verschlägt. Wann immer das Selbst geschichtlich solche Schwächung später wiederum erfahren hat, oder die Darstellung solche Schwäche beim Leser voraussetzt, ist die Erzählung des Lebens abermals in die Abfolge von Abenteuern abgeglitten. Mühselig und widerruflich löst sich im Bilde der Reise historische Zeit ab aus dem Raum, dem unwiderruflichen Schema aller mythischen Zeit.

Das Organ des Selbst, Abenteuer zu bestehen, sich wegzuwerfen, um sich zu behalten, ist die List. Der Seefahrer Odysseus übervorteilt die Naturgottheiten wie einmal der zivilisierte Reisende die Wilden, denen er bunte Glasperlen für Elfenbein bietet. Nur zuweilen freilich tritt er als Tauschender auf. Dann werden Gastgeschenke gegeben und genommen. Das homerische Gastgeschenk hält die Mitte zwischen Tausch und Opfer. Wie eine Opferhandlung soll es verwirktes Blut, sei es des Fremdlings, sei es des vom

nus oder logistikon dem unverständigen Seelenteile gegenübergestellt haben.« (Wilamowitz a.a.O. S. 190.) Vom »Selbst« – autos – aber ist an der Stelle erst im Vers 24 die Rede: nachdem die Bändigung des Triebs durch die Vernunft gelungen ist. Mißt man der Wahl und Folge der Worte Beweiskraft zu, so wäre das identische Ich von Homer erst als das Resultat der innermenschlichen Naturbeherrschung angesehen. Dies neue Selbst erzittert in sich, ein Ding, der Körper, nachdem das Herz in ihm gestraft ward. Auf jeden Fall scheint die von Wilamowitz im einzelnen analysierte Nebeneinanderstellung der Seelenmomente, die oftmals zueinander reden, die lose ephemere Fügung des Subjekts zu bestätigen, dessen Substanz einzig die Gleichschaltung jener Momente ist.

Piraten besiegten Ansässigen abgelten und Urfehde stiften. Zugleich aber kündigt sich im Gastgeschenk das Prinzip des Äquivalents an: der Wirt erhält real oder symbolisch den Gegenwert seiner Leistung, der Gast eine Wegzehrung, die ihn grundsätzlich dazu befähigen soll, nach Hause zu gelangen. Wenn der Wirt auch dafür kein unmittelbares Entgelt empfängt, so kann er doch damit rechnen, daß er selber oder seine Anverwandten einmal ebenso aufgenommen werden: als Opfer an Elementargottheiten ist das Gastgeschenk zugleich eine rudimentäre Versicherung vor ihnen. Die ausgebreitete, doch gefahrvolle Schiffahrt des frühen Griechentums bietet dafür die pragmatische Voraussetzung. Poseidon selber, der elementare Feind des Odysseus, denkt in Äquivalenzbegriffen, indem er immer wieder Beschwerde darüber führt, daß jener auf den Stationen seiner Irrfahrt mehr an Gastgeschenken erhalte, als sein voller Anteil an der Beute von Troja gewesen wäre, wenn er ihn ohne Behinderung durch Poseidon hätte transferieren können. Solche Rationalisierung aber läßt sich bei Homer bis auf die eigentlichen Opferhandlungen zurückverfolgen. Es wird für Hekatomben bestimmter Größenordnung je mit dem Wohlwollen der Gottheiten gerechnet. Ist der Tausch die Säkularisierung des Opfers, so erscheint dieses selber schon wie das magische Schema rationalen Tausches, eine Veranstaltung der Menschen, die Götter zu beherrschen, die gestürzt werden gerade durch das System der ihnen widerfahrenden Ehrung.[6]

6 Den Zusammenhang von Opfer und Tausch hat gegen Nietzsches materialistische Interpretation Klages ganz magisch aufgefaßt: »Das Opfernmüssen schlechthin betrifft einen jeden, weil jeder, wie wir gesehen haben, vom Leben und allen Gütern des Lebens den ihm umfaßbaren Anteil – das ursprüngliche suum cuique – nur dadurch empfängt, daß er beständig gibt und wiedergibt. Es ist aber nicht vom Tauschen im Sinne des gewöhnlichen Gütertauschs die Rede (der freilich uranfänglich gleichfalls vom Opfergedanken die Weihe erhält), sondern vom Austausch der Fluiden oder Essenzen durch Hingebung der eigenen Seele an das tragende und nährende Leben der Welt.« (Ludwig Klages, Der Geist als Widersacher der Seele. Leipzig 1932. Band III. Teil 2. S. 1409.) Der Doppelcharakter des Opfers jedoch, die magische Selbstpreisgabe des Einzelnen ans Kollektiv – wie immer es damit bestellt sei – und die Selbsterhaltung durch die Technik solcher Magie, impliziert einen objektiven Widerspruch, der auf die Entfaltung gerade des rationalen Elements im Opfer drängt. Unterm fortbestehenden magischen Bann wird Rationalität, als Verhaltensweise

Das Moment des Betrugs im Opfer ist das Urbild der odysseischen List, wie denn viele Listen des Odysseus gleichsam einem Opfer an Naturgottheiten eingelegt sind.[7] Überlistet werden die Naturgottheiten wie vom Heros so von den solaren Göttern. Die olympischen Freunde des Odysseus benutzen den Aufenthalt des Poseidon bei den Äthiopiern, den Hinterwäldlern, die ihn noch ehren und ihm gewaltige Opfer darbringen, dazu, ihren Schützling ungefährdet zu geleiten. Betrug ist schon im Opfer selber involviert, das Poseidon mit Behagen annimmt: die Einschränkung des amorphen Meeresgottes auf eine bestimmte Lokalität, den heiligen Bezirk, schränkt zugleich seine Macht ein, und für die Sättigung an den äthiopischen Ochsen muß er darauf verzichten, an Odysseus seinen Mut zu kühlen. Alle menschlichen Opferhandlungen, planmäßig betrieben, betrügen den Gott, dem sie gelten: sie unterstellen ihn dem Primat der menschlichen Zwecke, lösen seine Macht auf, und der Betrug an ihm geht bruchlos über in den, welchen die ungläubigen Priester an der gläubigen Gemeinde vollführen. List entspringt im Kultus. Odysseus selber fungiert als Opfer und Priester zugleich. Durch Kalkulation des eigenen Einsatzes bewirkt er die Negation der Macht, an welche der Einsatz geschieht. So dingt er sein verfallenes Leben ab. Keineswegs aber stehen Betrug, List und Rationalität in einfachem Gegensatz zur Archaik des Opfers. Durch Odysseus wird einzig das Moment des Betrugs am Opfer, der innerste Grund vielleicht für den Scheincharakter des Mythos,

des Opfernden, zur List. Klages selbst, der eifernde Apologet von Mythos und Opfer, ist darauf gestoßen und sieht sich gezwungen, noch im Idealbild des Pelasgertums zwischen der echten Kommunikation mit der Natur und der Lüge zu unterscheiden, ohne daß er es doch vermöchte, aus dem mythischen Denken selber heraus dem Schein magischer Naturbeherrschung ein Gegenprinzip entgegenzusetzen, weil solcher Schein eben das Wesen des Mythos ausmacht. »Es ist nicht mehr heidnischer Glaube allein, es ist auch schon heidnischer Aberglaube, wenn etwa bei der Thronbesteigung der Gottkönig schwören muß, er werde hinfort die Sonne scheinen und das Feld sich mit Früchten bedecken lassen.« (Klages a.a.O. S. 1408.)

7 Dazu stimmt, daß Menschenopfer im eigentlichen Sinn bei Homer nicht vorkommen. Die zivilisatorische Tendenz des Epos macht sich in der Auswahl der berichteten Begebenheiten geltend. »With one exception … both Iliad and Odyssey are completely expurgated of the abomination of Human Sacrifice.« (Gilbert Murray, The Rise of the Greek Epic. Oxford 1911. S. 150.)

zum Selbstbewußtsein erhoben. Uralt muß die Erfahrung sein, daß die symbolische Kommunikation mit der Gottheit durchs Opfer nicht real ist. Die im Opfer gelegene Stellvertretung, verherrlicht von neumodischen Irrationalisten, ist nicht zu trennen von der Vergottung des Geopferten, dem Trug der priesterlichen Rationalisierung des Mordes durch Apotheose des Erwählten. Etwas von solchem Trug, der gerade die hinfällige Person zum Träger der göttlichen Substanz erhöht, ist seit je am Ich zu spüren, das sich selbst dem Opfer des Augenblicks an die Zukunft verdankt. Seine Substantialität ist Schein wie die Unsterblichkeit des Hingeschlachteten. Nicht umsonst galt Odysseus vielen als Gottheit. Solange Einzelne geopfert werden, solange das Opfer den Gegensatz von Kollektiv und Individuum einbegreift, solange ist objektiv der Betrug am Opfer mitgesetzt. Bedeutet der Glaube an die Stellvertretung durchs Opfer die Erinnerung an das nicht Ursprüngliche, Herrschaftsgeschichtliche am Selbst, so wird er zugleich dem ausgebildeten Selbst gegenüber zur Unwahrheit: das Selbst ist gerade der Mensch, dem nicht mehr magische Kraft der Stellvertretung zugetraut wird. Die Konstitution des Selbst durchschneidet eben jenen fluktuierenden Zusammenhang mit der Natur, den das Opfer des Selbst herzustellen beansprucht. Jedes Opfer ist eine Restauration, die von der geschichtlichen Realität Lügen gestraft wird, in der man sie unternimmt. Der ehrwürdige Glaube ans Opfer aber ist wahrscheinlich bereits ein eingedrilltes Schema, nach welchem die Unterworfenen das ihnen angetane Unrecht sich selber nochmals antun, um es ertragen zu können. Es rettet nicht durch stellvertretende Rückgabe die unmittelbare, nur eben unterbrochene Kommunikation, welche die heutigen Mythologen ihm zuschreiben, sondern die Institution des Opfers selber ist das Mal einer historischen Katastrophe, ein Akt von Gewalt, der Menschen und Natur gleichermaßen widerfährt. Die List ist nichts anderes als die subjektive Entfaltung solcher objektiven Unwahrheit des Opfers, das sie ablöst. Vielleicht ist jene Unwahrheit nicht stets nur Unwahrheit gewesen. Auf einer Stufe[8] der

8 Schwerlich auf der ältesten. »Die Sitte des Menschenopfers … ist unter Barbaren und halbzivilisierten Völkern viel verbreiteter als unter echten Wilden, und auf den niedrigsten Kulturstufen kennt man sie überhaupt

Vorzeit mögen die Opfer eine Art blutige Rationalität besessen haben, die freilich schon damals kaum von der Gier des Privilegs zu trennen war. Die heute vorherrschende Theorie des Opfers bezieht es auf die Vorstellung des Kollektivleibs, des Stammes, in den das vergossene Blut des Stammesmitglieds als Kraft zurückströmen soll. Während der Totemismus schon zu seiner Zeit Ideologie war, markiert er doch einen realen Zustand, wo die herrschende Vernunft der Opfer bedurfte. Es ist ein Zustand archaischen Mangels, in dem Menschenopfer und Kannibalismus kaum sich scheiden lassen. Das numerisch angewachsene Kollektiv kann zuzeiten sich am Leben erhalten nur durch den Genuß von Menschenfleisch; vielleicht war die Lust mancher ethnischer oder sozialer Gruppen in einer Weise dem Kannibalismus verbunden, von der nur der Abscheu vorm Menschenfleisch heute Zeugnis ablegt. Gebräuche aus späterer Zeit wie der des ver sacrum, wo in Zeiten des Hungers ein ganzer Jahrgang von Jünglingen unter rituellen Veranstaltungen zur Auswanderung gezwungen wird, bewahren deutlich genug die Züge solcher barbarischen und verklärten Rationalität. Längst vor Ausbildung der mythischen Volksreligionen muß sie als illusorisch sich enthüllt haben: wie die systematische Jagd dem Stamm genug Tiere zutrieb, um das Verzehren der Stammesmitglieder überflüssig zu machen, müssen die gewitzigten Jäger und Fallensteller irre geworden sein am Gebot der Medizinmänner, jene müßten sich verspeisen lassen.[9] Die magisch kollektive Interpretation des Opfers, die dessen Rationalität ganz verleugnet, ist seine Rationalisierung; die geradlinig aufgeklärte Annahme aber, es könne, was heute Ideologie sei, einmal die Wahrheit gewesen sein, zu harmlos[10]: die neuesten Ideologien

kaum. Es ist beobachtet worden, daß sie bei manchen Völkern im Laufe der Zeit immer mehr überhandgenommen hat«, auf den Gesellschaftsinseln, in Polynesien, in Indien, bei den Azteken. »Bezüglich der Afrikaner sagt Winwood Reade: ›Je mächtiger die Nation, desto bedeutender die Opfer‹.« (Eduard Westermarck, Ursprung und Entwicklung der Moralbegriffe. Leipzig 1913. Band I. S. 363.)

9 Bei kannibalischen Völkern wie denen Westafrikas durften »weder Weiber noch Jünglinge … von der Delikatesse genießen.« (Westermarck a.a.O. Leipzig 1909. Band II. S. 459.)

10 Wilamowitz setzt den nus in »scharfen Gegensatz« zum logos. (Glaube der Hellenen. Berlin 1931. Band I. S. 41f.) Der Mythos ist ihm eine »Ge-

sind nur Reprisen der ältesten, die hinter die vorher bekannten um ebensoviel zurückgreifen, wie die Entwicklung der Klassengesellschaft die zuvor sanktionierten Ideologien Lügen straft. Die vielberufene Irrationalität des Opfers ist nichts anderes als der Ausdruck dafür, daß die Praxis der Opfer länger währte als ihre selber schon unwahre, nämlich partikulare rationale Notwendigkeit. Es ist dieser Spalt zwischen Rationalität und Irrationalität

schichte, wie man sie sich erzählt«, Kinderfabel, Unwahrheit, oder, ungeschieden davon, die unbeweisbare oberste Wahrheit wie bei Platon. Während Wilamowitz des Scheincharakters der Mythen sich bewußt ist, setzt er sie der Dichtung gleich. Mit anderen Worten: er sucht sie erst in der signifikativen Sprache, die zu ihrer Intention bereits in einen objektiven Widerspruch getreten ist, den sie als Dichtung zu versöhnen trachtet: »Mythos ist zuerst die gesprochene Rede, ihren Inhalt geht das Wort niemals an.« (A. a. O.) Indem er diesen späten Begriff des Mythos hypostasiert, der Vernunft als sein explizites Widerspiel bereits voraussetzt, gelangt er – in unausdrücklicher Polemik gegen Bachofen, den er als Mode verhöhnt, ohne doch den Namen zu nennen – zur bündigen Scheidung von Mythologie und Religion (a. a. O. S. 5.), bei der Mythos nicht als die ältere, sondern gerade die jüngere Stufe erscheint: »Ich mache den Versuch, das Werden, die Wandlungen und das Übergehen aus dem Glauben in den Mythos ... zu verfolgen.« (A. a. O. S. 1.) Der verstockt departementale Hochmut des Graecisten verwehrt ihm die Einsicht in die Dialektik von Mythos, Religion und Aufklärung: »Ich verstehe die Sprachen nicht, aus denen die zurzeit beliebten Wörter, Tabu und Totem, Mana und Orenda, entlehnt sind, halte es aber auch für einen zulässigen Weg, mich an die Griechen zu halten und über Griechisches griechisch zu denken.« (A. a. O. S. 10.) Wie damit, nämlich der unvermittelten Meinung, »im ältesten Hellenentum lag der Keim der platonischen Gottheit«, die von Kirchhoff vertretene und von Wilamowitz übernommene historische Ansicht vereinbar sein soll, die gerade in den mythischen Begegnungen des Nostos den ältesten Kern des odysseischen Buches erblickt, bleibt unausgemacht, wie denn der zentrale Begriff des Mythos selber bei Wilamowitz der zureichenden philosophischen Artikulation enträt. Dennoch ist in seinem Widerstand gegen den Irrationalismus, der den Mythos verhimmelt, und in seiner Insistenz auf der Unwahrheit der Mythen große Einsicht unverkennbar. Der Widerwille gegen primitives Denken und Vorgeschichte läßt um so deutlicher die Spannung hervortreten, die zwischen dem trugvollen Wort und der Wahrheit stets schon bestand. Was Wilamowitz den späteren Mythen vorwirft, die Willkür der Erfindung, muß in den ältesten bereits vermöge des Pseudos der Opfer enthalten gewesen sein. Dies Pseudos ist gerade jener platonischen Gottheit verwandt, die Wilamowitz aufs archaische Hellenentum zurückdatiert.

des Opfers, den die List als Griff benutzt. Alle Entmythologisierung hat die Form der unaufhaltsamen Erfahrung von der Vergeblichkeit und Überflüssigkeit von Opfern.
Erweist das Prinzip des Opfers um seiner Irrationalität willen sich als vergänglich, so besteht es zugleich fort kraft seiner Rationalität. Diese hat sich gewandelt, sie ist nicht verschwunden. Das Selbst trotzt der Auflösung in blinde Natur sich ab, deren Anspruch das Opfer stets wieder anmeldet. Aber es bleibt dabei gerade dem Zusammenhang des Natürlichen verhaftet, Lebendiges, das gegen Lebendiges sich behaupten möchte. Die Abdingung des Opfers durch selbsterhaltende Rationalität ist Tausch nicht weniger, als das Opfer es war. Das identisch beharrende Selbst, das in der Überwindung des Opfers entspringt, ist unmittelbar doch wieder ein hartes, steinern festgehaltenes Opferritual, das der Mensch, indem er dem Naturzusammenhang sein Bewußtsein entgegensetzt, sich selber zelebriert. Soviel ist wahr an der berühmten Erzählung der nordischen Mythologie, derzufolge Odin als Opfer für sich selbst am Baum hing, und an der These von Klages, daß jegliches Opfer das des Gottes an den Gott sei, wie es noch in der monotheistischen Verkleidung des Mythos, der Christologie, sich darstellt.[11] Nur daß die Schicht der Mythologie, in welcher das Selbst als das Opfer an sich selbst erscheint, nicht sowohl die ursprüngliche Konzeption der Volksreligion ausdrückt, als vielmehr die Aufnahme des Mythos in die Zivilisation. In der Klassengeschichte schloß die Feindschaft des Selbst gegens Opfer ein Opfer des Selbst ein, weil sie mit der Verleugnung der Natur im Menschen bezahlt ward um der Herrschaft über die außermenschliche Natur und über andere Menschen willen. Eben diese Verleugnung, der Kern aller zivilisatorischen Rationalität, ist die Zelle der fortwuchernden mythischen Irrationalität: mit der Verleugnung der Natur im Menschen wird nicht bloß das Telos der auswendigen Naturbeherrschung sondern das Telos des eigenen Lebens verwirrt und undurchsichtig. In dem Augenblick, in dem der Mensch das Bewußtsein seiner selbst als Natur sich abschneidet, werden

11 Die Auffassung des Christentums als heidnischer Opferreligion liegt wesentlich Werner Hegemanns Gerettetem Christus (Potsdam 1928) zugrunde.

alle die Zwecke, für die er sich am Leben erhält, der gesellschaftliche Fortschritt, die Steigerung aller materiellen und geistigen Kräfte, ja Bewußtsein selber, nichtig, und die Inthronisierung des Mittels als Zweck, die im späten Kapitalismus den Charakter des offenen Wahnsinns annimmt, ist schon in der Urgeschichte der Subjektivität wahrnehmbar. Die Herrschaft des Menschen über sich selbst, die sein Selbst begründet, ist virtuell allemal die Vernichtung des Subjekts, in dessen Dienst sie geschieht, denn die beherrschte, unterdrückte und durch Selbsterhaltung aufgelöste Substanz ist gar nichts anderes als das Lebendige, als dessen Funktion die Leistungen der Selbsterhaltung einzig sich bestimmen, eigentlich gerade das, was erhalten werden soll. Die Widervernunft des totalitären Kapitalismus, dessen Technik, Bedürfnisse zu befriedigen, in ihrer vergegenständlichten, von Herrschaft determinierten Gestalt die Befriedigung der Bedürfnisse unmöglich macht und zur Ausrottung der Menschen treibt – diese Widervernunft ist prototypisch im Heros ausgebildet, der dem Opfer sich entzieht, indem er sich opfert. Die Geschichte der Zivilisation ist die Geschichte der Introversion des Opfers. Mit anderen Worten: die Geschichte der Entsagung. Jeder Entsagende gibt mehr von seinem Leben als ihm zurückgegeben wird, mehr als das Leben, das er verteidigt. Das entfaltet sich im Zusammenhang der falschen Gesellschaft. In ihr ist jeder zu viel und wird betrogen. Aber es ist die gesellschaftliche Not, daß der, welcher dem universalen, ungleichen und ungerechten Tausch sich entziehen, nicht entsagen, sogleich das ungeschmälerte Ganze ergreifen würde, eben damit alles verlöre, noch den kargen Rest, den Selbsterhaltung ihm gewährt. Es bedarf all der überflüssigen Opfer: gegen das Opfer. Auch Odysseus ist eines, das Selbst, das immerzu sich bezwingt[12]

12 So etwa, wenn er davon absteht, den Polyphem sogleich zu töten (IX, 302); wenn er die Mißhandlung des Antinoos über sich ergehen läßt, um sich nicht zu verraten (XVII, 460 ff.). Vergleiche weiter die Episode mit den Winden (X, 50 ff.) und die Prophezeiung des Teiresias in der ersten Nekyia (XI, 105 ff.), die die Heimkehr von der Bändigung des Herzens abhängig macht. Freilich hat der Verzicht des Odysseus noch nicht den Charakter des Definitiven, sondern lediglich den des Aufschubs: die Rachetaten, die er sich verwehrt, verübt er meist später um so gründlicher: der Dulder ist der Geduldige. In seinem Verhalten liegt noch einigermaßen

und darüber das Leben versäumt, das es rettet und bloß noch als Irrfahrt erinnert. Dennoch ist er zugleich Opfer für die Abschaffung des Opfers. Seine herrschaftliche Entsagung, als Kampf mit dem Mythos, ist stellvertretend für eine Gesellschaft, die der Entsagung und der Herrschaft nicht mehr bedarf: die ihrer selbst mächtig wird, nicht um sich und andern Gewalt anzutun, sondern zur Versöhnung.

Die Transformation des Opfers in Subjektivität findet im Zeichen jener List statt, die am Opfer stets schon Anteil hatte. In der Unwahrheit der List wird der im Opfer gesetzte Betrug zum Element des Charakters, zur Verstümmelung des »Verschlagenen« selber, dessen Physiognomie von den Schlägen geprägt ward, die er zur Selbsterhaltung gegen sich führte. Es drückt darin das Verhältnis von Geist und physischer Kraft sich aus. Der Träger des Geistes, der Befehlende, als welcher der listige Odysseus fast stets vorgestellt wird, ist trotz aller Berichte über seine Heldentaten jedenfalls physisch schwächer als die Gewalten der Vorzeit, mit denen er ums Leben zu ringen hat. Die Gelegenheiten, bei denen die nackte Körperstärke des Abenteurers gefeiert wird, der von den Freiern protegierte Faustkampf mit dem Bettler Iros und das Spannen des Bogens, sind sportlicher Art. Selbsterhaltung und Körperstärke sind auseinandergetreten: die athletischen Fähigkeiten des Odysseus sind die des gentleman, der, praktischer Sorgen

offen, als naturwüchsiger Zweck, zutage, was später in der totalen, imperativischen Entsagung sich versteckt, um damit erst unwiderstehliche Gewalt anzunehmen, die der Unterjochung alles Natürlichen. Mit der Verlegung ins Subjekt, der Emanzipation vom mythisch vorgegebenen Inhalt, wird solche Unterjochung »objektiv«, dinghaft selbständig gegenüber jedem besonderen Zweck des Menschen, sie wird zum allgemeinen rationalen Gesetz. Schon in der Geduld des Odysseus, deutlich nach dem Freiermord geht die Rache in die juridische Prozedur über: gerade die endliche Erfüllung des mythischen Dranges wird zum sachlichen Instrument der Herrschaft. Recht ist die entsagende Rache. Indem jedoch solche richterliche Geduld an einem außerhalb ihrer selbst Liegenden, der Sehnsucht nach der Heimat sich bildet, gewinnt sie die Züge des Menschlichen, fast des Vertrauenden, die über die je verschobene Rache hinausweisen. In der entfalteten bürgerlichen Gesellschaft dann wird beides kassiert: mit dem Gedanken an Rache verfällt auch die Sehnsucht dem Tabu, und das eben ist die Inthronisierung der Rache, vermittelt als Rache des Selbst an sich.

bar, herrschaftlich-beherrscht trainieren kann. Die von der Selbsterhaltung distanzierte Kraft gerade kommt der Selbsterhaltung zugute: im Agon mit dem schwächlichen, verfressenen, undisziplinierten Bettler oder mit denen, die sorglos auf der faulen Haut liegen, tut Odysseus den Zurückgebliebenen symbolisch nochmals an, was die organisierte Grundherrschaft real ihnen längst zuvor antat, und legitimiert sich als Edelmann. Wo er jedoch auf vorweltliche Mächte trifft, die weder domestiziert noch erschlafft sind, hat er es schwerer. Niemals kann er den physischen Kampf mit den exotisch fortexistierenden mythischen Gewalten selber aufnehmen. Er muß die Opferzeremoniale, in die er immer wieder gerät, als gegeben anerkennen: zu brechen vermag er sie nicht. Statt dessen macht er sie formal zur Voraussetzung der eigenen vernünftigen Entscheidung. Diese vollzieht sich stets gleichsam innerhalb des urgeschichtlichen Urteilsspruchs, der der Opfersituation zugrundeliegt. Daß das alte Opfer selbst mittlerweile irrational ward, präsentiert sich der Klugheit des Schwächeren als Dummheit des Rituals. Es bleibt akzeptiert, sein Buchstabe wird strikt innegehalten. Aber der sinnlos gewordene Spruch widerlegt sich daran, daß seine eigene Satzung je und je Raum gewährt, ihm auszuweichen. Gerade vom naturbeherrschenden Geiste wird die Superiorität der Natur im Wettbewerb stets vindiziert. Alle bürgerliche Aufklärung ist sich einig in der Forderung nach Nüchternheit, Tatsachensinn, der rechten Einschätzung von Kräfteverhältnissen. Der Wunsch darf nicht Vater des Gedankens sein. Das rührt aber daher, daß jegliche Macht in der Klassengesellschaft ans nagende Bewußtsein von der eigenen Ohnmacht gegenüber der physischen Natur und deren gesellschaftlichen Nachfolgern, den Vielen, gebunden ist. Nur die bewußt gehandhabte Anpassung an die Natur bringt diese unter die Gewalt des physisch Schwächeren. Die Ratio, welche die Mimesis verdrängt, ist nicht bloß deren Gegenteil. Sie ist selber Mimesis: die ans Tote. Der subjektive Geist, der die Beseelung der Natur auflöst, bewältigt die entseelte nur, indem er ihre Starrheit imitiert und als animistisch sich selber auflöst. Nachahmung tritt in den Dienst der Herrschaft, indem noch der Mensch vorm Menschen zum Anthropomorphismus wird. Das Schema der odysseischen List ist Naturbeherrschung durch solche Angleichung. In der Einschätzung der

Kräfteverhältnisse, welche das Überleben vorweg gleichsam vom Zugeständnis der eigenen Niederlage, virtuell vom Tode abhängig macht, ist in nuce bereits das Prinzip der bürgerlichen Desillusion gelegen, das auswendige Schema für die Verinnerlichung des Opfers, die Entsagung. Der Listige überlebt nur um den Preis seines eigenen Traums, den er abdingt, indem er wie die Gewalten draußen sich selbst entzaubert. Er eben kann nie das Ganze haben, er muß immer warten können, Geduld haben, verzichten, er darf nicht vom Lotos essen und nicht von den Rindern des heiligen Hyperion, und wenn er durch die Meerenge steuert, muß er den Verlust der Gefährten einkalkulieren, welche Szylla aus dem Schiff reißt. Er windet sich durch, das ist sein Überleben, und aller Ruhm, den er selbst und die andern ihm dabei gewähren, bestätigt bloß, daß die Heroenwürde nur gewonnen wird, indem der Drang zum ganzen, allgemeinen, ungeteilten Glück sich demütigt.

Es ist die Formel für die List des Odysseus, daß der abgelöste, instrumentale Geist, indem er der Natur resigniert sich einschmiegt, dieser das Ihre gibt und sie eben dadurch betrügt. Die mythischen Ungetüme, in deren Machtbereich er gerät, stellen allemal gleichsam versteinerte Verträge, Rechtsansprüche aus der Vorzeit dar. So präsentiert sich zur entwickelt patriarchalen Zeit die ältere Volksreligion in ihren zerstreuten Relikten: unterm olympischen Himmel sind sie Figuren des abstrakten Schicksals, der sinnfernen Notwendigkeit geworden. Daß es unmöglich wäre, etwa eine andere Route zu wählen als die zwischen Szylla und Charybdis, mag man rationalistisch als die mythische Transformation der Übermacht der Meeresströmung über die kleinen altertümlichen Schiffe auffassen. Aber in der mythisch vergegenständlichenden Übertragung hat das Naturverhältnis von Stärke und Ohnmacht bereits den Charakter eines Rechtsverhältnisses angenommen. Szylla und Charybdis haben einen Anspruch auf das, was ihnen zwischen die Zähne kommt, so wie Kirke einen, den Ungefeiten zu verwandeln, oder Polyphem den auf die Leiber seiner Gäste. Eine jegliche der mythischen Figuren ist gehalten, immer wieder das Gleiche zu tun. Jede besteht in Wiederholung: deren Mißlingen wäre ihr Ende. Alle tragen Züge dessen, was in den Strafmythen der Unterwelt, Tantalos, Sisyphos, den Danaiden durch olympischen Richtspruch begründet wird. Sie sind Figuren des Zwanges: die

Greuel, die sie begehen, sind der Fluch, der auf ihnen lastet. Mythische Unausweichlichkeit wird definiert durch die Äquivalenz zwischen jenem Fluch, der Untat, die ihn sühnt, und der aus ihr erwachsenden Schuld, die den Fluch reproduziert. Alles Recht in der bisherigen Geschichte trägt die Spur dieses Schemas. Im Mythos gilt jedes Moment des Kreislaufs das voraufgehende ab und hilft damit, den Schuldzusammenhang als Gesetz zu installieren. Dem tritt Odysseus entgegen. Das Selbst repräsentiert rationale Allgemeinheit wider die Unausweichlichkeit des Schicksals. Weil er aber Allgemeines und Unausweichliches ineinander verschränkt vorfindet, nimmt seine Rationalität notwendig beschränkende Form an, die der Ausnahme. Er muß sich den ihn einschließenden und bedrohenden Rechtsverhältnissen entziehen, die gewissermaßen einer jeglichen mythischen Figur einbeschrieben sind. Er tut der Rechtssatzung Genüge derart, daß sie die Macht über ihn verliert, indem er ihr diese Macht einräumt. Es ist unmöglich, die Sirenen zu hören und ihnen nicht zu verfallen: es läßt sich ihnen nicht trotzen. Trotz und Verblendung sind eines, und wer ihnen trotzt, ist damit eben an den Mythos verloren, dem er sich stellt. List aber ist der rational gewordene Trotz. Odysseus versucht nicht, einen andern Weg zu fahren als den an der Sireneninsel vorbei. Er versucht auch nicht, etwa auf die Überlegenheit seines Wissens zu pochen und frei den Versucherinnen zuzuhören, wähnend, seine Freiheit genüge als Schutz. Er macht sich ganz klein, das Schiff nimmt seinen vorbestimmten, fatalen Kurs, und er realisiert, daß er, wie sehr auch bewußt von Natur distanziert, als Hörender ihr verfallen bleibt. Er hält den Vertrag seiner Hörigkeit inne und zappelt noch am Mastbaum, um in die Arme der Verderberinnen zu stürzen. Aber er hat eine Lücke im Vertrag aufgespürt, durch die er bei der Erfüllung der Satzung dieser entschlüpft. Im urzeitlichen Vertrag ist nicht vorgesehen, ob der Vorbeifahrende gefesselt oder nicht gefesselt dem Lied lauscht. Fesselung gehört erst einer Stufe an, wo man den Gefangenen nicht sogleich mehr totschlägt. Odysseus erkennt die archaische Übermacht des Liedes an, indem er, technisch aufgeklärt, sich fesseln läßt. Er neigt sich dem Liede der Lust und vereitelt sie wie den Tod. Der gefesselt Hörende will zu den Sirenen wie irgendein anderer. Nur eben hat er die Veranstaltung getroffen, daß er als Verfallener ihnen nicht verfällt. Er kann mit aller Gewalt seines Wunsches, die die Gewalt der Halbgöttinnen selber reflektiert, nicht zu ihnen, denn die rudernden Gefährten mit Wachs in den Ohren sind taub nicht bloß gegen die Halbgöttinnen, sondern auch gegen den verzweifelten Schrei des Befehlshabers. Die Sirenen haben das Ihre, aber es ist in der bürgerlichen Urgeschichte schon neutralisiert zur Sehnsucht dessen, der vorüberfährt. Das Epos schweigt darüber, was den Sängerinnen widerfährt, nachdem das Schiff entschwunden ist. In der Tragödie aber müßte es ihre letzte Stunde gewesen sein, wie die der Sphinx es war, als Ödipus das Rätsel löste, ihr Gebot erfüllend und damit sie stürzend. Denn das Recht der mythischen Figuren, als das des Stärkeren, lebt bloß von der Unerfüllbarkeit ihrer Satzung. Geschieht dieser Genüge, so ist es um die Mythen bis zur fernsten Nachfolge geschehen. Seit der glücklich-mißglückten Begegnung des Odysseus mit den Sirenen sind alle Lieder erkrankt, und die gesamte abendländische Musik laboriert an dem Widersinn von Gesang in der Zivilisation, der doch zugleich wieder die bewegende Kraft aller Kunstmusik abgibt.

Mit der Auflösung des Vertrags durch dessen wörtliche Befolgung ändert sich der geschichtliche Standort der Sprache: sie beginnt in Bezeichnung überzugehen. Das mythische Schicksal, Fatum, war eins mit dem gesprochenen Wort. Der Vorstellungskreis, dem die von den mythischen Figuren unabänderlich vollstreckten Schicksalsprüche angehören, kennt noch nicht den Unterschied von Wort und Gegenstand. Das Wort soll unmittelbare Macht haben über die Sache, Ausdruck und Intention fließen ineinander. List jedoch besteht darin, den Unterschied auszunutzen. Man klammert sich ans Wort, um die Sache zu ändern. So entspringt das Bewußtsein der Intention: in seiner Not wird Odysseus des Dualismus inne, indem er erfährt, daß das identische Wort Verschiedenes zu bedeuten vermag. Weil sich dem Namen Udeis sowohl der Held wie Niemand unterschieben läßt, vermag jener den Bann des Namens zu brechen. Die unabänderlichen Worte bleiben Formeln für den unerbittlichen Naturzusammenhang. In der Magie schon sollte ihre Starrheit der des Schicksals, das von ihr zugleich gespiegelt wurde, die Stirn bieten. Darin bereits war der Gegensatz zwischen dem Wort und dem, woran es sich anglich, beschlossen. Auf der homerischen Stufe wird er bestimmend. Odysseus entdeckt an den Worten, was in der entfalteten bürgerlichen Gesellschaft Formalismus heißt: ihre perennierende Verbindlichkeit wird damit bezahlt, daß sie sich vom je erfüllenden Inhalt distanzieren, im Abstand auf allen möglichen Inhalt sich beziehen, auf Niemand wie auf Odysseus selbst. Aus dem Formalismus der mythischen Namen und Satzungen, die gleichgültig wie Natur über Menschen und Geschichte gebieten wollen, tritt der Nominalismus hervor, der Prototyp bürgerlichen Denkens. Selbsterhaltende List lebt von jenem zwischen Wort und Sache waltenden Prozeß. Die beiden widersprechenden Akte des Odysseus in der Begegnung mit Polyphem, sein Gehorsam gegen den Namen und seine Lossage von ihm, sind doch wiederum das Gleiche. Er bekennt sich zu sich selbst, indem er sich als Niemand verleugnet, er rettet sein Leben, indem er sich verschwinden macht. Solche Anpassung ans Tote durch die Sprache enthält das Schema der modernen Mathematik.

Die List als Mittel eines Tausches, wo alles mit rechten Dingen zugeht, wo der Vertrag erfüllt wird und dennoch der Partner betrogen, weist auf einen wirtschaftlichen Typus zurück, der, wenn nicht in der mythischen Vorzeit, zumindest doch in der frühen Antike auftritt: den uralten »Gelegenheitstausch« zwischen geschlossenen Hauswirtschaften. »Überschüsse werden gelegentlich ausgetauscht, aber der Schwerpunkt der Versorgung ruht in Selbsterzeugtem.«[13] An die Verhaltensweise des Gelegenheitstauschenden gemahnt die des Abenteurers Odysseus. Noch im pathetischen Bilde des Bettlers trägt der Feudale die Züge des orientalischen Kaufmanns[14], der mit unerhörtem Reichtum zurückkehrt, weil er erstmals traditionswidrig aus dem Umkreis der Hauswirtschaft heraustritt, »sich einschifft«. Das abenteuerliche Element seiner Unternehmungen ist ökonomisch nichts anderes als der irrationale Aspekt seiner Ratio gegenüber der noch vorwaltenden traditionalistischen Wirtschaftsform. Diese Irrationalität der Ratio hat ihren Niederschlag in der List gefunden als der Angleichung der bür-

13 Max Weber, Wirtschaftsgeschichte. München und Leipzig 1924. S. 3.

14 Victor Bérard hat mit besonderem Nachdruck, freilich nicht ohne einige apokryphe Konstruktion, das semitische Element der Odyssee hervorgehoben. Vgl. das Kapitel »Les Phéniciens et l'Odyssée« in der Résurrection d'Homère. Paris 1930. S. 111 ff.

gerlichen Vernunft an jede Unvernunft, die ihr als noch größere Gewalt gegenübertritt. Der listige Einzelgänger ist schon der homo oeconomicus, dem einmal alle Vernünftigen gleichen: daher ist die Odyssee schon eine Robinsonade. Die beiden prototypischen Schiffbrüchigen machen aus ihrer Schwäche – der des Individuums selber, das von der Kollektivität sich scheidet – ihre gesellschaftliche Stärke. Dem Zufall des Wellengangs ausgeliefert, hilflos isoliert, diktiert ihnen ihre Isoliertheit die rücksichtslose Verfolgung des atomistischen Interesses. Sie verkörpern das Prinzip der kapitalistischen Wirtschaft, schon ehe sie sich eines Arbeiters bedienen; was sie aber an gerettetem Gut zur neuen Unternehmung mitbringen, verklärt die Wahrheit, daß der Unternehmer in die Konkurrenz von je mit mehr eingetreten ist als dem Fleiß seiner Hände. Ihre Ohnmacht der Natur gegenüber fungiert bereits als Ideologie für ihre gesellschaftliche Vormacht. Die Wehrlosigkeit des Odysseus gegenüber der Meeresbrandung klingt wie die Legitimation der Bereicherung des Reisenden am Eingeborenen. Das hat die bürgerliche Ökonomik späterhin festgehalten im Begriff des Risikos: die Möglichkeit des Untergangs soll den Profit moralisch begründen. Vom Standpunkt der entwickelten Tauschgesellschaft und ihrer Individuen aus sind die Abenteuer des Odysseus nichts als die Darstellung der Risiken, welche die Bahn zum Erfolg ausmachen. Odysseus lebt nach dem Urprinzip, das einmal die bürgerliche Gesellschaft konstituierte. Man hatte die Wahl, zu betrügen oder unterzugehen. Betrug war das Mal der Ratio, an dem ihre Partikularität sich verriet. Daher gehört zur universalen Vergesellschaftung, wie sie der Weltreisende Odysseus und der Solofabrikant Robinson entwerfen, ursprünglich schon die absolute Einsamkeit, die am Ende der bürgerlichen Ära offenbar wird. Radikale Vergesellschaftung heißt radikale Entfremdung. Odysseus und Robinson haben es beide mit der Totalität zu tun: jener durchmißt, dieser erschafft sie. Beide vollbringen es nur vollkommen abgetrennt von allen anderen Menschen. Diese begegnen beiden bloß in entfremdeter Gestalt, als Feinde oder als Stützpunkte, stets als Instrumente, Dinge.

Eines der ersten Abenteuer des eigentlichen Nostos freilich greift weit dahinter zurück, weit selbst hinters barbarische Zeitalter von Dämonenfratzen und Zaubergöttern. Es handelt sich um die Erzählung von den Lotophagen, den Lotosessern. Wer von ihrer Speise genießt, ist verfallen wie der den Sirenen Lauschende oder der vom Stab der Kirke Berührte. Aber dem Erliegenden soll nichts Übles bereitet sein: »Doch von den Lotophagen geschah nichts Leides den Männern / Unserer Schar.«[15] Nur Vergessen soll ihm drohen und das Aufgeben des Willens. Der Fluch verdammt zu nichts anderem als zum Urstand ohne Arbeit und Kampf in der »fruchtbaren Flur«[16]: »Wer des Lotos Gewächs nun kostete, süßer als Honig, / Nicht an Verkündigung weiter gedachte der, noch an Zurückkunft; / Sondern sie trachteten dort in der Lotophagen Gesellschaft, / Lotos pflückend zu bleiben und abzusagen der Heimat.«[17] Solche Idylle, die doch ans Glück der Rauschgifte mahnt, mit deren Hilfe in verhärteten Gesellschaftsordnungen unterworfene Schichten Unerträgliches zu ertragen fähig gemacht wurden, kann die selbsterhaltende Vernunft bei den Ihren nicht zugeben. Jene ist in der Tat der bloße Schein von Glück, dumpfes Hinvegetieren, dürftig wie das Dasein der Tiere. Im besten Falle wäre es die Absenz des Bewußtseins von Unglück. Glück aber enthält Wahrheit in sich. Es ist wesentlich ein Resultat. Es entfaltet sich am aufgehobenen Leid. So ist der Dulder im Recht, den es bei den Lotophagen nicht duldet. Gegen diese vertritt er ihre eigene Sache, die Verwirklichung der Utopie, durch geschichtliche Arbeit, während das einfache Verweilen im Bild der Seligkeit ihr die Kraft entzieht. Indem aber Rationalität, Odysseus, dies Recht wahrnimmt, tritt sie zwangshaft in den Zusammenhang des Unrechts ein. Als unmittelbares erfolgt sein eigenes Handeln zugunsten der Herrschaft. Dies Glück »an den Rändern der Welt«[18] kann selbsterhaltende Vernunft so wenig zugeben wie das gefährlichere aus späteren Phasen. Die Faulen werden aufgescheucht und auf die Galeeren transportiert: »Aber ich führt' an die Schiffe die Weinenden wieder mit Zwang hin, / Zog sie in räumige Schiff' und band sie unter den Bänken.«[19] Lotos ist eine orientalische Speise.

15 Odyssee. IX, 92 f.
16 A.a.O. XXIII, 311.
17 A.a.O. IX, 94 ff.
18 Jacob Burckhardt, Griechische Kulturgeschichte. Stuttgart o. J. Band III. S. 95.
19 Odyssee. IX, 98 f.

Heute noch spielen die fein geschnittenen Scheibchen ihre Rolle in der chinesischen und indischen Küche. Vielleicht ist die Versuchung, die ihr zugeschrieben wird, keine andere als die der Regression auf die Phase des Sammelns von Früchten der Erde[20] wie des Meeres, älter als Ackerbau, Viehzucht und selbst Jagd, kurz als jede Produktion. Kaum ist es Zufall, daß die Epopöe die Vorstellung des Schlaraffenlebens an das Essen von Blumen heftet, wären es auch solche, denen heute nichts davon mehr angemerkt werden kann. Das Essen von Blumen, wie es noch beim Nachtisch des nahen Ostens gebräuchlich, europäischen Kindern vom Backen mit Rosenwasser, von den kandierten Veilchen bekannt ist, verheißt einen Zustand, in dem die Reproduktion des Lebens von der bewußten Selbsterhaltung, die Seligkeit des Satten von der Nützlichkeit planvoller Ernährung unabhängig ist. Die Erinnerung des fernsten und ältesten Glücks, die dem Geruchssinn aufblitzt, verschränkt sich noch mit der äußersten Nähe des Einverleibens. Sie weist auf die Urgeschichte zurück. Gleichgültig, welche Fülle der Qual den Menschen in ihr widerfuhr, sie vermögen doch kein Glück zu denken, das nicht vom Bilde jener Urgeschichte zehrte: »Also steuerten wir förder hinweg, schwermütigen Herzens.«[21]

Die nächste Gestalt, zu der Odysseus verschlagen wird – verschlagen werden und verschlagen sein sind bei Homer Äquivalente –, der Kyklop Polyphem, trägt sein eines rädergroßes Auge als Spur der gleichen Vorwelt: das eine Auge mahnt an Nase und Mund, primitiver als die Symmetrie der Augen und Ohren[22], welche in der Einheit zweier zur Deckung gelangender Wahrnehmungen Identifikation, Tiefe, Gegenständlichkeit überhaupt erst bewirkt. Aber er repräsentiert dennoch den Lotophagen gegenüber ein späteres, das eigentlich barbarische Weltalter als eines von Jägern

20 In der indischen Mythologie ist Lotos die Erdgöttin. (Vgl. Heinrich Zimmer, Maja. Stuttgart und Berlin 1936. S. 105 f.) Wenn ein Zusammenhang mit der mythischen Überlieferung besteht, auf der der alte homerische Nostos sich erhebt, so wäre auch die Begegnung mit den Lotophagen als eine Station in der Auseinandersetzung mit den chthonischen Mächten zu bestimmen.

21 Odyssee. IX, 105.

22 Wilamowitz zufolge sind die Kyklopen »eigentlich Tiere«. (Glaube der Hellenen. Band I. S. 14.)

und Hirten. Die Bestimmung der Barbarei fällt für Homer zusammen mit der, daß kein systematischer Ackerbau betrieben werde und darum noch keine systematische, über die Zeit disponierende Organisation von Arbeit und Gesellschaft erreicht sei. Er nennt die Kyklopen »ungesetzliche Frevler«[23], weil sie, und darin liegt etwas wie ein geheimes Schuldbekenntnis der Zivilisation selber, »der Macht unsterblicher Götter vertrauend, / Nirgend baun mit Händen, zu Pflanzungen oder zu Feldfrucht; / Sondern ohn' Anpflanzer und Ackerer steigt das Gewächs auf, / Weizen sowohl und Gerst', als edele Reben, belastet / Mit großtraubigem Wein, und Kronions Regen ernährt ihn.«[24] Die Fülle bedarf des Gesetzes nicht, und fast klingt die zivilisatorische Anklage der Anarchie wie eine Denunziation der Fülle: »Dort ist weder Gesetz, noch Ratsversammlung des Volkes, / Sondern all' umwohnen die Felsenhöhn der Gebirge, / Rings in gewölbeten Grotten; und jeglicher richtet nach Willkür / Weiber und Kinder allein; und niemand achtet des andern.«[25] Es ist eine bereits patriarchale Sippengesellschaft, basierend auf der Unterdrückung der physisch Schwächeren, aber noch nicht organisiert nach dem Maße des festen Eigentums und seiner Hierarchie, und es ist die Unverbundenheit der in der Höhle Hausenden, die den Mangel an objektivem Gesetz und damit den homerischen Vorwurf der wechselseitigen Nichtachtung, des wilden Zustands, eigentlich begründet. Dabei dementiert an einer späteren Stelle die pragmatische Treue des Erzählers sein zivilisiertes Urteil: auf den Schreckensruf des Geblendeten kommt seine Sippe trotz jener Nichtachtung herbei, ihm zu helfen, und nur der Namenstrick des Odysseus hält die Törichten davon ab, ihresgleichen beizustehen.[26] Dummheit und Gesetzlosigkeit erscheinen als die gleiche Bestimmung: wenn Homer den Kyklopen das »gesetzlos denkende Scheusal«[27] nennt, so heißt das nicht bloß, daß er in seinem Denken die Gesetze der Gesittung nicht respektiert, sondern auch daß sein Denken selber ge-

23 Odyssee. IX, 106.
24 A.a.O. 107 ff.
25 A.a.O. 112 ff.
26 Vgl. a.a.O. 403 ff.
27 A.a.O. 428.

setzlos, unsystematisch, rhapsodisch sei, wie er denn die bürgerliche Denkaufgabe, auf welche Weise seine ungebetenen Gäste aus der Höhle zu entkommen vermögen, indem sie sich nämlich am Bauch der Schafe festhalten, anstatt auf ihnen zu reiten, nicht zu lösen vermag, auch des sophistischen Doppelsinns im falschen Namen des Odysseus nicht innewird. Polyphem, der der Macht der Unsterblichen vertraut, ist freilich ein Menschenfresser, und dem entspricht, daß er trotz jenes Vertrauens den Göttern die Verehrung weigert: »Thöricht bist du, o Fremdling, wo nicht von ferne du herkamst« – in späteren Zeiten hat man den Toren und den Fremdling weniger gewissenhaft unterschieden und die Unkenntnis des Gebrauchs gleich aller Fremdheit unvermittelt als Torheit gestempelt –, »Der du die Götter zu scheun mich ermahnst und die Rache der Götter! / Nichts ja gilt den Kyklopen der Donnerer Zeus Kronion, / Noch die seligen Götter, denn weit vortrefflicher sind wir!«[28] »Vortrefflicher«, höhnt der berichtende Odysseus. Gemeint aber war wohl: älter; die Macht des solaren Systems wird anerkannt, aber etwa so wie ein Feudaler die des bürgerlichen Reichtums anerkennt, während er stillschweigend sich als den Vornehmeren fühlt, ohne zu erkennen, daß das Unrecht, das ihm angetan ward, vom Schlage des Unrechts ist, das er selber vertritt. Der nahe Meergott Poseidon, der Vater des Polyphem und der Feind des Odysseus, ist älter als der universale, distanzierte Himmelsgott Zeus, und es wird gleichsam auf dem Rücken des Subjekts die Fehde zwischen der elementarischen Volksreligion und der logozentrischen Gesetzesreligion ausgetragen. Der gesetzlose Polyphem aber ist nicht einfach der Bösewicht, zu dem ihn die Tabus der Zivilisation machen, wie sie ihn in der Fabelwelt der aufgeklärten Kindheit zum Riesen Goliath stellen. In dem armen Bereich, in dem seine Selbsterhaltung Ordnung und Gewohnheit angenommen hat, gebricht es ihm nicht an Versöhnendem. Wenn er die Säuglinge seiner Schafe und Ziegen ihnen ans Euter legt, so schließt die praktische Handlung die Sorge für die Kreatur selber ein, und die berühmte Rede des Geblendeten an den Leithammel, den er seinen Freund nennt und befragt, warum er diesmal als letzter die Höhle verlasse, und ob ihn etwa das Mißgeschick

28 A.a.O. 273ff.

seines Herrn jammere, ist von einer Gewalt der Rührung, wie sie nur an der höchsten Stelle der Odyssee, beim Wiedererkennen des Heimkehrenden durch den alten Hund Argos, noch einmal erreicht wird, trotz der abscheulichen Rohheit, mit der die Rede endet. Noch hat das Verhalten des Riesen sich nicht zum Charakter objektiviert. Auf die Ansprache des flehenden Odysseus antwortet er nicht einfach mit dem Ausdruck des wilden Hasses, sondern nur mit der Weigerung des Gesetzes, das ihn noch nicht recht erfaßt hat: er will des Odysseus und der Gefährten nicht schonen: »wo nicht mein Herz mir gebietet«[29], und ob er wirklich, wie der berichtende Odysseus behauptet, arglistig redet, steht dahin. Aufschneiderisch und verzückt verspricht der Berauschte dem Odysseus Gastgeschenke[30], und erst die Vorstellung des Odysseus als Niemand bringt ihn auf den bösen Gedanken, das Gastgeschenk abzugelten, indem er den Anführer als letzten frißt – darum vielleicht, weil dieser sich Niemand genannt hat und also für den schwachen Witz des Kyklopen nicht als existent zählt.[31] Die physische Roheit des Überkräftigen ist sein allemal umspringendes Vertrauen. Daher wird die Erfüllung der mythischen Satzung, stets Unrecht gegen den Gerichteten, zum Unrecht auch gegen die rechtsetzende Naturgewalt. Polyphem und die anderen Ungetüme, denen Odysseus ein Schnippchen schlägt, sind schon Modelle der prozessierenden dummen Teufel des christlichen Zeitalters bis hinauf zu Shylock und Mephistopheles. Die Dummheit des Riesen, Substanz seiner barbarischen Rohheit, solange es ihm gut geht, repräsentiert das Bessere, sobald sie gestürzt wird von dem, der es besser wissen müßte. Odysseus schmiegt dem Vertrauen Polyphems sich ein und damit dem von ihm vertretenen Beuterecht aufs Menschenfleisch, nach jenem Schema der List, das mit der Erfüllung der Satzung diese sprengt: »Nimm, o Kyklop, und trink'; auf Menschenfleisch ist der Wein gut, / Daß du lernst, wie köstlich den Trunk hier hegte das Meerschiff, / Welches uns trug«[32], empfiehlt der Kulturträger.

29 A.a.O. 278.

30 Vgl. a.a.O. 355 ff.

31 »Endlich könnte die häufige Läppischkeit des Dementen im Lichte eines totgeborenen Humors erscheinen.« (Klages a.a.O. S. 1469.)

32 Odyssee, a.a.O. 347 f.

Die Angleichung der Ratio an ihr Gegenteil, einen Bewußtseinsstand, dem noch keine feste Identität sich auskristallisiert hat – der tolpatschige Riese vertritt ihn –, vollendet sich aber in der List des Namens. Sie gehört weitverbreiteter Folklore an. Im Griechischen handelt es sich um ein Wortspiel; in dem einen festgehaltenen Wort treten Namen – Odysseus – und Intention – Niemand – auseinander. Modernen Ohren noch klingt Odysseus und Udeis ähnlich, und man mag sich wohl vorstellen, daß in einem der Dialekte, in denen die Geschichte von der Heimkehr nach Ithaka überliefert war, der Name des Inselkönigs in der Tat dem des Niemand gleichlautete. Die Berechnung, daß nach geschehener Tat Polyphem auf die Frage seiner Sippe nach dem Schuldigen mit Niemand antworte und so die Tat verbergen und den Schuldigen der Verfolgung entziehen helfe, wirkt als dünne rationalistische Hülle. In Wahrheit verleugnet das Subjekt Odysseus die eigene Identität, die es zum Subjekt macht und erhält sich am Leben durch die Mimikry ans Amorphe. Er nennt sich Niemand, weil Polyphem kein Selbst ist, und die Verwirrung von Name und Sache verwehrt es dem betrogenen Barbaren, der Schlinge sich zu entziehen: sein Ruf als der nach Vergeltung bleibt magisch gebunden an den Namen dessen, an dem er sich rächen will, und dieser Name verurteilt den Ruf zur Ohnmacht. Denn indem Odysseus dem Namen die Intention einlegt, hat er ihn dem magischen Bereich entzogen. Seine Selbstbehauptung aber ist wie in der ganzen Epopöe, wie in aller Zivilisation, Selbstverleugnung. Damit gerät das Selbst in eben den zwangshaften Zirkel des Naturzusammenhanges, dem es durch Angleichung zu entrinnen trachtet. Der um seiner selbst willen Niemand sich nennt und die Anähnelung an den Naturstand als Mittel zur Naturbeherrschung manipuliert, verfällt der Hybris. Der listige Odysseus kann nicht anders: auf der Flucht, noch im Bannkreis der schleudernden Hände des Riesen, verhöhnt er ihn nicht bloß, sondern offenbart ihm seinen wahren Namen und seine Herkunft, als hätte über ihn, den allemal eben gerade Entronnenen, die Vorwelt noch solche Macht, daß er, einmal Niemand geheißen, fürchten müßte, Niemand wieder zu werden, wenn er nicht die eigene Identität vermöge des magischen Wortes wiederherstellt, das von rationaler Identität gerade abgelöst ward. Die Freunde suchen ihn vor der Dummheit zu bewahren, als gescheit sich zu bekennen, aber es gelingt ihnen nicht, und mit genauer Not entgeht er den Felsblöcken, während die Nennung seines Namens wahrscheinlich den Haß des Poseidon – der kaum als allwissend vorgestellt ist – auf ihn lenkt. Die List, die darin besteht, daß der Kluge die Gestalt der Dummheit annimmt, schlägt in Dummheit um, sobald er diese Gestalt aufgibt. Das ist die Dialektik der Beredsamkeit. Von der Antike bis zum Faschismus hat man Homer das Geschwätz vorgeworfen, das der Helden sowohl wie des Erzählers. Alten und neuen Spartanern jedoch hat der Ionier prophetisch darin überlegen sich gezeigt, daß er das Verhängnis darstellte, welches die Rede des Listigen, des Mittelsmanns über diesen bringt. Die Rede, welche die physische Gewalt übervorteilt, vermag nicht innezuhalten. Ihr Fluß begleitet als Parodie den Bewußtseinsstrom, Denken selber: dessen unbeirrte Autonomie gewinnt ein Moment von Narrheit – das manische –, wenn sie durch Rede in Realität eintritt, als wären Denken und Realität gleichnamig, während doch jenes bloß durch Distanz Gewalt hat über diese. Solche Distanz ist aber zugleich Leiden. Darum ist der Gescheite – dem Sprichwort entgegen – immer in Versuchung, zuviel zu reden. Ihn bestimmt objektiv die Angst, es möchte, wenn er den hinfälligen Vorteil des Worts gegen die Gewalt nicht unablässig festhält, von dieser der Vorteil ihm wieder entzogen werden. Denn das Wort weiß sich als schwächer denn die Natur, die es betrog. Zuviel Reden läßt Gewalt und Unrecht als das eigene Prinzip durchscheinen und reizt so den, der zu fürchten ist, genau stets zur gefürchteten Handlung. Der mythische Zwang des Worts in der Vorzeit wird perpetuiert in dem Unheil, welches das aufgeklärte Wort gegen sich selber herbeizieht. Udeis, der zwangshaft sich als Odysseus einbekennt, trägt bereits die Züge des Juden, der noch in der Todesangst auf die Überlegenheit pocht, die aus der Todesangst stammt, und die Rache am Mittelsmann steht nicht erst am Ende der bürgerlichen Gesellschaft sondern an ihrem Anfang als die negative Utopie, der jegliche Gewalt immer wieder zustrebt.

Gegenüber den Erzählungen vom Entrinnen aus dem Mythos als der Barbarei des Menschenfressers weist die Zaubergeschichte von der Kirke wieder auf die eigentlich magische Stufe. Magie desintegriert das Selbst, das ihr wieder verfällt und damit in eine ältere biologische Gattung zurückgestoßen wird. Die Gewalt seiner Auflösung ist abermals eine des Vergessens. Sie ergreift mit der festen Ordnung der Zeit den festen Willen des Subjekts, der an jener Ordnung sich ausrichtet. Kirke verführt die Männer, dem Trieb sich zu überlassen, und von jeher hat man die Tiergestalt der Verführten damit in Zusammenhang gebracht und Kirke zum Prototyp der Hetäre gemacht, motiviert wohl durch die Verse des Hermes, die ihr als Selbstverständlichkeit die erotische Initiative zuschieben: »Sieh, die Erschrockene, wird jetzt nötigen, daß du dich lagerst. / Dann nicht länger hinfort dich gesträubt vor dem Lager der Göttin.«[33] Die Signatur der Kirke ist Zweideutigkeit, wie sie denn in der Handlung nacheinander als Verderberin und Helferin auftritt; Zweideutigkeit wird selbst von ihrem Stammbaum ausgedrückt: sie ist die Tochter des Helios und die Enkelin des Okeanos.[34] Ungeschieden sind in ihr die Elemente Feuer und Wasser, und es ist diese Ungeschiedenheit als Gegensatz zum Primat eines bestimmten Aspekts der Natur – sei's des mütterlichen, sei's des patriarchalen –, welche das Wesen von Promiskuität, das Hetärische ausmacht, widerscheinend noch im Blick der Dirne, dem feuchten Reflex des Gestirns.[35] Die Hetäre gewährt Glück und zerstört die Autonomie des Beglückten, das ist ihre Zweideutigkeit. Aber sie vernichtet ihn nicht notwendig: sie hält eine ältere Form von Leben fest.[36] Gleich den Lotophagen tut Kirke ihren Gästen nichts Tödliches an, und noch jene, die ihr zu wilden Tieren wurden, sind friedlich: »Rings auch waren umher Bergwölf' und mähnige Löwen, / Welche sie selbst umschuf, da schädliche Säfte sie darbot. / Doch nicht stürzeten jen' auf die Männer sich, sondern wie schmeichelnd / Standen mit langem Schwanze die rings anwedelnden aufrecht. / So wie wohl Haushunde den Herrn, der vom Schmause zurückkehrt, / Wedelnd umstehn, weil immer erfreuliche Bissen er mitbringt, / So umringten sie dort starkklauige Wölf' und Löwen / Wedelnd.«[37] Die bezauberten Men-

33 A.a.O. x, 296/7.
34 Vgl. a.a.O. 138f. Vgl. auch F.C. Bauer, Symbolik und Mythologie. Stuttgart 1824. Band 1. S. 47.
35 Vgl. Baudelaire, Le vin du solitaire, Les fleurs du mal.
36 Vgl. J. A. K. Thomson, Studies in the Odyssey. Oxford 1914. S. 153.
37 Odyssee a.a.O. 212 ff.

schen verhalten sich ähnlich wie die wilden Tiere, die dem Spiel des Orpheus lauschen. Das mythische Gebot, dem sie verfallen, entbindet zugleich die Freiheit eben der unterdrückten Natur in ihnen. Was in ihrem Rückfall auf den Mythos widerrufen wird, ist selber Mythos. Die Unterdrückung des Triebs, die sie zum Selbst macht und vom Tier trennt, war die Introversion der Unterdrükkung im hoffnungslos geschlossenen Kreislauf der Natur, auf den, einer älteren Auffassung zufolge, der Name Kirke anspielt. Der gewalttätige Zauber dagegen, der an die idealisierte Urgeschichte sie gemahnt, bewirkt mit der Tierheit, wie die Idylle der Lotophagen, den wie sehr auch selber befangenen Schein der Versöhnung. Weil jedoch sie einmal schon Menschen gewesen sind, weiß die zivilisatorische Epopöe was ihnen widerfuhr nicht anders denn als unheilvollen Sturz darzustellen, und kaum ist an der homerischen Darstellung die Spur der Lust selber noch zu gewahren. Sie wird um so nachdrücklicher getilgt, je zivilisierter die Opfer selber sind.[38] Die Gefährten des Odysseus werden nicht wie frühere Gäste zu heiligen Geschöpfen der Wildnis, sondern zu unreinen Haustieren, zu Schweinen. Vielleicht spielt in der Geschichte von der Kirke das Gedächtnis an den chthonischen Kult der Demeter herein, der das Schwein heilig war.[39] Vielleicht ist es aber auch der Gedanke an die menschenähnliche Anatomie des Schweins und an seine Nacktheit, der das Motiv erklärt: als läge bei den Ioniern über der Vermischung mit dem Ähnlichen das gleiche Tabu, das bei den Juden sich erhielt. Man mag endlich an das Verbot des Kannibalismus denken, da, wie bei Juvenal, immer wieder der Geschmack von Menschenfleisch als dem der Schweine ähnlich beschrieben wird. Jedenfalls hat späterhin alle Zivilisation mit Vorliebe diejenigen Schweine genannt, deren Trieb auf andere Lust sich besinnt als die von der Gesellschaft für ihre Zwecke sanktionierte. Zauber und Gegenzauber bei der Verwandlung der Gefährten sind an Kraut und Wein gebunden, Rausch und Erwachen

38 Murray handelt von den »sexual expurgations«, denen die homerischen Gedichte bei der Redaktion unterworfen worden seien. (Vgl. a.a.O. S. 141 ff.)

39 »Schweine sind die Opfertiere Demeters allgemein.« (Wilamowitz-Moellendorff, Der Glaube der Hellenen. Band II. S. 53.)

ans Riechen als den immer mehr unterdrückten und verdrängten Sinn, der wie dem Geschlecht so dem Eingedenken der Vorzeit am nächsten liegt.[40] Im Bilde des Schweins aber ist jenes Glück des Geruchs entstellt schon zum unfreien Schnüffeln[41] dessen, der die Nase am Boden hat und des aufrechten Ganges sich begibt. Es ist, als wiederhole die zaubernde Hetäre in dem Ritual, dem sie die Männer unterwirft, nochmals jenes, dem die patriarchale Gesellschaft sie selber immer aufs neue unterwirft. Gleich ihr sind unterm Druck der Zivilisation Frauen vorab geneigt, das zivilisatorische Urteil über die Frau sich zu eigen zu machen und den Sexus zu diffamieren. In der Auseinandersetzung von Aufklärung und Mythos, deren Spuren die Epopöe aufbewahrt, ist die mächtige Verführerin zugleich schon schwach, obsolet, angreifbar und bedarf der hörigen Tiere als ihrer Eskorte.[42] Als Repräsentantin der Natur ist die Frau in der bürgerlichen Gesellschaft zum Rätselbild von Unwiderstehlichkeit[43] und Ohnmacht geworden. So spiegelt sie der Herrschaft die eitle Lüge wider, die anstelle der Versöhnung der Natur deren Überwindung setzt.

Die Ehe ist der mittlere Weg der Gesellschaft, damit sich abzufinden: die Frau bleibt die Ohnmächtige, indem ihr die Macht nur vermittelt durch den Mann zufällt. Etwas davon zeichnet sich in der Niederlage der hetärischen Göttin der Odyssee ab, während die ausgebildete Ehe mit Penelope, literarisch jünger, eine spätere Stufe der Objektivität patriarchaler Einrichtung repräsentiert. Mit dem Auftreten des Odysseus in Ääa nimmt der Doppelsinn im Verhältnis des Mannes zur Frau, Sehnsucht und Gebot, bereits die

40 Vgl. Freud, »Das Unbehagen in der Kultur«, in: Gesammelte Werke, Band XIV. Frankfurt am Main [4]1968. S. 459 Fußnote.

41 In einer Anmerkung von Wilamowitz wird überraschend auf den Zusammenhang zwischen dem Begriff des Schnüffelns und dem des noos, der autonomen Vernunft hingewiesen: »Schwyzer hat ganz überzeugend noos mit Schnauben und Schnüffeln zusammengebracht.« (Wilamowitz-Moellendorff, Die Heimkehr des Odysseus. S. 191.) Wilamowitz bestreitet freilich, daß die etymologische Verwandtschaft etwas für die Bedeutung ergebe.

42 Vgl. Odyssee. X, 434.

43 Das Bewußtsein der Unwiderstehlichkeit hat sich später im Kultus der Aphrodite Peithon ausgedrückt, »deren Zauber keine Ablehnung duldet« (Wilamowitz-Moellendorff, Der Glaube der Hellenen. Band II. S. 152.)

Form eines durch Verträge geschützten Tausches an. Entsagung ist dafür die Voraussetzung. Odysseus widersteht dem Zauber der Kirke. Darum wird ihm gerade zuteil, was ihr Zauber nur trugvoll denen verheißt, die ihr nicht widerstehen. Odysseus schläft mit ihr. Zuvor aber verhält er sie zum großen Eide der Seligen, zum olympischen. Der Eid soll den Mann vor der Verstümmelung schützen, der Rache fürs Verbot der Promiskuität und für die männliche Herrschaft, die ihrerseits als permanenter Triebverzicht die Selbstverstümmelung des Mannes symbolisch noch vollzieht. Dem, der ihr widerstand, dem Herrn, dem Selbst, dem Kirke um seiner Unverwandelbarkeit willen vorwirft, er trüge »im Busen ein Herz von unreizbarem Starrsinn«[44], will Kirke zu Willen sein: »Auf denn, stecke das Schwert in die Scheide dir; laß dann zugleich uns / Unsere Lager besteigen, damit wir, beide vereinigt / Hier durch Lager und Liebe, Vertraun zu einander gewinnen.«[45] Auf die Lust, die sie gewährt, setzt sie den Preis, daß die Lust verschmäht wurde; die letzte Hetäre bewährt sich als erster weiblicher Charakter. Beim Übergang von der Sage zur Geschichte leistet sie einen entscheidenden Beitrag zur bürgerlichen Kälte. Ihr Verhalten praktiziert das Liebesverbot, das späterhin um so mächtiger sich durchgesetzt hat, je mehr Liebe als Ideologie über den Haß der Konkurrenten betrügen mußte. In der Welt des Tausches hat der Unrecht, der mehr gibt; der Liebende aber ist allemal der mehr Liebende. Während das Opfer, das er bringt, glorifiziert wird, wacht man eifersüchtig darüber, daß dem Liebenden das Opfer nicht erspart bleibe. Gerade in der Liebe selber wird der Liebende ins Unrecht gesetzt und bestraft. Die Unfähigkeit zur Herrschaft über sich und andere, die seine Liebe bezeugt, ist Grund genug, ihm die Erfüllung zu verweigern. Mit der Gesellschaft reproduziert sich erweitert die Einsamkeit. Noch in den zartesten Verzweigungen des Gefühls setzt der Mechanismus sich durch, bis Liebe selber, um überhaupt noch zum andern finden zu können, so sehr zur Kälte getrieben wird, daß sie über der eigenen Verwirklichung zerfällt. – Die Kraft Kirkes, welche die Männer als Hörige sich unterwirft, geht über in ihre Hörigkeit dem gegenüber, der als Entsagender

44 Odyssee. X, 329.
45 A.a.O. 333ff.

ihr die Unterwerfung aufkündigte. Der Einfluß auf Natur, den der Dichter der Göttin Kirke zuschreibt, schrumpft zusammen zur priesterlichen Weissagung und gar zur klugen Voraussicht in kommende nautische Schwierigkeiten. Das lebt fort in der Fratze der weiblichen Klugheit. Die Prophezeiungen der depotenzierten Zauberin über Sirenen, Szylla und Charybdis kommen am Ende doch wieder nur der männlichen Selbsterhaltung zugute.
Wie teuer jedoch die Herstellung geordneter Generationsverhältnisse zu stehen kam, davon verraten einiges nur die dunklen Verse, die das Verhalten der Freunde beschreiben, die Kirke im Auftrag ihres Vertragsherrn zurückverwandelt. Erst heißt es: »Männer wurden sie schnell und jüngere, denn sie gewesen, / Auch weit schönerer Bildung und weit erhabneren Ansehns.«[46] Aber die also Bestätigten und in ihrer Männlichkeit Bestärkten sind nicht glücklich: »Alle durchdrang Wehmut, süßschmerzende, daß die Behausung / Rings von Klagen erscholl.«[47] So mag das älteste Hochzeitslied geklungen haben, die Begleitung zum Mahle, das die rudimentäre Ehe zelebriert, die ein Jahr währt. Die eigentliche mit Penelope hat mit jener mehr gemeinsam, als sich vermuten ließe. Dirne und Ehefrau sind die Komplemente der weiblichen Selbstentfremdung in der patriarchalen Welt: die Ehefrau verrät Lust an die feste Ordnung von Leben und Besitz, während die Dirne, was die Besitzrechte der Gattin unbesetzt lassen, als deren geheime Bundesgenossin nochmals dem Besitzverhältnis unterstellt und Lust verkauft. Kirke wie Kalypso, die Buhlerinnen, werden, mythischen Schicksalsmächten[48] wie bürgerlichen Hausfrauen gleich, schon als emsige Weberinnen eingeführt, während Penelope wie eine Dirne den Heimgekehrten mißtrauisch abschätzt, ob er nicht wirklich nur ein alter Bettler oder gar ein abenteuernder Gott sei. Die vielgerühmte Wiedererkennungsszene mit Odysseus freilich ist wahrhaft patrizischer Art: »Lange verstummt saß jene, denn ganz nahm Staunen ihr Herz ein. / Bald nun fand sie ihn ähnlich, genau anschauend das Antlitz, / Bald mißkannte sie wieder, da

46 A.a.O. 395 f.
47 A.a.O. 398 f.
48 Vgl. Bauer a.a.O. und S. 49.

schlechte Gewand' ihn umhüllet.«[49] Keine spontane Regung kommt auf, sie will nur keinen Fehler begehen, kann es sich auch unterm Druck der auf ihr lastenden Ordnung kaum gestatten. Der junge Telemachos, der sich noch nicht recht seiner zukünftigen Stellung angepaßt hat, ärgert sich darüber, fühlt sich aber doch schon Manns genug, die Mutter zurechtzuweisen. Der Vorwurf des Starrsinns und der Härte, den er gegen sie erhebt, ist genau der gleiche, den Kirke zuvor gegen Odysseus vorbrachte. Macht die Hetäre die patriarchale Wertordnung sich zu eigen, so ist die monogame Gattin selbst damit nicht zufrieden und ruht nicht, bis sie sich dem männlichen Charakter selber gleichgemacht hat. So verständigen sich die Verheirateten. Der Test, dem sie den Heimkehrenden unterzieht, hat zum Inhalt die unverrückbare Stellung des Ehebetts, das der Gatte in seiner Jugend um einen Ölbaum zimmerte, Symbol der Einheit von Geschlecht und Besitz. Mit rührender Schlauheit redet sie, als könne dies Bett von seiner Stelle bewegt werden, und »unmutsvoll« antwortet ihr der Gemahl mit der umständlichen Erzählung von seiner dauerhaften Bastelei: als prototypischer Bürger hat er in seiner Smartheit ein hobby. Es besteht in der Wiederholung handwerklicher Arbeit, von der er im Rahmen der differenzierten Eigentumsverhältnisse notwendig längst ausgenommen ist. Er erfreut sich ihrer, weil die Freiheit, das ihm Überflüssige zu tun, ihm die Verfügungsgewalt über jene bestätigt, die solche Arbeiten verrichten müssen, wenn sie leben wollen. Daran erkennt ihn die sinnige Penelopeia und schmeichelt ihm mit dem Lob seines exzeptionellen Verstandes. An die Schmeichelei aber, in der schon etwas vom Hohn steckt, fügen in jäher Zäsur, durchbrechend, die Worte sich an, die den Grund für alles Leiden der Gatten im Neid der Götter auf jenes Glück suchen, das nur von Ehe verbürgt wird, den »bestätigten Gedanken der Dauer«[50]: »Die Ewigen gaben uns Elend / Welche zu groß es geachtet, daß wir beisammen in Eintracht / Uns der Jugend erfreuten und sanft annahten dem Alter.«[51] Ehe heißt nicht bloß die

49 A. a. O. XXIII, 93 ff.
50 Goethe, Wilhelm Meisters Lehrjahre. Jubiläumsausgabe. Stuttgart und Berlin o. J. Band I. 16. Kapitel. S. 70.
51 Odyssee. XXIII, 210 ff.

vergeltende Ordnung des Lebendigen, sondern auch: solidarisch, gemeinsam dem Tod standhalten. Versöhnung wächst in ihr um Unterwerfung, wie in der Geschichte bisher stets das Humane gerade und allein am Barbarischen gedeiht, das von Humanität verhüllt wird. Dingt der Vertrag zwischen den Gatten mühsam nur eben uralte Feindschaft ab, so verschwinden doch dann die friedlich Alternden im Bild von Philemon und Baucis, wie der Rauch des Opferaltars sich verwandelt in den heilsamen des Herds. Wohl gehört die Ehe zum Urgestein des Mythos auf dem Grunde von Zivilisation. Aber ihre mythische Härte und Festigkeit entragt dem Mythos wie das kleine Inselreich dem unendlichen Meer.

Die äußerste Station der eigentlichen Irrfahrt ist keine solche Zufluchtsstätte. Es ist der Hades. Die Bilder, die der Abenteurer in der ersten Nekyia anschaut, sind vorweg jene matriarchalen[52], welche die Lichtreligion verbannt: nach der eigenen Mutter, der gegenüber Odysseus zur patriarchalen zweckvollen Härte sich zwingt[53], die uralten Heldinnen. Jedoch das Bild der Mutter ist ohnmächtig, blind und sprachlos[54], ein Wahngebild gleichwie die epische Erzählung in den Momenten, in denen sie die Sprache ans Bild preisgibt. Es bedarf des geopferten Bluts als Unterpfandes lebendiger Erinnerung, um dem Bilde die Sprache zu verleihen, durch die es, wie immer auch vergeblich und ephemer, der mythischen Stummheit sich entringt. Erst indem Subjektivität in der Erkenntnis der Nichtigkeit der Bilder ihrer selbst mächtig wird, gewinnt sie Anteil an der Hoffnung, welche die Bilder vergeblich bloß versprechen. Das gelobte Land des Odysseus ist nicht das archaische Bilderreich. Alle die Bilder geben ihm endlich als Schatten in der Totenwelt ihr wahres Wesen frei, den Schein. Er wird ihrer ledig, nachdem er einmal als Tote sie erkannt und mit der herrischen Geste der Selbsterhaltung vom Opfer fortgewiesen hat,

52 Vgl. Thomson a.a.O. S. 28.

53 »Diese schaut' ich, Thränen im Blick, und bedauerte herzlich; / Dennoch verwehrt' ich auch ihr, ob zwar voll inniger Wehmut, / Näher dem Blute zu gehn, bevor ich Teiresias fragte.« (Odyssee. XI, 87ff.)

54 »Dort erblick' ich die Seele der abgeschiedenen Mutter; / Doch wie sprachlos sitzt sie am Blut, und den eigenen Sohn nicht / Achtet sie anzuschaun, noch irgend ein Wort zu reden. / Sprich, wie beginn' ich, Herrscher, daß jen' als solchen mich kenne?« (A.a.O. 141ff.)

das er nur denen zukommen läßt, die ihm Wissen gewähren, dienstbar seinem Leben, darin die Gewalt des Mythos nur noch als Imagination, in Geist versetzt, sich behauptet. Das Totenreich, wo die depotenzierten Mythen sich versammeln, ist der Heimat am fernsten. Nur in der äußersten Ferne kommuniziert es mit ihr. Folgt man Kirchhoff in der Annahme, daß der Besuch des Odysseus in der Unterwelt zur ältesten, eigentlich sagenhaften Schicht des Epos gehört[55], so ist es diese älteste Schicht zugleich, in welcher ein Zug – so wie in der Überlieferung von den Unterweltsfahrten des Orpheus und des Herakles – über den Mythos am entschiedensten hinausgeht, wie denn das Motiv der Sprengung der Höllenpforten, der Abschaffung des Todes die innerste Zelle jeglichen antimythologischen Gedankens ausmacht. Dies Antimythologische ist enthalten in der Weissagung des Teiresias von der möglichen Versöhnung des Poseidon. Odysseus soll ein Ruder über der Schulter tragend wandern und wandern, bis er zu Menschen gelangt, »welche das Meer nicht / Kennen und nimmer mit Salz gewürzete Speise genießen«[56]. Wenn ihm ein Wanderer begegnet und ihm sagt, er trüge eine Wurfschaufel über der Schulter, so sei der rechte Ort erreicht, um dem Poseidon das versöhnende Opfer zu bringen. Der Kern der Weissagung ist das Verkennen des Ruders als Schaufel. Es muß dem Ionier als bezwingend komisch erschienen sein. Diese Komik aber, von der die Versöhnung abhängig gemacht wird, kann nicht Menschen zubestimmt sein, sondern dem zürnenden Poseidon.[57] Das Mißverständnis soll den grimmigen Elementargott zum Lachen bringen, auf daß in seinem Gelächter der

55 »Ich kann daher nicht umhin, das Ganze des elften Buches mit Ausnahme einiger Stellen … für ein nur in der Lage verschobenes Bruchstück des alten Nostos und somit des ältesten Theiles der Dichtung zu halten.« (Kirchhoff, Die homerische Odyssee. Berlin 1879. S. 226.) – »Wathever else is original in the myth of Odysseus, the Visit to Death is.« (Thomson a. a. O. S. 95.)

56 Odyssee. XI, 122 f.

57 Er war ursprünglich »Gatte der Erde« (vgl. Wilamowitz, Glaube der Hellenen. Band I. S. 112 ff.) und ist erst spät zum Meergott geworden. Die Prophezeiung des Teiresias mag auf sein Doppelwesen anspielen. Denkbar wäre, daß seine Versöhnung durch ein Erdopfer, weit weg von allem Meer, auf der symbolischen Restauration seiner chthonischen Macht beruht. Diese Restauration mag die Ablösung der Beutefahrt zur See durch

Zorn sich löse. Das wäre ein Analogon zum Rate der Nachbarin bei Grimm, wie eine Mutter den Wechselbalg loswerden könne: »Sie sollte den Wechselbalg in die Küche tragen, auf den Herd setzen, Feuer anmachen und in zwei Eierschalen Wasser kochen: das bringe den Wechselbalg zum Lachen, und wenn er lache, dann sei es aus mit ihm.«[58] Ist Lachen bis heute das Zeichen der Gewalt, der Ausbruch blinder, verstockter Natur, so hat es doch das entgegengesetzte Element in sich, daß mit Lachen die blinde Natur ihrer selbst als solcher gerade innewerde und damit der zerstörenden Gewalt sich begebe. Dieser Doppelsinn des Lachens steht dem des Namens nahe, und vielleicht sind die Namen nichts als versteinerte Gelächter, so wie heute noch die Spitznamen, die einzigen, in denen etwas vom ursprünglichen Akt der Namengebung fortlebt. Lachen ist der Schuld der Subjektivität verschworen, aber in der Suspension des Rechts, die es anmeldet, deutet es auch über die Verstricktheit hinaus. Es verspricht den Weg in die Heimat. Heimweh ist es, das die Abenteuer entbindet, durch welche Subjektivität, deren Urgeschichte die Odyssee gibt, der Vorwelt entrinnt. Daß der Begriff der Heimat dem Mythos entgegensteht, den die Faschisten zur Heimat umlügen möchten, darin ist die innerste Paradoxie der Epopöe beschlossen. Es schlägt sich darin die Erinnerung an Geschichte nieder, welche Seßhaftigkeit, die Voraussetzung aller Heimat, aufs nomadische Zeitalter folgen ließ. Wenn die feste Ordnung des Eigentums, die mit der Seßhaftigkeit gegeben ist, die Entfremdung der Menschen begründet, in der alles Heimweh und alle Sehnsucht nach dem verlorenen Urzustand entspringt, dann ist es doch zugleich Seßhaftigkeit und festes Eigentum, an dem allein der Begriff von Heimat sich bildet,

den Ackerbau ausdrücken: die Kulte des Poseidon und der Demeter gingen ineinander über. (Vgl. Thomson a.a.O. S. 96. Fußnote.)

58 Brüder Grimm, Kinder- und Hausmärchen. Leipzig o.J. S. 208. Nahe verwandte Motive sind aus der Antike überliefert, und zwar gerade von der Demeter. Als diese »auf der Suche nach ihrer geraubten Tochter nach Eleusis« gekommen war, fand sie »Aufnahme bei Dysaules und seiner Frau Baubo, verweigerte aber in ihrer tiefen Trauer, Speise und Trank zu berühren. Da brachte sie die Wirtin Baubo zum Lachen, indem sie plötzlich ihr Kleid aufhob und ihren Leib enthüllte.« (Freud, Gesammelte Werke. Band x. S. 399. Vgl. Salomon Reinach, Cultes, Mythes et Religions. Paris 1912. Band iv. S. 115 ff.)

auf den alle Sehnsucht und alles Heimweh sich richtet. Die Definition des Novalis, derzufolge alle Philosophie Heimweh sei, behält recht nur, wenn dies Heimweh nicht im Phantasma eines verlorenen Ältesten aufgeht, sondern die Heimat, Natur selber als das dem Mythos erst Abgezwungene vorstellt. Heimat ist das Entronnensein. Darum ist der Vorwurf, die homerischen Sagen seien jene, »die der Erde sich entfernen«, eine Bürgschaft ihrer Wahrheit. »Sie kehren zu der Menschheit sich.«[59] Die Versetzung der Mythen in den Roman, wie sie in der Abenteuererzählung sich vollzieht, verfälscht nicht sowohl jene, als daß sie den Mythos mitreißt in die Zeit, den Abgrund aufdeckend, der ihn von Heimat und Versöhnung trennt. Furchtbar ist die Rache, die Zivilisation an der Vorwelt übt, und in ihr, wie sie bei Homer das gräßlichste Dokument im Bericht von der Verstümmelung des Ziegenhirten Melanthios gefunden hat, gleicht sie der Vorwelt selber. Wodurch sie jener entragt, ist nicht der Inhalt der berichteten Taten. Es ist die Selbstbesinnung, welche Gewalt innehalten läßt im Augenblick der Erzählung. Rede selber, die Sprache in ihrem Gegensatz zum mythischen Gesang, die Möglichkeit, das geschehene Unheil erinnernd festzuhalten, ist das Gesetz des homerischen Entrinnens. Nicht umsonst wird der entrinnende Held als Erzählender immer wieder eingeführt. Die kalte Distanz der Erzählung, die noch das Grauenhafte vorträgt, als wäre es zur Unterhaltung bestimmt, läßt zugleich das Grauen erst hervortreten, das im Liede zum Schicksal feierlich sich verwirrt. Das Innehalten in der Rede aber ist die Zäsur, die Verwandlung des Berichteten in längst Vergangenes, kraft deren der Schein von Freiheit aufblitzt, den Zivilisation seitdem nicht mehr ganz ausgelöscht hat. Im XXII. Gesang der Odyssee wird die Strafe beschrieben, die der Sohn des Inselkönigs an den treulosen Mägden, den ins Hetärentum Zurückgefallenen, vollstrecken läßt. Mit ungerührter Gelassenheit, unmenschlich wie nur die impassibilité der größten Erzähler des neunzehnten Jahrhunderts, wird das Los der Gehenkten dargestellt und ausdruckslos dem Tod von Vögeln in der Schlinge verglichen, mit jenem Schweigen, dessen Erstarrung der wahre Rest aller Rede ist. Daran schließt sich der Vers, der berichtet, die an-

59 Hölderlin, Der Herbst a.a.O. S. 1066.

einander Gereihten »zappelten dann mit den Füßen ein weniges, aber nicht lange«[60]. Die Genauigkeit des Beschreibers, die schon die Kälte von Anatomie und Vivisektion ausstrahlt[61], führt romanmäßig Protokoll über die Zuckung der Unterworfenen, die im Zeichen von Recht und Gesetz in jenes Reich hinabgestoßen werden, aus dem der Richter Odysseus entkam. Als Bürger, der der Hinrichtung nachsinnt, tröstet Homer sich und die Zuhörer, die eigentlich Leser sind, mit der gesicherten Feststellung, daß es nicht lange währte, ein Augenblick und alles war vorüber.[62] Aber nach dem »nicht lange« steht der innere Fluß der Erzählung still. Nicht lange? fragt die Geste des Erzählers und straft seine Gelassenheit Lügen. Indem sie den Bericht aufhält, verwehrt sie es, die Gerichteten zu vergessen, und deckt die unnennbare ewige Qual der einen Sekunde auf, in der die Mägde mit dem Tod kämpfen. Als Echo bleibt vom Nicht Lange nichts zurück als das Quo usque tandem, das die späteren Rhetoren nichtsahnend entweihten, indem sie die Geduld sich selber zusprachen. Hoffnung aber knüpft sich im Bericht von der Untat daran, daß es schon lange her ist. Für die Verstrickung von Urzeit, Barbarei und Kultur hat Homer die tröstende Hand im Eingedenken von Es war einmal. Erst als Roman geht das Epos ins Märchen über.

60 Odyssee. XXII, 473.
61 Wilamowitz meint, das Strafgericht sei »vom Dichter mit Behagen ausgeführt«. (Die Heimkehr des Odysseus a.a.O. S. 67.) Wenn freilich der autoritäre Philologe sich dafür begeistert, das Gleichnis des Dohnenstiegs gebe »trefflich und ... modern wieder, wie die Leichen der gehenkten Mägde baumeln« (a.a.O., vgl. auch a.a.O. S. 76), so scheint das Behagen zum guten Teil sein eigenes. Die Schriften von Wilamowitz gehören zu den eindringlichsten Dokumenten der deutschen Verschränkung von Barbarei und Kultur. Sie liegt auf dem Grunde des neueren Philhellenismus.
62 Auf die tröstende Intention des Verses macht Gilbert Murray aufmerksam. Seiner Theorie zufolge sind in Homer durch zivilisatorische Zensur Folterszenen getilgt. Stehen geblieben seien der Tod des Melanthios und der Mägde. (A.a.O. S. 146.)

EXKURS II

Juliette oder Aufklärung und Moral

Aufklärung ist in Kants Worten »der Ausgang des Menschen aus seiner selbstverschuldeten Unmündigkeit. Unmündigkeit ist das Unvermögen, sich seines Verstandes ohne Leitung eines anderen zu bedienen.«[1] »Verstand ohne Leitung eines anderen« ist von Vernunft geleiteter Verstand. Das heißt nichts anderes, als daß er vermöge der eigenen Konsequenz die einzelnen Erkenntnisse zum System zusammenfügt. »Die Vernunft hat … nur den Verstand und dessen zweckmäßige Anstellung zum Gegenstand.«[2] Sie setzt »eine gewisse kollektive Einheit zum Ziel der Verstandeshandlungen«[3], und diese ist das System. Ihre Vorschriften sind die Anweisungen zum hierarchischen Aufbau der Begriffe. Bei Kant nicht anders als bei Leibniz und Descartes besteht die Rationalität darin, »daß man sowohl im Aufsteigen zu höheren Gattungen, als im Herabsteigen zu niederen Arten, den systematischen Zusammenhang vollende«[4]. Das »Systematische« der Erkenntnis ist »der Zusammenhang derselben aus einem Prinzip«[5]. Denken ist im Sinn der Aufklärung die Herstellung von einheitlicher, wissenschaftlicher Ordnung und die Ableitung von Tatsachenerkenntnis aus Prinzipien, mögen diese als willkürlich gesetzte Axiome, eingeborene Ideen oder höchste Abstraktionen gedeutet werden. Die logischen Gesetze stellen die allgemeinsten Beziehungen innerhalb der Ordnung her, sie definieren sie. Die Einheit liegt in der Einstimmigkeit. Der Satz vom Widerspruch ist das System in nuce. Erkenntnis besteht in der Subsumtion unter Prinzipien. Sie ist eins mit dem Urteil, das dem System eingliedert. Anderes Denken als solches, das aufs System sich richtet, ist direktionslos oder au-

1 Kant, Beantwortung der Frage: Was ist Aufklärung? Kants Werke. Akademie-Ausgabe. Band VIII. S. 35.

2 Kritik der reinen Vernunft a.a.O. Band III. (2. Aufl.) S. 427.

3 A.a.O.

4 A.a.O. S. 435 f.

5 A.a.O. S. 428.

toritär. Nichts wird von der Vernunft beigetragen als die Idee systematischer Einheit, die formalen Elemente festen begrifflichen Zusammenhangs. Jedes inhaltliche Ziel, auf das die Menschen sich berufen mögen, als sei es eine Einsicht der Vernunft, ist nach dem strengen Sinn der Aufklärung Wahn, Lüge, »Rationalisierung«, mögen die einzelnen Philosophen sich auch die größte Mühe geben, von dieser Konsequenz hinweg aufs menschenfreundliche Gefühl zu lenken. Die Vernunft ist »ein Vermögen ... das Besondere aus dem Allgemeinen abzuleiten«[6]. Die Homogeneität des Allgemeinen und Besonderen wird nach Kant durch den »Schematismus des reinen Verstandes« garantiert. So heißt das unbewußte Wirken des intellektuellen Mechanismus, der die Wahrnehmung schon dem Verstand entsprechend strukturiert. Der Verstand prägt die Verständlichkeit der Sache, die das subjektive Urteil an ihr findet, ihr als objektive Qualität schon auf, ehe sie ins Ich noch eintritt. Ohne solchen Schematismus, kurz ohne Intellektualität der Wahrnehmung, paßte kein Eindruck zum Begriff, keine Kategorie zum Exemplar, es herrschte nicht einmal die Einheit des Denkens, geschweige des Systems, auf die doch alles abzielt. Diese herzustellen ist die bewußte Aufgabe der Wissenschaft. Wenn »alle empirischen Gesetze ... nur besondere Bestimmungen der reinen Gesetze des Verstandes«[7] sind, muß die Forschung stets darauf achten, daß die Prinzipien mit den Tatsachenurteilen richtig verbunden bleiben. »Diese Zusammenstimmung der Natur zu unserem Erkenntnisvermögen wird von der Urteilskraft ... a priori vorausgesetzt.«[8] Sie ist der »Leitfaden«[9] für die organisierte Erfahrung.

Das System muß in Harmonie mit der Natur gehalten werden; wie die Tatsachen aus ihm vorhergesagt werden, müssen sie es bestätigen. Tatsachen aber gehören der Praxis an; sie bezeichnen überall den Kontakt des einzelnen Subjekts mit der Natur als gesellschaftlichem Objekt: Erfahren ist allemal reales Handeln und Leiden. In der Physik zwar ist die Wahrnehmung, durch die eine

6 A.a.O. S. 429.
7 A.a.O. Band IV. (1. Aufl.) S. 93.
8 Kritik der Urteilskraft a.a.O. Band V. S. 185.
9 A.a.O.

Theorie sich prüfen läßt, gewöhnlich auf den elektrischen Funken reduziert, der in der experimentellen Apparatur aufleuchtet. Sein Ausbleiben ist in der Regel ohne praktische Konsequenz, es zerstört allein eine Theorie oder allenfalls die Karriere des Assistenten, dem die Versuchsanordnung oblag. Die Bedingungen des Laboratoriums aber sind die Ausnahme. Denken, das System und Anschauung nicht in Einklang hält, verstößt gegen mehr als gegen isolierte Gesichtseindrücke, es kommt mit der realen Praxis in Konflikt. Nicht allein bleibt das erwartete Ereignis aus, sondern das unerwartete geschieht: die Brücke stürzt, die Saat verkümmert, die Medizin macht krank. Der Funke, der am prägnantesten den Mangel an systematischem Denken, den Verstoß gegen die Logik anzeigt, ist keine flüchtige Wahrnehmung, sondern der plötzliche Tod. Das System, das der Aufklärung im Sinne liegt, ist die Gestalt der Erkenntnis, die mit den Tatsachen am besten fertig wird, das Subjekt am wirksamsten bei der Naturbeherrschung unterstützt. Seine Prinzipien sind die der Selbsterhaltung. Unmündigkeit erweist sich als das Unvermögen, sich selbst zu erhalten. Der Bürger in den sukzessiven Gestalten des Sklavenhalters, freien Unternehmers, Administrators, ist das logische Subjekt der Aufklärung.

Die Schwierigkeiten im Begriff der Vernunft, die daraus hervorgehen, daß ihre Subjekte, die Träger ein und derselben Vernunft, in realen Gegensätzen stehen, sind in der westlichen Aufklärung hinter der scheinbaren Klarheit ihrer Urteile versteckt. In der Kritik der reinen Vernunft dagegen kommen sie im unklaren Verhältnis des transzendentalen zum empirischen Ich und den anderen unversöhnten Widersprüchen zum Ausdruck. Kants Begriffe sind doppelsinnig. Vernunft als das transzendentale überindividuelle Ich enthält die Idee eines freien Zusammenlebens der Menschen, in dem sie zum allgemeinen Subjekt sich organisieren und den Widerstreit zwischen der reinen und empirischen Vernunft in der bewußten Solidarität des Ganzen aufheben. Es stellt die Idee der wahren Allgemeinheit dar, die Utopie. Zugleich jedoch bildet Vernunft die Instanz des kalkulierenden Denkens, das die Welt für die Zwecke der Selbsterhaltung zurichtet und keine anderen Funktionen kennt als die der Präparierung des Gegenstandes aus bloßem Sinnenmaterial zum Material der Unterjochung. Die wahre Natur des Schematismus, der Allgemeines und Besonderes, Begriff und Einzelfall von außen aufeinander abstimmt, erweist sich schließlich in der aktuellen Wissenschaft als das Interesse der Industriegesellschaft. Das Sein wird unter dem Aspekt der Verarbeitung und Verwaltung angeschaut. Alles wird zum wiederholbaren, ersetzbaren Prozeß, zum bloßen Beispiel für die begrifflichen Modelle des Systems, auch der einzelne Mensch, vom Tier zu schweigen. Dem Konflikt zwischen der administrativen, verdinglichenden Wissenschaft, zwischen dem öffentlichen Geist und der Erfahrung des Einzelnen ist durch die Umstände vorgebeugt. Die Sinne sind vom Begriffsapparat je schon bestimmt, bevor die Wahrnehmung erfolgt, der Bürger sieht a priori die Welt als den Stoff, aus dem er sie sich herstellt. Kant hat intuitiv vorweggenommen, was erst Hollywood bewußt verwirklichte: die Bilder werden schon bei ihrer eigenen Produktion nach den Standards des Verstandes vorzensiert, dem gemäß sie nachher angesehen werden sollen. Die Wahrnehmung, durch die das öffentliche Urteil sich bestätigt findet, war von ihm schon zugerichtet, ehe sie noch aufkam. Blickte die geheime Utopie im Begriff der Vernunft durch die zufälligen Unterschiede der Subjekte auf ihr verdrängtes identisches Interesse hin, so ebnet die Vernunft, wie sie im Zug der Zwecke bloß als systematische Wissenschaft funktioniert, mit den Unterschieden gerade das identische Interesse ein. Sie läßt keine andere Bestimmung gelten als die Klassifikationen des gesellschaftlichen Betriebs. Keiner ist anders, als wozu er geworden ist: ein brauchbares, erfolgreiches, gescheitertes Mitglied von Berufs- und nationalen Gruppen. Er ist der beliebige Repräsentant seines geographischen, psychologischen, soziologischen Typs. Die Logik ist demokratisch, in ihr haben die Großen vor den Kleinen dabei nichts voraus. Jene gehören zu den Prominenten wie diese zu den prospektiven Gegenständen der Wohlfahrtspflege. Wissenschaft im allgemeinen verhält sich zur Natur und zu den Menschen nicht anders als die Versicherungswissenschaft im besonderen zu Leben und Tod. Wer stirbt, ist gleichgültig, es kommt aufs Verhältnis der Vorfälle zu den Verpflichtungen der Kompanie an. Das Gesetz der großen Zahl, nicht die Einzelheit kehrt in der Formel wieder. Die Übereinstimmung des Allgemeinen und Besonderen ist in einem Intellekt auch nicht mehr verborgen enthalten, der das Besondere je nur als Fall des Allgemeinen wahrnimmt und das Allgemeine nur als die Seite des Besonderen, bei der es sich fassen und handhaben läßt. Wissenschaft selbst hat kein Bewußtsein von sich, sie ist ein Werkzeug. Aufklärung aber ist die Philosophie, die Wahrheit mit wissenschaftlichem System gleichsetzt. Der Versuch, diese Identität zu begründen, den Kant noch aus philosophischer Absicht unternahm, führte zu Begriffen, die wissenschaftlich keinen Sinn ergeben, weil sie nicht bloße Anweisungen zu Manipulationen gemäß den Spielregeln sind. Der Begriff des Sichselbstverstehens der Wissenschaft widerstreitet dem Begriff der Wissenschaft selbst. Kants Werk transzendiert Erfahrung als bloßes Operieren, weshalb es von der Aufklärung heute nach seinen eigenen Prinzipien als dogmatisch verleugnet wird. Mit der von Kant als Resultat vollzogenen Bestätigung des wissenschaftlichen Systems als Gestalt der Wahrheit besiegelt der Gedanke seine eigene Nichtigkeit, denn Wissenschaft ist technische Übung, von Reflexion auf ihr eigenes Ziel so weit entfernt wie andere Arbeitsarten unter dem Druck des Systems.

Die Morallehren der Aufklärung zeugen von dem hoffnungslosen Streben, an Stelle der geschwächten Religion einen intellektuellen Grund dafür zu finden, in der Gesellschaft auszuhalten, wenn das Interesse versagt. Die Philosophen paktieren als echte Bürger in der Praxis mit den Mächten, die nach ihrer Theorie verurteilt sind. Die Theorien sind konsequent und hart, die Morallehren propagandistisch und sentimental, auch wo sie rigoristisch klingen, oder sie sind Gewaltstreiche aus dem Bewußtsein der Unableitbarkeit eben der Moral wie Kants Rekurs auf die sittlichen Kräfte als Tatsache. Sein Unterfangen, die Pflicht der gegenseitigen Achtung, wenn auch noch vorsichtiger als die ganze westliche Philosophie, aus einem Gesetz der Vernunft abzuleiten, findet keine Stütze in der Kritik. Es ist der übliche Versuch des bürgerlichen Denkens, die Rücksicht, ohne welche Zivilisation nicht existieren kann, anders zu begründen als durch materielles Interesse und Gewalt, sublim und paradox wie keiner vorher, und ephemer wie sie alle. Der Bürger, der aus dem kantischen Motiv der Achtung vor der bloßen Form des Gesetzes allein einen Gewinn sich entgehen ließe, wäre nicht aufgeklärt, sondern abergläubisch – ein Narr. Die Wurzel des kantischen Optimismus, nach dem moralisches Handeln auch dort vernünftig sei, wo das niederträchtige gute Aussicht habe, ist das Entsetzen vor dem Rückfall in die Barbarei. Sollte, schreibt Kant im Anschluß an Haller[10], eine dieser großen sittlichen Kräfte, Wechselliebe und Achtung, sinken, »so würde dann das Nichts (der Immoralität) mit aufgesperrtem Schlund der (moralischen) Wesen ganzes Reich wie einen Tropfen Wasser trinken«. Aber die sittlichen Kräfte sind ja Kant zufolge vor der wissenschaftlichen Vernunft nicht weniger neutrale Triebe und Verhaltensweisen als die unsittlichen, in die sie auch sogleich umschlagen, wenn sie anstatt auf jene verborgene Möglichkeit auf die Versöhnung mit der Macht gerichtet sind. Aufklärung verweist den Unterschied aus der Theorie. Sie betrachtet die Leidenschaften »ac si quaestio de lineis, planis aut de corporibus esset«[11]. Die totalitäre Ordnung hat damit ganz Ernst gemacht. Von der Kontrolle durch die eigene Klasse befreit, die den Geschäftsmann des neunzehnten Jahrhunderts bei der kantischen Achtung und Wechselliebe hielt, braucht der Faschismus, der seinen Völkern die moralischen Gefühle durch eiserne Disziplin erspart, keine Disziplin mehr zu wahren. Entgegen dem kategorischen Imperativ und in desto tieferem Einklang mit der reinen Vernunft behandelt er die Menschen als Dinge, Zentren von Verhaltensweisen. Gegen den Ozean der offenen Gewalt, der in Europa wirklich hereingebrochen ist, hatten die Herrschenden die bürgerliche Welt nur so lange abdämmen wollen, als die ökonomische Konzentration noch nicht genügend fortgeschritten war. Vorher waren nur die Armen und die Wilden den entfesselten kapitalistischen Elementen ausgesetzt. Die totalitäre Ordnung aber setzt kalkulierendes Denken ganz in seine Rechte ein und hält sich an die Wissenschaft als solche. Ihr Kanon ist die eigene blutige Leistungsfähigkeit. Die Hand der Philosophie hatte es an die Wand geschrieben, von Kants Kritik bis zu Nietzsches Genealogie der Moral; ein einziger hat es bis in die Einzelheiten durchgeführt. Das Werk des Marquis de Sade zeigt den »Verstand ohne Leitung eines anderen«, das heißt, das von Bevormundung befreite bürgerliche Subjekt.

Selbsterhaltung ist das konstitutive Prinzip der Wissenschaft, die

10 Metaphysische Anfänge der Tugendlehre a. a. O. Band VI. S. 449.
11 Spinoza, Ethica, Pars III. Praefatio.

Seele der Kategorientafel, auch wenn sie idealistisch deduziert werden soll wie bei Kant. Selbst das Ich, die synthetische Einheit der Apperzeption, die Instanz, die Kant den höchsten Punkt nennt, an dem man die ganze Logik aufhängen müsse[12], ist in Wahrheit das Produkt sowohl wie die Bedingung der materiellen Existenz. Die Individuen, die selbst für sich zu sorgen haben, entwickeln das Ich als die Instanz des reflektierenden Vor- und Überblicks, es erweitert sich und schrumpft mit den Aussichten wirtschaftlicher Selbständigkeit und produktiven Eigentums durch die Reihe der Generationen hindurch. Schließlich geht es von den enteigneten Bürgern auf die totalitären Trustherrn über, deren Wissenschaft ganz zum Inbegriff von Reproduktionsmethoden der unterworfenen Massengesellschaft geworden ist. Sade hat ihrem Sinn fürs Planen ein frühes Denkmal gesetzt. Die Verschwörung der Machthaber gegen die Völker mittels ihrer unentwegten Organisation liegt dem aufgeklärten Geist seit Machiavelli und Hobbes so nahe wie die bürgerliche Republik. Feind ist er der Autorität nur dann, wenn sie nicht die Kraft hat, sich Gehorsam zu erzwingen, der Gewalt, die kein Faktum ist. Solange man davon absieht, wer Vernunft anwendet, hat sie nicht mehr Affinität zur Gewalt als zur Vermittlung, je nach der Lage von Individuum und Gruppen läßt sie Frieden oder Krieg, Toleranz oder Repression als das Gegebene erscheinen. Da sie inhaltliche Ziele als Macht der Natur über den Geist, als Beeinträchtigung ihrer Selbstgesetzgebung entlarvt, steht sie, formal wie sie ist, jedem natürlichen Interesse zur Verfügung. Das Denken wird völlig zum Organ, es ist in Natur zurückversetzt. Für die Herrschenden aber werden die Menschen zum Material wie die gesamte Natur für die Gesellschaft. Nach dem kurzen Zwischenspiel des Liberalismus, in dem die Bürger sich gegenseitig in Schach hielten, offenbart sich die Herrschaft als archaischer Schrekken in faschistisch rationalisierter Gestalt. »Man muß also«, sagt der Fürst von Francavilla in einer Gesellschaft beim König Ferdinand von Neapel, »die religiösen Schimären durch den äußersten Terror ersetzen; man befreie das Volk von der Furcht vor der zukünftigen Hölle, so wird es sogleich, nachdem sie zerstört ist, allem sich hingeben; aber man ersetze diese schimärische Furcht durch

12 Kritik der reinen Vernunft a.a.O. Band III. (2. Aufl.) S. 109.

Strafgesetze von gewaltiger Strenge, die freilich nur es selber treffen, denn es allein stiftet die Unruhe im Staat: allein in der untersten Klasse werden die Unzufriedenen geboren. Was kümmert den Reichen die Vorstellung eines Zügels, den er niemals an sich selbst verspürt, wenn er mit diesem leeren Schein das Recht erhält, nun seinerseits alle jene auszupressen, die unter seinem Joch leben? Ihr werdet keinen in jener Klasse finden, der nicht erlaubte, daß man den dichtesten Schatten der Tyrannei auf ihn lege, solange sie in Wirklichkeit auf den anderen liegt.«[13] Vernunft ist das Organ der Kalkulation, des Plans, gegen Ziele ist sie neutral, ihr Element ist die Koordination. Was Kant transzendental begründet hat, die Affinität von Erkenntnis und Plan, die der noch in den Atempausen durchrationalisierten bürgerlichen Existenz in allen Einzelheiten den Charakter unentrinnbarer Zweckmäßigkeit aufprägt, hat mehr als ein Jahrhundert vor dem Sport Sade schon empirisch ausgeführt. Die modernen Sportsriegen, deren Zusammenspiel genau geregelt ist, so daß kein Mitglied über seine Rolle einen Zweifel hegt und für jeden ein Ersatzmann bereit steht, finden in den sexuellen teams der Juliette, bei denen kein Augenblick ungenützt, keine Körperöffnung vernachlässigt, keine Funktion untätig bleibt, ihr genaues Modell. Im Sport wie in allen Zweigen der Massenkultur herrscht angespannte, zweckvolle Betriebsamkeit, ohne daß der nicht ganz eingeweihte Zuschauer den Unterschied der Kombinationen, den Sinn der Wechselfälle zu erraten vermöchte, der sich an den willkürlich gesetzten Regeln mißt. Die eigene architektonische Struktur des kantischen Systems kündigt wie die Turnerpyramiden der Sadeschen Orgien und das Prinzipienwesen der frühen bürgerlichen Logen – ihr zynisches Spiegelbild ist das strenge Reglement der Libertingesellschaft aus den 120 Journées – die vom inhaltlichen Ziel verlassene Organisation des gesamten Lebens an. Mehr noch als auf den Genuß scheint es in solchen Veranstaltungen auf seinen geschäftigen Betrieb, die Organisation anzukommen, wie schon in anderen entmythologisierten Epochen, dem Rom der Kaiserzeit und der Renaissance wie dem Barock, das Schema der Aktivität schwerer als ihr Inhalt wog. In der Neuzeit hat Aufklärung die Ideen der Har-

13 Histoire de Juliette, Hollande 1797. Band v. S. 319f.

monie und Vollendung aus ihrer Hypostasierung im religiösen Jenseits gelöst und dem menschlichen Streben unter der Form des Systems als Kriterien gegeben. Nachdem die Utopie, die der französischen Revolution die Hoffnung verlieh, mächtig zugleich und ohnmächtig in die deutsche Musik und Philosophie eingegangen war, hat die etablierte bürgerliche Ordnung Vernunft vollends funktionalisiert. Sie ist zur zwecklosen Zweckmäßigkeit geworden, die eben deshalb sich in alle Zwecke spannen läßt. Sie ist der Plan an sich betrachtet. Der totalitäre Staat handhabt die Nationen. »Das ist's, erwiderte der Fürst«, heißt es bei Sade, »die Regierung muß selbst die Bevölkerung regeln, sie muß in ihren Händen alle Mittel haben, um sie zu vertilgen, wenn sie sie fürchtet, um sie zu vermehren, wenn sie es für nötig hält, und es darf niemals ein anderes Gleichgewicht ihrer Gerechtigkeit geben, als das ihrer Interessen oder ihrer Leidenschaften, einzig verbunden mit den Leidenschaften und Interessen derer, die, wie wir gesagt haben, von ihr so viel Machtfülle erhalten haben als notwendig ist, um die eigene zu vervielfachen.«[14] Der Fürst weist den Weg, den der Imperialismus, als die furchtbarste Gestalt der Ratio, seit je beschritten hat. »... Nehmt dem Volk, das ihr unterjochen wollt, seinen Gott und demoralisiert es; solange es keinen anderen Gott als euch anbetet, keine anderen Sitten als die euren hat, werdet ihr immer sein Herr bleiben ... laßt ihm dafür selbst die ausgedehnteste verbrecherische Fähigkeit; bestraft es niemals, als wenn seine Stacheln sich gegen euch selbst kehren.«[15]

Da die Vernunft keine inhaltlichen Ziele setzt, sind die Affekte alle gleich weit von ihr entfernt. Sie sind bloß natürlich. Das Prinzip, demzufolge die Vernunft allem Unvernünftigen bloß entgegengesetzt ist, begründet den wahren Gegensatz zwischen Aufklärung und Mythologie. Diese kennt den Geist nur als den in die Natur versenkten, als Naturmacht. Wie die Kräfte draußen sind ihr die Regungen im Inneren lebendige Mächte göttlichen oder dämonischen Ursprungs. Aufklärung dagegen nimmt Zusammenhang, Sinn, Leben ganz in die Subjektivität zurück, die sich in solcher Zurücknahme eigentlich erst konstituiert. Vernunft ist ihr das

14 A.a.O. S. 322f.
15 A.a.O. S. 324.

chemische Agens, das die eigene Substanz der Dinge in sich aufsaugt und in die bloße Autonomie der Vernunft selbst verflüchtigt. Um der abergläubischen Furcht vor der Natur zu entgehen, hat sie die objektiven Wirkungseinheiten und Gestalten ohne Rest als Verhüllungen eines chaotischen Materials bloßgestellt und dessen Einfluß auf die menschliche Instanz als Sklaverei verflucht, bis das Subjekt der Idee nach ganz zur einzigen unbeschränkten, leeren Autorität geworden war. Alle Kraft der Natur wurde zur bloßen, unterschiedslosen Resistenz für die abstrakte Macht des Subjekts. Die besondere Mythologie, mit der die westliche Aufklärung, auch als Calvinismus, aufzuräumen hatte, war die katholische Lehre vom ordo und die heidnische Volksreligion, die unter ihr noch fortwucherte. Von ihr die Menschen zu befreien, war das Ziel der bürgerlichen Philosophie. Die Befreiung aber reichte weiter, als es ihren humanen Urhebern in den Sinn kam. Die entfesselte Marktwirtschaft war zugleich die aktuelle Gestalt der Vernunft und die Macht, an der Vernunft zuschanden wurde. Die romantischen Reaktionäre sprachen nur aus, was die Bürger selbst erfuhren: daß die Freiheit in ihrer Welt zur organisierten Anarchie hintrieb. Die Kritik der katholischen Konterrevolution behielt gegen die Aufklärung recht, wie diese gegen den Katholizismus. Die Aufklärung hatte sich auf den Liberalismus festgelegt. Wenn alle Affekte einander wert sind, so scheint die Selbsterhaltung, von der die Gestalt des Systems ohnehin beherrscht ist, auch die wahrscheinlichste Maxime des Handelns abzugeben. Sie sollte in der freien Wirtschaft freigegeben werden. Die dunklen Schriftsteller der bürgerlichen Frühzeit, wie Machiavelli, Hobbes, Mandeville, die dem Egoismus des Selbst das Wort redeten, haben eben damit die Gesellschaft als das zerstörende Prinzip erkannt, die Harmonie denunziert, ehe sie von den hellen, den Klassikern, zur offiziellen Doktrin erhoben war. Jene priesen die Totalität der bürgerlichen Ordnung als das Grauen an, das am Ende beides, Allgemeines und Besonderes, Gesellschaft und Selbst verschlang. Mit der Entfaltung des Wirtschaftssystems, in dem die Herrschaft privater Gruppen über den Wirtschaftsapparat die Menschen spaltet, erwies die von Vernunft identisch festgehaltene Selbsterhaltung, der vergegenständlichte Trieb des individuellen Bürgers sich als destruktive Naturgewalt, die von der Selbstzerstörung gar nicht mehr zu trennen war. Sie gingen trübe ineinander über. Die reine Vernunft wurde zur Unvernunft, zur fehler- und inhaltslosen Verfahrungsweise. Jene Utopie aber, die zwischen Natur und Selbst die Versöhnung ankündigte, trat mit der revolutionären Avantgarde aus ihrem Versteck in der deutschen Philosophie, irrational und vernünftig zugleich, als Idee des Vereins freier Menschen hervor und zog alle Wut der Ratio auf sich. In der Gesellschaft wie sie ist bleibt trotz der armseligen moralistischen Versuche, die Menschlichkeit als rationalstes Mittel zu propagieren, Selbsterhaltung frei von der als Mythos denunzierten Utopie. Schlaue Selbsterhaltung bei den Oberen ist der Kampf um die faschistische Macht, und bei den Individuen die Anpassung ans Unrecht um jeden Preis. Die aufgeklärte Vernunft findet so wenig ein Maß, einen Trieb in sich selbst und gegen andere Triebe abzustufen, wie das Weltall in Sphären zu ordnen. Hierarchie in der Natur ist von ihr zu Recht als ein Reflex der mittelalterlichen Gesellschaft aufgedeckt, und die späteren Unternehmen, eine neue objektive Wertrangordnung nachzuweisen, tragen den Stempel der Lüge an der Stirn. Der Irrationalismus, wie er in solchen nichtigen Rekonstruktionen sich bekundet, ist weit davon entfernt, der industriellen Ratio zu widerstehen. Hatte, mit Leibniz und Hegel, die große Philosophie auch in solchen subjektiven und objektiven Äußerungen, die nicht selbst schon Gedanken sind, in Gefühlen, Institutionen, Werken der Kunst, den Anspruch auf Wahrheit entdeckt, so isoliert der Irrationalismus, darin wie in anderem dem letzten Abhub der Aufklärung, dem modernen Positivismus verwandt, das Gefühl, wie Religion und Kunst, von allem was Erkenntnis heißt. Er schränkt zwar die kalte Vernunft zugunsten des unmittelbaren Lebens ein, macht es jedoch zu einem dem Gedanken bloß feindlichen Prinzip. Im Scheine solcher Feindschaft wird Gefühl und schließlich aller menschliche Ausdruck, ja Kultur überhaupt der Verantwortung vor dem Denken entzogen, verwandelt sich aber dadurch zum neutralisierten Element der allumspannenden Ratio des längst irrational gewordenen ökonomischen Systems. Sie hat sich seit den Anfängen auf ihre Anziehungskraft allein nicht verlassen können und diese durch den Kultus der Gefühle ergänzt. Wo sie zu diesen aufruft, richtet sie sich gegen ihr eigenes Medium, das Denken, das ihr selbst, der sich entfremdeten Vernunft, immer

auch verdächtig war. Der Überschwang der zärtlich Liebenden im Film fungiert schon als Hieb auf die ungerührte Theorie, er setzt sich fort im sentimentalen Argument gegen den Gedanken, der das Unrecht attackiert. Indem so die Gefühle zur Ideologie aufsteigen, wird die Verachtung, der sie in der Wirklichkeit unterliegen, nicht aufgehoben. Daß sie, verglichen mit der Sternenhöhe, in welche die Ideologie sie transponiert, stets als zu vulgär erscheinen, hilft noch zu ihrer Verbannung mit. Das Verdikt über die Gefühle war in der Formalisierung der Vernunft schon eingeschlossen. Noch Selbsterhaltung hat als Naturtrieb wie andere Regungen ein schlechtes Gewissen, nur die Betriebsamkeit und die Institutionen, die ihr dienen sollen, das heißt verselbständigte Vermittlung, der Apparat, die Organisation, das Systematische, genießt wie in der Erkenntnis auch in der Praxis das Ansehen, vernünftig zu sein; die Emotionen sind darin eingegliedert.
Die Aufklärung der neueren Zeit stand von Anbeginn im Zeichen der Radikalität: das unterscheidet sie von jeder früheren Stufe der Entmythologisierung. Wenn mit einer neuen Weise des gesellschaftlichen Seins eine neue Religion und Gesinnung in der Weltgeschichte Platz griff, wurden mit den alten Klassen, Stämmen und Völkern in der Regel auch die alten Götter in den Staub geworfen. Besonders aber wo ein Volk auf Grund des eigenen Schicksals, zum Beispiel die Juden, zu einer neuen Form gesellschaftlichen Lebens überging, wurden die altgeliebten Gewohnheiten, die heiligen Handlungen und Gegenstände der Verehrung in abscheuliche Untaten und Schreckgespenster verzaubert. Die Ängste und Idiosynkrasien heute, die verhöhnten und verabscheuten Charakterzüge können als Male gewaltsamer Fortschritte in der menschlichen Entwicklung entziffert werden. Vom Ekel vor den Exkrementen und dem Menschenfleisch bis zur Verachtung des Fanatismus, der Faulheit, der Armut, geistiger und materieller, führt eine Linie von Verhaltensweisen, die aus adäquaten und notwendigen in Scheußlichkeiten verwandelt wurden. Diese Linie ist die der Zerstörung und der Zivilisation zugleich. Jeder Schritt war ein Fortschritt, eine Etappe der Aufklärung. Während aber alle früheren Veränderungen, vom Präanimismus zur Magie, von der matriarchalen zur patriarchalen Kultur, vom Polytheismus der Sklavenhalter zur katholischen Hierarchie, neue, wenn auch auf-

geklärte Mythologien an die Stelle der älteren setzten, den Gott der Heerscharen an Stelle der großen Mutter, die Verehrung des Lammes an Stelle des Totems, zerging vor dem Licht der aufgeklärten Vernunft jede Hingabe als mythologisch, die sich für objektiv, in der Sache begründet hielt. Alle vorgegebenen Bindungen verfielen damit dem tabuierenden Verdikt, nicht ausgenommen solche, die zur Existenz der bürgerlichen Ordnung selbst notwendig waren. Das Instrument, mit dem das Bürgertum zur Macht gekommen war, Entfesselung der Kräfte, allgemeine Freiheit, Selbstbestimmung, kurz, die Aufklärung, wandte sich gegen das Bürgertum, sobald es als System der Herrschaft zur Unterdrückung gezwungen war. Aufklärung macht ihrem Prinzip nach selbst vor dem Minimum an Glauben nicht halt, ohne das die bürgerliche Welt nicht existieren kann. Sie leistet der Herrschaft nicht die zuverlässigen Dienste, die ihr von den alten Ideologien stets erwiesen wurden. Ihre anti-autoritäre Tendenz, die, freilich bloß unterirdisch, mit jener Utopie im Vernunftbegriff kommuniziert, macht sie dem etablierten Bürgertum schließlich so feind wie der Aristokratie, mit der es sich denn auch recht bald verbündet hat. Das anti-autoritäre Prinzip muß schließlich ins eigene Gegenteil, in die Instanz gegen die Vernunft selber umschlagen: die Abschaffung alles von sich aus Verbindlichen, die es leistet, erlaubt es der Herrschaft, die ihr jeweils adäquaten Bindungen souverän zu dekretieren und zu manipulieren. Nach Bürgertugend und Menschenliebe, für die sie schon keine guten Gründe hatte, hat denn auch die Philosophie Autorität und Hierarchie als Tugenden verkündigt, als diese längst auf Grund der Aufklärung zu Lügen geworden waren. Aber auch gegen solche Perversion ihrer selbst besaß die Aufklärung kein Argument, denn die lautere Wahrheit genießt vor der Entstellung, die Rationalisierung vor der Ratio keinen Vorzug, wenn sie nicht etwa einen praktischen für sich aufzuweisen hat. Mit der Formalisierung der Vernunft wird Theorie selbst, soweit sie mehr als ein Zeichen für neutrale Verfahrungsweisen sein will, zum unverständlichen Begriff, und Denken gilt als sinnvoll nur nach Preisgabe des Sinns. Eingespannt in die herrschende Produktionsweise löst die Aufklärung, die zur Unterminierung der repressiv gewordenen Ordnung strebt, sich selber auf. In den frühen Angriffen auf Kant, den Alleszermalmer, welche die gängige Aufklärung unternahm, ist das schon ausgedrückt. Wie Kants Moralphilosophie seine aufklärerische Kritik begrenzte, um die Möglichkeit der Vernunft zu retten, so strebte umgekehrt das unreflektiert aufgeklärte Denken aus Selbsterhaltung stets danach, sich selbst in Skeptizismus aufzuheben, um für die bestehende Ordnung genügend Platz zu bekommen.

Das Werk Sades, wie dasjenige Nietzsches, bildet dagegen die intransigente Kritik der praktischen Vernunft, der gegenüber die des Alleszermalmers selbst als Revokation des eignen Denkens erscheint. Sie steigert das szientifische Prinzip ins Vernichtende. Kant hatte freilich das moralische Gesetz in mir schon so lang von jedem heteronomen Glauben gereinigt, bis der Respekt entgegen Kants Versicherungen bloß noch eine psychologische Naturtatsache war, wie der gestirnte Himmel über mir eine physikalische. »Ein Faktum der Vernunft« nennt er es selbst[16], »Un instinct général de société« hieß es bei Leibniz.[17] Tatsachen aber gelten dort nichts, wo sie nicht vorhanden sind. Sade leugnet ihr Vorkommen nicht. Justine, die gute der beiden Schwestern, ist eine Märtyrerin des Sittengesetzes. Juliette freilich zieht die Konsequenz, die das Bürgertum vermeiden wollte: sie dämonisiert den Katholizismus als jüngste Mythologie und mit ihm Zivilisation überhaupt. Die Energien, die aufs Sakrament bezogen waren, bleiben verkehrt dem Sakrileg zugewandt. Diese Verkehrung aber wird auf Gemeinschaft schlechthin übertragen. In all dem verfährt Juliette keineswegs fanatisch wie der Katholizismus mit den Inkas, sie besorgt nur aufgeklärt, geschäftig den Betrieb des Sakrilegs, das auch den Katholiken von archaischen Zeiten her noch im Blute lag. Die urgeschichtlichen Verhaltensweisen, auf welche Zivilisation ein Tabu gelegt, hatten, unter dem Stigma der Bestialität in destruktive transformiert, ein unterirdisches Dasein geführt. Juliette betätigt sie nicht mehr als natürliche, sondern als die tabuierten. Sie kompensiert das Werturteil gegen sie, das unbegründet war, weil alle Werturteile unbegründet sind, durch seinen Gegensatz. Wenn sie so die primitiven Reaktionen wiederholt, sind es darum nicht mehr

16 Kritik der praktischen Vernunft a. a. O. Band v. S. 31, 47, 55 u. a. m.

17 Nouveaux Essais sur L'Entendement Humain. Ed. Erdmann. Berlin 1840. Buch i. Kapitel ii. § 9. S. 215.

die primitiven sondern die bestialischen. Juliette, nicht unähnlich der Merteuil aus den »Liaisons Dangereuses«[18], verkörpert, psychologisch ausgedrückt, weder unsublimierte noch regredierte libido, sondern intellektuelle Freude an der Regression, amor intellectualis diaboli, die Lust, Zivilisation mit ihren eigenen Waffen zu schlagen. Sie liebt System und Konsequenz. Sie handhabt das Organ des rationalen Denkens ausgezeichnet. Was die Selbstbeherrschung angeht, verhalten sich ihre Anweisungen zu denen Kants zuweilen wie die spezielle Anwendung zum Grundsatz. »Die Tugend also«, heißt es bei diesem[19], »sofern sie auf innere Freiheit begründet ist, enthält für die Menschen auch ein bejahendes Gebot, nämlich alle seine Vermögen und Neigungen unter seine (der Vernunft) Gewalt zu bringen, mithin der Herrschaft über sich selbst, welche(s) über das Verbot, nämlich von seinen Gefühlen und Neigungen sich nicht beherrschen zu lassen, (der Pflicht der Apathie) hinzukommt: weil, ohne daß die Vernunft die Zügel der Regierung in die Hände nimmt, jene über den Menschen den Meister spielen.« Juliette doziert über die Selbstzucht des Verbrechers. »Erwägen Sie zuerst Ihren Plan einige Tage im voraus, überlegen Sie alle seine Folgen, prüfen Sie mit Aufmerksamkeit, was Ihnen dienen kann ... was Sie möglicherweise verraten könnte, und wägen Sie diese Dinge mit derselben Kaltblütigkeit ab, wie wenn Sie sicher wären, entdeckt zu werden.«[20] Das Gesicht des Mörders muß die größte Ruhe verraten. » ... lassen Sie auf Ihren Zügen Ruhe und Gleichgültigkeit sich zeigen, versuchen Sie, die größtmögliche Kaltblütigkeit in dieser Lage zu erwerben ... wären Sie nicht sicher, keinerlei Gewissensbisse zu haben, und Sie werden es nur durch die Gewohnheit des Verbrechens sein, wenn, sage ich, Sie darüber nicht sehr sicher wären, würden sie erfolglos daran arbeiten, Meister Ihres Mienenspiels zu werden ...«[21] Die Freiheit von Gewissensbissen ist vor der formalistischen Vernunft so essentiell wie die von Liebe oder Haß. Reue setzt das Vergangene, das dem Bürgertum entgegen

18 Vgl. Heinrich Manns Einleitung zur Ausgabe im Inselverlag.
19 Metaphysische Anfänge der Tugendlehre a. a. O. Band VI, S. 408.
20 Juliette a. a. O. Band IV. S. 58.
21 A. a. O. S. 60 f.

der populären Ideologie seit je für Nichts galt, als ein Sein; sie ist der Rückfall, vor dem zu bewahren ihre einzige Rechtfertigung vor der bürgerlichen Praxis wäre. Spricht es doch Spinoza den Stoikern nach: »Poenitentia virtus non est, sive ex ratione non oritur, sed is, quem facti poenitet, bis miser seu impotens est.«[22] Ganz im Sinne jenes Fürsten von Francavilla fügt er freilich sogleich »terret vulgus, nisi metuat«[23] hinzu und meint daher als guter Machiavellist, daß Demut und Reue wie Furcht und Hoffnung trotz aller Vernunftwidrigkeit recht nützlich seien. »Zur Tugend wird Apathie (als Stärke betrachtet) notwendig vorausgesetzt«, sagt Kant[24], indem er, Sade nicht unähnlich, diese »moralische Apathie« von der Fühllosigkeit im Sinn der Indifferenz gegen sinnliche Reize unterscheidet. Enthusiasmus ist schlecht. Ruhe und Entschlußkraft bilden die Stärke der Tugend. »Das ist der Zustand der Gesundheit im moralischen Leben; dagegen der Affekt, selbst wenn er durch die Vorstellung des Guten aufgeregt wird, eine augenblickliche glänzende Erscheinung ist, welche Mattigkeit hinterläßt.«[25] Juliettes Freundin Clairwil stellt ganz dasselbe vom Laster fest.[26] »Meine Seele ist hart, und ich bin weit davon entfernt, Empfindsamkeit der glücklichen Apathie, der ich mich erfreue, vorzuziehen. Oh Juliette … du täuschst dich vielleicht über die gefährliche Empfindsamkeit, auf die sich so viele Toren etwas zugute tun.« Apathie tritt an jenen Wendestellen der bürgerlichen Geschichte, auch der antiken auf, wo angesichts der übermächtigen historischen Tendenz die pauci beati der eigenen Ohnmacht gewahr werden. Sie bezeichnet den Rückzug der einzelmenschlichen Spontaneität aufs Private, das dadurch erst als die eigentlich bürgerliche Existenzform gestiftet wird. Stoa, und das ist die bürgerliche Philosophie, macht es den Privilegierten im Angesicht des Leidens der anderen leichter, der eigenen Bedrohung ins Auge zu sehen. Sie hält das Allgemeine fest, indem sie die private Existenz als Schutz vor ihm zum Prinzip erhebt. Die

22 Spinoza, Ethica. Pars IV. Prop. LIV. S. 368.
23 A. a. O. Schol.
24 Metaphysische Anfänge der Tugendlehre a. a. O. Band VI. S. 408.
25 A. a. O. S. 409.
26 Juliette a. a. O. Band II. S. 114.

Privatsphäre des Bürgers ist herabgesunkenes Kulturgut der Oberklasse.
Juliette hat die Wissenschaft zum Credo. Scheußlich ist ihr jede Verehrung, deren Rationalität nicht zu erweisen ist: der Glaube an Gott und seinen toten Sohn, der Gehorsam gegen die Zehn Gebote, der Vorzug des Guten vor dem Bösen, des Heils vor der Sünde. Angezogen wird sie von den Reaktionen, die von den Legenden der Zivilisation mit einem Bann belegt waren. Sie operiert mit Semantik und logischer Syntax wie der modernste Positivismus, aber nicht wie dieser Angestellte der jüngsten Administration richtet sie ihre Sprachkritik vornehmlich gegen Denken und Philosophie, sondern als Tochter der kämpfenden Aufklärung gegen die Religion. »Ein toter Gott!« sagt sie von Christus[27], »nichts ist komischer als diese zusammenhanglose Wortfolge des katholischen Wörterbuchs: Gott, will heißen ewig; Tod, will heißen nicht ewig. Idiotische Christen, was wollt ihr denn mit eurem toten Gott machen?« Die Umwandlung des ohne wissenschaftlichen Beweis Verdammten in Erstrebenswertes wie des beweislos Anerkannten in den Gegenstand des Abscheus, die Umwertung der Werte, der »Mut zum Verbotenen«[28] ohne Nietzsches verräterisches »Wohlan!«, ohne seinen biologischen Idealismus, ist ihre spezifische Leidenschaft. »Bedarf es denn der Vorwände, um ein Verbrechen zu begehen?« ruft die Fürstin Borghese, ihre gute Freundin, ganz in seinem Sinne aus.[29] Nietzsche verkündigt die Quintessenz ihrer Doktrin.[30] »Die Schwachen und Mißratnen sollen zugrunde gehen: erster Satz *unsrer* Menschenliebe. Und man soll ihnen noch dazu helfen. Was ist schädlicher als irgendein Laster – das Mitleiden der Tat mit allen Mißratnen und Schwachen – das Christentum …«[31] Dieses, »merkwürdig daran interessiert, die Tyrannen zu meistern und sie auf Prinzipien der Brüderlichkeit zu reduzieren … spielt dabei das Spiel des Schwachen; es vertritt ihn, es

27 A.a.O. Band III. S. 282.
28 Fr. Nietzsche, Umwertung aller Werte. Werke. Kröner. Band VIII. S. 213.
29 Juliette a.a.O. Band IV. S. 204.
30 E. Dühren hat in den »Neuen Forschungen« (Berlin 1904. S. 453 ff.) auf die Verwandtschaft hingewiesen.
31 Nietzsche a.a.O. Band VIII. S. 218.

muß sprechen wie er ... Wir dürfen überzeugt sein, daß jenes Band in Wahrheit vom Schwachen, wie es auch vorgeschlagen, so in Kraft gesetzt wurde, als der Zufall ihm einmal die Gewalt des Priesters in die Hände spielte.«[32] Das trägt Noirceuil, Juliettes Mentor, zur Genealogie der Moral bei. Bösartig feiert Nietzsche die Mächtigen und ihre Grausamkeit »nach außen hin, dort, wo die Fremde beginnt«, das heißt gegenüber allem, was nicht zu ihnen selbst gehört. »Sie genießen da die Freiheit von allem sozialen Zwang, sie halten sich in der Wildnis schadlos für die Spannung, welche eine lange Einschließung und Einfriedigung in den Frieden der Gemeinschaft gibt, sie treten in die Unschuld des Raubtier-Gewissens zurück, als frohlockende Ungeheuer, welche vielleicht von einer scheußlichen Abfolge von Mord, Niederbrennung, Schändung, Folterung mit einem Übermute und seelischen Gleichgewicht davongehen, wie als ob nur ein Studentenstreich vollbracht sei, überzeugt davon, daß die Dichter für lange nun wieder etwas zu singen und zu rühmen haben ... Diese ›Kühnheit‹ vornehmer Rassen, toll, absurd, plötzlich, wie sie sich äußert, das Unberechenbare, das Unwahrscheinliche selbst ihrer Unternehmungen ... ihre Gleichgültigkeit und Verachtung gegen Sicherheit, Leib, Leben, Behagen, ihre entsetzliche Heiterkeit und Tiefe der Lust in allem Zerstören, in allen Wollüsten des Siegs und der Grausamkeit«[33], diese Kühnheit, die Nietzsche herausschreit, hat auch Juliette hingerissen. »Gefährlich leben« ist auch ihre Botschaft: »... oser tout dorénavant sans peur«[34]. Es gibt die Schwachen und die Starken, es gibt Klassen, Rassen und Nationen, welche herrschen, und es gibt die, welche unterlegen sind. »Wo ist, ich bitte Sie«, ruft Herr von Verneuil aus[35], »der Sterbliche, der dumm genug wäre, um entgegen allem Augenschein zu versichern, die Menschen würden nach Recht und Tatsache gleich geboren! Es war einem Menschenfeind wie Rousseau vorbehalten, ein solches Paradox aufzustellen, weil er, höchst schwach, wie er selbst

32 Juliette a.a.O. Band I. S. 315 f.
33 Genealogie der Moral a.a.O. Band VII. S. 321 ff.
34 Juliette a.a.O. Band I. S. 300.
35 Histoire de Justine. Hollande 1797. Band IV. S. 4. (Auch zitiert bei Dühren a.a.O. S. 452.)

war, die zu sich herabziehen wollte, zu denen er sich nicht erheben konnte. Aber mit welcher Stirn, frage ich Sie, könnte der vier Fuß zwei Zoll hohe Pygmäe sich dem Modell an Wuchs und Stärke vergleichen, dem die Natur die Kraft und Gestalt eines Herkules verleiht? Hieße das nicht dasselbe, wie daß die Fliege dem Elefanten gleicht? Stärke, Schönheit, Wuchs, Beredsamkeit: das waren die Tugenden, die im Beginn der Gesellschaft beim Übergang der Autorität an die Herrschenden bestimmend waren.« – »Von der Stärke verlangen«, fährt Nietzsche fort[36], »daß sie sich *nicht* als Stärke äußere, daß sie *nicht* ein Überwältigen-Wollen, ein Niederwerfen-Wollen, ein Herrwerden-Wollen, ein Durst nach Feind und Widerstand und Triumphen sei, ist gerade so widersinnig, als von der Schwäche verlangen, daß sie sich als Stärke äußere.« – »Wie in der Tat wollen Sie«, sagt Verneuil[37], »daß der welcher von der Natur die höchste Anlage zum Verbrechen erhalten hat, sei es durch die Überlegenheit seiner Kräfte, die Feinheit seiner Organe, sei es infolge seiner standesgemäßen Erziehung oder seiner Reichtümer; wie wollen Sie, sage ich, daß dieses Individuum nach demselben Gesetz gerichtet werde, wie jenes, das alles zur Tugend oder zur Mäßigung verhält? Wäre das Gesetz gerechter, das beide Männer gleich bestrafte? Ist es natürlich, daß der, den alles einlädt Übles zu tun, wie jener behandelt wird, den alles dazu treibt, sich mit Vorsicht zu betragen?«

Nachdem die objektive Ordnung der Natur als Vorurteil und Mythos sich erledigt hat, bleibt Natur als Masse von Materie übrig. Nietzsche weiß von keinem Gesetz, »welches wir nicht nur erkennen, sondern auch über uns erkennen«[38]. Soweit Verstand, der am Richtmaß der Selbsterhaltung groß wurde, ein Gesetz des Lebens wahrnimmt, ist es das des Stärkeren. Kann es für die Menschheit wegen des Formalismus der Vernunft auch kein notwendiges Vorbild abgeben, so genießt es den Vorzug der Tatsächlichkeit gegenüber der verlogenen Ideologie. Schuldig, das ist Nietzsches Lehre, sind die Schwachen, sie umgehen durch ihre Schlauheit das natürliche Gesetz. »Die Krankhaften sind des Men-

36 Genealogie der Moral a. a. O. Band VII. S. 326 f.
37 Justine a. a. O. Band IV. S. 7.
38 Nachlaß a. a. O. Band XI. S. 214.

schen große Gefahr: nicht die Bösen, nicht die ›Raubtiere‹. Die von vornherein Verunglückten, Niedergeworfenen, Zerbrochenen – sie sind es, die Schwachen sind es, welche am meisten das Leben unter Menschen unterminieren, welche unser Vertrauen zum Leben, zu Menschen, zu uns, am gefährlichsten vergiften und in Frage stellen.«[39] Sie haben das Christentum über die Welt gebracht, das Nietzsche nicht weniger verabscheut und haßt als Sade. »... nicht die Repressalien des Schwachen über den Starken sind wahrhaft in der Natur; sie sind im Geistigen, aber nicht im Körperlichen; um solche Repressalien anzuwenden, muß er Kräfte gebrauchen, die er nicht erhalten hat; er muß einen Charakter annehmen, der ihm keineswegs gegeben ist, in gewisser Weise der Natur Zwang antun. Aber was wahrhaft in den Gesetzen dieser weisen Mutter ist, das ist die Verletzung des Schwachen durch den Starken, weil, um zu diesem Verfahren zu kommen, er nur die Gaben benutzen muß, die er erhalten hat; er bekleidet sich nicht wie der Schwache mit einem anderen Charakter als dem eigenen; er setzt nur die Äußerungen dessen, den er von Natur erhalten hat, in Aktion. Alles, was daraus resultiert, ist also natürlich: seine Unterdrükkung, seine Gewalttaten, seine Grausamkeiten, seine Tyranneien, seine Ungerechtigkeiten ... sind rein wie die Hand, die sie ihm aufprägte; und wenn er von all seinen Rechten Gebrauch macht, um den Schwachen zu unterdrücken und zu berauben, begeht er nur die natürlichste Sache der Welt ... Wir sollten also niemals Skrupel über das haben, was wir dem Schwachen nehmen können, denn nicht wir begehen das Verbrechen, dieses wird vielmehr durch die Verteidigung oder Rache des Schwachen charakterisiert.«[40] Wenn der Schwache sich wehrt, so begeht er damit ein Unrecht, »das nämlich, aus seinem Charakter der Schwäche herauszutreten, den die Natur ihm einsenkte: sie schuf ihn, um Sklave und arm zu sein, er will sich nicht unterwerfen, das ist sein Unrecht«[41]. In solchen magistralen Reden entwickelt Dorval, das Haupt eines respektablen Pariser Gangs, vor Juliette das geheime Credo aller Herrscherklassen, das Nietzsche, um die Psychologie

39 Genealogie der Moral a.a.O. Band VII. S. 433.
40 Juliette a.a.O. Band I. S. 208 ff.
41 A.a.O. S. 211 f.

des Ressentiments vermehrt, der Gegenwart vorhielt. Er bewundert wie Juliette »das schöne Schreckliche der Tat«,[42] wenn er auch als deutscher Professor von Sade sich dadurch unterscheidet, daß er den Kriminellen desavouiert, weil dessen Egoismus »sich auf so niedere Ziele richtet und auf sie beschränkt. Sind die Ziele groß, so hat die Menschheit einen anderen Maßstab und schätzt ›Verbrechen‹ nicht als solche, selbst die furchtbarsten Mittel.«[43] Von solchem Vorurteil fürs Große, das in der Tat die bürgerliche Welt kennzeichnet, ist die aufgeklärte Juliette noch frei, ihr ist der Racketeer nicht deshalb weniger sympathisch als der Minister, weil seine Opfer der Zahl nach geringer sind. Dem Deutschen aber geht die Schönheit von der Tragweite aus, er kann inmitten aller Götzendämmerung von der idealistischen Gewohnheit nicht lassen, die den kleinen Dieb hängen sehen, aus imperialistischen Raubzügen welthistorische Missionen machen möchte. Indem der deutsche Faschismus den Kultus der Stärke zur welthistorischen Doktrin erhob, hat er ihn zugleich zur eigenen Absurdität geführt. Als Einspruch gegen die Zivilisation vertrat die Herrenmoral verkehrt die Unterdrückten: der Haß gegen die verkümmerten Instinkte denunziert objektiv die wahre Natur der Zuchtmeister, die an ihren Opfern nur zum Vorschein kommt. Als Großmacht aber und Staatsreligion verschreibt sich die Herrenmoral vollends den zivilisatorischen powers that be, der kompakten Majorität, dem Ressentiment und allem, wogegen sie einmal stand. Nietzsche wird durch seine Verwirklichung widerlegt und zugleich die Wahrheit an ihm freigesetzt, die trotz allem Jasagen zum Leben dem Geist der Wirklichkeit feind war.

Wenn schon die Reue als widervernünftig galt, so ist Mitleid die Sünde schlechthin. Wer ihm nachgibt, »pervertiert das allgemeine Gesetz: woraus folgt, daß das Mitleid, weit entfernt, eine Tugend zu sein, ein wirkliches Laster wird, sobald es uns dazu bringt, eine Ungleichheit zu stören, die durch die Naturgesetze gefordert ist«[44]. Sade und Nietzsche erkannten, daß nach der Formalisierung der Vernunft das Mitleid gleichsam als das sinnliche Bewußtsein der

42 Jenseits von Gut und Böse a. a. O. Band III. S. 100.
43 Nachlaß a. a. O. Band XII. S. 108.
44 Juliette a. a. O. Band I. S. 313.

Identität von Allgemeinem und Besonderem, als die naturalisierte Vermittlung, noch übrig war. Es bildet das zwingendste Vorurteil, »quamvis pietatis specimen prae se ferre videatur«, wie Spinoza sagt[45], »denn wer anderen Hilfe zu bringen weder durch Vernunft, noch durch Mitleid bewogen wird, der wird mit Recht Unmensch genannt«[46]. Commiseratio ist Menschlichkeit in unmittelbarer Gestalt, aber zugleich »mala et inutilis«[47], nämlich als das Gegenteil der männlichen Tüchtigkeit, die von der römischen virtus über die Medicis bis zur efficiency unter den Fords stets die einzig wahre bürgerliche Tugend war. Weibisch und kindisch nennt Clairwil das Mitleid, ihres »Stoizismus« sich rühmend, der »Ruhe der Leidenschaften«, die ihr erlaube, »alles zu tun und alles durchzuhalten ohne Erschütterung«[48]. »... das Mitleid ist nichts weniger als eine Tugend, es ist eine Schwäche, geboren aus Angst und Unglück, eine Schwäche, die man vor allem dann überwinden muß, wenn man daran arbeitet, die zu große Feinnervigkeit zu überwinden, die mit den Maximen der Philosophie unvereinbar ist.«[49] Vom Weibe stammen die »Ausbrüche von unbegrenztem Mitleid«[50]. Sade und Nietzsche wußten, daß ihre Lehre von der Sündhaftigkeit des Mitleids altes bürgerliches Erbgut war. Dieser verweist auf alle »starken Zeiten«, auf die »vornehmen Kulturen«, jener auf Aristoteles[51] und die Peripatetiker[52]. Das Mitleid hält vor der Philosophie nicht stand. Auch Kant selbst hat keine Ausnahme gemacht. Es sei »eine gewisse Weichmütigkeit« und habe »die Würde der Tugend nicht an sich«[53]. Er übersieht jedoch, daß auch der Grundsatz der »allgemeinen Wohlgewogenheit gegen das menschliche Geschlecht«[54], durch den er im Gegensatz zum Rationalismus der Clairwil das

45 Ethica. Pars IV. Appendix. Cap. XVI.
46 A. a. O. Prop. L. Schol.
47 A. a. O. Prop. L.
48 Juliette a. a. O. Band II. S. 125.
49 A. a. O.
50 Nietzsche contra Wagner a. a. O. Band VIII. S. 204.
51 Juliette a. a. O. Band I. S. 313.
52 A. a. O. Band II. S. 126.
53 Beobachtungen über das Gefühl des Schönen und Erhabenen a. a. O. Band II. S. 215 f.
54 A. a. O.

Mitleid zu ersetzen trachtet, demselben Fluch der Irrationalität anheimfällt, wie »diese gutartige Leidenschaft«, die den Menschen leicht dazu verführen kann, »ein weichmütiger Müßiggänger« zu werden. Aufklärung läßt sich nicht täuschen, in ihr hat das allgemeine vor dem besonderen Faktum, die umspannende Liebe vor der begrenzten, keinen Vorzug. Mitleid ist anrüchig. Wie Sade zieht auch Nietzsche die ars poetica zur Beurteilung heran. »Die Griechen litten nach Aristoteles öfter an einem Übermaß von Mitleid: daher die notwendige Entladung durch die Tragödie. Wir sehen, wie verdächtig diese Neigung ihnen vorkam. Sie ist staatsgefährlich, nimmt die nötige Härte und Straffheit, macht, daß Heroen sich gebärden wie heulende Weiber usw.«[55] Zarathustra predigt: »So viel Güte, so viel Schwäche sehe ich. So viel Gerechtigkeit und Mitleiden, so viel Schwäche.«[56] In der Tat hat Mitleid ein Moment, das der Gerechtigkeit widerstreitet, mit der Nietzsche freilich es zusammenwirft. Es bestätigt die Regel der Unmenschlichkeit durch die Ausnahme, die es praktiziert. Indem Mitleid die Aufhebung des Unrechts der Nächstenliebe in ihrer Zufälligkeit vorbehält, nimmt es das Gesetz der universalen Entfremdung, die es mildern möchte, als unabänderlich hin. Wohl vertritt der Mitleidige als Einzelner den Anspruch des Allgemeinen, nämlich den zu leben, gegen das Allgemeine, gegen Natur und Gesellschaft, die ihn verweigern. Aber die Einheit mit dem Allgemeinen, als dem Inneren, die der Einzelne betätigt, erweist an seiner eigenen Schwäche sich als trügerisch. Nicht die Weichheit sondern das Beschränkende am Mitleid macht es fragwürdig, es ist immer zu wenig. Wie die stoische Apathie, an der die bürgerliche Kälte, das Widerspiel des Mitleids, sich schult, dem Allgemeinen, von dem sie sich zurückzog, noch eher die armselige Treue hielt, als die teilnehmende Gemeinheit, die dem All sich adaptierte, so bekannten, die das Mitleid bloßstellten, negativ sich zur Revolution. Die narzißtischen Deformationen des Mitleids, wie die Hochgefühle des Philanthropen und das moralische Selbstbewußtsein des Sozialfürsorgers sind noch die verinnerlichte Bestätigung des Unterschieds von arm und reich. Daß freilich Philoso-

55 Nachlaß a.a.O. Band XI. S. 227f.
56 Also sprach Zarathustra a.a.O. Band VI. S. 248.

phie unvorsichtig die Lust an der Härte ausplauderte, hat sie für jene verfügbar gemacht, die ihr das Geständnis am wenigsten verziehen. Die faschistischen Herren der Welt haben die Perhorreszierung des Mitleids in die der politischen Nachsicht und den Appell ans Standrecht übersetzt, worin sie sich mit Schopenhauer, dem Metaphysiker des Mitleids, trafen. Diesem galt die Hoffnung auf die Einrichtung der Menschheit als der vermessene Wahnsinn dessen, der nur auf Unglück hoffen darf. Die Mitleidsfeinde wollten den Menschen mit Unglück nicht identisch setzen. Ihnen war die Existenz des Unglücks Schande. Ihre feinfühlige Ohnmacht litt es nicht, daß der Mensch bedauert werde. Verzweifelt schlug sie um ins Lob der Macht, von der sie doch in der Praxis sich lossagten, wo immer sie ihnen Brücken baute.
Güte und Wohltun werden zur Sünde, Herrschaft und Unterdrückung zur Tugend. »Alle guten Dinge waren ehemals schlimme Dinge; aus jeder Erbsünde ist eine Erbtugend geworden.«[57] Damit macht Juliette nun auch in der neuen Epoche ernst, sie betreibt die Umwertung zum erstenmal bewußt. Nachdem alle Ideologien vernichtet sind, erhebt sie, was der Christenheit in der Ideologie, freilich nicht stets in der Praxis, als scheußlich galt, zu ihrer eigenen Moral. Als gute Philosophin bleibt sie dabei kühl und reflektiert. Alles geschieht ohne Illusion. Auf einen Vorschlag Clairwils zu einem Sakrileg gibt sie zur Antwort: »Sobald wir nicht an Gott glauben, meine Liebe, sagte ich ihr, sind die Entweihungen, die du wünschst, nichts mehr als ganz unnütze Kindereien … Ich bin vielleicht noch fester als du; mein Atheismus ist auf der Spitze. Bilde dir also nicht ein, daß ich der Kindereien bedarf, die du mir vorschlägst, um mich darin zu befestigen; ich werde sie begehen, weil sie dir Spaß machen, aber rein zum Amüsement« – die amerikanische Mörderin Annie Henry würde gesagt haben just for fun – »und niemals als etwas Notwendiges, sei es um meine Denkart zu stärken, sei es um die anderen davon zu überzeugen.«[58] Verklärt durch die ephemere Freundlichkeit gegen die Komplizin läßt sie ihre Prinzipien walten. Selbst noch Unrecht, Haß, Zerstörung werden zum Betrieb, seitdem durch Formalisie-

57 Genealogie der Moral a. a. O. Band VII. S. 421.
58 Juliette a. a. O. Band III. S. 78 f.

rung der Vernunft alle Ziele den Charakter der Notwendigkeit und Objektivität als Blendwerk verloren haben. Der Zauber geht aufs bloße Tun, aufs Mittel über, kurz, auf die Industrie. Die Formalisierung der Vernunft ist bloß der intellektuelle Ausdruck der maschinellen Produktionsweise. Das Mittel wird fetischisiert: es absorbiert die Lust. Wie Aufklärung die Ziele, mit denen alte Herrschaft sich verbrämte, theoretisch zu Illusionen macht, entzieht sie, durch die Möglichkeit des Überflusses, ihr den praktischen Grund. Herrschaft überlebt als Selbstzweck, in Form ökonomischer Gewalt. Genuß zeigt schon die Spur des Veralteten, Unsachlichen gleich der Metaphysik, die ihn verbot. Juliette spricht über die Motive des Verbrechens.[59] Sie selbst ist nicht weniger ehrgeizig und geldgierig als ihr Freund Sbrigani, aber sie vergöttert das Verbotene. Sbrigani, dieser Mann des Mittels und der Pflicht, ist fortgeschrittener. »Uns bereichern, darauf kommt es an, und wir machen uns höchst schuldig, wenn wir dieses Ziel verfehlen; nur wenn man schon richtig auf dem Weg ist, reich zu werden, kann man sich gestatten, die Vergnügungen zu ernten: bis dahin muß man sie vergessen.« Bei aller rationalen Überlegenheit hält Juliette noch einen Aberglauben fest. Sie erkennt die Naivität des Sakrilegs, zieht aber schließlich doch Genuß aus ihm. Jeder Genuß aber verrät eine Vergötzung: er ist Selbstpreisgabe an ein Anderes. Natur kennt nicht eigentlich Genuß: sie bringt es nicht weiter als zur Stillung des Bedürfnisses. Alle Lust ist gesellschaftlich in den unsublimierten Affekten nicht weniger als in den sublimierten. Sie stammt aus der Entfremdung. Auch wo Genuß des Wissens ums Verbot entbehrt, das er verletzt, geht er aus Zivilisation, der festen Ordnung erst hervor, aus der er sich zur Natur, vor der sie ihn beschützt, zurücksehnt. Erst wenn aus dem Zwang der Arbeit, aus der Bindung des Einzelnen an eine bestimmte gesellschaftliche Funktion und schließlich an ein Selbst, der Traum in die herrschaftslose, zuchtlose Vorzeit zurückführt, empfinden die Menschen den Zauber des Genusses. Das Heimweh des in Zivilisation Verstrickten, die »objektive Verzweiflung« derer, die sich zum Element gesellschaftlicher Ordnung machen mußten, war es, von der die Liebe zu Göttern und Dämonen sich nährte, an sie als die verklärte

59 A.a.O. Band IV. S. 126f.

Natur wandten sie sich in der Anbetung. Denken entstand im Zuge der Befreiung aus der furchtbaren Natur, die am Schluß ganz unterjocht wird. Der Genuß ist gleichsam ihre Rache. In ihm entledigen die Menschen sich des Denkens, entrinnen der Zivilisation. In den ältesten Gesellschaften war solche Rückkehr als gemeinsame in den Festen vorgesehen. Die primitiven Orgien sind der kollektive Ursprung des Genusses. »Dieser Zwischenakt universeller Verwirrung, den das Fest darstellt«, sagt Roger Caillois, »erscheint damit wirklich wie der Augenblick, in dem die Weltordnung aufgehoben ist. Deshalb sind in ihm alle Exzesse erlaubt. Man muß gegen die Regeln handeln, alles soll verkehrt geschehen. In der mythischen Epoche war der Lauf der Zeit umgekehrt: man wurde als Greis geboren, man starb als Kind ... so werden alle Vorschriften, welche die gute natürliche und soziale Ordnung schützen, systematisch verletzt.«[60] Man gibt sich den verklärten Mächten des Ursprungs hin; vom suspendierten Verbot her aber hat dieses Tun den Charakter der Ausschweifung und des Wahnsinns.[61] Erst mit zunehmender Zivilisation und Aufklärung macht das erstarkte Selbst und die gesicherte Herrschaft das Fest zur bloßen Farce. Die Herrschenden führen den Genuß als rationalen ein, als Zoll an die nicht ganz gebändigte Natur, sie suchen ihn für sich selbst zu entgiften zugleich und zu erhalten in der höheren Kultur; den Beherrschten gegenüber zu dosieren, wo er nicht ganz entzogen werden kann. Der Genuß wird zum Gegenstand der Manipulation, solange bis er endlich ganz in den Veranstaltungen untergeht. Die Entwicklung verläuft vom primitiven Fest bis zu den Ferien. »Je mehr die Kompliziertheit des sozialen Organismus sich geltend macht, desto weniger duldet sie den Stillstand des gewohnten Gangs des Lebens. Heut wie gestern und morgen wie heute muß alles weiter laufen. Das allgemeine Überwallen ist nicht mehr möglich. Die Periode der Turbulenz hat sich individualisiert. Die Ferien haben das Fest abgelöst.«[62] Sie werden im Faschismus ergänzt vom kollektiven Talmirausch, erzeugt durch Radio, Schlagzeilen und Benzedrin. Sbrigani ahnt etwas davon.

60 Théorie de la Fête. Nouvelle Revue Française. Jan. 1940. S. 49.
61 Vgl. Caillois a. a. O.
62 A. a. O. S. 58 f.

Er gestattet sich Vergnügung »sur la route de la fortune«, als Ferien. Juliette dagegen hält es mit dem Ancien Régime. Sie vergottet die Sünde. Ihre Libertinage steht unter dem Bann des Katholizismus wie die Ekstase der Nonne unter dem des Heidentums.

Nietzsche weiß, daß jeder Genuß noch mythisch ist. In der Hingabe an Natur entsagt der Genuß dem, was möglich wäre, wie das Mitleid der Veränderung des Ganzen. Beide enthalten ein Moment der Resignation. Nietzsche spürt ihn in allen Schlupfwinkeln auf, als Selbstgenuß in der Einsamkeit, als masochistischen in den Depressionen des Selbstquälers. »Gegen alle bloß Genießenden!«[63] Juliette sucht ihn zu retten, indem sie die hingebende Liebe verwirft, die bürgerliche, die als Widerstand gegen die Klugheit des Bürgertums für sein letztes Jahrhundert charakteristisch ist. In der Liebe war Genuß verknüpft mit der Vergötterung des Menschen, der ihn gewährte, sie war die eigentlich humane Leidenschaft. Schließlich wird sie als durchs Geschlecht bedingtes Werturteil revoziert. In der schwärmerischen Adoration des Liebhabers wie der schrankenlosen Bewunderung, die ihm die Geliebte zollte, verklärte sich stets erneut die tatsächliche Knechtschaft der Frau. Auf Grund der Anerkennung dieser Knechtschaft söhnten die Geschlechter je und je sich wieder aus: die Frau schien die Niederlage frei auf sich zu nehmen, der Mann den Sieg ihr zuzusprechen. Durch das Christentum ward die Hierarchie der Geschlechter, das Joch, das die männliche Eigentumsordnung dem weiblichen Charakter auferlegt, zur Vereinigung der Herzen in der Ehe verklärt, die Erinnerung an die vorpatriarchale bessere Vergangenheit des Geschlechts beschwichtigt. Unter der großen Industrie wird die Liebe kassiert. Der Zerfall des mittleren Eigentums, der Untergang des freien Wirtschaftssubjekts betrifft die Familie: sie ist nicht länger die ehedem gerühmte Zelle der Gesellschaft, weil sie nicht mehr die Basis der wirtschaftlichen Existenz des Bürgers abgibt. Die Aufwachsenden haben die Familie nicht mehr als ihren Lebenshorizont, die Selbständigkeit des Vaters verschwindet und mit ihr der Widerstand gegen seine Autorität. Früher entzündete die Knechtschaft im Vaterhaus beim Mädchen die Leidenschaft, die in

63 Nachlaß a.a.O. Band XII. S. 364.

die Freiheit zu führen schien, erfüllte sie sich auch weder in der Ehe noch irgendwo draußen. Indem sich für das Mädchen die Aussicht auf den job eröffnet, versperrt sich ihr die Liebe. Je allgemeiner das System der modernen Industrie von jedem verlangt, daß er sich an es verdingen muß, um so mehr wird alles, was nicht zum Meer des white trash gehört, in das die unqualifizierte Arbeitslosigkeit und Arbeit übergeht, zum kleinen Experten, zur Existenz, die für sich selbst sich umschauen muß. Als qualifizierte Arbeit breitet die Selbständigkeit des Unternehmers, die vergangen ist, über alle als Produzierende Zugelassenen, und damit auch über die »berufstätige« Frau, als deren Charakter sich aus. Die Selbstachtung der Menschen wächst proportional mit ihrer Fungibilität. Trotz gegen die Familie ist so wenig mehr ein Wagnis, wie das Freizeitverhältnis zum boy-friend den Himmel aufschließt. Die Menschen gewinnen das rationale, kalkulierende Verhältnis zum eigenen Geschlecht, das in Juliettes aufgeklärtem Kreise als alte Weisheit längst verkündet wurde. Geist und Körper werden in Wirklichkeit getrennt, wie jene Libertins als die indiskreten Bürger gefordert hatten. »Noch einmal, es scheint mir«, dekretiert Noirceuil rationalistisch[64], »daß es eine höchst verschiedene Sache ist, zu lieben und zu genießen … denn die Gefühle der Zärtlichkeit entsprechen den Beziehungen von Laune und Schicklichkeit, aber sie entspringen keineswegs der Schönheit eines Halses oder der hübschen Rundung einer Hüfte; und diese Gegenstände, die je nach unserem Geschmack die physischen Affekte lebhaft erregen können, haben doch, so scheint mir, kein Recht auf die geistigen. Um meine Gedanken zu vollenden, Bélize ist häßlich, vierzig Jahre alt, hat keine Grazie in ihrer ganzen Person, keinen regelmäßigen Zug, nichts von Anmut; aber Bélize hat Geist, einen köstlichen Charakter, eine Million Dinge, die sich mit meinen Gefühlen und Vorlieben verknüpfen; ich werde keinen Wunsch haben, mit Bélize zu schlafen, aber ich werde sie trotzdem bis zum Wahnsinn lieben; Araminthe dagegen werde ich stark begehren, aber herzlich verabscheuen, sobald das Fieber des Wunsches vergangen ist …« Die unvermeidliche Konsequenz, die mit der cartesianischen Aufteilung des Menschen in denkende und ausge-

64 Juliette a.a.O. Band II. S. 81 f.

dehnte Substanz schon implizit gesetzt war, wird in aller Klarheit als Destruktion der romantischen Liebe ausgesprochen. Diese gilt als Verhüllung, Rationalisierung des körperlichen Triebs, »eine falsche und immer gefährliche Metaphysik«[65], wie der Graf von Belmor in seiner großen Rede über die Liebe erklärt. Juliettes Freunde fassen, bei aller Libertinage, die Sexualität gegen die Zärtlichkeit, die irdische gegen die himmlische Liebe nicht bloß als ein Gran zu mächtig sondern auch als zu harmlos auf. Die Schönheit des Halses und die Rundung der Hüfte wirken auf die Sexualität nicht als geschichtslose, bloß natürliche Fakten sondern als Bilder ein, in denen alle gesellschaftliche Erfahrung enthalten ist; in dieser Erfahrung lebt die Intention auf das, was anders ist als Natur, die nicht aufs Geschlecht beschränkte Liebe. Zärtlichkeit aber, die unkörperlichste noch, ist verwandelte Sexualität, das Streichen der Hand übers Haar, der Kuß auf die Stirn, die den Wahnsinn der geistigen Liebe ausdrücken, sind das befriedete Schlagen und Beißen beim Geschlechtsakt der australischen Wilden. Die Trennung ist abstrakt. Metaphysik verfälsche, lehrt Belmor, die Tatbestände, sie verhindere, den Geliebten zu sehen wie er ist, sie stamme aus Magie, sie sei ein Schleier. »Und ich soll ihn nicht von den Augen reißen! Das ist Schwäche … Kleinmut. Wir wollen sie analysieren, wenn der Genuß vorbei ist, diese Göttin, die mich vorher blendete.«[66] Die Liebe selbst ist ein unwissenschaftlicher Begriff: »… immer leiten uns falsche Definitionen in die Irre«, erklärt Dolmance im denkwürdigen 5. Dialog der Philosophie dans le Boudoir, »ich weiß nicht was das ist: das Herz. Ich nenne bloß die Schwäche des Geistes so.«[67] »Laßt uns einen Augenblick, wie Lucrez sagt, zu den ›Hintergründen des Lebens‹ übergehen«[68], das heißt zur kaltblütigen Analyse, »und wir werden finden, daß weder die Erhöhung der Geliebten noch das romantische Gefühl der Analyse standhält. … es ist der Körper allein, den ich liebe, und es ist der Körper allein, den ich beklage, obgleich ich ihn in jedem Augenblick wiederfinden könnte.«[68] Wahr ist an

65 Juliette a.a.O. Band III. S. 172f.
66 A.a.O. S. 176f.
67 Edition privée par Helpey. S. 267.
68 Juliette a.a.O.

all dem die Einsicht in die Dissoziation der Liebe, das Werk des Fortschritts. Durch solche Dissoziation, welche die Lust mechanisiert und die Sehnsucht in den Schwindel verzerrt, wird Liebe im Kern angegriffen. Indem Juliette das Lob der genitalen und perversen Sexualität zum Tadel des Unnatürlichen, Immateriellen, Illusionären macht, hat sich die Libertine selbst zu jener Normalität geschlagen, die mit dem utopischen Überschwang der Liebe auch den physischen Genuß, mit dem Glück der höchsten Höhe auch das der nächsten Nähe schmälert. Der illusionslose Wüstling, für den Juliette eintritt, verwandelt sich mittels des Sexualpädagogen, Psychoanalytikers und Hormonphysiologen in den aufgeschlossenen Mann der Praxis, der sein Bekenntnis zu Sport und Hygiene auch aufs Geschlechtsleben ausdehnt. Juliettes Kritik ist zwiespältig wie die Aufklärung selbst. Sofern die frevelnde Zerstörung der Tabus, die einmal der bürgerlichen Revolution sich verband, nicht zur neuen Realitätsgerechtigkeit geworden ist, lebt sie mit der sublimen Liebe zusammen fort als Treue zur nahe gerückten Utopie, die den physischen Genuß für alle freigibt. »Der lächerliche Enthusiasmus«, der uns dem bestimmten Individuum als einzigem verschrieb, die Erhöhung des Weibs in der Liebe leitet hinter das Christentum auf matriarchale Stufen zurück. »… es ist gewiß, daß unser Geist der ritterlichen Werbung, der dem Gegenstand, der nur für unser Bedürfnis gemacht ist, lächerlicherweise unsere Huldigung bietet, es ist sicher, sage ich, daß dieser Geist der Ehrfurcht entstammt, die unsere Vorfahren ehemals für die Frauen hatten, infolge ihres Prophetinnenberufs, den sie in Stadt und Land ausübten: durch den Schrecken kam man von der Scheu zum Kult, und die Ritterlichkeit entstand im Schoß des Aberglaubens. Aber diese Ehrfurcht war niemals in der Natur, es wäre Zeitverlust, sie dort zu suchen. Die Inferiorität dieses Geschlechts gegen das unsere ist allzu fest begründet, als daß es jemals ein solides Motiv in uns erregen könnte, es zu respektieren, und die Liebe, die aus dieser blinden Ehrfurcht entsteht, ist nur ein Vorurteil wie sie selbst.«[69] Auf der Gewalt, wie sehr sie legalistisch verhüllt sein mag, beruht zuletzt die gesellschaftliche Hierarchie. Die Herrschaft über die Natur reproduziert

69 A.a.O. S. 178 f.

sich innerhalb der Menschheit. Nie hat die christliche Zivilisation, welche die Idee, den körperlich Schwachen zu schützen, der Ausnutzung des starken Knechts zugute kommen ließ, die Herzen der bekehrten Völker ganz zu gewinnen vermocht. Zu sehr wurde das Prinzip der Liebe vom scharfen Verstand und den noch schärferen Waffen der christlichen Herren desavouiert, bis das Luthertum den Gegensatz von Staat und Lehre tilgte, indem es Schwert und Zuchtrute zur Quintessenz des Evangeliums machte. Es hat die geistige Freiheit unmittelbar mit der Bejahung der realen Unterdrückung gleichgesetzt. Die Frau aber ist durch Schwäche gebrandmarkt, auf Grund der Schwäche ist sie in der Minorität, auch wo sie an Zahl dem Mann überlegen ist. Wie bei den unterjochten Ureinwohnern in den frühen Staatswesen, wie bei den Eingeborenen der Kolonien, die an Organisation und Waffen hinter den Eroberern zurückstehen, wie bei den Juden unter den Ariern, bildet ihre Wehrlosigkeit den Rechtstitel ihrer Unterdrückung. Sade formuliert die Reflexionen Strindbergs. »Zweifeln wir nicht, daß es einen so sicheren, so wichtigen Unterschied zwischen Mann und Weib gibt wie zwischen dem Menschen und dem Affen in den Wäldern. Wir hätten ebenso gute Gründe, den Frauen zu verweigern, einen Teil unserer Art zu bilden wie jenem Affen, unser Bruder zu sein. Man prüfe aufmerksam eine nackte Frau neben einem Mann ihres Alters, nackt wie sie, und man wird sich leicht von dem beträchtlichen Unterschied überzeugen, der (vom Geschlecht abgesehen) in der Struktur der beiden Wesen besteht, man wird klar sehen, daß die Frau nur einen niederen Grad des Mannes bildet; die Unterschiede bestehen gleichermaßen im Inneren, und die anatomische Zergliederung der einen wie der anderen Art, wenn man sie zugleich und mit peinlichster Aufmerksamkeit vornimmt, bringt diese Wahrheit ans Tageslicht.«[70] Der Versuch des Christentums, die Unterdrückung des Geschlechts ideologisch durch die Ehrfurcht vor dem Weibe zu kompensieren und so die Erinnerung ans Archaische zu veredeln anstatt bloß zu verdrängen, wird durch die Rancune gegen das erhöhte Weib und gegen die theoretisch emanzipierte Lust quittiert. Der Affekt, der zur Praxis der Unterdrückung paßt, ist Verachtung, nicht Verehrung,

70 A. a. O. S. 188–99.

und stets hat in den christlichen Jahrhunderten hinter der Nächstenliebe der verbotene zwangshaft gewordene Haß gegen das Objekt gelauert, durch das die vergebliche Anstrengung stets wieder in Erinnerung gerufen ward: das Weib. Es hat für den Madonnenkult durch den Hexenwahn gebüßt, der Rache am Erinnerungsbild jener vorchristlichen Prophetin, das die geheiligte patriarchale Herrschaftsordnung insgeheim in Frage stellte. Das Weib erregt die wilde Wut des halb bekehrten Mannes, der sie ehren, wie der Schwache überhaupt die Todfeindschaft des oberflächlich zivilisierten Starken, der ihn schonen soll. Sade macht den Haß bewußt. »Ich habe niemals geglaubt«, sagt Graf Ghigi, der Vorsteher der römischen Polizei, »daß aus der Verbindung von zwei Körpern jemals die von zwei Herzen hervorgehen könne. Ich sehe in dieser physischen Verbindung starke Motive der Verachtung ... des Abscheus, aber kein einziges der Liebe.«[71] Und Saint-Fonds, der Minister, ruft, als ein von ihm, dem königlichen Vollzugsbeamten, terrorisiertes Mädchen in Tränen ausbricht, »das ist es, wie ich die Frauen gern habe ... warum kann ich sie nicht auf Grund eines einzigen Wortes samt und sonders auf diesen Zustand reduzieren!«[72] Der Mann als Herrscher versagt der Frau die Ehre, sie zu individuieren. Die Einzelne ist gesellschaftlich Beispiel der Gattung, Vertreterin ihres Geschlechts und darum, als von der männlichen Logik ganz Erfaßte, steht sie für Natur, das Substratum nie endender Subsumtion in der Idee, nie endender Unterwerfung in der Wirklichkeit. Das Weib als vorgebliches Naturwesen ist Produkt der Geschichte, die es denaturiert. Der verzweifelte Vernichtungswille aber gegen alles, was die Lockung der Natur, des physiologisch, biologisch, national, sozial Unterlegenen verkörpert, zeigt an, daß der Versuch des Christentums verunglückt ist. »... que ne puis-je, d'un mot, les réduire toutes en cet état!« Die verhaßte übermächtige Lockung, in die Natur zurückzufallen, ganz ausrotten, das ist die Grausamkeit, die der mißlungenen Zivilisation entspringt, Barbarei, die andere Seite der Kultur. »Alle!« Denn Vernichtung will Ausnahmslosigkeit, der Vernichtungswille ist totalitär, und totalitär ist nur der Wille zur Ver-

71 Juliette a. a. O. Band IV. S. 261.
72 A. a. O. Band II. S. 273.

nichtung. »Ich bin so weit«, sagt Juliette zum Papst, »wie Tiberius zu wünschen, oh hätte die ganze Menschheit nur einen einzigen Kopf, daß ich die Lust hätte, ihn mit einem Hiebe abzuschlagen!«[73] Die Zeichen der Ohnmacht, die hastigen unkoordinierten Bewegungen, Angst der Kreatur, Gewimmel, fordern die Mordgier heraus. Die Erklärung des Hasses gegen das Weib als die schwächere an geistiger und körperlicher Macht, die an ihrer Stirn das Siegel der Herrschaft trägt, ist zugleich die des Judenhasses. Weibern und Juden sieht man es an, daß sie seit Tausenden von Jahren nicht geherrscht haben. Sie leben, obgleich man sie beseitigen könnte, und ihre Angst und Schwäche, ihre größere Affinität zur Natur durch perennierenden Druck, ist ihr Lebenselement. Das reizt den Starken, der die Stärke mit der angespannten Distanzierung zur Natur bezahlt und ewig sich die Angst verbieten muß, zu blinder Wut. Er identifiziert sich mit Natur, indem er den Schrei, den er selbst nicht ausstoßen darf, in seinen Opfern tausendfach erzeugt. »Die verrückten Geschöpfe«, schreibt der Präsident Blammont in »Aline et Valcour« über die Frauen, »wie liebe ich es, sie in meinen Händen zappeln zu sehen! Es ist das Lamm unter dem Zahn des Löwen.«[74] Und im selben Brief: »Es ist ähnlich wie bei der Eroberung einer Stadt, man muß der Anhöhen sich bemächtigen … man richtet sich in allen beherrschenden Punkten ein, und von da fällt man über den Platz her, ohne den Widerstand noch zu fürchten.«[75] Was unten liegt, zieht den Angriff auf sich: Erniedrigung anzutun macht dort die größte Freude, wo schon Unglück getroffen hat. Je weniger Gefahr für den oben, desto ungestörter die Lust an der Qual, die ihm nun zu Diensten steht: erst an der ausweglosen Verzweiflung des Opfers wird Herrschaft zum Spaß und triumphiert im Widerruf ihres eigenen Prinzips, der Disziplin. Die Angst, die einem selbst nicht mehr droht, explodiert im herzhaften Lachen, dem Ausdruck der Verhärtung des Individuums in sich selbst, das richtig erst im Kollektiv sich auslebt. Das schallende Gelächter hat zu jeder Zeit die Zivilisation denunziert. »Von aller Lava, die der menschliche

73 Juliette a.a.O. Band IV. S. 379.
74 Aline et Valcour. Bruxelles 1883. Band I. S. 58.
75 A.a.O. S. 57.

Mund, dieser Krater, auswirft, ist die verzehrendste die Fröhlichkeit«, sagt Victor Hugo in dem Kapitel mit der Überschrift »Menschenstürme schlimmer als die des Ozeans«[76]. »Auf das Unglück«, lehrt Juliette[77], »muß man, soweit es nur möglich ist, das Gewicht seiner Bosheiten fallen lassen; die Tränen, die man dem Elend entreißt, haben eine Schärfe, von der die Nervensubstanz übermächtig aufgerüttelt wird …«[78] Die Lust geht anstatt mit der Zärtlichkeit mit der Grausamkeit einen Bund ein, und aus der Geschlechtsliebe wird, was sie nach Nietzsche[79] schon immer war, »in ihren Mitteln der Krieg, in ihrem Grunde der Todhaß der Geschlechter.« »Beim Männchen und Weibchen«, lehrt uns die Zoologie, »ist ›Liebe‹ oder geschlechtliche Anziehung ursprünglich und hauptsächlich ›sadistisch‹; zweifellos gehört zu ihr die Zufügung von Schmerz; sie ist so grausam wie Hunger.«[80] So führt Zivilisation als auf ihr letztes Ergebnis auf die furchtbare Natur zurück. Die tödliche Liebe, auf die bei Sade alles Licht der Darstellung fällt, und Nietzsches schamhaft-unverschämte Großmut, die dem Leidenden um jeden Preis die Beschämung ersparen möchte: die Einbildung von Grausamkeit wie die von Größe verfährt in Spiel und Phantasie so hart mit den Menschen wie dann der deutsche Faschismus in der Realität. Während jedoch der bewußtlose Koloß des Wirklichen, der subjektlose Kapitalismus, die Vernichtung blind durchführt, läßt sich der Wahn des rebellischen Subjekts von ihr seine Erfüllung verdanken und strahlt so mit der schneidenden Kälte gegen die als Dinge mißbrauchten Menschen zugleich die verkehrte Liebe aus, die in der Welt von Dingen den Platz der unmittelbaren hält. Krankheit wird zum Symptom des Genesens. Der Wahn erkennt in der Verklärung der Opfer ihre Erniedrigung. Er macht sich dem Ungeheuer der Herrschaft gleich, das er leibhaft nicht überwinden kann. Als Grauen sucht Imagination dem Grauen standzuhalten. Das römische Sprichwort, demzufolge die strenge Sache die wahre Lust sei, ist nicht bloß

76 Victor Hugo, L'Homme qui rit. Band VIII. Kapitel 7.
77 Juliette a. a. O. Band IV. S. 199.
78 Vgl. Les 120 Journées de Sodome. Paris 1935. Band II. S. 308.
79 Der Fall Wagner a. a. O. Band VIII. S. 10.
80 R. Briffault, The Mothers. New York 1927. Band I. S. 119.

Antreiberei. Es drückt auch den unauflöslichen Widerspruch der Ordnung aus, die Glück in seine Parodie verwandelt, wo sie es sanktioniert, und es schafft bloß, wo sie es verfemt. Diesem Widerspruch, den Sade und Nietzsche verewigten, haben sie doch damit zum Begriff verholfen.

Vor der Ratio erscheint die Hingabe ans angebetete Geschöpf als Götzendienst. Daß die Vergötterung zergehen muß, folgt aus dem Mythologieverbot, wie es im jüdischen Monotheismus erlassen ist und von seiner säkularisierten Form, der Aufklärung, in der Geschichte des Denkens an den wechselnden Gestalten der Verehrung vollzogen wurde. Im Zerfall der ökonomischen Realität, die jeweils dem Aberglauben zugrunde lag, wurden die spezifischen Kräfte der Negation freigesetzt. Das Christentum aber hat die Liebe propagiert: die reine Anbetung Jesu. Es hat den blinden Geschlechtstrieb durch Heiligung der Ehe zu erheben, wie das kristallhelle Gesetz durch himmlische Gnade der Erde näherzubringen gesucht. Die Versöhnung der Zivilisation mit Natur, die es durch die Lehre vom gekreuzigten Gott vorzeitig erkaufen wollte, blieb dem Judentum so fremd wie dem Rigorismus der Aufklärung. Moses und Kant haben nicht das Gefühl verkündigt, ihr kaltes Gesetz kennt weder Liebe noch Scheiterhaufen. Nietzsches Kampf gegen den Monotheismus trifft die christliche tiefer als die jüdische Doktrin. Er leugnet freilich das Gesetz, aber er will dem »höheren Selbst«[81] angehören, nicht dem natürlichen sondern dem mehr-als-natürlichen. Er will Gott durch den Übermenschen ersetzen, weil der Monotheismus, vollends seine gebrochene, christliche Form, als Mythologie durchschaubar geworden sei. Wie aber im Dienste dieses höheren Selbst die alten asketischen Ideale als die Selbstüberwindung »zur Ausbildung der herrschenden Kraft«[82] von Nietzsche gepriesen werden, so erweist sich das höhere Selbst als verzweifelter Versuch zur Rettung Gottes, der gestorben sei, als die Erneuerung von Kants Unternehmen, das göttliche Gesetz in Autonomie zu transformieren, um die europäische Zivilisation zu retten, die in der englischen Skepsis den Geist aufgab. Kants Prinzip »alles aus der Maxime seines Willens

81 Nachlaß a. a. O. Band XI. S. 216.
82 A. a. O. Band XIV. S. 273.

als eines solchen zu tun, der zugleich sich selbst als allgemein gesetzgebenden zum Gegenstand haben könnte«[83], ist auch das Geheimnis des Übermenschen. Sein Wille ist nicht weniger despotisch als der kategorische Imperativ. Beide Prinzipien zielen auf die Unabhängigkeit von äußeren Mächten, auf die als Wesen der Aufklärung bestimmte unbedingte Mündigkeit. Indem freilich die Furcht vor der Lüge, die Nietzsche in den hellsten Augenblicken selbst noch als »Don-Quixoterie«[84] verschrieen hat, das Gesetz durch die Selbstgesetzgebung ablöst und alles so durchsichtig wird wie ein einziger großer aufgedeckter Aberglaube, wird Aufklärung selbst, ja Wahrheit in jeglicher Gestalt zum Götzen, und wir erkennen, »daß auch wir Erkennenden von heute, wir Gottlosen und Antimetaphysiker, auch *unser* Feuer noch von dem Brande nehmen, den ein Jahrtausende alter Glaube entzündet hat, jener Christenglaube, der auch der Glaube Platos war, daß Gott die Wahrheit ist, daß die Wahrheit göttlich ist.«[85] Noch die Wissenschaft also verfällt der Kritik an der Metaphysik. Die Leugnung Gottes enthält in sich den unaufhebbaren Widerspruch, sie negiert das Wissen selbst. Sade hat den Gedanken der Aufklärung nicht bis an diesen Punkt des Umschlags weitergetrieben. Die Reflexion der Wissenschaft auf sich selbst, das Gewissen der Aufklärung, war der Philosophie, das heißt, den Deutschen vorbehalten. Für Sade ist Aufklärung nicht so sehr ein geistiges wie ein soziales Phänomen. Er trieb die Auflösung der Bande, die Nietzsche idealistisch durch das höhere Selbst zu überwinden wähnte, die Kritik an der Solidarität mit Gesellschaft, Amt, Familie[86], bis zur Verkündigung der Anarchie. Sein Werk enthüllt den mythologischen Charakter der Prinzipien, auf denen nach der Religion die Zivilisation beruht: des Dekalogs, der väterlichen Autorität, des Eigentums. Es ist genau die Umkehrung der Gesellschaftstheorie, die Le Play nach hundert Jahren ausgesponnen hat.[87]

83 Grundlegung zur Metaphysik der Sitten a.a.O. Band IV. S. 432.
84 Die Fröhliche Wissenschaft a.a.O. Band V. S. 275. Vgl. Genealogie der Moral a.a.O. Band VII. S. 267–71.
85 Die Fröhliche Wissenschaft a.a.O.
86 Vgl. Nietzsche, Nachlaß a.a.O. Band XI. S. 216.
87 Vgl. Le Play, Les Ouvriers Européens. Paris 1879. Band I. Besonders S. 133 ff.

Jedes einzelne der Zehn Gebote erfährt den Nachweis seiner Nichtigkeit vor der Instanz der formalen Vernunft. Sie werden ohne Rest als Ideologien nachgewiesen. Das Plädoyer zu Gunsten des Mordes hält der Papst auf Juliettes Wunsch hin selbst.[88] Er hat es leichter, die unchristlichen Taten zu rationalisieren, als je die christlichen Prinzipien, nach denen sie vom Teufel sind, durchs natürliche Licht zu rechtfertigen waren. Der »philosophe mitré«, der den Mord begründet, muß zu weniger Sophismen greifen als Maimonides und der heilige Thomas, die ihn verdammen. Mehr noch als der Preußengott hält es die römische Vernunft mit den stärkeren Bataillonen. Das Gesetz aber ist entthront und die Liebe, die es vermenschlichen sollte, als Rückkehr zum Götzendienst entlarvt. Nicht bloß die romantische Geschiechtsliebe verfiel der Wissenschaft und Industrie als Metaphysik, sondern jede Liebe überhaupt, denn vor Vernunft vermag keine standzuhalten: die der Frau zum Mann so wenig wie die des Liebhabers zur Geliebten, die Eltern- so wenig wie die Kindesliebe. Der Herzog von Blangis verkündigt den Untergebenen, daß die mit den Gebietern Verwandten, Töchter und Gattinnen, so streng, ja noch strenger behandelt würden als die anderen, »und das gerade deshalb, um euch zu zeigen, wie verächtlich in unseren Augen die Bande sind, an die ihr uns vielleicht gefesselt glaubt«[89]. Die Liebe der Frau wird abgelöst wie die des Manns. Die Regeln der Libertinage, die Saint-Fonds Juliette mitteilt, sollen für alle Frauen gelten.[90] Dolmance gibt die materialistische Entzauberung der Elternliebe. »Die letzteren Bande entstammen der Angst der Eltern, in ihrem Alter verlassen zu sein, und der interessierte Anteil, den sie an uns in unserer Kindheit nehmen, soll ihnen dieselben Aufmerksamkeiten in ihrem Alter einbringen.«[91] Sades Argument ist so alt wie das Bürgertum. Demokrit schon hat die menschliche Elternliebe als ökonomisch denunziert.[92] Sade aber entzaubert auch die Exogamie, die Grundlage der Zivilisation. Der Inzest hat nach ihm

88 Juliette a. a. O. Band IV. S. 303 ff.
89 Les 120 Journées de Sodome a. a. O. Band I. S. 72.
90 Vgl. Juliette a. a. O. Band II. S. 234. Anm.
91 La Philosophie dans le Boudoir a. a. O. S. 185.
92 Vgl. Demokrit. Diels Fragment 278. Berlin 1912. Band II, S. 117 f.

keine rationalen Gründe gegen sich[93], und das hygienische Argument, das dagegen stand, ist von der fortgeschrittenen Wissenschaft am Ende eingezogen worden. Sie hat Sades kühles Urteil ratifiziert. »... es ist keineswegs bewiesen, daß inzestuöse Kinder mehr als andere dazu tendieren, als Kretins, Taubstumme, Rachitische, usw. geboren zu werden.«[94] Die Familie, zusammengehalten nicht durch die romantische Geschlechtsliebe, sondern durch die Mutterliebe, die den Grund aller Zärtlichkeit und sozialen Gefühle bildet[95], gerät mit der Gesellschaft selbst in Konflikt. »Bildet euch nicht ein, gute Republikaner zu machen, so lange ihr die Kinder, die nur dem Gemeinwesen gehören sollen, in ihrer Familie isoliert ... Wenn es den größten Nachteil mit sich bringt, die Kinder so in ihren Familien Interessen einsaugen zu lassen, die häufig von denen des Vaterlands stark verschieden sind, so hat es also den größten Vorteil, sie davon zu trennen.«[96] Die »Bande des Hymen« sind aus gesellschaftlichen Gründen zu zerstören, den Kindern ist die Kenntnis des Vaters »absolument interdite«, sie sind »uniquement les enfants de la patrie«[97], und die Anarchie, der Individualismus, die Sade im Kampf gegen die Gesetze verkündigt hat[98], mündet in die absolute Herrschaft des Allgemeinen, der Republik. Wie der gestürzte Gott in einem härteren Götzen wiederkehrt, so der alte bürgerliche Nachtwächterstaat in der Gewalt des faschistischen Kollektivs. Sade hat den Staatssozialismus zu Ende gedacht, bei dessen ersten Schritten St. Just und Robespierre gescheitert sind. Wenn das Bürgertum sie, seine treuherzigsten Politiker, auf die Guillotine schickte, so hat es seinen offenherzigsten Schriftsteller in die Hölle der Bibliothèque Nationale verbannt. Denn die chronique scandaleuse Justines und Juliettes, die, wie am laufenden Band produziert, im Stil des achtzehnten Jahrhunderts die Kolportage des neunzehnten und die Massenliteratur des zwanzigsten vorgebildet hat, ist das homerische Epos, nachdem es

93 La Philosophie dans le Boudoir a.a.O. S. 242.
94 S. Reinach, »La prohibition de l'inceste et le sentiment de la pudeur«, in: Cultes, Mythes et Religions. Paris 1905. Band I. S. 157.
95 La Philosophie dans le Boudoir a.a.O. S. 238.
96 A.a.O. S. 238–49.
97 A.a.O.
98 Juliette a.a.O. Band IV. S. 240–44.

die letzte mythologische Hülle noch abgeworfen hat: die Geschichte des Denkens als Organs der Herrschaft. Indem es nun im eigenen Spiegel vor sich selbst erschrickt, eröffnet es den Blick auf das, was über es hinaus liegt. Nicht das harmonische Gesellschaftsideal, das auch für Sade in der Zukunft dämmert: »gardez vos frontières et restez chez vous«[99], nicht einmal die sozialistische Utopie, die in der Geschichte von Zamé entwickelt ist[100], sondern daß Sade es nicht den Gegnern überließ, die Aufklärung sich über sich selbst entsetzen zu lassen, macht sein Werk zu einem Hebel ihrer Rettung. Die dunklen Schriftsteller des Bürgertums haben nicht wie seine Apologeten die Konsequenzen der Aufklärung durch harmonistische Doktrinen abzubiegen getrachtet. Sie haben nicht vorgegeben, daß die formalistische Vernunft in einem engeren Zusammenhang mit der Moral als mit der Unmoral stünde. Während die hellen das unlösliche Bündnis von Vernunft und Untat, von bürgerlicher Gesellschaft und Herrschaft durch Leugnung schützten, sprachen jene rücksichtlos die schockierende Wahrheit aus. »... In die von Gattinnen- und Kindermord, von Sodomie, Mordtaten, Prostitution und Infamien besudelten Hände legt der Himmel diese Reichtümer; um mich für diese Schandtaten zu belohnen, stellt er sie mir zur Verfügung«, sagt Clairwil im Resumé der Lebensgeschichte ihres Bruders.[101] Sie übertreibt. Die Gerechtigkeit der schlechten Herrschaft ist nicht ganz so konsequent, nur die Scheußlichkeiten zu belohnen. Aber nur die Übertreibung ist wahr. Das Wesen der Vorgeschichte ist die Erscheinung des äußersten Grauens im Einzelnen. Hinter der statistischen Erfassung der im Pogrom Geschlachteten, die auch die barmherzig Erschossenen einschließt, verschwindet das Wesen, das an der genauen Darstellung der Ausnahme, der schlimmsten Folterung, allein zutagetritt. Das glückliche Dasein in der Welt des Grauens wird durch deren bloße Existenz als ruchlos widerlegt. Diese wird damit zum Wesen, jenes zum Nichtigen. Zur Tötung der eigenen Kinder und Gattinnen, zur Prostitution und Sodomie, ist es bei den Oberen gewiß in der bürgerlichen Ära seltener gekommen als bei den

99 La Philosophie dans le Boudoir a. a. O. S. 263.
100 Aline et Valcour a. a. O. Band II. S. 181 ff.
101 Juliette a. a. O. Band V. S. 232.

Regierten, von denen die Sitten der Herren aus früheren Tagen übernommen wurden. Dafür haben diese, wenn es um die Macht ging, selbst in späten Jahrhunderten Berge von Leichen getürmt. Vor der Gesinnung und den Taten der Herren im Faschismus, in dem die Herrschaft zu sich selbst gekommen ist, sinkt die enthusiastische Schilderung des Lebens Brisa-Testas, an dem jene freilich sich erkennen lassen, zu familiärer Harmlosigkeit herab. Die privaten Laster sind bei Sade wie schon bei Mandeville die vorwegnehmende Geschichtsschreibung der öffentlichen Tugenden der totalitären Ära. Die Unmöglichkeit, aus der Vernunft ein grundsätzliches Argument gegen den Mord vorzubringen, nicht vertuscht, sondern in alle Welt geschrieen zu haben, hat den Haß entzündet, mit dem gerade die Progressiven Sade und Nietzsche heute noch verfolgen. Anders als der logische Positivismus nahmen beide die Wissenschaft beim Wort. Daß sie entschiedener noch als jener auf der Ratio beharren, hat den geheimen Sinn, die Utopie aus ihrer Hülle zu befreien, die wie im kantischen Vernunftbegriff in jeder großen Philosophie enthalten ist: die einer Menschheit, die, selbst nicht mehr entstellt, der Entstellung nicht länger bedarf. Indem die mitleidlosen Lehren die Identität von Herrschaft und Vernunft verkünden, sind sie barmherziger als jene der moralischen Lakaien des Bürgertums. »Wo liegen deine größten Gefahren?« hat Nietzsche sich einmal gefragt[102], »im Mitleiden«. Er hat in seiner Verneinung das unbeirrbare Vertrauen auf den Menschen gerettet, das von aller tröstlichen Versicherung Tag für Tag verraten wird.

102 Die Fröhliche Wissenschaft a.a.O. Band v. S. 205.

Kulturindustrie

Aufklärung als Massenbetrug

Die soziologische Meinung, daß der Verlust des Halts in der objektiven Religion, die Auflösung der letzten vorkapitalistischen Residuen, die technische und soziale Differenzierung und das Spezialistentum in kulturelles Chaos übergegangen sei, wird alltäglich Lügen gestraft. Kultur heute schlägt alles mit Ähnlichkeit. Film, Radio, Magazine machen ein System aus. Jede Sparte ist einstimmig in sich und alle zusammen. Die ästhetischen Manifestationen noch der politischen Gegensätze verkünden gleichermaßen das Lob des stählernen Rhythmus. Die dekorativen Verwaltungs- und Ausstellungsstätten der Industrie sind in den autoritären und den anderen Ländern kaum verschieden. Die allenthalben emporschießenden hellen Monumentalbauten repräsentieren die sinnreiche Planmäßigkeit der staatenumspannenden Konzerne, auf die bereits das losgelassene Unternehmertum zuschoß, dessen Denkmale die umliegenden düsteren Wohn- und Geschäftshäuser der trostlosen Städte sind. Schon erscheinen die älteren Häuser rings um die Betonzentren als Slums, und die neuen Bungalows am Stadtrand verkünden schon wie die unsoliden Konstruktionen auf internationalen Messen das Lob des technischen Fortschritts und fordern dazu heraus, sie nach kurzfristigem Gebrauch wegzuwerfen wie Konservenbüchsen. Die städtebaulichen Projekte aber, die in hygienischen Kleinwohnungen das Individuum als gleichsam selbständiges perpetuieren sollen, unterwerfen es seinem Widerpart, der totalen Kapitalmacht, nur um so gründlicher. Wie die Bewohner zwecks Arbeit und Vergnügen, als Produzenten und Konsumenten, in die Zentren entboten werden, so kristallisieren sich die Wohnzellen bruchlos zu wohlorganisierten Komplexen. Die augenfällige Einheit von Makrokosmos und Mikrokosmos demonstriert den Menschen das Modell ihrer Kultur: die falsche Identität von Allgemeinem und Besonderem. Alle Massenkultur unterm Monopol ist identisch, und ihr Skelett, das von jenem fabrizierte begriffliche Gerippe, beginnt sich abzuzeichnen. An seiner Verdekkung sind die Lenker gar nicht mehr so sehr interessiert, seine Gewalt verstärkt sich, je brutaler sie sich einbekennt. Lichtspiele und Rundfunk brauchen sich nicht mehr als Kunst auszugeben. Die Wahrheit, daß sie nichts sind als Geschäft, verwenden sie als Ideologie, die den Schund legitimieren soll, den sie vorsätzlich herstellen. Sie nennen sich selbst Industrien, und die publizierten Einkommensziffern ihrer Generaldirektoren schlagen den Zweifel an der gesellschaftlichen Notwendigkeit der Fertigprodukte nieder.

Von Interessenten wird die Kulturindustrie gern technologisch erklärt. Die Teilnahme der Millionen an ihr erzwinge Reproduktionsverfahren, die es wiederum unabwendbar machten, daß an zahllosen Stellen gleiche Bedürfnisse mit Standardgütern beliefert werden. Der technische Gegensatz weniger Herstellungszentren zur zerstreuten Rezeption bedinge Organisation und Planung durch die Verfügenden. Die Standards seien ursprünglich aus den Bedürfnissen der Konsumenten hervorgegangen: daher würden sie so widerstandslos akzeptiert. In der Tat ist es der Zirkel von Manipulation und rückwirkendem Bedürfnis, in dem die Einheit des Systems immer dichter zusammenschießt. Verschwiegen wird dabei, daß der Boden, auf dem die Technik Macht über die Gesellschaft gewinnt, die Macht der ökonomisch Stärksten über die Gesellschaft ist. Technische Rationalität heute ist die Rationalität der Herrschaft selbst. Sie ist der Zwangscharakter der sich selbst entfremdeten Gesellschaft. Autos, Bomben und Film halten so lange das Ganze zusammen, bis ihr nivellierendes Element am Unrecht selbst, dem es diente, seine Kraft erweist. Einstweilen hat es die Technik der Kulturindustrie bloß zur Standardisierung und Serienproduktion gebracht und das geopfert, wodurch die Logik des Werks von der des gesellschaftlichen Systems sich unterschied. Das aber ist keinem Bewegungsgesetz der Technik als solcher aufzubürden, sondern ihrer Funktion in der Wirtschaft heute. Das Bedürfnis, das der zentralen Kontrolle etwa sich entziehen könnte, wird schon von der des individuellen Bewußtseins verdrängt. Der Schritt vom Telephon zum Radio hat die Rollen klar geschieden. Liberal ließ jenes den Teilnehmer noch die des Subjekts spielen. Demokratisch macht dieses alle gleichermaßen zu Hörern, um sie autoritär den unter sich gleichen Programmen der Stationen auszuliefern. Keine Apparatur der Replik hat sich entfaltet, und die privaten Sendungen werden zur Unfreiheit verhalten. Sie beschränken sich auf den apokryphen Bereich der »Amateure«, die man zudem noch von oben her organisiert. Jede Spur von Spontaneität des Publikums im Rahmen des offiziellen Rundfunks aber wird von Talentjägern, Wettbewerben vorm Mikrophon, protegierten Veranstaltungen aller Art in fachmännischer Auswahl gesteuert und absorbiert. Die Talente gehören dem Betrieb, längst ehe er sie präsentiert: sonst würden sie nicht so eifrig sich einfügen. Die Verfassung des Publikums, die vorgeblich und tatsächlich das System der Kulturindustrie begünstigt, ist ein Teil des Systems, nicht dessen Entschuldigung. Wenn eine Kunstbranche nach demselben Rezept verfährt wie eine dem Medium und dem Stoff nach weit von ihr entlegene; wenn schließlich der dramatische Knoten in den »Seifenopern« des Radios zum pädagogischen Beispiel für die Bewältigung technischer Schwierigkeiten wird, die als »jam« ebenso wie auf den Höhepunkten des Jazzlebens gemeistert werden, oder wenn die antastende »Adaptation« eines Beethovenschen Satzes nach dem gleichen Modus sich vollzieht wie die eines Tolstoiromans durch den Film, so wird der Rekurs auf spontane Wünsche des Publikums zur windigen Ausrede. Der Sache näher kommt schon die Erklärung durchs Eigengewicht des technischen und personellen Apparats, der freilich in jeder Einzelheit als Teil des ökonomischen Selektionsmechanismus zu verstehen ist. Hinzu tritt die Verabredung, zumindest die gemeinsame Entschlossenheit der Exekutivgewaltigen, nichts herzustellen oder durchzulassen, was nicht ihren Tabellen, ihrem Begriff von Konsumenten, vor allem ihnen selber gleicht.

Wenn die objektive gesellschaftliche Tendenz in diesem Weltalter sich in den subjektiven dunklen Absichten der Generaldirektoren inkarniert, so sind es originär die der mächtigsten Sektoren der Industrie, Stahl, Petroleum, Elektrizität, Chemie. Die Kulturmonopole sind mit ihnen verglichen schwach und abhängig. Sie müssen sich sputen, es den wahren Machthabern recht zu machen, damit ihre Sphäre in der Massengesellschaft, deren spezifischer Warentypus ohnehin noch zuviel mit gemütlichem Liberalismus und jüdischen Intellektuellen zu tun hat, nicht einer Folge von Säuberungsaktionen unterworfen wird. Die Abhängigkeit der mächtigsten Sendegesellschaft von der Elektroindustrie, oder die des Films von den Banken, charakterisiert die ganze Sphäre, deren einzelne Branchen wiederum untereinander ökonomisch verfilzt sind. Alles liegt so nahe beieinander, daß die Konzentration des Geistes ein Volumen erreicht, das es ihr erlaubt, über die Demarkationslinie der Firmentitel und technischen Sparten hinwegzurollen. Die rücksichtslose Einheit der Kulturindustrie bezeugt die heraufziehende der Politik. Emphatische Differenzierungen wie die von A- und B-Filmen oder von Geschichten in Magazinen verschiedener Preislagen gehen nicht sowohl aus der Sache hervor, als daß sie der Klassifikation, Organisation und Erfassung der Konsumenten dienen. Für alle ist etwas vorgesehen, damit keiner ausweichen kann, die Unterschiede werden eingeschliffen und propagiert. Die Belieferung des Publikums mit einer Hierarchie von Serienqualitäten dient nur der um so lückenloseren Quantifizierung. Jeder soll sich gleichsam spontan seinem vorweg durch Indizien bestimmten »level« gemäß verhalten und nach der Kategorie des Massenprodukts greifen, die für seinen Typ fabriziert ist. Die Konsumenten werden als statistisches Material auf der Landkarte der Forschungsstellen, die von denen der Propaganda nicht mehr zu unterscheiden sind, in Einkommensgruppen, in rote, grüne und blaue Felder, aufgeteilt.

Der Schematismus des Verfahrens zeigt sich daran, daß schließlich die mechanisch differenzierten Erzeugnisse als allemal das Gleiche sich erweisen. Daß der Unterschied der Chrysler- von der General-Motors-Serie im Grunde illusionär ist, weiß schon jedes Kind, das sich für den Unterschied begeistert. Was die Kenner als Vorzüge und Nachteile besprechen, dient nur dazu, den Schein von Konkurrenz und Auswahlmöglichkeit zu verewigen. Mit den Präsentationen der Warner Brothers und Metro Goldwyn Mayers verhält es sich nicht anders. Aber auch zwischen den teureren und billigeren Sorten der Musterkollektion der gleichen Firma schrumpfen die Unterschiede immer mehr zusammen: bei den Autos auf solche von Zylinderzahl, Volumen, Patentdaten der gadgets, bei den Filmen auf solche der Starzahl, der Üppigkeit des Aufwands an Technik, Arbeit und Ausstattung, und der Verwendung jüngerer psychologischer Formeln. Der einheitliche Maßstab des Wertes besteht in der Dosierung der conspicuous production, der zur Schau gestellten Investition. Die budgetierten Wertdifferenzen der Kulturindustrie haben mit sachlichen, mit dem Sinn der Erzeugnisse überhaupt nichts zu tun. Auch die technischen Medien untereinander werden zur unersättlichen Uniformität getrieben. Das Fernsehen zielt auf eine Synthese von Radio und Film, die man aufhält, solange sich die Interessenten noch nicht ganz geeinigt haben, deren unbegrenzte Möglichkeiten aber die Verarmung der ästhetischen Materialien so radikal zu steigern verspricht, daß die flüchtig getarnte Identität aller industriellen Kulturprodukte morgen schon offen triumphieren mag, hohnlachende Erfüllung des Wagnerschen Traums vom Gesamtkunstwerk. Die Übereinstimmung von Wort, Bild und Musik gelingt um so viel perfekter als im Tristan, weil die sinnlichen Elemente, die einspruchslos allesamt die Oberfläche der gesellschaftlichen Realität protokollieren, dem Prinzip nach im gleichen technischen Arbeitsgang produziert werden und dessen Einheit als ihren eigentlichen Gehalt ausdrücken. Dieser Arbeitsgang integriert alle Elemente der Produktion, von der auf den Film schielenden Konzeption des Romans bis zum letzten Geräuscheffekt. Er ist der Triumph des investierten Kapitals. Seine Allmacht den enteigneten Anwärtern auf jobs als die ihres Herrn ins Herz zu brennen, macht den Sinn aller Filme aus, gleichviel welches plot die Produktionsleitung jeweils ausersieht.

An der Einheit der Produktion soll der Freizeitler sich ausrichten. Die Leistung, die der kantische Schematismus noch von den Subjekten erwartet hatte, nämlich die sinnliche Mannigfaltigkeit vorweg auf die fundamentalen Begriffe zu beziehen, wird dem Subjekt von der Industrie abgenommen. Sie betreibt den Schematismus als ersten Dienst am Kunden. In der Seele sollte ein geheimer Mechanismus wirken, der die unmittelbaren Daten bereits so präpariert, daß sie ins System der Reinen Vernunft hineinpassen. Das Geheimnis ist heute enträtselt. Ist auch die Planung des Mechanismus durch die, welche die Daten beistellen, die Kulturindustrie, dieser selber durch die Schwerkraft der trotz aller Rationalisierung irrationalen Gesellschaft aufgezwungen, so wird doch die verhängnisvolle Tendenz bei ihrem Durchgang durch die Agenturen des Geschäfts in dessen eigene gewitzigte Absichtlichkeit verwandelt. Für den Konsumenten gibt es nichts mehr zu klassifizieren, was nicht selbst im Schematismus der Produktion vorweggenommen wäre. Die traumlose Kunst fürs Volk erfüllt jenen träumerischen Idealismus, der dem kritischen zu weit ging. Alles kommt aus dem Bewußtsein, bei Malebranche und Berkeley aus dem Gottes, in der Massenkunst aus dem der irdischen Produktionsleitung. Nicht nur werden die Typen von Schlagern, Stars, Seifenopern zyklisch als starre Invarianten durchgehalten, sondern der spezifische Inhalt des Spiels, das scheinbar Wechselnde ist selber aus ihnen abgeleitet. Die Details werden fungibel. Die kurze Intervallfolge, die in einem Schlager als einprägsam sich bewährte, die vorübergehende Blamage des Helden, die er als good sport zu ertragen weiß, die zuträglichen Prügel, die die Geliebte von der starken Hand des männlichen Stars empfängt, seine rüde Sprödheit gegen die verwöhnte Erbin sind wie alle Einzelheiten fertige Clichés, beliebig hier und dort zu verwenden, und allemal völlig definiert durch den Zweck, der ihnen im Schema zufällt. Es zu bestätigen, indem sie es zusammensetzen, ist ihr ganzes Leben. Durchweg ist dem Film sogleich anzusehen, wie er ausgeht, wer belohnt, bestraft, vergessen wird, und vollends in der leichten Musik kann das präparierte Ohr nach den ersten Takten des Schlagers die Fortsetzung raten und fühlt sich glücklich, wenn es wirklich so eintrifft. An der durchschnittlichen Wortzahl der Short Story ist nicht zu rütteln. Selbst gags, Effekte und Witze sind kalkuliert wie ihr Gerüst. Sie werden von besonderen Fachleuten verwaltet, und ihre schmale Mannigfaltigkeit läßt grundsätzlich im Büro sich aufteilen. Die Kulturindustrie hat sich entwickelt mit der Vorherrschaft des Effekts, der handgreiflichen Leistung, der technischen Details übers Werk, das einmal die Idee trug und mit dieser liquidiert wurde. Indem das Detail sich emanzipierte, war es aufsässig geworden und hatte sich, von der Romantik bis zum Expressionismus, als ungebändigter Ausdruck, als Träger des Einspruchs gegen die Organisation aufgeworfen. Die harmonische Einzelwirkung hatte in der Musik das Bewußtsein des Formganzen, die partikulare Farbe in der Malerei die Bildkomposition, die psychologische Eindringlichkeit im Roman die Architektur verwischt. Dem macht die Kulturindustrie durch Totalität ein Ende. Während sie nichts mehr kennt als die Effekte, bricht sie deren

Unbotmäßigkeit und unterwirft sie der Formel, die das Werk ersetzt. Ganzes und Teile schlägt sie gleichermaßen. Das Ganze tritt unerbittlich und beziehungslos den Details gegenüber, etwa als die Karriere eines Erfolgreichen, der alles als Illustration und Beweisstück dienen soll, während sie doch selbst nichts anderes als die Summe jener idiotischen Ereignisse ist. Die sogenannte übergreifende Idee ist eine Registraturmappe und stiftet Ordnung, nicht Zusammenhang. Gegensatzlos und unverbunden tragen Ganzes und Einzelheit die gleichen Züge. Ihre vorweg garantierte Harmonie verhöhnt die errungene des großen bürgerlichen Kunstwerks. In Deutschland lag über den heitersten Filmen der Demokratie schon die Kirchhofsruhe der Diktatur.

Die ganze Welt wird durch das Filter der Kulturindustrie geleitet. Die alte Erfahrung des Kinobesuchers, der die Straße draußen als Fortsetzung des gerade verlassenen Lichtspiels wahrnimmt, weil dieses selber streng die alltägliche Wahrnehmungswelt wiedergeben will, ist zur Richtschnur der Produktion geworden. Je dichter und lückenloser ihre Techniken die empirischen Gegenstände verdoppeln, um so leichter gelingt heute die Täuschung, daß die Welt draußen die bruchlose Verlängerung derer sei, die man im Lichtspiel kennenlernt. Seit der schlagartigen Einführung des Tonfilms ist die mechanische Vervielfältigung ganz und gar diesem Vorhaben dienstbar geworden. Das Leben soll der Tendenz nach vom Tonfilm nicht mehr sich unterscheiden lassen. Indem er, das Illusionstheater weit überbietend, der Phantasie und dem Gedanken der Zuschauer keine Dimension mehr übrigläßt, in der sie im Rahmen des Filmwerks und doch unkontrolliert von dessen exakten Gegebenheiten sich ergehen und abschweifen könnten, ohne den Faden zu verlieren, schult er den ihm Ausgelieferten, ihn unmittelbar mit der Wirklichkeit zu identifizieren. Die Verkümmerung der Vorstellungskraft und Spontaneität des Kulturkonsumenten heute braucht nicht auf psychologische Mechanismen erst reduziert zu werden. Die Produkte selber, allen voran das charakteristischste, der Tonfilm, lähmen ihrer objektiven Beschaffenheit nach jene Fähigkeiten. Sie sind so angelegt, daß ihre adäquate Auffassung zwar Promptheit, Beobachtungsgabe, Versiertheit erheischt, daß sie aber die denkende Aktivität des Betrachters geradezu verbieten, wenn er nicht die vorbeihuschenden Fakten versäumen will. Die Anspannung freilich ist so eingeschliffen, daß sie im Einzelfall gar nicht erst aktualisiert zu werden braucht und doch die Einbildungskraft verdrängt. Wer vom Kosmos des Films, von Geste, Bild und Wort so absorbiert wird, daß er ihm das nicht hinzuzufügen vermag, wodurch er doch erst zum Kosmos würde, muß nicht notwendig im Augenblick der Aufführung von den besonderen Leistungen der Maschinerie ganz und gar besetzt sein. Von allen anderen Filmen und anderen Kulturfabrikaten her, die er kennen muß, sind die geforderten Leistungen der Aufmerksamkeit so vertraut, daß sie automatisch erfolgen. Die Gewalt der Industriegesellschaft wirkt in den Menschen ein für allemal. Die Produkte der Kulturindustrie können darauf rechnen, selbst im Zustand der Zerstreuung alert konsumiert zu werden. Aber ein jegliches ist ein Modell der ökonomischen Riesenmaschinerie, die alle von Anfang an, bei der Arbeit und der ihr ähnlichen Erholung, in Atem hält. Jedem beliebigen Tonfilm, jeder beliebigen Radiosendung läßt sich entnehmen, was keiner einzelnen, sondern allen zusammen in der Gesellschaft als Wirkung zuzuschreiben wäre. Unweigerlich reproduziert jede einzelne Manifestation der Kulturindustrie die Menschen als das, wozu die ganze sie gemacht hat. Darüber, daß der Prozeß der einfachen Reproduktion des Geistes ja nicht in die erweiterte hineinführe, wachen alle seine Agenten, vom producer bis zu den Frauenvereinen.

Die Klagen der Kunsthistoriker und Kulturanwälte übers Erlöschen der stilbildenden Kraft im Abendland sind zum Erschrecken unbegründet. Die stereotype Übersetzung von allem, selbst dem noch gar nicht Gedachten ins Schema der mechanischen Reproduzierbarkeit übertrifft die Strenge und Geltung jedes wirklichen Stils, mit dessen Begriff die Bildungsfreunde die vorkapitalistische Vergangenheit als organische verklären. Kein Palestrina konnte die unvorbereitete und unaufgelöste Dissonanz puristischer verfolgen als der Jazzarrangeur jede Wendung, die nicht genau in den Jargon paßt. Verjazzt er Mozart, so ändert er ihn ab nicht bloß, wo jener zu schwierig oder ernsthaft wäre, sondern auch, wo er die Melodie bloß anders, ja wo er sie einfacher harmonisierte als heute der Brauch. Kein mittelalterlicher Bauherr kann die Sujets der Kirchenfenster und Plastiken argwöhnischer durchmustert haben als die Hierarchie der Studios einen Stoff von Balzac oder Victor Hugo, ehe er das Imprimatur des Gangbaren erhält. Kein Kapitel konnte den Teufelsfratzen und den Qualen der Verdammten sorgfältiger ihren Platz dem ordo der allerhöchsten Liebe gemäß zuteilen als die Produktionsleitung der Tortur des Helden oder dem hochgehobenen Rock der leading lady in der Litanei des Großfilms. Der ausdrückliche und implizite, exoterische und esoterische Katalog des Verbotenen und Tolerierten reicht so weit, daß er den freigelassenen Bereich nicht nur umgrenzt sondern durchwaltet. Nach ihm werden noch die letzten Einzelheiten gemodelt. Die Kulturindustrie legt, wie ihr Widerpart, die avancierte Kunst, durch die Verbote positiv ihre eigene Sprache fest, mit Syntax und Vokabular. Der permanente Zwang zu neuen Effekten, die doch ans alte Schema gebunden bleiben, vermehrt bloß, als zusätzliche Regel, die Gewalt des Hergebrachten, der jeder einzelne Effekt entschlüpfen möchte. Alles Erscheinende ist so gründlich gestempelt, daß nachgerade nichts mehr vorkommen kann, was nicht vorweg die Spur des Jargons trüge, auf den ersten Blick als approbiert sich auswiese. Die Matadore aber, produzierende und reproduzierende, sind die, welche den Jargon so leicht und frei und freudig sprechen, als ob er die Sprache wäre, die er doch längst verstummen ließ. Das ist das Ideal des Natürlichen in der Branche. Es macht um so gebieterischer sich geltend, je mehr die perfektionierte Technik die Spannung zwischen dem Gebilde und dem alltäglichen Dasein herabsetzt. Die Paradoxie der in Natur travestierten Routine läßt allen Äußerungen der Kulturindustrie sich anhören, und in vielen ist sie mit Händen zu greifen. Ein Jazzmusiker, der ein Stück ernster Musik, das einfachste Menuett Beethovens zu spielen hat, synkopiert es unwillkürlich und läßt nur souverän lächelnd sich dazu bewegen, mit dem Taktteil einzusetzen. Solche Natur, kompliziert durch die immer gegenwärtigen und sich selbst übertreibenden Ansprüche des spezifischen Mediums, macht den neuen Stil aus, nämlich »ein System der Nicht-Kultur, der man selbst eine gewisse ›Einheit des Stils‹ zugestehen dürfte, falls es nämlich noch einen Sinn hat, von einer stilisierten Barbarei zu reden«[1].

1 Nietzsche, Unzeitgemäße Betrachtungen. Werke. Großoktavausgabe. Leipzig 1917. Band I. S. 187.

Die allgemeine Verbindlichkeit dieser Stilisierung mag bereits die der offiziösen Vorschriften und Verbote übertreffen; einem Schlager wird heute eher nachgesehen, wenn er sich nicht an die 32 Takte oder den Umfang der None hält, als wenn er das geheimste melodische oder harmonische Detail bringt, das aus dem Idiom herausfällt. Alle Verstöße gegen die Usancen des Metiers, die Orson Welles begeht, werden ihm verziehen, weil sie als berechnete Unarten die Geltung des Systems um so eifriger bekräftigen. Der Zwang des technisch bedingten Idioms, das die Stars und Direktoren als Natur produzieren müssen, auf daß die Nation es zur ihrigen mache, bezieht sich auf so feine Nuancen, daß sie fast die Subtilität der Mittel eines Werks der Avantgarde erreichen, durch die es im Gegensatz zu jenen der Wahrheit dient. Die seltene Fähigkeit, minutiös den Verpflichtungen des Idioms der Natürlichkeit in allen Sparten der Kulturindustrie nachzukommen, wird zum Maß der Könnerschaft. Was und wie sie es sagen, soll an der Alltagssprache kontrollierbar sein, wie im logischen Positivismus. Die Produzenten sind Experten. Das Idiom verlangt die erstaunlichste Produktivkraft, absorbiert und vergeudet sie. Es hat die kulturkonservative Unterscheidung von echtem und künstlichem Stil satanisch überholt. Künstlich könnte allenfalls ein Stil heißen, der von außen den widerstrebenden Regungen der Gestalt aufgeprägt ist. In der Kulturindustrie aber entspringt der Stoff bis in seine letzten Elemente derselben Apparatur wie der Jargon, in den er eingeht. Die Händel, in welche die künstlerischen Spezialisten mit Sponsor und Zensor über eine allzu unglaubwürdige Lüge geraten, zeugen nicht so sehr von innerästhetischer Spannung wie von einer Divergenz der Interessen. Das Renommee des Spezialisten, in dem ein letzter Rest von sachlicher Autonomie zuweilen noch Zuflucht findet, stößt mit der Geschäftspolitik der Kirche oder des Konzerns zusammen, der die Kulturware herstellt. Die Sache jedoch ist dem eigenen Wesen nach schon als gangbare verdinglicht, ehe es nur zum Streit der Instanzen kommt. Noch bevor Zanuck sie erwarb, leuchtete die heilige Bernadette im Blickfeld ihres Dichters als Reklame für alle interessierten Konsortien auf. Das ist aus den Regungen der Gestalt geworden. Darum ist der Stil der Kulturindustrie, der an keinem widerstrebenden Material mehr sich zu erproben hat, zugleich die Negation von Stil

Die Versöhnung von Allgemeinem und Besonderem, von Regel und spezifischem Anspruch des Gegenstands, in deren Vollzug Stil allein Gehalt gewinnt, ist nichtig, weil es zur Spannung zwischen den Polen gar nicht mehr kommt: die Extreme, die sich berühren, sind in trübe Identität übergegangen, das Allgemeine kann das Besondere ersetzen und umgekehrt.
Dennoch aber macht dies Zerrbild des Stils etwas über den vergangenen echten aus. Der Begriff des echten Stils wird in der Kulturindustrie als ästhetisches Äquivalent der Herrschaft durchsichtig. Die Vorstellung vom Stil als bloß ästhetischer Gesetzmäßigkeit ist eine romantische Rückphantasie. In der Einheit des Stils nicht nur des christlichen Mittelalters sondern auch der Renaissance drückt die je verschiedene Struktur der sozialen Gewalt sich aus, nicht die dunkle Erfahrung der Beherrschten, in der das Allgemeine verschlossen war. Die großen Künstler waren niemals jene, die Stil am bruchlosesten und vollkommensten verkörperten, sondern jene, die den Stil als Härte gegen den chaotischen Ausdruck von Leiden, als negative Wahrheit, in ihr Werk aufnahmen. Im Stil der Werke gewann der Ausdruck die Kraft, ohne die das Dasein ungehört zerfließt. Jene selbst, welche die klassischen heißen, wie Mozarts Musik, enthalten objektive Tendenzen, welche es anders wollten als der Stil, den sie inkarnieren. Bis zu Schönberg und Picasso haben die großen Künstler sich das Mißtrauen gegen den Stil bewahrt und im Entscheidenden sich weniger an diesen als an die Logik der Sache gehalten. Was Expressionisten und Dadaisten polemisch meinten, die Unwahrheit am Stil als solchem, triumphiert heute im Singjargon des Crooners, in der wohlgetroffenen Grazie des Filmstars, ja in der Meisterschaft des photographischen Schusses auf die Elendshütte des Landarbeiters. In jedem Kunstwerk ist sein Stil ein Versprechen. Indem das Ausgedrückte durch Stil in die herrschenden Formen der Allgemeinheit, die musikalische, malerische, verbale Sprache eingeht, soll es mit der Idee der richtigen Allgemeinheit sich versöhnen. Dies Versprechen des Kunstwerks, durch Einprägung der Gestalt in die gesellschaftlich tradierten Formen Wahrheit zu stiften, ist so notwendig wie gleißnerisch. Es setzt die realen Formen des Bestehenden absolut, indem es vorgibt, in ihren ästhetischen Derivaten die Erfüllung vorwegzunehmen. Insofern ist der Anspruch der Kunst

stets auch Ideologie. Auf keine andere Weise jedoch als in jener Auseinandersetzung mit der Tradition, die im Stil sich niederschlägt, findet Kunst Ausdruck für das Leiden. Das Moment am Kunstwerk, durch das es über die Wirklichkeit hinausgeht, ist in der Tat vom Stil nicht abzulösen; doch es besteht nicht in der geleisteten Harmonie, der fragwürdigen Einheit von Form und Inhalt, Innen und Außen, Individuum und Gesellschaft, sondern in jenen Zügen, in denen die Diskrepanz erscheint, im notwendigen Scheitern der leidenschaftlichen Anstrengung zur Identität. Anstatt diesem Scheitern sich auszusetzen, in dem der Stil des großen Kunstwerks seit je sich negierte, hat das schwache immer an die Ähnlichkeit mit anderen sich gehalten, an das Surrogat der Identität. Kulturindustrie endlich setzt die Imitation absolut. Nur noch Stil, gibt sie dessen Geheimnis preis, den Gehorsam gegen die gesellschaftliche Hierarchie. Die ästhetische Barbarei heute vollendet, was den geistigen Gebilden droht, seitdem man sie als Kultur zusammengebracht und neutralisiert hat. Von Kultur zu reden war immer schon wider die Kultur. Der Generalnenner Kultur enthält virtuell bereits die Erfassung, Katalogisierung, Klassifizierung, welche die Kultur ins Reich der Administration hineinnimmt. Erst die industrialisierte, die konsequente Subsumtion, ist diesem Begriff von Kultur ganz angemessen. Indem sie alle Zweige der geistigen Produktion in gleicher Weise dem einen Zweck unterstellt, die Sinne der Menschen vom Ausgang aus der Fabrik am Abend bis zur Ankunft bei der Stechuhr am nächsten Morgen mit den Siegeln jenes Arbeitsganges zu besetzen, den sie den Tag über selbst unterhalten müssen, erfüllt sie höhnisch den Begriff der einheitlichen Kultur, den die Persönlichkeitsphilosophen der Vermassung entgegenhielten.

So erweist sich Kulturindustrie, der unbeugsamste Stil von allen, als das Ziel eben des Liberalismus, dem der Mangel an Stil vorgeworfen wird. Nicht bloß sind ihre Kategorien und Inhalte aus der liberalen Sphäre hervorgegangen, dem domestizierten Naturalismus so gut wie der Operette und Revue: die modernen Kulturkonzerne sind der ökonomische Ort, an dem mit den entsprechenden Unternehmertypen einstweilen noch ein Stück der sonst im Abbau begriffenen Zirkulationssphäre überlebt. Dort kann schließlich einer noch sein Glück machen, sofern er nur nicht allzu unverwandt auf seine Sache blickt, sondern mit sich reden läßt. Was widersteht, darf überleben nur, indem es sich eingliedert. Einmal in seiner Differenz von der Kulturindustrie registriert, gehört es schon dazu wie der Bodenreformer zum Kapitalismus. Realitätsgerechte Empörung wird zur Warenmarke dessen, der dem Betrieb eine neue Idee zuzuführen hat. Die Öffentlichkeit der gegenwärtigen Gesellschaft läßt es zu keiner vernehmbaren Anklage kommen, an deren Ton die Hellhörigen nicht schon die Prominenz witterten, in deren Zeichen der Empörte sich mit ihnen aussöhnt. Je unausmeßbarer die Kluft zwischen dem Chorus und der Spitze wird, um so gewisser ist an dieser für jeden Platz, der durch gut organisierte Auffälligkeit seine Superiorität bekundet. Damit überlebt auch in der Kulturindustrie die Tendenz des Liberalismus, seinen Tüchtigen freie Bahn zu gewähren. Sie jenen Könnern heute aufzuschließen, ist noch die Funktion des sonst bereits weithin regulierten Marktes, dessen Freiheit schon zu seiner Glanzzeit in der Kunst wie sonstwo für die Dummen in der zum Verhungern bestand. Nicht umsonst stammt das System der Kulturindustrie aus den liberaleren Industrieländern, wie denn alle ihre charakteristischen Medien, zumal Kino, Radio, Jazz und Magazin, dort triumphieren. Ihr Fortschritt freilich entsprang den allgemeinen Gesetzen des Kapitals. Gaumont und Pathé, Ullstein und Hugenberg waren nicht ohne Glück dem internationalen Zug gefolgt; die wirtschaftliche Abhängigkeit des Kontinents von den USA nach Krieg und Inflation tat dabei das ihrige. Der Glaube, die Barbarei der Kulturindustrie sei eine Folge des »cultural lag«, der Zurückgebliebenheit des amerikanischen Bewußtseins hinter dem Stand der Technik, ist ganz illusionär. Zurückgeblieben hinter der Tendenz zum Kulturmonopol war das vorfaschistische Europa. Gerade solcher Zurückgebliebenheit aber hatte der Geist einen Rest von Selbständigkeit, seine letzten Träger ihre wie immer auch gedrückte Existenz zu verdanken. In Deutschland hatte die mangelnde Durchdringung des Lebens mit demokratischer Kontrolle paradox gewirkt. Vieles blieb von jenem Marktmechanismus ausgenommen, der in den westlichen Ländern entfesselt wurde. Das deutsche Erziehungswesen samt den Universitäten, die künstlerisch maßgebenden Theater, die großen Orchester, die

Museen standen unter Protektion. Die politischen Mächte, Staat und Kommunen, denen solche Institutionen als Erbe vom Absolutismus zufielen, hatten ihnen ein Stück jener Unabhängigkeit von den auf dem Markt deklarierten Herrschaftsverhältnissen bewahrt, die ihnen bis ins neunzehnte Jahrhundert hinein die Fürsten und Feudalherren schließlich noch gelassen hatten. Das stärkte der späten Kunst den Rücken gegen das Verdikt von Angebot und Nachfrage und steigerte ihre Resistenz weit über die tatsächliche Protektion hinaus. Auf dem Markt selbst setzte der Tribut an unverwertbare und nicht schon kurrente Qualität in Kaufkraft sich um: daher konnten anständige literarische und musikalische Verleger etwa Autoren pflegen, die nicht viel mehr einbrachten als die Achtung des Kenners. Erst der Zwang, unablässig unter der drastischsten Drohung als ästhetischer Experte dem Geschäftsleben sich einzugliedern, hat den Künstler ganz an die Kandare genommen. Ehemals zeichneten sie wie Kant und Hume die Briefe mit »untertänigster Knecht« und unterminierten die Grundlagen von Thron und Altar. Heute nennen sie Regierungshäupter mit Vornamen und sind mit jeder künstlerischen Regung dem Urteil ihrer illiteraten Prinzipale untertan. Die Analyse, die Tocqueville vor hundert Jahren gab, hat sich mittlerweile ganz bewahrheitet. Unterm privaten Kulturmonopol läßt in der Tat »die Tyrannei den Körper frei und geht geradewegs auf die Seele los. Der Herrscher sagt dort nicht mehr: du sollst denken wie ich oder sterben. Er sagt: es steht dir frei, nicht zu denken wie ich, dein Leben, deine Güter, alles soll dir bleiben, aber von diesem Tage an bist du ein Fremdling unter uns.«[2] Was nicht konformiert, wird mit einer ökonomischen Ohnmacht geschlagen, die sich in der geistigen des Eigenbrötlers fortsetzt. Vom Betrieb ausgeschaltet, wird er leicht der Unzulänglichkeit überführt. Während heute in der materiellen Produktion der Mechanismus von Angebot und Nachfrage sich zersetzt, wirkt er im Überbau als Kontrolle zugunsten der Herrschenden. Die Konsumenten sind die Arbeiter und Angestellten, die Farmer und Kleinbürger. Die kapitalistische Produktion hält sie mit Leib und Seele so eingeschlossen, daß sie dem, was ihnen

2 A. de Tocqueville, De la Démocratie en Amérique. Paris 1864. Band II. S. 151.

geboten wird, widerstandslos verfallen. Wie freilich die Beherrschten die Moral, die ihnen von den Herrschenden kam, stets ernster nahmen als diese selbst, verfallen heute die betrogenen Massen mehr noch als die Erfolgreichen dem Mythos des Erfolgs. Sie haben ihre Wünsche. Unbeirrbar bestehen sie auf der Ideologie, durch die man sie versklavt. Die böse Liebe des Volks zu dem, was man ihm antut, eilt der Klugheit der Instanzen noch voraus. Sie übertrifft den Rigorismus des Hays-Office, wie es in großen Zeiten größere gegen es gerichtete Instanzen, den Terror der Tribunale, befeuert hat. Es fordert Mickey Rooney gegen die tragische Garbo und Donald Duck gegen Betty Boop. Die Industrie fügt sich dem von ihr heraufbeschworenen Votum. Was für die Firma, die dann zuweilen den Kontrakt mit dem sinkenden Star nicht voll verwerten kann, faux frais bedeutet, sind legitime Kosten für das ganze System. Durch die abgefeimte Sanktionierung der Forderung von Schund inauguriert es die totale Harmonie. Kennerschaft und Sachverständnis verfallen der Acht als Anmaßung dessen, der sich besser dünkt als die anderen, wo doch die Kultur so demokratisch ihr Privileg an alle verteilt. Angesichts des ideologischen Burgfriedens gewinnt der Konformismus der Abnehmer wie die Unverschämtheit der Produktion, die sie im Gang halten, das gute Gewissen. Er bescheidet sich bei der Reproduktion des Immergleichen.

Immergleichheit regelt auch das Verhältnis zum Vergangenen. Das Neue der massenkulturellen Phase gegenüber der spätliberalen ist der Ausschluß des Neuen. Die Maschine rotiert auf der gleichen Stelle. Während sie schon den Konsum bestimmt, scheidet sie das Unerprobte als Risiko aus. Mißtrauisch blicken die Filmleute auf jedes Manuskript, dem nicht schon ein bestseller beruhigend zu Grunde liegt. Darum gerade ist immerzu von idea, novelty und surprise die Rede, dem, was zugleich allvertraut wäre und nie dagewesen. Ihm dient Tempo und Dynamik. Nichts darf beim Alten bleiben, alles muß unablässig laufen, in Bewegung sein. Denn nur der universale Sieg des Rhythmus von mechanischer Produktion und Reproduktion verheißt, daß nichts sich ändert, nichts herauskommt, was nicht paßte. Zusätze zum erprobten Kulturinventar sind zu spekulativ. Die gefrorenen Formtypen wie Sketch, Kurzgeschichte, Problemfilm, Schlager sind der normativ gewandte, drohend oktroyierte Durchschnitt des spätliberalen Geschmacks. Die Gewaltigen der Kulturagenturen, die harmonieren wie nur ein Manager mit dem anderen, gleichviel ob er aus der Konfektion oder dem College hervorging, haben längst den objektiven Geist saniert und rationalisiert. Es ist, als hätte eine allgegenwärtige Instanz das Material gesichtet und den maßgebenden Katalog der kulturellen Güter aufgestellt, der die lieferbaren Serien bündig aufführt. Die Ideen sind an den Kulturhimmel geschrieben, in dem sie bei Platon schon gezählt, ja Zahlen selbst, unvermehrbar und unveränderlich beschlossen waren.

Amusement, alle Elemente der Kulturindustrie, hat es längst vor dieser gegeben. Jetzt werden sie von oben ergriffen und auf die Höhe der Zeit gebracht. Die Kulturindustrie kann sich rühmen, die vielfach unbeholfene Transposition der Kunst in die Konsumsphäre energisch durchgeführt, zum Prinzip erhoben, das Amusement seiner aufdringlichen Naivitäten entkleidet und die Machart der Waren verbessert zu haben. Je totaler sie wurde, je unbarmherziger sie jeden Outsider sei's zum Bankrott sei's ins Syndikat zwang, um so feiner und gehobener ist sie zugleich geworden, bis sie schließlich in der Synthese von Beethoven und Casino de Paris terminiert. Ihr Sieg ist doppelt: was sie als Wahrheit draußen auslöscht, kann sie drinnen als Lüge beliebig reproduzieren. »Leichte« Kunst als solche, Zerstreuung, ist keine Verfallsform. Wer sie als Verrat am Ideal reinen Ausdrucks beklagt, hegt Illusionen über die Gesellschaft. Die Reinheit der bürgerlichen Kunst, die sich als Reich der Freiheit im Gegensatz zur materiellen Praxis hypostasierte, war von Anbeginn mit dem Ausschluß der Unterklasse erkauft, deren Sache, der richtigen Allgemeinheit, die Kunst gerade durch die Freiheit von den Zwecken der falschen Allgemeinheit die Treue hält. Ernste Kunst hat jenen sich verweigert, denen Not und Druck des Daseins den Ernst zum Hohn macht und die froh sein müssen, wenn sie die Zeit, die sie nicht am Triebrad stehen, dazu benutzen können, sich treiben zu lassen. Leichte Kunst hat die autonome als Schatten begleitet. Sie ist das gesellschaftlich schlechte Gewissen der ernsten. Was diese auf Grund ihrer gesellschaftlichen Voraussetzungen an Wahrheit verfehlen mußte, gibt jener den Schein sachlichen Rechts. Die Spaltung selbst ist die Wahrheit: sie spricht zumindest die Negativität der

Kultur aus, zu der die Sphären sich addieren. Der Gegensatz läßt am wenigsten sich versöhnen, indem man die leichte in die ernste aufnimmt oder umgekehrt. Das aber versucht die Kulturindustrie. Die Exzentrizität von Zirkus, Panoptikum und Bordell zur Gesellschaft ist ihr so peinlich wie die von Schönberg und Karl Kraus. Dafür muß der Jazzführer Benny Goodman mit dem Budapester Streichquartett auftreten, rhythmisch pedantischer als irgendein philharmonischer Klarinettist, während die Budapester dazu so glatt vertikal und süß spielen wie Guy Lombardo. Bezeichnend sind nicht krude Unbildung, Dummheit und Ungeschliffenheit. Der Pofel von ehedem wurde von der Kulturindustrie durch die eigene Perfektion, durch Verbot und Domestizierung des Dilettantischen abgeschafft, obwohl sie unablässig grobe Schnitzer begeht, ohne die das Niveau des Gehobenen überhaupt nicht gedacht werden kann. Neu aber ist, daß die unversöhnlichen Elemente der Kultur, Kunst und Zerstreuung durch ihre Unterstellung unter den Zweck auf eine einzige falsche Formel gebracht werden: die Totalität der Kulturindustrie. Sie besteht in Wiederholung. Daß ihre charakteristischen Neuerungen durchweg bloß in Verbesserungen der Massenreproduktion bestehen, ist dem System nicht äußerlich. Mit Grund heftet sich das Interesse ungezählter Konsumenten an die Technik, nicht an die starr repetierten, ausgehöhlten und halb schon preisgegebenen Inhalte. Die gesellschaftliche Macht, welche die Zuschauer anbeten, bezeugt sich wirksamer in der von Technik erzwungenen Allgegenwart des Stereotypen als in den abgestandenen Ideologien, für welche die ephemeren Inhalte einstehen müssen.

Trotzdem bleibt die Kulturindustrie der Amüsierbetrieb. Ihre Verfügung über die Konsumenten ist durchs Amusement vermittelt; nicht durchs blanke Diktat, sondern durch die dem Prinzip des Amusements einwohnende Feindschaft gegen das, was mehr wäre als es selbst, wird es schließlich aufgelöst. Da die Verkörperung aller Tendenzen der Kulturindustrie in Fleisch und Blut des Publikums durch den gesamten Gesellschaftsprozeß zustandekommt, wirkt das Überleben des Markts in der Branche auf jene Tendenzen noch befördernd ein. Nachfrage ist noch nicht durch simplen Gehorsam ersetzt. War doch die große Reorganisation des Films kurz vor dem ersten Weltkrieg, die materielle Voraussetzung seiner Expansion, gerade die bewußte Angleichung an die kassenmäßig registrierten Publikumsbedürfnisse, die man in den Pioniertagen der Leinwand kaum glaubte in Rechnung stellen zu müssen. Den Kapitänen des Films, die freilich immer nur die Probe auf ihr Exempel, die mehr oder minder phänomenalen Schlager, und wohlweislich niemals aufs Gegenbeispiel, die Wahrheit, machen, erscheint es auch heute noch so. Ihre Ideologie ist das Geschäft. Soviel ist richtig daran, daß die Gewalt der Kulturindustrie in ihrer Einheit mit dem erzeugten Bedürfnis liegt, nicht im einfachen Gegensatz zu ihm, wäre es selbst auch der von Allmacht und Ohnmacht. – Amusement ist die Verlängerung der Arbeit unterm Spätkapitalismus. Es wird von dem gesucht, der dem mechanisierten Arbeitsprozeß ausweichen will, um ihm von neuem gewachsen zu sein. Zugleich aber hat die Mechanisierung solche Macht über den Freizeitler und sein Glück, sie bestimmt so gründlich die Fabrikation der Amüsierwaren, daß er nichts anderes mehr erfahren kann als die Nachbilder des Arbeitsvorgangs selbst. Der vorgebliche Inhalt ist bloß verblaßter Vordergrund; was sich einprägt, ist die automatisierte Abfolge genormter Verrichtungen. Dem Arbeitsvorgang in Fabrik und Büro ist auszuweichen nur in der Angleichung an ihn in der Muße. Daran krankt unheilbar alles Amusement. Das Vergnügen erstarrt zur Langeweile, weil es, um Vergnügen zu bleiben, nicht wieder Anstrengung kosten soll und daher streng in den ausgefahrenen Assoziationsgeleisen sich bewegt. Der Zuschauer soll keiner eigenen Gedanken bedürfen: das Produkt zeichnet jede Reaktion vor: nicht durch seinen sachlichen Zusammenhang – dieser zerfällt, soweit er Denken beansprucht – sondern durch Signale. Jede logische Verbindung, die geistigen Atem voraussetzt, wird peinlich vermieden. Entwicklungen sollen möglichst aus der unmittelbar vorausgehenden Situation erfolgen, ja nicht aus der Idee des Ganzen. Es gibt keine Handlung, die der Beflissenheit der Mitarbeiter widerstünde, aus der einzelnen Szene herauszuholen, was sich aus ihr machen läßt. Schließlich erscheint selbst noch das Schema gefährlich, soweit es einen wie immer auch armseligen Sinnzusammenhang gestiftet hatte, wo einzig die Sinnlosigkeit akzeptiert werden soll. Oft wird der Handlung hämisch der Fortgang verweigert, den Charaktere und Sache nach dem alten Schema

heischten. Statt dessen wird als nächster Schritt jeweils der scheinbar wirkungsvollste Einfall der Schreiber zur gegebenen Situation gewählt. Stumpfsinnig ausgeklügelte Überraschung bricht in die Filmhandlung ein. Die Tendenz des Produkts, auf den puren Blödsinn böse zurückzugreifen, an dem die volkstümliche Kunst, Posse und Clownerie bis zu Chaplin und den Marx Brothers legitimen Anteil hatte, tritt am sinnfälligsten in den weniger gepflegten Genres hervor. Während die Greer Garson- und Bette Davis-Filme aus der Einheit des sozialpsychologischen Falls noch so etwas wie den Anspruch auf einstimmige Handlung ableiten, hat sich jene Tendenz im Text des novelty song, im Kriminalfilm und in den Cartoons ganz durchgesetzt. Der Gedanke selber wird, gleich den Objekten der Komik und des Grauens, massakriert und zerstückelt. Die novelty songs lebten seit je vom Hohn auf den Sinn, den sie als Vor- und Nachfahren der Psychoanalyse aufs Einerlei der sexuellen Symbolik reduzieren. In den Kriminal- und Abenteuerfilmen wird dem Zuschauer heute nicht mehr gegönnt, dem Gang der Aufklärung beizuwohnen. Er muß auch in den unironischen Produktionen des Genres mit dem Schrecken der kaum mehr notdürftig verbundenen Situationen vorliebnehmen.
Die Trickfilme waren einmal Exponenten der Phantasie gegen den Rationalismus. Sie ließen den durch ihre Technik elektrisierten Tieren und Dingen zugleich Gerechtigkeit widerfahren, indem sie den Verstümmelten ein zweites Leben liehen. Heute bestätigen sie bloß noch den Sieg der technologischen Vernunft über die Wahrheit. Vor wenigen Jahren hatten sie konsistente Handlungen, die erst in den letzten Minuten im Wirbel der Verfolgung sich auflösten. Ihre Verfahrungsweise glich darin dem alten Brauch der slapstick comedy. Nun aber haben sich die Zeitrelationen verschoben. Gerade noch in den ersten Sequenzen des Trickfilms wird ein Handlungsmotiv angegeben, damit an ihm während des Verlaufs die Zerstörung sich betätigen kann: unterm Hallo des Publikums wird die Hauptgestalt wie ein Lumpen herumgeschleudert. So schlägt die Quantität des organisierten Amusements in die Qualität der organisierten Grausamkeit um. Die selbsterkorenen Zensoren der Filmindustrie, ihre Wahlverwandten, wachen über der Länge der als Hatz ausgedehnten Untat. Die Lustigkeit schneidet jene Lust ab, welche der Anblick der Umar-

mung vermeintlich gewähren könnte und verschiebt die Befriedigung auf den Tag des Pogroms. Sofern die Trickfilme neben Gewöhnung der Sinne ans neue Tempo noch etwas leisten, hämmern sie die alte Weisheit in alle Hirne, daß die kontinuierliche Abreibung, die Brechung allen individuellen Widerstandes, die Bedingung des Lebens in dieser Gesellschaft ist. Donald Duck in den Cartoons wie die Unglücklichen in der Realität erhalten ihre Prügel, damit die Zuschauer sich an die eigenen gewöhnen.
Der Spaß an der Gewalt, die dem Dargestellten widerfährt, geht über in Gewalt gegen den Zuschauer, Zerstreuung in Anstrengung. Dem müden Auge darf nichts entgehen, was die Sachverständigen als Stimulans sich ausgedacht haben, man darf sich vor der Durchtriebenheit der Darbietung in keinem Augenblick als dumm erweisen, muß überall mitkommen und selber jene Fixigkeit aufbringen, welche die Darbietung zur Schau stellt und propagiert. Damit ist fraglich geworden, ob die Kulturindustrie selbst die Funktion der Ablenkung noch erfüllt, deren sie laut sich rühmt. Würde der größte Teil der Radios und Kinos stillgelegt, so müßten wahrscheinlich die Konsumenten gar nicht so viel entbehren. Der Schritt von der Straße ins Kino führt ohnehin nicht mehr in den Traum, und sobald die Institutionen nicht mehr durch ihr bloßes Dasein zur Benutzung verpflichteten, regte sich gar kein so großer Drang, sie zu benutzen. Solche Stillegung wäre keine reaktionäre Maschinenstürmerei. Das Nachsehen hätten nicht so sehr die Enthusiasten als die, an denen ohnehin alles sich rächt, die Zurückgebliebenen. Der Hausfrau gewährt das Dunkel des Kinos trotz der Filme, die sie weiter integrieren sollen, ein Asyl, wo sie ein paar Stunden unkontrolliert dabeisitzen kann, wie sie einmal, als es noch Wohnungen und Feierabend gab, zum Fenster hinausblickte. Die Beschäftigungslosen der großen Zentren finden Kühle im Sommer, Wärme im Winter an den Stätten der regulierten Temperatur. Sonst macht selbst nach dem Maß des Bestehenden die aufgedunsene Vergnügungsapparatur den Menschen das Leben nicht menschenwürdiger. Der Gedanke des »Ausschöpfens« gegebener technischer Möglichkeiten, der Vollausnutzung von Kapazitäten für ästhetischen Massenkonsum gehört dem ökonomischen System an, das die Ausnutzung der Kapazitäten verweigert, wo es um die Abschaffung des Hungers geht.

Immerwährend betrügt die Kulturindustrie ihre Konsumenten um das, was sie immerwährend verspricht. Der Wechsel auf die Lust, den Handlung und Aufmachung ausstellen, wird endlos prolongiert: hämisch bedeutet das Versprechen, in dem die Schau eigentlich nur besteht, daß es zur Sache nicht kommt, daß der Gast an der Lektüre der Menükarte sein Genügen finden soll. Der Begierde, die all die glanzvollen Namen und Bilder reizen, wird zuletzt bloß die Anpreisung des grauen Alltags serviert, dem sie entrinnen wollte. Auch die Kunstwerke bestanden nicht in sexuellen Exhibitionen. Indem sie jedoch die Versagung als ein Negatives gestalteten, nahmen sie die Erniedrigung des Triebs gleichsam zurück und retteten das Versagte als Vermitteltes. Das ist das Geheimnis der ästhetischen Sublimierung: Erfüllung als gebrochene darzustellen. Kulturindustrie sublimiert nicht, sondern unterdrückt. Indem sie das Begehrte immer wieder exponiert, den Busen im Sweater und den nackten Oberkörper des sportlichen Helden, stachelt sie bloß die unsublimierte Vorlust auf, die durch die Gewohnheit der Versagung längst zur masochistischen verstümmelt ist. Keine erotische Situation, die nicht mit Anspielung und Aufreizung den bestimmten Hinweis vereinigte, daß es nie und nimmer so weit kommen darf. Das Hays Office bestätigt bloß das Ritual, das die Kulturindustrie ohnehin eingerichtet hat: das des Tantalus. Kunstwerke sind asketisch und schamlos, Kulturindustrie ist pornographisch und prüde. So reduziert sie Liebe auf romance. Und reduziert wird vieles zugelassen, selbst Libertinage als gängige Spezialität, auf Quote und mit der Warenmarke »daring«. Die Serienproduktion des Sexuellen leistet automatisch seine Verdrängung. Der Filmstar, in den man sich verlieben soll, ist in seiner Ubiquität von vornherein seine eigene Kopie. Jede Tenorstimme klingt nachgerade wie eine Carusoplatte, und die Mädchengesichter aus Texas gleichen schon als naturwüchsige den arrivierten Modellen, nach denen sie in Hollywood getypt würden. Die mechanische Reproduktion des Schönen, der die reaktionäre Kulturschwärmerei in ihrer methodischen Vergötzung der Individualität freilich um so unausweichlicher dient, läßt der bewußtlosen Idolatrie, an deren Vollzug das Schöne gebunden war, keinen Spielraum mehr übrig. Der Triumph übers Schöne wird vom Humor vollstreckt, der Schadenfreude über jede gelungene Versagung. Gelacht wird darüber, daß es nichts zu lachen gibt. Allemal begleitet Lachen, das versöhnte wie das schreckliche, den Augenblick, da eine Furcht vergeht. Es zeigt Befreiung an, sei es aus leiblicher Gefahr, sei es aus den Fängen der Logik. Das versöhnte Lachen ertönt als Echo des Entronnenseins aus der Macht, das schlechte bewältigt die Furcht, indem es zu den Instanzen überläuft, die zu fürchten sind. Es ist das Echo der Macht als unentrinnbarer. Fun ist ein Stahlbad. Die Vergnügungsindustrie verordnet es unablässig. Lachen in ihr wird zum Instrument des Betrugs am Glück. Die Augenblicke des Glücks kennen es nicht, nur Operetten und dann die Filme stellen den Sexus mit schallendem Gelächter vor. Baudelaire aber ist so humorlos wie nur Hölderlin. In der falschen Gesellschaft hat Lachen als Krankheit das Glück befallen und zieht es in ihre nichtswürdige Totalität hinein. Das Lachen über etwas ist allemal das Verlachen, und das Leben, das da Bergson zufolge die Verfestigung durchbricht, ist in Wahrheit das einbrechende barbarische, die Selbstbehauptung, die beim geselligen Anlaß ihre Befreiung vom Skrupel zu feiern wagt. Das Kollektiv der Lacher parodiert die Menschheit. Sie sind Monaden, deren jede dem Genuß sich hingibt, auf Kosten jeglicher anderen, und mit der Majorität im Rückhalt, zu allem entschlossen zu sein. In solcher Harmonie bieten sie das Zerrbild der Solidarität. Das Teuflische des falschen Lachens liegt eben darin, daß es selbst das Beste, Versöhnung, zwingend parodiert. Lust jedoch ist streng: res severa verum gaudium. Die Ideologie der Klöster, daß nicht Askese sondern der Geschlechtsakt den Verzicht auf die erreichbare Seligkeit bekunde, wird negativ vom Ernst des Liebenden bestätigt, der ahnungsvoll an den entrinnenden Augenblick sein Leben hängt. Kulturindustrie setzt joviale Versagung anstelle des Schmerzes, der in Rausch wie Askese gegenwärtig ist. Oberstes Gesetz ist, daß sie um keinen Preis zum Ihren kommen, und daran gerade sollen sie lachend ihr Genüge haben. Die permanente Versagung, die Zivilisation auferlegt, wird den Erfaßten unmißverständlich in jeder Schaustellung der Kulturindustrie nochmals zugefügt und demonstriert. Ihnen etwas bieten und sie darum bringen ist dasselbe. Das leistet die erotische Betriebsamkeit. Gerade weil er nie passieren darf, dreht sich alles um den Koitus. Im Film etwa eine illegitime Beziehung zuzugestehen, ohne daß die Inkulpanten von der Strafe ereilt würden, ist mit einem strengeren Tabu belegt, als daß der zukünftige Schwiegersohn des Millionärs in der Arbeiterbewegung sich betätigt. Im Gegensatz zur liberalen Ära kann sich die industrialisierte Kultur so gut wie die völkische die Entrüstung über den Kapitalismus gestatten; nicht jedoch die Absage an die Kastrationsdrohung. Diese macht ihr ganzes Wesen aus. Sie überdauert die organisierte Lockerung der Sitten gegenüber Uniformträgern in den für sie produzierten heiteren Filmen und schließlich in der Realität. Entscheidend heute ist nicht mehr der Puritanismus, obwohl er in Gestalt der Frauenorganisationen immer noch sich geltend macht, sondern die im System liegende Notwendigkeit, den Konsumenten nicht auszulassen, ihm keinen Augenblick die Ahnung von der Möglichkeit des Widerstands zu geben. Das Prinzip gebietet, ihm zwar alle Bedürfnisse als von der Kulturindustrie erfüllbare vorzustellen, auf der anderen Seite aber diese Bedürfnisse vorweg so einzurichten, daß er in ihnen sich selbst nur noch als ewigen Konsumenten, als Objekt der Kulturindustrie erfährt. Nicht bloß redet sie ihm ein, ihr Betrug wäre die Befriedigung, sondern sie bedeutet ihm darüber hinaus, daß er, sei's wie es sei, mit dem Gebotenen sich abfinden müsse. Mit der Flucht aus dem Alltag, welche die gesamte Kulturindustrie in allen ihren Zweigen zu besorgen verspricht, ist es bestellt wie mit der Entführung der Tochter im amerikanischen Witzblatt: der Vater selbst hält im Dunklen die Leiter. Kulturindustrie bietet als Paradies denselben Alltag wieder an. Escape wie elopement sind von vornherein dazu bestimmt, zum Ausgangspunkt zurückzuführen. Das Vergnügen befördert die Resignation, die sich in ihm vergessen will.

Amusement, ganz entfesselt, wäre nicht bloß der Gegensatz zur Kunst sondern auch das Extrem, das sie berührt. Die Mark Twainsche Absurdität, mit der die amerikanische Kulturindustrie zuweilen liebäugelt, könnte ein Korrektiv der Kunst bedeuten. Je ernster diese es mit dem Widerspruch zum Dasein meint, um so mehr ähnelt sie dem Ernst des Daseins, ihrem Gegensatz: je mehr Arbeit sie daran wendet, aus dem eigenen Formgesetz sich rein zu entfalten, um so mehr verlangt sie vom Verständnis wiederum Arbeit, während sie deren Last gerade negieren wollte. In manchen Revuefilmen, vor allem aber in der Groteske und den Funnies blitzt für Augenblicke die Möglichkeit dieser Negation selber auf. Zu ihrer Verwirklichung darf es freilich nicht kommen. Das reine Amusement in seiner Konsequenz, das entspannte sich Überlassen an bunte Assoziation und glücklichen Unsinn wird vom gängigen Amusement beschnitten: es wird durch das Surrogat eines zusammenhängenden Sinns gestört, den Kulturindustrie ihren Produktionen beizugeben sich versteift und zugleich augenzwinkernd als bloßen Vorwand fürs Erscheinen der Stars mißhandelt. Biographische und andere Fabeln flicken die Fetzen des Unsinns zur schwachsinnigen Handlung zusammen. Es klirrt nicht die Schellenkappe des Narren, sondern der Schlüsselbund der kapitalistischen Vernunft, die selbst im Bild noch die Lust an die Zwecke des Fortkommens schließt. Jeder Kuß im Revuefilm muß zur Laufbahn des Boxers oder sonstiger Schlagerexperten beitragen, dessen Karriere gerade verherrlicht wird. Nicht also daß die Kulturindustrie Amusement aufwartet, macht den Betrug aus, sondern daß sie durch geschäftstüchtige Befangenheit in den ideologischen Clichés der sich selbst liquidierenden Kultur den Spaß verdirbt. Ethik und Geschmack schneiden das ungehemmte Amusement als »naiv« ab – Naivität gilt für so schlimm wie Intellektualismus – und beschränken selbst noch die technische Potentialität. Verderbt ist die Kulturindustrie, aber nicht als Sündenbabel sondern als Kathedrale des gehobenen Vergnügens. Auf allen ihren Stufen, von Hemingway zu Emil Ludwig, von Mrs. Miniver zum Lone Ranger, von Toscanini zu Guy Lombardo haftet die Unwahrheit am Geist, der von Kunst und Wissenschaft fertig bezogen wird. Die Spur des Besseren bewahrt Kulturindustrie in den Zügen, die sie dem Zirkus annähern, in der eigensinnig-sinnverlassenen Könnerschaft von Reitern, Akrobaten und Clowns, der »Verteidigung und Rechtfertigung körperlicher Kunst gegenüber geistiger Kunst«[3]. Aber die Schlupfwinkel der seelenlosen Artistik, die gegen den gesellschaftlichen Mechanismus das Menschliche vertritt, werden unerbittlich von einer planenden Vernunft aufgestöbert, die alles nach Bedeutung und Wirkung sich auszuweisen zwingt. Sie läßt das Sinnlose drunten so radikal verschwinden wie oben den Sinn der Kunstwerke.

3 Frank Wedekind, Gesammelte Werke. München 1921. Band IX. S. 426.

Die Fusion von Kultur und Unterhaltung heute vollzieht sich nicht nur als Depravation der Kultur, sondern ebensosehr als zwangsläufige Vergeistigung des Amusements. Sie liegt schon darin, daß man ihr nur noch im Abbild, als Kinophotographie oder Radioaufnahme beiwohnt. Im Zeitalter der liberalen Expansion lebte Amusement vom ungebrochenen Glauben an die Zukunft: es würde so bleiben und doch besser werden. Heute wird der Glaube noch einmal vergeistigt; er wird so fein, daß er jedes Ziel aus den Augen verliert und bloß noch im Goldgrund besteht, der hinters Wirkliche projiziert wird. Er setzt sich zusammen aus den Bedeutungsakzenten, mit denen, genau parallel zum Leben selbst, im Spiel noch einmal der prächtige Kerl, der Ingenieur, das tüchtige Mädel, die als Charakter verkleidete Rücksichtslosigkeit, das Sportinteresse und schließlich die Autos und Zigaretten versehen werden, auch wo die Unterhaltung nicht aufs Reklamekonto der unmittelbaren Hersteller sondern auf das des Systems als ganzen kommt. Amusement selber reiht sich unter die Ideale ein, es tritt an die Stelle der hohen Güter, die es den Massen vollends austreibt, indem es sie noch stereotyper als die privat bezahlten Reklamephrasen wiederholt. Innerlichkeit, die subjektiv beschränkte Gestalt der Wahrheit, war stets schon den äußeren Herren mehr als sie ahnte untertan. Von der Kulturindustrie wird sie zur offenen Lüge hergerichtet. Sie wird nur noch als Salbaderei erfahren, die man sich in religiösen bestsellers, in psychologischen Filmen und women serials als peinlich-wohlige Zutat gefallen läßt, um im Leben die eigene menschliche Regung desto sicherer beherrschen zu können. In diesem Sinn leistet Amusement die Reinigung des Affekts, die Aristoteles schon der Tragödie und Mortimer Adler wirklich dem Film zuschreibt. Wie über den Stil enthüllt die Kulturindustrie die Wahrheit über die Katharsis.

Je fester die Positionen der Kulturindustrie werden, um so summarischer kann sie mit dem Bedürfnis der Konsumenten verfahren, es produzieren, steuern, disziplinieren, selbst das Amusement einziehen: dem kulturellen Fortschritt sind da keine Schranken gesetzt. Aber die Tendenz dazu ist dem Prinzip des Amusements, als einem bürgerlich-aufgeklärten, selbst immanent. War das Amusementbedürfnis weithin von der Industrie hervorgebracht, die den

Massen das Werk durchs Sujet, den Öldruck durch den dargestellten Leckerbissen und umgekehrt das Puddingpulver durch den abgebildeten Pudding anpries, so ist dem Amusement immer schon das geschäftlich Angedrehte anzumerken, der sales talk, die Stimme des Marktschreiers vom Jahrmarkt. Die ursprüngliche Affinität aber von Geschäft und Amusement zeigt sich in dessen eigenem Sinn: der Apologie der Gesellschaft. Vergnügtsein heißt Einverstandensein. Es ist möglich nur, indem es sich gegenüber dem Ganzen des gesellschaftlichen Prozesses abdichtet, dumm macht und von Anbeginn den unentrinnbaren Anspruch jedes Werks, selbst des nichtigsten, widersinnig preisgibt: in seiner Beschränkung das Ganze zu reflektieren. Vergnügen heißt allemal: nicht daran denken müssen, das Leiden vergessen, noch wo es gezeigt wird. Ohnmacht liegt ihm zu Grunde. Es ist in der Tat Flucht, aber nicht, wie es behauptet, Flucht vor der schlechten Realität, sondern vor dem letzten Gedanken an Widerstand, den jene noch übriggelassen hat. Die Befreiung, die Amusement verspricht, ist die von Denken als von Negation. Die Unverschämtheit der rhetorischen Frage, »Was wollen die Leute haben!« besteht darin, daß sie auf dieselben Leute als denkende Subjekte sich beruft, die der Subjektivität zu entwöhnen ihre spezifische Aufgabe darstellt. Noch dort, wo das Publikum einmal gegen die Vergnügungsindustrie aufmuckt, ist es die konsequent gewordene Widerstandslosigkeit, zu der es jene selbst erzogen hat. Trotzdem ist es mit dem bei der Stange Halten immer schwieriger geworden. Der Fortschritt der Verdummung darf hinter dem gleichzeitigen Fortschritt der Intelligenz nicht zurückbleiben. Im Zeitalter der Statistik sind die Massen zu gewitzigt, um sich mit dem Millionär auf der Leinwand zu identifizieren, und zu stumpfsinnig, um vom Gesetz der großen Zahl auch nur abzuschweifen. Die Ideologie versteckt sich in der Wahrscheinlichkeitsrechnung. Nicht zu jedem soll das Glück einmal kommen, sondern zu dem, der das Los zieht, vielmehr zu dem, der von einer höheren Macht – meist der Vergnügungsindustrie selber, die unablässig auf der Suche vorgestellt wird – dazu designiert ist. Die von den Talentjägern aufgespürten und dann vom Studio groß herausgebrachten Figuren sind Idealtypen des neuen abhängigen Mittelstands. Das weibliche starlet soll die Angestellte symbolisieren, so freilich, daß ihm zum Unterschied von der wirklichen der große Abendmantel schon zubestimmt scheint. So hält es nicht nur für die Zuschauerin die Möglichkeit fest, daß sie selber auf der Leinwand gezeigt werden könnte, sondern eindringlicher noch die Distanz. Nur eine kann das große Los ziehen, nur einer ist prominent, und haben selbst mathematisch alle gleiche Aussicht, so ist sie doch für jeden Einzelnen so minimal, daß er sie am besten gleich abschreibt und sich am Glück des anderen freut, der er ebenso gut selber sein könnte und dennoch niemals selber ist. Wo die Kulturindustrie noch zu naiver Identifikation einlädt, wird diese sogleich wieder dementiert. Niemand kann sich mehr verlieren. Einmal sah der Zuschauer beim Film die eigene Hochzeit in der anderen. Jetzt sind die Glücklichen auf der Leinwand Exemplare derselben Gattung wie jeder aus dem Publikum, aber in solcher Gleichheit ist die unüberwindliche Trennung der menschlichen Elemente gesetzt. Die vollendete Ähnlichkeit ist der absolute Unterschied. Die Identität der Gattung verbietet die der Fälle. Die Kulturindustrie hat den Menschen als Gattungswesen hämisch verwirklicht. Jeder ist nur noch, wodurch er jeden anderen ersetzen kann: fungibel, ein Exemplar. Er selbst, als Individuum, ist das absolut Ersetzbare, das reine Nichts, und eben das bekommt er zu spüren, wenn er mit der Zeit der Ähnlichkeit verlustig geht. Damit ändert sich die innere Zusammensetzung der Erfolgsreligion, an der im übrigen stramm festgehalten wird. Anstelle des Weges per aspera ad astra, der Not und Anstrengung voraussetzt, tritt mehr und mehr die Prämie. Das Element von Blindheit in der routinemäßigen Entscheidung darüber, welcher song zum Schlager, welche Statistin zur Heroine taugt, wird von der Ideologie gefeiert. Die Filme unterstreichen den Zufall. Indem sie die essentielle Gleichheit ihrer Charaktere, mit Ausnahme des Schurken, bis zur Ausscheidung widerstrebender Physiognomien erzwingt, solcher etwa, die wie Garbo nicht aussehen, als ob man sie mit »Hello sister« begrüßen könnte, wird zwar den Zuschauern zunächst das Leben leichter gemacht. Es wird ihnen versichert, daß sie gar nicht anders zu sein brauchen, als sie sind, und es ihnen ebenso gut gelingen könnte, ohne daß ihnen zugemutet würde, wozu sie sich unfähig wissen. Aber zugleich wird ihnen der Wink erteilt, daß die Anstrengung auch zu gar nichts helfe, weil selbst das bürgerliche

Glück keinen Zusammenhang mit dem berechenbaren Effekt ihrer eigenen Arbeit mehr hat. Sie verstehen den Wink. Im Grunde erkennen alle den Zufall, durch den einer sein Glück macht, als die andere Seite der Planung. Eben weil die Kräfte der Gesellschaft schon so weit zur Rationalität entfaltet sind, daß jeder einen Ingenieur und Manager abgeben könnte, ist es vollends irrational geworden, in wen die Gesellschaft Vorbildung oder Vertrauen für solche Funktionen investiert. Zufall und Planung werden identisch, weil angesichts der Gleichheit der Menschen Glück und Unglück des Einzelnen bis hinauf zu den Spitzen jede ökonomische Bedeutung verliert. Der Zufall selber wird geplant; nicht daß er diesen oder jenen bestimmten Einzelnen betrifft, sondern gerade, daß man an sein Walten glaubt. Er dient als Alibi der Planenden und erweckt den Anschein, das Gewebe von Transaktionen und Maßnahmen, in die das Leben verwandelt wurde, lasse für spontane unmittelbare Beziehungen zwischen den Menschen Raum. Solche Freiheit wird in den verschiedenen Medien der Kulturindustrie durch das willkürliche Herausgreifen von Durchschnittsfällen symbolisiert. In den detaillierten Magazinberichten über die vom Magazin veranstalteten bescheiden-glanzvollen Vergnügungsfahrten des Glücksvogels, vorzugsweise einer Stenotypistin, die ihren Wettbewerb wahrscheinlich auf Grund der Beziehung zu lokalen Größen gewonnen hat, spiegelt sich die Ohnmacht aller wider. Sie sind so sehr bloßes Material, daß die Verfügenden einen in ihren Himmel aufnehmen und wieder fortwerfen können: mit seinem Recht und seiner Arbeit kann er vertrocknen. Die Industrie ist an den Menschen bloß als an ihren Kunden und Angestellten interessiert und hat in der Tat die Menschheit als ganze wie jedes ihrer Elemente auf diese erschöpfende Formel gebracht. Je nachdem, welcher Aspekt gerade maßgebend ist, wird in der Ideologie Plan oder Zufall, Technik oder Leben, Zivilisation oder Natur betont. Als Angestellte werden sie an die rationale Organisation erinnert und dazu angehalten, ihr mit gesundem Menschenverstand sich einzufügen. Als Kunden wird ihnen Freiheit der Wahl, der Anreiz des Unerfaßten, an menschlich-privaten Ereignissen sei's auf der Leinwand sei's in der Presse demonstriert. Objekte bleiben sie in jedem Fall.

Je weniger die Kulturindustrie zu versprechen hat, je weniger sie das Leben als sinnvoll erklären kann, um so leerer wird notwendig die Ideologie, die sie verbreitet. Selbst die abstrakten Ideale der Harmonie und Güte der Gesellschaft sind im Zeitalter der universalen Reklame zu konkret. Gerade die Abstracta hat man als Kundenwerbung zu identifizieren gelernt. Sprache, die sich bloß auf Wahrheit beruft, erweckt einzig die Ungeduld, rasch zum Geschäftszweck zu gelangen, den sie in Wirklichkeit verfolge. Das Wort, das nicht Mittel ist, erscheint als sinnlos, das andere als Fiktion, als unwahr. Werturteile werden entweder als Reklame oder als Geschwätz vernommen. Die dadurch zur vagen Unverbindlichkeit getriebene Ideologie wird doch nicht durchsichtiger und auch nicht schwächer. Ihre Vagheit gerade, die fast szientifische Abneigung, sich auf irgend etwas festzulegen, das sich nicht verifizieren läßt, fungiert als Instrument der Beherrschung. Sie wird zur nachdrücklichen und planvollen Verkündigung dessen, was ist. Kulturindustrie hat die Tendenz, sich zum Inbegriff von Protokollsätzen zu machen und eben dadurch zum unwiderlegbaren Propheten des Bestehenden. Zwischen den Klippen der nennbaren Fehlinformation und der offenbaren Wahrheit windet sie sich meisterlich hindurch, indem sie getreu die Erscheinung wiederholt, durch deren Dichte die Einsicht versperrt und die bruchlos allgegenwärtige Erscheinung als Ideal installiert wird. Die Ideologie wird gespalten in die Photographie des sturen Daseins und die nackte Lüge von seinem Sinn, die nicht ausgesprochen, sondern suggeriert und eingehämmert wird. Zur Demonstration seiner Göttlichkeit wird das Wirkliche immer bloß zynisch wiederholt. Solcher photologische Beweis ist zwar nicht stringent, aber überwältigend. Wer angesichts der Macht der Monotonie noch zweifelt, ist ein Narr. Kulturindustrie schlägt den Einwand gegen sich so gut nieder wie den gegen die Welt, die sie tendenzlos verdoppelt. Man hat nur die Wahl, mitzutun oder hinterm Berg zu bleiben: die Provinziellen, die gegen Kino und Radio zur ewigen Schönheit und zur Liebhaberbühne greifen, sind politisch schon dort, wo die Massenkultur die Ihren erst hintreibt. Sie ist gestählt genug, die alten Wunschträume selber, das Vaterideal nicht weniger als das unbedingte Gefühl, als Ideologie je nach Bedarf zu verhöhnen und auszuspielen. Die neue Ideologie hat die Welt als solche zum Gegenstand. Sie macht vom Kultus der Tatsache Gebrauch, indem sie sich darauf beschränkt, das schlechte Dasein durch möglichst genaue Darstellung ins Reich der Tatsachen zu erheben. Durch solche Übertragung wird das Dasein selber zum Surrogat von Sinn und Recht. Schön ist, was immer die Kamera reproduziert. Der enttäuschten Aussicht, man könne selber die Angestellte sein, der die Weltreise zufällt, entspricht die enttäuschende Ansicht der exakt photographierten Gegenden, durch welche die Reise führen könnte. Geboten wird nicht Italien, sondern der Augenschein, daß es existiert. Der Film kann es sich leisten, das Paris, in dem die junge Amerikanerin ihre Sehnsucht zu stillen gedenkt, in trostloser Öde zu zeigen, um sie desto unerbittlicher dem smarten amerikanischen Jungen zuzutreiben, dessen Bekanntschaft sie schon zuhause hätte machen können. Daß es überhaupt weitergeht, daß das System selbst in seiner jüngsten Phase das Leben derer, in denen es besteht, reproduziert, anstatt sie gleich abzuschaffen, wird ihm auch noch als Sinn und Verdienst verbucht. Weitergehen und Weitermachen überhaupt wird zur Rechtfertigung für den blinden Fortbestand des Systems, ja für seine Unabänderlichkeit. Gesund ist, was sich wiederholt, der Kreislauf in Natur und Industrie. Ewig grinsen die gleichen Babies aus den Magazinen, ewig stampft die Jazzmaschine. Bei allem Fortschritt der Darstellungstechnik, der Regeln und Spezialitäten, bei allem zappelnden Betrieb bleibt das Brot, mit dem Kulturindustrie die Menschen speist, der Stein der Stereotypie. Sie zehrt vom Kreislauf, von der freilich begründeten Verwunderung darüber, daß die Mütter trotz allem immer noch Kinder gebären, die Räder immer noch nicht stillstehen. Daran wird die Unabänderlichkeit der Verhältnisse erhärtet. Die wogenden Ährenfelder am Ende von Chaplins Hitlerfilm desavouieren die antifaschistische Freiheitsrede. Sie gleichen der blonden Haarsträhne des deutschen Mädels, dessen Lagerleben im Sommerwind von der Ufa photographiert wird. Natur wird dadurch, daß der gesellschaftliche Herrschaftsmechanismus sie als heilsamen Gegensatz zur Gesellschaft erfaßt, in die unheilbare gerade hineingezogen und verschachert. Die bildliche Beteuerung, daß die Bäume grün sind, der Himmel blau und die Wolken ziehen, macht sie schon zu Kryptogrammen für Fabrikschornsteine und Gasolinstationen. Umgekehrt müssen Räder und Maschinenteile ausdrucksvoll blinken, entwürdigt zu Trägern solcher Baum-

und Wolkenseele. So werden Natur und Technik gegen den Muff mobilisiert, das gefälschte Erinnerungsbild der liberalen Gesellschaft, in der man angeblich in schwülen Plüschzimmern sich herumdrückte, anstatt, wie es heute der Brauch, asexuelle Freiluftbäder zu nehmen, oder in vorweltlichen Benzmodellen Pannen erlitt, anstatt raketenschnell von dort, wo man ohnehin ist, dahin zu gelangen, wo es nicht anders ist. Der Triumph des Riesenkonzerns über die Unternehmerinitiative wird von der Kulturindustrie als Ewigkeit der Unternehmerinitiative besungen. Bekämpft wird der Feind, der bereits geschlagen ist, das denkende Subjekt. Die Resurrektion des spießerfeindlichen »Hans Sonnenstößer« in Deutschland und das Behagen im Angesicht von Life with Father sind eines Sinnes.

In einem freilich läßt die ausgehöhlte Ideologie nicht mit sich spaßen: es wird gesorgt. »Keiner darf hungern und frieren; wer's doch tut, kommt ins Konzentrationslager«: der Witz aus Hitlers Deutschland könnte als Maxime über allen Portalen der Kulturindustrie leuchten. Sie setzt naiv-schlau den Zustand voraus, der die jüngste Gesellschaft kennzeichnet: daß sie die Ihrigen gut herauszufinden weiß. Die formale Freiheit eines jeden ist garantiert. Keiner hat sich offiziell für das zu verantworten, was er denkt. Dafür sieht jeder sich von früh an in einem System von Kirchen, Klubs, Berufsvereinen und sonstigen Beziehungen eingeschlossen, die das empfindsamste Instrument sozialer Kontrolle darstellen. Wer sich nicht ruinieren will, muß dafür sorgen, daß er, nach der Skala dieses Apparats gewogen, nicht zu leicht befunden wird. Sonst kommt er im Leben zurück und muß schließlich zu Grunde gehen. Daß in jeder Laufbahn, vor allem aber in den freien Berufen, fachliche Kenntnisse mit vorschriftsmäßiger Gesinnung in der Regel verbunden sind, läßt leicht die Täuschung aufkommen, die fachlichen Kenntnisse täten es allein. In Wahrheit gehört es zur irrationalen Planmäßigkeit dieser Gesellschaft, daß sie nur das Leben ihrer Getreuen einigermaßen reproduziert. Die Stufenleiter des Lebensstandards entspricht recht genau der inneren Verbundenheit der Schichten und Individuen mit dem System. Auf den Manager kann man sich verlassen, zuverlässig ist noch der kleine Angestellte, Dagwood, wie er im Witzblatt und der

Wirklichkeit lebt. Wer hungert und friert, gar wenn er einmal gute Aussichten hatte, ist gezeichnet. Er ist ein Outsider, und, von Kapitalverbrechen zuweilen abgesehen, ist es die schwerste Schuld, Outsider zu sein. Im Film wird er günstigenfalls zum Original, dem Objekt böse nachsichtigen Humors; meist zum villain, den schon sein erstes Auftreten, längst ehe die Handlung soweit hält, als solchen identifiziert, damit nicht einmal zeitweilig der Irrtum aufkommen kann, die Gesellschaft kehre sich gegen die, welche guten Willens sind. In der Tat verwirklicht sich heute eine Art Wohlfahrtsstaat auf höherer Stufenleiter. Um die eigene Position zu behaupten, hält man die Wirtschaft in Gang, in der auf Grund der äußerst gesteigerten Technik die Massen des eigenen Landes dem Prinzip nach als Produzenten schon überflüssig sind. Die Arbeiter, die eigentlichen Ernährer, werden, so will es der ideologische Schein, von den Wirtschaftsführern, den Ernährten, ernährt. Die Stellung des Einzelnen wird damit prekär. Im Liberalismus galt der Arme für faul, heute wird er automatisch verdächtig. Der, für den man draußen nicht sorgt, gehört ins Konzentrationslager, jedenfalls in die Hölle der niedrigsten Arbeit und der slums. Die Kulturindustrie aber reflektiert die positive und negative Fürsorge für die Verwalteten als die unmittelbare Solidarität der Menschen in der Welt der Tüchtigen. Niemand wird vergessen, überall sind Nachbarn, Sozialfürsorger, Dr. Gillespies und Heimphilosophen mit dem Herzen auf dem rechten Fleck, die aus der gesellschaftlich perpetuierten Misere durch gütiges Eingreifen von Mensch zu Mensch heilbare Einzelfälle machen, soweit nicht die persönliche Verderbtheit der Betroffenen dem entgegensteht. Die betriebswissenschaftliche Kameradschaftspflege, die schon jede Fabrik zur Steigerung der Produktion sich angelegen sein läßt, bringt noch die letzte private Regung unter gesellschaftliche Kontrolle, gerade indem sie die Verhältnisse der Menschen in der Produktion dem Schein nach unmittelbar macht, reprivatisiert. Solche seelische Winterhilfe wirft ihren versöhnlichen Schatten auf die Seh- und Hörstreifen der Kulturindustrie, längst ehe jene aus der Fabrik totalitär auf die Gesellschaft übergreift. Die großen Helfer und Wohltäter der Menschheit aber, deren wissenschaftliche Leistungen die Schreiber geradeswegs als Taten des Mitleids aufziehen müssen, um ihnen ein fiktives menschliches Interesse abzugewinnen, fungieren als Platzhalter der Führer der Völker, die schließlich die Abschaffung des Mitleids dekretieren und jeder Ansteckung vorzubeugen wissen, nachdem noch der letzte Paralytiker ausgerottet ist.

Der Nachdruck auf dem goldnen Herzen ist die Weise, wie Gesellschaft das von ihr geschaffene Leiden eingesteht: alle wissen, daß sie im System nicht mehr sich selbst helfen können, und dem muß die Ideologie Rechnung tragen. Weit entfernt davon, das Leiden unter der Hülle improvisatorischer Kameradschaft einfach zuzudecken, setzt die Kulturindustrie ihren Firmenstolz darein, ihm mannhaft ins Auge zu sehen und es in schwer bewahrter Fassung zuzugeben. Das Pathos der Gefaßtheit rechtfertigt die Welt, die jene notwendig macht. So ist das Leben, so hart, aber darum auch so wundervoll, so gesund. Die Lüge schreckt vor der Tragik nicht zurück. Wie die totale Gesellschaft das Leiden ihrer Angehörigen nicht abschafft, aber registriert und plant, so verfährt Massenkultur mit der Tragik. Darum die hartnäckigen Anleihen bei der Kunst. Sie liefert die tragische Substanz, die das pure Amusement von sich aus nicht beistellen kann, deren es aber doch bedarf, wenn es dem Grundsatz, die Erscheinung exakt zu verdoppeln, irgend treu bleiben will. Tragik, zum einkalkulierten und bejahten Moment der Welt gemacht, schlägt ihr zum Segen an. Sie schützt vorm Vorwurf, man nähme es mit der Wahrheit nicht genau, während man doch zynisch-bedauernd diese sich zueignet. Sie macht die Fadheit des zensierten Glücks interessant und die Interessantheit handlich. Sie offeriert demjenigen Konsumenten, der kulturell bessere Tage gesehen hat, das Surrogat der längst abgeschafften Tiefe und dem regulären Besucher den Bildungsabhub, über den er zu Prestigezwecken verfügen muß. Allen gewährt sie den Trost, daß auch das starke, echte Menschenschicksal noch möglich und dessen rückhaltlose Darstellung unumgänglich sei. Das lückenlos geschlossene Dasein, in dessen Verdopplung die Ideologie heute aufgeht, wirkt um so großartiger, herrlicher und mächtiger, je gründlicher es mit notwendigem Leiden versetzt wird. Es nimmt den Aspekt von Schicksal an. Tragik wird auf die Drohung nivelliert, den zu vernichten, der nicht mitmacht, während ihr paradoxer Sinn einmal im hoffnungslosen Widerstand gegen die mythische Drohung bestand. Das tragische Schicksal geht in die gerechte Strafe über, in die es zu transformieren seit je die Sehnsucht der bürgerlichen Ästhetik war. Die Moral der Massenkultur ist die herabgesunkene der Kinderbücher von gestern. In der erstklassigen Produktion wird etwa der Bösewicht in die Hysterikerin kostümiert, die in einer Studie von vermeintlich klinischer Genauigkeit die realitätsgerechtere Gegenspielerin um ihr Lebensglück zu betrügen sucht und selber dabei einen ganz untheatralischen Tod findet. So wissenschaftlich geht es freilich nur an der Spitze zu. Weiter unten sind die Unkosten geringer. Dort werden der Tragik ohne Sozialpsychologie die Zähne ausgebrochen. Wie jede rechtschaffene ungarisch-wienerische Operette im zweiten Akt ihr tragisches Finale haben mußte, das dem dritten nichts übrigließ als die Berichtigung der Mißverständnisse, so weist die Kulturindustrie der Tragik ihre feste Stelle in der Routine zu. Die offenkundige Existenz des Rezepts allein schon genügt, um die Sorge zu beschwichtigen, daß die Tragik ungebändigt sei. Die Beschreibung der dramatischen Formel durch jene Hausfrau: getting into trouble and out again umspannt die ganze Massenkultur vom schwachsinnigen women serial bis zur Spitzenleistung. Selbst der schlechteste Ausgang, der es einmal besser meinte, bestätigt noch die Ordnung und korrumpiert die Tragik, sei es, daß die unvorschriftsmäßig Liebende ihr kurzes Glück mit dem Tod bezahlt, sei es, daß das traurige Ende im Bilde die Unverwüstlichkeit des faktischen Lebens desto heller leuchten läßt. Tragisches Lichtspiel wird wirklich zur moralischen Besserungsanstalt. Die von der Existenz unterm Systemzwang demoralisierten Massen, die Zivilisation nur in krampfhaft eingeschliffenen Verhaltensweisen zeigen, durch die allenthalben Wut und Widerspenstigkeit durchscheint, sollen durch den Anblick des unerbittlichen Lebens und des vorbildlichen Benehmens der Betroffenen zur Ordnung verhalten werden. Zur Bändigung der revolutionären wie der barbarischen Instinkte hat Kultur seit je beigetragen. Die industrialisierte tut ein übriges. Die Bedingung, unter der man das unerbittliche Leben überhaupt fristen darf, wird von ihr eingeübt. Das Individuum soll seinen allgemeinen Überdruß als Triebkraft verwerten, sich an die kollektive Macht aufzugeben, deren es überdrüssig ist. Die permanent verzweifelten Situationen, die den Zuschauer im Alltag zermürben, werden in der Wiedergabe, man weiß nicht wie, zum Versprechen, daß man weiter existieren darf. Man braucht nur der eigenen Nichtigkeit innezuwerden, nur die Niederlage zu unterschreiben, und schon gehört man dazu. Die Gesellschaft ist eine von Desperaten und daher die Beute von Rackets. An einigen der bedeutendsten deutschen Romane des Vorfaschismus wie »Berlin Alexanderplatz« und »Kleiner Mann, was nun« kam die Tendenz so drastisch zutage wie am durchschnittlichen Film und an der Verfahrungsweise des Jazz. Im Grunde geht es dabei überall um die Selbstverhöhnung des Mannes. Die Möglichkeit, zum ökonomischen Subjekt, Unternehmer, Eigentümer zu werden, ist vollends liquidiert. Bis hinab zum Käseladen geriet das selbständige Unternehmen, auf dessen Führung und Vererbung die bürgerliche Familie und die Stellung ihres Oberhaupts beruht hatte, in aussichtslose Abhängigkeit. Alle werden zu Angestellten, und in der Angestelltenzivilisation hört die ohnehin zweifelhafte Würde des Vaters auf. Das Verhalten des Einzelnen zum Racket, sei es Geschäft, Beruf oder Partei, sei es vor oder nach der Zulassung, die Gestik des Führers vor der Masse, des Liebhabers vor der Umworbenen nimmt eigentümlich masochistische Züge an. Die Haltung, zu der jeder gezwungen ist, um seine moralische Eignung für diese Gesellschaft immer aufs neue unter Beweis zu stellen, gemahnt an jene Knaben, die bei der Aufnahme in den Stamm unter den Schlägen des Priesters stereotyp lächelnd sich im Kreis bewegen. Das Existieren im Spätkapitalismus ist ein dauernder Initiationsritus. Jeder muß zeigen, daß er sich ohne Rest mit der Macht identifiziert, von der er geschlagen wird. Das liegt im Prinzip der Synkope des Jazz, der das Stolpern zugleich verhöhnt und zur Norm erhebt. Die eunuchenhafte Stimme des Crooners im Radio, der gut aussehende Galan der Erbin, der mit dem Smoking ins Schwimmbassin fällt, sind Vorbilder für die Menschen, die sich selbst zu dem machen sollen, wozu das System sie bricht. Jeder kann sein wie die allmächtige Gesellschaft, jeder kann glücklich werden, wenn er sich nur mit Haut und Haaren ausliefert, den Glücksanspruch zediert. In seiner Schwäche erkennt die Gesellschaft ihre Stärke wieder und gibt ihm davon ab. Seine Widerstandslosigkeit qualifiziert ihn als zuverlässigen Kantonisten. So wird die Tragik abgeschafft. Einmal war der Gegensatz des Einzelnen zur Gesellschaft ihre Substanz.

Sie verherrlichte »die Tapferkeit und Freiheit des Gefühls vor einem mächtigen Feinde, vor einem erhabenen Ungemach, vor einem Problem, das Grauen erweckt«[4]. Heute ist Tragik in das Nichts jener falschen Identität von Gesellschaft und Subjekt zergangen, deren Grauen gerade noch im nichtigen Schein des Tragischen flüchtig sichtbar wird. Das Wunder der Integration aber, der permanente Gnadenakt des Verfügenden, den Widerstandslosen aufzunehmen, der seine Renitenz hinunterwürgt, meint den Faschismus. Er wetterleuchtet in der Humanität, mit der Döblin seinen Biberkopf unterschlupfen läßt, ebenso gut wie in sozial getönten Filmen. Die Fähigkeit zum Durch- und Unterschlupfen selber, zum Überstehen des eigenen Untergangs, von der die Tragik überholt wird, ist die der neuen Generation; sie sind zu jeder Arbeit tüchtig, weil der Arbeitsprozeß sie keiner verhaften läßt. Es erinnert an die traurige Geschmeidigkeit des heimkehrenden Soldaten, den der Krieg nichts anging, des Gelegenheitsarbeiters, der schließlich in die Bünde und paramilitärischen Organisationen eintritt. Die Liquidation der Tragik bestätigt die Abschaffung des Individuums.

In der Kulturindustrie ist das Individuum illusionär nicht bloß wegen der Standardisierung ihrer Produktionsweise. Es wird nur so weit geduldet, wie seine rückhaltlose Identität mit dem Allgemeinen außer Frage steht. Von der genormten Improvisation im Jazz bis zur originellen Filmpersönlichkeit, der die Locke übers Auge hängen muß, damit man sie als solche erkennt, herrscht Pseudoindividualität. Das Individuelle reduziert sich auf die Fähigkeit des Allgemeinen, das Zufällige so ohne Rest zu stempeln, daß es als dasselbe festgehalten werden kann. Gerade die trotzige Verschlossenheit oder das gewählte Auftreten des je ausgestellten Individuums werden serienweise hergestellt wie die Yaleschlösser, die sich nach Bruchteilen von Millimetern unterscheiden. Die Besonderheit des Selbst ist ein gesellschaftlich bedingtes Monopolgut, das als natürliches vorgespiegelt wird. Sie ist auf den Schnurrbart reduziert, den französischen Akzent, die tiefe Stimme der Lebefrau, den Lubitsch touch: gleichsam Fingerabdrücke auf den sonst

4 Nietzsche, Götzendämmerung. Werke. Band VIII. S. 136.

gleichen Ausweiskarten, in die Leben und Gesicht aller Einzelnen, vom Filmstar bis zum leiblich Inhaftierten, vor der Macht des Allgemeinen sich verwandelt. Pseudoindividualität wird für die Erfassung und Entgiftung der Tragik vorausgesetzt: nur dadurch, daß die Individuen gar keine sind, sondern bloße Verkehrsknotenpunkte der Tendenzen des Allgemeinen, ist es möglich, sie bruchlos in die Allgemeinheit zurückzunehmen. Massenkultur entschleiert damit den fiktiven Charakter, den die Form des Individuums im bürgerlichen Zeitalter seit je aufwies, und tut unrecht nur daran, daß sie mit solcher trüben Harmonie von Allgemeinem und Besonderem sich brüstet. Das Prinzip der Individualität war widerspruchsvoll von Anbeginn. Einmal ist es zur Individuation gar nicht wirklich gekommen. Die klassenmäßige Gestalt der Selbsterhaltung hat alle auf der Stufe bloßer Gattungswesen festgehalten. Jeder bürgerliche Charakter drückte trotz seiner Abweichung und gerade in ihr dasselbe aus: die Härte der Konkurrenzgesellschaft. Der Einzelne, auf den die Gesellschaft sich stützte, trug ihren Makel an sich; in seiner scheinbaren Freiheit war er das Produkt ihrer ökonomischen und sozialen Apparatur. An die je herrschenden Machtverhältnisse appellierte die Macht, wenn sie den Spruch der von ihr Betroffenen einholte. Zugleich hat in ihrem Gang die bürgerliche Gesellschaft das Individuum auch entfaltet. Wider den Willen ihrer Lenker hat die Technik die Menschen aus Kindern zu Personen gemacht. Jeder solche Fortschritt der Individuation aber ist auf Kosten der Individualität gegangen, in deren Namen er erfolgte, und hat von ihm nichts übriggelassen als den Entschluß, nichts als den je eigenen Zweck zu verfolgen. Der Bürger, dessen Leben sich in Geschäft und Privatleben, dessen Privatleben sich in Repräsentation und Intimität, dessen Intimität sich in die mürrische Gemeinschaft der Ehe und den bitteren Trost spaltet, ganz allein zu sein, mit sich und allen zerfallen, ist virtuell schon der Nazi, der zugleich begeistert ist und schimpft, oder der heutige Großstädter, der sich Freundschaft nur noch als »social contact«, als gesellschaftliche Berührung innerlich Unberührter vorstellen kann. Nur darum kann die Kulturindustrie so erfolgreich mit der Individualität umspringen, weil in ihr seit je die Brüchigkeit der Gesellschaft sich reproduzierte. In den nach Schnittmustern von Magazinumschlägen konfektionierten Gesichtern der Filmhelden und Privatpersonen zergeht ein Schein, an den ohnehin keiner mehr glaubt, und die Liebe zu jenen Heldenmodellen nährt sich von der geheimen Befriedigung darüber, daß man endlich der Anstrengung der Individuation durch die freilich atemlosere der Nachahmung enthoben sei. Eitel die Hoffnung, daß die in sich widerspruchsvolle, zerfallende Person nicht Generationen überdauern könne, das System an solcher psychologischen Spaltung zerbrechen müsse, den Menschen die lügenhafte Unterschiebung des Stereotypen fürs Individuelle von selber unerträglich werde. Die Einheit der Persönlichkeit war als Schein durchschaut seit Shakespeares Hamlet. In den synthetisch hergestellten Physiognomien heute ist schon vergessen, daß es überhaupt einmal den Begriff des Menschenlebens gab. Jahrhundertelang hat sich die Gesellschaft auf Victor Mature und Mickey Rooney vorbereitet. Indem sie auflösen, kommen sie, um zu erfüllen.

Die Heroisierung der Durchschnittlichen gehört zum Kultus des Billigen. Die höchstbezahlten Stars gleichen Werbebildern für ungenannte Markenartikel. Nicht umsonst werden sie oft aus der Schar der kommerziellen Modelle ausgewählt. Der herrschende Geschmack bezieht sein Ideal von der Reklame, der Gebrauchsschönheit. So hat sich das Sokratische Wort, das Schöne sei das Brauchbare, am Ende ironisch erfüllt. Das Kino wirbt für den Kulturkonzern als Totalität, im Radio werden die Waren, um derentwillen das Kulturgut existiert, auch einzeln angepriesen. Um fünfzig Kupfer sieht man den Millionenfilm, um zehn erhält man den Kaugummi, hinter dem aller Reichtum der Welt steht und mit dessen Absatz er sich verstärkt. In absentia, doch durch allgemeine Abstimmung eruiert man den Schatz von Armeen, ohne freilich im Hinterland Prostitution zu dulden. Die besten Kapellen der Welt, die es nicht sind, werden gratis ins Haus geliefert. All das gleicht höhnisch dem Schlaraffenland wie die Volksgemeinschaft der menschlichen. Allen wird etwas aufgewartet. Die Konstatierung des provinziellen Besuchers des alten Berliner Metropoltheaters, es sei doch erstaunlich, was die Leute für das Geld alles leisten, ist längst von der Kulturindustrie aufgegriffen und zur Substanz der Produktion selber erhoben worden. Nicht bloß begleitet sich diese immerzu mit dem Triumph darüber, daß sie möglich sei, sie ist in weitem Maße dieser Triumph selber. Show heißt allen zeigen, was man hat und kann. Sie ist auch heute noch Jahrmarkt, nur unheilbar erkrankt an Kultur. Wie die Menschen dort, von der Stimme der Anpreiser gelockt, die Enttäuschung in den Buden mit tapferem Lächeln überwanden, weil man es schließlich im voraus wußte, so hält der Kinobesucher verständnisvoll zur Institution. Mit der Billigkeit der Serienprodukte de luxe aber und ihrem Komplement, dem universalen Schwindel, bahnt eine Veränderung im Warencharakter der Kunst selber sich an. Nicht er ist das Neue: nur daß er heute geflissentlich sich einbekennt, und daß Kunst ihrer eigenen Autonomie abschwört, sich stolz unter die Konsumgüter einreiht, macht den Reiz der Neuheit aus. Kunst als getrennter Bereich war von je nur als bürgerliche möglich. Selbst ihre Freiheit bleibt als Negation der gesellschaftlichen Zweckmäßigkeit, wie sie über den Markt sich durchsetzt, wesentlich an die Voraussetzung der Warenwirtschaft gebunden. Die reinen Kunstwerke, die den Warencharakter der Gesellschaft allein dadurch schon verneinen, daß sie ihrem eigenen Gesetz folgen, waren immer zugleich auch Waren: sofern, bis ins achtzehnte Jahrhundert, der Schutz der Auftraggeber die Künstler vor dem Markt behütete, waren sie dafür den Auftraggebern und deren Zwecken untertan. Die Zwecklosigkeit des großen neueren Kunstwerks lebt von der Anonymität des Marktes. So vielfach vermittelt sind dessen Forderungen, daß der Künstler von der bestimmten Zumutung, freilich nur in gewissem Maße, dispensiert bleibt, denn seiner Autonomie, als einer bloß geduldeten, war durch die ganze bürgerliche Geschichte hindurch ein Moment der Unwahrheit beigesellt, das sich schließlich zur gesellschaftlichen Liquidation der Kunst entfaltet hat. Der todkranke Beethoven, der einen Roman von Walter Scott mit dem Ruf: »Der Kerl schreibt ja für Geld« von sich schleudert, und gleichzeitig noch in der Verwertung der letzten Quartette, der äußersten Absage an den Markt, als überaus erfahrener und hartnäckiger Geschäftsmann sich zeigt, bietet das großartigste Beispiel der Einheit der Gegensätze Markt und Autonomie in der bürgerlichen Kunst. Der Ideologie verfallen gerade jene, die den Widerspruch verdecken, anstatt ihn ins Bewußtsein der eigenen Produktion aufzunehmen wie Beethoven: er hat die Wut um den verlorenen Groschen nachimprovisiert und jenes metaphysische Es Muß Sein, das den Zwang der Welt ästhetisch aufzuheben trachtet, indem es ihn auf sich nimmt, von der Forderung der Haushälterin nach dem Monatsgeld abgeleitet. Das Prinzip der idealistischen Ästhetik, Zweckmäßigkeit ohne Zweck, ist die Umkehrung des Schemas, dem gesellschaftlich die bürgerliche Kunst gehorcht: der Zwecklosigkeit für Zwecke, die der Markt deklariert. Schließlich hat in der Forderung nach Unterhaltung und Entspannung der Zweck das Reich der Zwecklosigkeit aufgezehrt. Indem aber der Anspruch der Verwertbarkeit von Kunst total wird, beginnt eine Verschiebung in der inneren ökonomischen Zusammensetzung der Kulturwaren sich anzukündigen. Der Nutzen nämlich, den die Menschen in der antagonistischen Gesellschaft vom Kunstwerk sich versprechen, ist weithin selber eben das Dasein des Nutzlosen, das doch durch die völlige Subsumtion unter den Nutzen abgeschafft wird. Indem das Kunstwerk ganz dem Bedürfnis sich angleicht, betrügt es die Menschen vorweg um eben die Befreiung vom Prinzip der Nützlichkeit, die es leisten soll. Was man den Gebrauchswert in der Rezeption der Kulturgüter nennen könnte, wird durch den Tauschwert ersetzt, anstelle des Genusses tritt Dabeisein und Bescheidwissen, Prestigegewinn anstelle der Kennerschaft. Der Konsument wird zur Ideologie der Vergnügungsindustrie, deren Institutionen er nicht entrinnen kann. Mrs. Miniver muß man gesehen haben, wie man Life und Time halten muß. Alles wird nur unter dem Aspekt wahrgenommen, daß es zu etwas anderem dienen kann, wie vage dies andere auch im Blick steht. Alles hat nur Wert, sofern man es eintauschen kann, nicht sofern es selbst etwas ist. Der Gebrauchswert der Kunst, ihr Sein, gilt ihnen als Fetisch, und der Fetisch, ihre gesellschaftliche Schätzung, die sie als Rang der Kunstwerke verkennen, wird zu ihrem einzigen Gebrauchswert, der einzigen Qualität, die sie genießen. So zerfällt der Warencharakter der Kunst, indem er sich vollends realisiert. Sie ist eine Warengattung, zugerichtet, erfaßt, der industriellen Produktion angeglichen, käuflich und fungibel, aber die Warengattung Kunst, die davon lebte, verkauft zu werden und doch unverkäuflich zu sein, wird ganz zum gleißnerisch Unverkäuflichen, sobald das Geschäft nicht mehr bloß ihre Absicht, sondern ihr einziges Prinzip ist. Die Toscaniniaufführung übers Radio ist gewissermaßen unverkäuflich. Man hört sie umsonst, und es wird gleichsam zu jedem Ton der Symphonie noch die sublime Reklame beigegeben, daß die Symphonie nicht durch Reklame unterbrochen wird – »this concert is brought to you as a public service«. Die Täuschung vollzieht sich indirekt über den Profit aller vereinigten Auto- und Seifenfabrikanten, aus deren Zahlungen die Stationen sich erhalten, und natürlich über den gesteigerten Umsatz der Elektroindustrie als der Herstellerin der Empfangsgeräte. Durchweg zieht der Rundfunk, der progressive Spätling der Massenkultur, Konsequenzen, die dem Film sein Pseudomarkt einstweilen verwehrt. Die technische Struktur des kommerziellen Radiosystems macht ihn gegen liberale Abweichungen, wie die Filmindustriellen sie auf dem eigenen Feld noch sich gestatten können, immun. Er ist ein privates Unternehmen, das schon das souveräne Ganze repräsentiert, darin den anderen Einzelkonzernen um einiges voraus. Chesterfield ist bloß die Zigarette der Nation, das Radio aber ihr Sprachrohr. In der totalen Hereinziehung der Kulturprodukte in die Warensphäre verzichtet das Radio überhaupt darauf, seine Kulturprodukte selber als Waren an den Mann zu bringen. Es erhebt in Amerika keine Gebühren vom Publikum. Dadurch gewinnt es die trügerische Form desinteressierter, überparteilicher Autorität, die für den Faschismus wie gegossen ist. Dort wird das Radio zum universalen Maul des Führers; in den Straßenlautsprechern geht seine Stimme über ins Geheul der Panik verkündenden Sirenen, von denen moderne Propaganda ohnehin schwer zu unterscheiden ist. Die Nationalsozialisten selber wußten, daß der Rundfunk ihrer Sache Gestalt verlieh wie die Druckerpresse der Reformation. Das von der Religionssoziologie erfundene metaphysische Charisma des Führers hat sich schließlich als die bloße Allgegenwart seiner Radioreden erwiesen, welche die Allgegenwart des göttlichen Geistes dämonisch parodiert. Das gigantische Faktum, daß die Rede überall hindringt, ersetzt ihren Inhalt, wie die Wohltat jener Toscaniniübertragung anstelle ihres Inhalts, der Symphonie, tritt. Ihren wahren Zusammenhang vermag kein Hörer mehr aufzufassen, während die Führerrede ohnehin die Lüge ist. Das menschliche Wort absolut zu setzen, das falsche Gebot, ist die immanente Tendenz des Radios. Empfehlung wird zum Befehl. Die Anpreisung der immergleichen Waren unter verschiedenen Markennamen, das wissenschaftlich fundierte Lob des Abführmittels in der geschleckten Stimme des Ansagers zwischen der Traviata- und Rienzi-Ouvertüre ist allein schon wegen seiner Läppischkeit unhaltbar geworden. Endlich kann einmal das durch den Schein der Auswahlmöglichkeit verhüllte Diktat der Produktion, die spezifische Reklame, ins offene Kommando des Führers übergehen. In einer Gesellschaft faschistischer Großrackets, die sich darüber verständigten, was der Notdurft der Völker vom Sozialprodukt zuzuteilen sei, erschiene es schließlich als anachronistisch, zum Gebrauch eines bestimmten Seifenpulvers einzuladen. Der Führer ordnet moderner, ohne Umstände, den Opfergang wie den Bezug des Pofels direkt an.

Schon heute werden von der Kulturindustrie die Kunstwerke, wie politische Losungen, entsprechend aufgemacht, zu reduzierten Preisen einem widerstrebenden Publikum eingeflößt, ihr Genuß wird dem Volke zugänglich wie Parks. Aber die Auflösung ihres genuinen Warencharakters bedeutet nicht, daß sie im Leben einer freien Gesellschaft aufgehoben wären, sondern daß nun auch der letzte Schutz gegen ihre Erniedrigung zu Kulturgütern gefallen ist. Die Abschaffung des Bildungsprivilegs durch Ausverkauf leitet die Massen nicht in die Bereiche, die man ihnen ehedem vorenthielt, sondern dient, unter den bestehenden gesellschaftlichen Bedingungen, gerade dem Zerfall der Bildung, dem Fortschritt der barbarischen Beziehungslosigkeit. Wer im neunzehnten und beginnenden zwanzigsten Jahrhundert Geld ausgab, um ein Drama zu sehen oder ein Konzert zu hören, zollte der Darbietung wenigstens soviel Achtung wie dem ausgegebenen Geld. Der Bürger, der etwas davon haben wollte, mochte zuweilen eine Beziehung zum Werk suchen. Die sogenannte Leitfadenliteratur zu den Wagnerschen Musikdramen etwa und die Faustkommentare legen dafür Zeugnis ab. Sie leiten erst über zu der biographischen Glasur und den anderen Praktiken, denen heute das Kunstwerk unterzogen werden muß. Selbst in der Jugendblüte des Geschäfts hatte der Tauschwert den Gebrauchswert nicht als seinen bloßen Appendix mitgeschleift, sondern ihn als seine eigene Voraussetzung auch entwickelt, und das ist den Kunstwerken gesellschaftlich zugutegekommen. Kunst hat den Bürger solange noch in einigen Schranken gehalten, wie sie teuer war. Damit ist es aus. Ihre schrankenlose, durch kein Geld mehr vermittelte Nähe zu den ihr Ausgesetzten vollendet die Entfremdung und ähnelt beide einander an im Zeichen triumphaler Dinglichkeit. In der Kulturindustrie verschwindet wie die Kritik so der Respekt: jene wird von der mechanischen Expertise, dieser vom vergeßlichen Kultus der Prominenz beerbt. Den Konsumenten ist nichts mehr teuer. Dabei ahnen sie doch, daß ihnen um so weniger etwas geschenkt wird, je weniger es kostet. Das doppelte Mißtrauen gegen die traditionelle Kultur als Ideologie vermischt sich mit dem gegen die industrialisierte als Schwindel. Zur bloßen Zugabe gemacht, werden die depravierten Kunstwerke mit dem Schund zusammen, dem das Medium sie angleicht, insgeheim von den Beglückten verworfen. Diese dürfen ihre Freude daran haben, daß es so viel zu sehen und zu hören gibt. Eigentlich ist alles zu haben. Die Screenos und Vaudevilles im Kino, die Wettbewerbe musikalischer Wiedererkenner, die Gratisheftchen, Belohnungen und Geschenkartikel, die den Hörern bestimmter Radioprogramme zuteilwerden, sind nicht bloße Akzidentien, sondern setzen fort, was mit den Kulturprodukten selber sich zuträgt. Die Symphonie wird zur Prämie dafür, daß man überhaupt Radio hört, und hätte die Technik ihren Willen, der Film würde bereits nach dem Vorbild des Radios ins apartment geliefert. Er steuert dem »commercial system« zu. Das Fernsehen deutet den Weg einer Entwicklung an, die leicht genug die Gebrüder Warner in die ihnen gewiß unwillkommene Position von Kammerspielern und Kulturkonservativen drängen könnte. Im Verhalten der Konsumenten aber hat das Prämienwesen bereits sich niedergeschlagen. Indem Kultur als Dreingabe sich darstellt, deren private und soziale Zuträglichkeit freilich außer Frage steht, wird ihre Rezeption zum Wahrnehmen von Chancen. Sie drängen sich aus Angst, man könne etwas versäumen. Was, ist dunkel, jedenfalls hat die Chance nur, wer sich nicht ausschließt. Der Faschismus aber hofft darauf, die von der Kulturindustrie trainierten Gabenempfänger in seine reguläre Zwangsgefolgschaft umzuorganisieren.

Kultur ist eine paradoxe Ware. Sie steht so völlig unterm Tauschgesetz, daß sie nicht mehr getauscht wird; sie geht so blind im Gebrauch auf, daß man sie nicht mehr gebrauchen kann. Daher verschmilzt sie mit der Reklame. Je sinnloser diese unterm Monopol scheint, um so allmächtiger wird sie. Die Motive sind ökonomisch genug. Zu gewiß könnte man ohne die ganze Kulturindustrie leben, zu viel Übersättigung und Apathie muß sie unter den Konsumenten erzeugen. Aus sich selbst vermag sie wenig dagegen. Reklame ist ihr Lebenselixier. Da aber ihr Produkt unablässig den Genuß, den es als Ware verheißt, auf die bloße Verheißung reduziert, so fällt es selber schließlich mit der Reklame zusammen, deren es um seiner Ungenießbarkeit willen bedarf. In der Konkurrenzgesellschaft leistete sie den gesellschaftlichen Dienst, den Käufer am Markt zu orientieren, sie erleichterte die Auswahl und half dem leistungsfähigeren unbekannten Lieferanten, seine Ware an den richtigen Mann zu bringen. Sie kostete nicht bloß, sondern ersparte Arbeitszeit. Heute, da der freie Markt zu Ende geht, verschanzt sich in ihr die Herrschaft des Systems. Sie verfestigt das Band, das die Konsumenten an die großen Konzerne schmiedet. Nur wer die exorbitanten Gebühren, welche die Reklameagenturen, allen voran das Radio selbst, erheben, laufend bezahlen kann, also wer schon dazu gehört oder auf Grund des Beschlusses von Bank- und Industriekapital kooptiert wird, darf überhaupt den Pseudomarkt als Verkäufer betreten. Die Reklamekosten, die schließlich in die Taschen der Konzerne zurückfließen, ersparen das umständliche Niederkonkurrieren unliebsamer Außenseiter; sie garantieren, daß die Maßgebenden unter sich bleiben; nicht unähnlich jenen Wirtschaftsratsbeschlüssen, durch die im totalitären Staat Eröffnung und Weiterführung von Betrieben kontrolliert wird. Reklame ist heute ein negatives Prinzip, eine Sperrvorrichtung: alles, was nicht ihren Stempel an sich trägt, ist wirtschaftlich anrüchig. Die allumfassende Reklame ist keineswegs notwendig, damit die Menschen die Sorten kennenlernen, auf die das Angebot sowieso beschränkt ist. Sie dient dem Absatz nur indirekt. Der Abbau einer gängigen Reklamepraxis durch eine einzelne Firma bedeutet einen Prestigeverlust, in Wahrheit einen Verstoß gegen die Disziplin, welche die maßgebende Clique den Ihren auferlegt. Im Krieg wird weiter Reklame gemacht für Waren, die schon nicht mehr lieferbar sind, bloß um der Schaustellung der industriellen Macht willen. Wichtiger als die Wiederholung des Namens ist dann die Subvention der ideologischen Medien. Indem unterm Zwang des Systems jedes Produkt Reklametechnik verwendet, ist diese ins Idiom, den »Stil« der Kulturindustrie einmarschiert. So vollkommen ist ihr Sieg, daß sie an den entscheidenden Stellen nicht einmal mehr ausdrücklich wird: die Monumentalbauten der Größten, steingewordene Reklame im Scheinwerferlicht, sind reklamefrei und stellen allenfalls noch auf den Zinnen, lapidar leuchtend, des Selbstlobs enthoben, die Initialen des Geschäfts zur Schau. Die vom neunzehnten Jahrhundert überlebenden Häuser dagegen, deren Architektur die Verwendbarkeit als Konsumgut, der Wohnzweck noch beschämend anzumerken ist, werden vom Parterre bis übers Dach hinaus mit Plakaten und Transparenten gespickt; die Landschaft wird zum bloßen Hintergrund für Schilder und Zeichen. Reklame wird zur Kunst schlechthin, mit der Goebbels ahnungsvoll sie in eins setzte, l'art pour l'art, Reklame für sich selber, reine Darstellung der gesellschaftlichen Macht. In den maßgebenden amerikanischen Magazinen Life und Fortune kann der flüchtige Blick Bild und Text der Reklame von denen des redaktionellen Teils schon kaum mehr unterscheiden. Redaktionell ist der begeisterte und unbezahlte Bildbericht über Lebensgewohnheit und Körperpflege des Prominenten, der diesem neue fans zuführt, während die Reklameseiten auf so sachliche und lebenswahre Photographien und Angaben sich stützen, daß sie das Ideal der Information darstellen, dem der redaktionelle Teil erst nachstrebt. Jeder Film ist die Vorschau auf den nächsten, der das gleiche Heldenpaar unter der gleichen exotischen Sonne abermals zu vereinen verspricht: wer zu spät kommt, weiß nicht, ob er der Vorschau oder der Sache selbst beiwohnt. Der Montagecharakter der Kulturindustrie, die synthetische, dirigierte Herstellungsweise ihrer Produkte, fabrikmäßig nicht bloß im Filmstudio sondern virtuell auch bei der Kompilation der billigen Biographien, Reportageromane und Schlager, schickt sich vorweg zur Reklame: indem das Einzelmoment ablösbar, fungibel wird, jedem Sinnzusammenhang auch technisch entfremdet, gibt es sich zu Zwekken außerhalb des Werkes her. Effekt, Trick, die isolierte und wiederholbare Einzelleistung sind von je der Ausstellung von Gütern zu Reklamezwecken verschworen gewesen, und heute ist jede Großaufnahme der Filmschauspielerin zur Reklame für ihren Namen geworden, jeder Schlager zum plug seiner Melodie. Technisch so gut wie ökonomisch verschmelzen Reklame und Kulturindustrie. Hier wie dort erscheint das Gleiche an zahllosen Orten, und die mechanische Repetition desselben Kulturprodukts ist schon die desselben Propaganda-Schlagworts. Hier wie dort wird unterm Gebot von Wirksamkeit Technik zur Psychotechnik, zum Verfahren der Menschenbehandlung. Hier wie dort gelten die Normen des Auffälligen und doch Vertrauten, des Leichten und doch Einprägsamen, des Versierten und doch Simplen; um die Überwältigung des als zerstreut oder widerstrebend vorgestellten Kunden ist es zu tun.

Durch die Sprache, die er spricht, trägt er selber zum Reklamecharakter der Kultur das Seine bei. Je vollkommener nämlich die Sprache in der Mitteilung aufgeht, je mehr die Worte aus substantiellen Bedeutungsträgern zu qualitätslosen Zeichen werden, je reiner und durchsichtiger sie das Gemeinte vermitteln, desto undurchdringlicher werden sie zugleich. Die Entmythologisierung der Sprache schlägt, als Element des gesamten Aufklärungsprozesses, in Magie zurück. Unterschieden voneinander und unablösbar waren Wort und Gehalt einander gesellt. Begriffe wie Wehmut, Geschichte, ja: das Leben, wurden im Wort erkannt, das sie heraushob und bewahrte. Seine Gestalt konstituierte und spiegelte sie zugleich. Die entschlossene Trennung, die den Wortlauf als zufällig und die Zuordnung zum Gegenstand als willkürlich erklärt, räumt mit der abergläubischen Vermischung von Wort und Sache auf. Was an einer festgelegten Buchstabenfolge über die Korrelation zum Ereignis hinausgeht, wird als unklar und als Wortmetaphysik verbannt. Damit aber wird das Wort, das nur noch bezeichnen und nichts mehr bedeuten darf, so auf die Sache fixiert, daß es zur Formel erstarrt. Das betrifft gleichermaßen Sprache und Gegenstand. Anstatt den Gegenstand zur Erfahrung zu bringen, exponiert ihn das gereinigte Wort als Fall eines abstrakten Moments, und alles andere, durch den Zwang zu unbarmherziger Deutlichkeit vom Ausdruck abgeschnitten, den es nicht mehr gibt, verkümmert damit auch in der Realität. Der Linksaußen beim Fußball, das Schwarzhemd, der Hitlerjunge und ihresgleichen sind nichts mehr als das, was sie heißen. Hatte das Wort vor seiner Rationalisierung mit der Sehnsucht auch die Lüge entfesselt, so ist das rationalisierte zur Zwangsjacke geworden für die Sehnsucht mehr noch als für die Lüge. Die Blindheit und Stummheit der Daten, auf welche der Positivismus die Welt reduziert, geht auf die Sprache selber über, die sich auf die Registrierung jener Daten beschränkt. So werden die Bezeichnungen selbst undurchdringlich, sie erhalten eine Schlagkraft, eine Gewalt der Adhäsion und Abstoßung, die sie ihrem extremen Gegensatz, den Zaubersprüchen, ähnlich macht. Sie wirken wieder als eine Art von Praktiken, sei es, daß der Name der Diva im Studio nach statistischer Erfahrung kombiniert wird, sei es, daß man die Wohlfahrtsregierung durch tabuierende Namen wie Bürokraten und Intellektuelle bannt, sei es, daß sich die Gemeinheit durch den Landesnamen feit. Der Name überhaupt, an den Magie vornehmlich sich knüpft, unterliegt heute einer chemischen Veränderung. Er verwandelt sich in willkürliche und handhabbare Bezeichnungen, deren Wirkkraft nun zwar berechenbar, aber gerade darum ebenso eigenmächtig ist, wie die des archaischen. Vornamen, die archaischen Überbleibsel, hat man auf die Höhe der Zeit gebracht, indem man sie entweder zu Reklamemarken stilisierte – bei den Filmstars sind auch die Nachnamen Vornamen – oder kollektiv standardisierte. Veraltet klingt dafür der bürgerliche, der Familienname, der, anstatt Warenzeichen zu sein, den Träger durch Beziehung auf eigene Vorgeschichte individualisierte. Er erweckt in Amerikanern eine seltsame Befangenheit. Um die unbequeme Distanz zwischen besonderen Menschen zu vertuschen, nennen sie sich Bob und Harry, als fungible Mitglieder von teams. Solcher Komment bringt die Beziehungen der Menschen auf die Brüderlichkeit des Sportpublikums hinab, die vor der richtigen schützt. Die Signifikation, als einzige Leistung des Worts von Semantik zugelassen, vollendet sich im Signal. Ihr Signalcharakter verstärkt sich durch die Raschheit, mit welcher Sprachmodelle von oben her in Umlauf gesetzt werden. Wenn die Volkslieder zu Recht oder Unrecht herabgesunkenes Kulturgut der Oberschicht genannt wurden, so haben ihre Elemente jedenfalls erst in einem langen, vielfach vermittelten Prozeß der Erfahrung ihre populäre Gestalt angenommen. Die Verbreitung von popular songs dagegen geschieht schlagartig. Der amerikanische Ausdruck »fad« für epidemisch auftretende – nämlich durch hochkonzentrierte ökonomische Mächte entzündete – Moden bezeichnete das Phänomen, längst ehe totalitäre Reklamechefs die jeweiligen Generallinien der Kultur durchsetzten. Wenn an einem Tag die deutschen Faschisten ein Wort wie »untragbar« durch die Lautsprecher lancieren, sagt morgen das ganze Volk »untragbar«. Nach demselben Schema haben die Nationen, auf die der deutsche Blitzkrieg es abgesehen hatte, ihn in ihren Jargon aufgenommen. Die allgemeine Wiederholung der Bezeichnungen für die Maßnahmen macht diese gleichsam vertraut, wie zur Zeit des freien Marktes der Warenname in aller Mund den Absatz erhöhte. Das blinde und rapid sich ausbreitende Wiederholen designierter Worte verbindet die Reklame mit der totalitären Parole. Die Schicht der Erfahrung, welche die Worte zu denen der Menschen machte, die sie sprachen, ist abgegraben, und in der prompten Aneignung nimmt die Sprache jene Kälte an, die ihr bislang nur an Litfaßsäulen und im Annoncenteil der Zeitungen eigen war. Unzählige gebrauchen Worte und Redewendungen, die sie entweder überhaupt nicht mehr verstehen oder nur ihrem behavioristischen Stellenwert nach benutzen, so wie Schutzzeichen, die sich schließlich um so zwangshafter an ihre Objekte heften, je weniger ihr sprachlicher Sinn mehr erfaßt wird. Der Minister für Volksaufklärung redet unwissend von dynamischen Kräften, und die Schlager singen unablässig von rêverie und rhapsody und heften ihre Popularität gerade an die Magie des Unverständlichen als an den Schauer vom höheren Leben. Andere Stereotypen, wie memory, werden noch einigermaßen kapiert, aber entgleiten der Erfahrung, die sie erfüllen könnte. Wie Enklaven ragen sie in die gesprochene Sprache hinein. Im deutschen Rundfunk Fleschs und Hitlers sind sie an dem affektierten Hochdeutsch des Ansagers zu erkennen, welcher der Nation »Auf Wiederhören« oder »Hier spricht die Hitlerjugend« und sogar »der Führer« in einem Tonfall vorsagt, der zum Mutterlaut von Millionen wird. In solchen Wendungen ist das letzte Band zwischen sedimentierter Erfahrung und Sprache durchschnitten, wie es im neunzehnten Jahrhundert im Dialekt noch seine versöhnende Wirkung übte. Dem Redakteur, der es mit seiner geschmeidigen Gesinnung zum deutschen Schriftleiter gebracht hat, erstarren dafür die deutschen Wörter unter der Hand zu fremden. An jedem Wort läßt sich unterscheiden, wie weit es von der faschistischen Volksgemeinschaft verschandelt ist. Nachgerade freilich ist solche Sprache schon allumfassend, totalitär geworden. Man vermag den Worten die Gewalt nicht mehr anzuhören, die ihnen widerfährt. Der Rundfunkansager hat es nicht nötig, gespreizt zu reden; ja er wäre unmöglich, wenn sein Tonfall von dem der ihm zubestimmten Hörergruppe der Art nach sich unterschiede. Aber dafür sind Sprache und Gestik der Hörer und Zuschauer bis in Nuancen, an welche bislang keine Versuchsmethoden heranreichen, vom Schema der Kulturindustrie noch stärker durchsetzt als je zuvor. Heute hat sie die zivilisatorische Erbschaft der Frontier- und Unternehmerdemokratie angetreten, deren Sinn für geistige Abweichungen auch nicht allzu zart entwickelt war. Alle sind frei, zu tanzen und sich zu vergnügen, wie sie, seit der geschichtlichen Neutralisierung der Religion, frei sind, in eine der zahllosen Sekten einzutreten. Aber die Freiheit in der Wahl der Ideologie, die stets den wirtschaftlichen Zwang zurückstrahlt, erweist sich in allen Sparten als die Freiheit zum Immergleichen. Die Art, in der ein junges Mädchen das obligatorische date annimmt und absolviert, der Tonfall am Telephon und in der vertrautesten Situation, die Wahl der Worte im Gespräch, ja das ganze nach den Ordnungsbegriffen der heruntergekommenen Tiefenpsychologie aufgeteilte Innenleben bezeugt den Versuch, sich selbst zum erfolgsadäquaten Apparat zu machen, der bis in die Triebregungen hinein dem von der Kulturindustrie präsentierten Modell entspricht. Die intimsten Reaktionen der Menschen sind ihnen selbst gegenüber so vollkommen verdinglicht, daß die Idee des ihnen Eigentümlichen nur in äußerster Abstraktheit noch fortbesteht: personality bedeutet ihnen kaum mehr etwas anderes als blendend weiße Zähne und Freiheit von Achselschweiß und Emotionen. Das ist der Triumph der Reklame in der Kulturindustrie, die zwangshafte Mimesis der Konsumenten an die zugleich durchschauten Kulturwaren.

Elemente des Antisemitismus

Grenzen der Aufklärung

I

Der Antisemitismus heute gilt den einen als Schicksalsfrage der Menschheit, den anderen als bloßer Vorwand. Für die Faschisten sind die Juden nicht eine Minorität, sondern die Gegenrasse, das negative Prinzip als solches; von ihrer Ausrottung soll das Glück der Welt abhängen. Extrem entgegengesetzt ist die These, die Juden, frei von nationalen oder Rassemerkmalen, bildeten eine Gruppe durch religiöse Meinung und Tradition, durch nichts sonst. Jüdische Kennzeichen bezögen sich auf Ostjuden, jedenfalls bloß auf noch nicht ganz Assimilierte. Beide Doktrinen sind wahr und falsch zugleich. Die erste ist wahr in dem Sinn, daß der Faschismus sie wahr gemacht hat. Die Juden sind heute die Gruppe, die praktisch wie theoretisch den Vernichtungswillen auf sich zieht, den die falsche gesellschaftliche Ordnung aus sich heraus produziert. Sie werden vom absolut Bösen als das absolut Böse gebrandmarkt. So sind sie in der Tat das auserwählte Volk. Während es der Herrschaft ökonomisch nicht mehr bedürfte, werden die Juden als deren absolutes Objekt bestimmt, mit dem bloß noch verfahren werden soll. Den Arbeitern, auf die es zuletzt freilich abgesehen ist, sagt es aus guten Gründen keiner ins Gesicht; die Neger will man dort halten, wo sie hingehören, von den Juden aber soll die Erde gereinigt werden, und im Herzen aller prospektiven Faschisten aller Länder findet der Ruf, sie wie Ungeziefer zu vertilgen, Widerhall. Im Bild des Juden, das die Völkischen vor der Welt aufrichten, drücken sie ihr eigenes Wesen aus. Ihr Gelüste ist ausschließlicher Besitz, Aneignung, Macht ohne Grenzen, um jeden Preis. Den Juden, mit dieser ihrer Schuld beladen, als Herrscher verhöhnt, schlagen sie ans Kreuz, endlos das Opfer wiederholend, an dessen Kraft sie nicht glauben können.

Die andere, die liberale These ist wahr als Idee. Sie enthält das Bild jener Gesellschaft, in der nicht länger Wut sich reproduziert und nach Eigenschaften sucht, an denen sie sich betätigen kann. Indem aber die liberale These die Einheit der Menschen als prinzipiell bereits verwirklicht ansetzt, hilft sie zur Apologie des Bestehenden. Der Versuch, durch Minoritätenpolitik und demokratische Strategie die äußerste Bedrohung abzuwenden, ist zweideutig wie die Defensive der letzten liberalen Bürger überhaupt. Ihre Ohnmacht zieht den Feind der Ohnmacht an. Dasein und Erscheinung der Juden kompromittiert die bestehende Allgemeinheit durch mangelnde Anpassung. Das unabänderliche Festhalten an ihrer eigenen Ordnung des Lebens brachte sie zur herrschenden in ein unsicheres Verhältnis. Sie erwarteten, von ihr erhalten zu werden, ohne ihrer doch mächtig zu sein. Ihre Beziehung zu den Herrenvölkern war die der Gier und der Furcht. Wann immer jedoch sie die Differenz zum herrschenden Wesen preisgaben, tauschten die Arrivierten den kalten, stoischen Charakter dafür ein, den die Gesellschaft bis heute den Menschen aufzwingt. Die dialektische Verschlingung von Aufklärung und Herrschaft, das Doppelverhältnis des Fortschritts zu Grausamkeit und Befreiung, das die Juden bei den großen Aufklärern wie den demokratischen Volksbewegungen zu fühlen bekamen, zeigt sich auch im Wesen der Assimilierten selbst. Die aufgeklärte Selbstbeherrschung, mit der die angepaßten Juden die peinlichen Erinnerungsmale der Beherrschung durch andere, gleichsam die zweite Beschneidung, an sich überwanden, hat sie aus ihrer eigenen, verwitterten Gemeinschaft vorbehaltlos zum neuzeitlichen Bürgertum geführt, das schon unaufhaltsam zum Rückfall in die bare Unterdrückung, zu seiner Reorganisation als hundertprozentige Rasse vorwärts schritt. Rasse ist nicht, wie die Völkischen es wollen, unmittelbar das naturhaft Besondere. Vielmehr ist sie die Reduktion aufs Naturhafte, auf bloße Gewalt, die verstockte Partikularität, die im Bestehenden gerade das Allgemeine ist. Rasse heute ist die Selbstbehauptung des bürgerlichen Individuums, integriert im barbarischen Kollektiv. Die Harmonie der Gesellschaft, zu der die liberalen Juden sich bekannten, mußten sie zuletzt als die der Volksgemeinschaft an sich selbst erfahren. Sie meinten, der Antisemitismus erst entstelle die Ordnung, die doch in Wahrheit ohne Entstellung der Menschen nicht leben kann. Die Verfolgung der Juden, wie Verfolgung überhaupt, ist von solcher Ordnung nicht zu trennen. Deren Wesen, wie sehr es sich zu Zeiten verstecke, ist die Gewalt, die heute sich offenbart.

II

Der Antisemitismus als Volksbewegung war stets, was seine Anstifter den Sozialdemokraten vorzuwerfen liebten: Gleichmacherei. Denen, die keine Befehlsgewalt haben, soll es ebenso schlecht gehen wie dem Volk. Vom deutschen Beamten bis zu den Negern in Harlem haben die gierigen Nachläufer im Grunde immer gewußt, sie würden am Ende selber nichts davon haben als die Freude, daß die andern auch nicht mehr haben. Die Arisierung des jüdischen Eigentums, die ohnehin meist den Oberen zugute kam, hat den Massen im Dritten Reich kaum größeren Segen gebracht als den Kosaken die armselige Beute, die sie aus den gebrandschatzten Judenvierteln mitschleppten. Der reale Vorteil war halbdurchschaute Ideologie. Daß die Demonstration seiner ökonomischen Vergeblichkeit die Anziehungskraft des völkischen Heilmittels eher steigert als mildert, weist auf seine wahre Natur: es hilft nicht den Menschen, sondern ihrem Drang nach Vernichtung. Der eigentliche Gewinn, auf den der Volksgenosse rechnet, ist die Sanktionierung seiner Wut durchs Kollektiv. Je weniger sonst herauskommt, um so verstockter hält man sich wider die bessere Erkenntnis an die Bewegung. Gegen das Argument mangelnder Rentabilität hat sich der Antisemitismus immun gezeigt. Für das Volk ist er ein Luxus.

Seine Zweckmäßigkeit für die Herrschaft liegt zutage. Er wird als Ablenkung, billiges Korruptionsmittel, terroristisches Exempel verwandt. Die respektablen Rackets unterhalten ihn, und die irrespektablen üben ihn aus. Die Gestalt des Geistes aber, des gesellschaftlichen wie des individuellen, die im Antisemitismus erscheint, die urgeschichtlich-geschichtliche Verstrickung, in die er als verzweifelter Versuch des Ausbruchs gebannt bleibt, ist ganz im Dunkel. Wenn einem der Zivilisation so tief innewohnenden Leiden sein Recht in der Erkenntnis nicht wird, vermag es auch der Einzelne in der Erkenntnis nicht zu beschwichtigen, wäre er auch so gutwillig wie nur das Opfer selbst. Die bündig rationalen, ökonomischen und politischen Erklärungen und Gegenargumente – so Richtiges sie immer bezeichnen – vermögen es nicht, denn die mit Herrschaft verknüpfte Rationalität liegt selbst auf dem Grunde des Leidens. Als blind Zuschlagende und blind Abwehrende ge hören Verfolger und Opfer noch dem gleichen Kreis des Unheils an. Die antisemitische Verhaltensweise wird in den Situationen ausgelöst, in denen verblendete, der Subjektivität beraubte Menschen als Subjekte losgelassen werden. Was sie tun, sind – für die Beteiligten – tödliche und dabei sinnleere Reaktionen, wie Behavioristen sie feststellen, ohne sie zu deuten. Der Antisemitismus ist ein eingeschliffenes Schema, ja ein Ritual der Zivilisation, und die Pogrome sind die wahren Ritualmorde. In ihnen wird die Ohnmacht dessen demonstriert, was ihnen Einhalt gebieten könnte, der Besinnung, des Bedeutens, schließlich der Wahrheit. Im läppischen Zeitvertreib des Totschlags wird das sture Leben bestätigt, in das man sich schickt.

Erst die Blindheit des Antisemitismus, seine Intentionslosigkeit, verleiht der Erklärung, er sei ein Ventil, ihr Maß an Wahrheit. Die Wut entlädt sich auf den, der auffällt ohne Schutz. Und wie die Opfer untereinander auswechselbar sind, je nach der Konstellation: Vagabunden, Juden, Protestanten, Katholiken, kann jedes von ihnen anstelle der Mörder treten, in derselben blinden Lust des Totschlags, sobald es als die Norm sich mächtig fühlt. Es gibt keinen genuinen Antisemitismus, gewiß keine geborenen Antisemiten. Die Erwachsenen, denen der Ruf nach Judenblut zur zweiten Natur geworden ist, wissen so wenig warum, wie die Jugend, die es vergießen soll. Die hohen Auftraggeber freilich, die es wissen, hassen die Juden nicht und lieben nicht die Gefolgschaft. Diese aber, die weder ökonomisch noch sexuell auf ihre Kosten kommt, haßt ohne Ende; sie will keine Entspannung dulden, weil sie keine Erfüllung kennt. So ist es in der Tat eine Art dynamischer Idealismus, der die organisierten Raubmörder beseelt. Sie ziehen aus, um zu plündern, und machen eine großartige Ideologie dazu, faseln von der Rettung der Familie, des Vaterlandes, der Menschheit. Da sie aber die Geprellten bleiben, was sie freilich insgeheim schon ahnten, fällt schließlich ihr erbärmliches rationales Motiv, der Raub, dem die Rationalisierung dienen sollte, ganz fort und diese wird ehrlich wider Willen. Der unerhellte Trieb, dem sie von Anfang an verwandter war als der Vernunft, ergreift von ihnen ganz Besitz. Die rationale Insel wird überschwemmt, und die Verzweifelten erscheinen einzig noch als die Verteidiger der Wahrheit, als die Erneuerer der Erde, die auch den letzten

Winkel noch reformieren müssen. Alles Lebendige wird zum Material ihrer scheußlichen Pflicht, der keine Neigung mehr Eintrag tut. Die Tat wird wirklich autonomer Selbstzweck, sie bemäntelt ihre eigene Zwecklosigkeit. Immer ruft der Antisemitismus erst noch zu ganzer Arbeit auf. Zwischen Antisemitismus und Totalität bestand von Anbeginn der innigste Zusammenhang. Blindheit erfaßt alles, weil sie nichts begreift.

Der Liberalismus hatte den Juden Besitz gewährt, aber ohne Befehlsgewalt. Es war der Sinn der Menschenrechte, Glück auch dort zu versprechen, wo keine Macht ist. Weil die betrogenen Massen ahnen, daß dies Versprechen, als allgemeines, Lüge bleibt, solange es Klassen gibt, erregt es ihre Wut; sie fühlen sich verhöhnt. Noch als Möglichkeit, als Idee müssen sie den Gedanken an jenes Glück immer aufs neue verdrängen, sie verleugnen ihn um so wilder, je mehr er an der Zeit ist. Wo immer er inmitten der prinzipiellen Versagung als verwirklicht erscheint, müssen sie die Unterdrückung wiederholen, die der eigenen Sehnsucht galt. Was zum Anlaß solcher Wiederholung wird, wie unglücklich selbst es auch sein mag, Ahasver und Mignon, Fremdes, das ans verheißene Land, Schönheit, die ans Geschlecht erinnert, das als widerwärtig verfemte Tier, das an Promiskuität gemahnt, zieht die Zerstörungslust der Zivilisierten auf sich, die den schmerzlichen Prozeß der Zivilisation nie ganz vollziehen konnten. Denen, die Natur krampfhaft beherrschen, spiegelt die gequälte aufreizend den Schein von ohnmächtigem Glück wider. Der Gedanke an Glück ohne Macht ist unerträglich, weil es überhaupt erst Glück wäre. Das Hirngespinst von der Verschwörung lüsterner jüdischer Bankiers, die den Bolschewismus finanzieren, steht als Zeichen eingeborener Ohnmacht, das gute Leben als Zeichen von Glück. Dazu gesellt sich das Bild des Intellektuellen; er scheint zu denken, was die anderen sich nicht gönnen, und vergießt nicht den Schweiß von Mühsal und Körperkraft. Der Bankier wie der Intellektuelle, Geld und Geist, die Exponenten der Zirkulation, sind das verleugnete Wunschbild der durch Herrschaft Verstümmelten, dessen die Herrschaft sich zu ihrer eigenen Verewigung bedient.

III

Die heutige Gesellschaft, in der religiöse Urgefühle und Renaissancen ebenso wie die Erbmasse von Revolutionen am Markte feilstehen, in der die faschistischen Führer hinter verschlossenen Türen Land und Leben der Nationen aushandeln, während das gewiegte Publikum am Radioempfänger den Preis nachrechnet, die Gesellschaft, in der noch das Wort, das sie entlarvt, sich eben damit als Empfehlung zur Aufnahme in ein politisches Racket legitimiert: diese Gesellschaft, in der nicht bloß mehr die Politik ein Geschäft ist, sondern das Geschäft die ganze Politik – sie entrüstet sich über das zurückgebliebene Händlergebaren des Juden und bestimmt ihn als den Materialisten, den Schacherer, der dem Feuergeist derer weichen soll, die das Geschäft zum Absoluten erhoben haben.

Der bürgerliche Antisemitismus hat einen spezifischen ökonomischen Grund: die Verkleidung der Herrschaft in Produktion. Waren in früheren Epochen die Herrschenden unmittelbar repressiv, so daß sie den Unteren nicht nur die Arbeit ausschließlich überließen, sondern die Arbeit als die Schmach deklarierten, die sie unter der Herrschaft immer war, so verwandelt sich im Merkantilismus der absolute Monarch in den größten Manufakturherrn. Produktion wird hoffähig. Die Herren als Bürger haben schließlich den bunten Rock ganz ausgezogen und Zivil angelegt. Arbeit schändet nicht, sagten sie, um der der andern rationaler sich zu bemächtigen. Sie selbst reihten sich unter die Schaffenden ein, während sie doch die Raffenden blieben wie ehedem. Der Fabrikant wagte und strich ein wie Handelsherr und Bankier. Er kalkulierte, disponierte, kaufte, verkaufte. Am Markt konkurrierte er mit jenen um den Profit, der seinem Kapital entsprach. Nur raffte er nicht bloß am Markt sondern an der Quelle ein: als Funktionär der Klasse sorgte er dafür, daß er bei der Arbeit seiner Leute nicht zu kurz kam. Die Arbeiter hatten so viel wie möglich abzuliefern. Als der wahre Shylock bestand er auf seinem Schein. Auf Grund des Besitzes der Maschinen und des Materials erzwang er, daß die andern produzierten. Er nannte sich den Produzenten, aber er wie jeder wußte insgeheim die Wahrheit. Die produktive Arbeit des Kapitalisten, ob er seinen Profit mit dem Unternehmerlohn wie im Liberalismus oder dem Direktorengehalt wie heute rechtfertigte, war die Ideologie, die das Wesen des Arbeitsvertrags und die raffende Natur des Wirtschaftssystems überhaupt zudeckte.

Darum schreit man: haltet den Dieb! und zeigt auf den Juden. Er ist in der Tat der Sündenbock, nicht bloß für einzelne Manöver und Machinationen, sondern in dem umfassenden Sinn, daß ihm das ökonomische Unrecht der ganzen Klasse aufgebürdet wird. Der Fabrikant hat seine Schuldner, die Arbeiter, in der Fabrik unter den Augen und kontrolliert ihre Gegenleistung, ehe er noch das Geld vorstreckt. Was in Wirklichkeit vorging, bekommen sie erst zu spüren, wenn sie sehen, was sie dafür kaufen können: der kleinste Magnat kann über ein Quantum von Diensten und Gütern verfügen wie kein Herrscher zuvor; die Arbeiter jedoch erhalten das sogenannte kulturelle Minimum. Nicht genug daran, daß sie am Markt erfahren, wie wenig Güter auf sie entfallen, preist der Verkäufer noch an, was sie sich nicht leisten können. Im Verhältnis des Lohns zu den Preisen erst drückt sich aus, was den Arbeitern vorenthalten wird. Mit ihrem Lohn nahmen sie zugleich das Prinzip der Entlohnung an. Der Kaufmann präsentiert ihnen den Wechsel, den sie dem Fabrikanten unterschrieben haben. Jener ist der Gerichtsvollzieher fürs ganze System und nimmt das Odium für die andern auf sich. Die Verantwortlichkeit der Zirkulationssphäre für die Ausbeutung ist gesellschaftlich notwendiger Schein.

Die Juden hatten die Zirkulationssphäre nicht allein besetzt. Aber sie waren allzu lange in sie eingesperrt, als daß sie nicht den Haß, den sie seit je ertrugen, durch ihr Wesen zurückspiegelten. Ihnen war im Gegensatz zum arischen Kollegen der Zugang zum Ursprung des Mehrwerts weithin verschlossen. Zum Eigentum an Produktionsmitteln hat man sie nur schwer und spät gelangen lassen. Freilich haben es die getauften Juden in der Geschichte Europas und noch im deutschen Kaiserreich zu hohen Stellungen in Verwaltung und Industrie gebracht. Immer jedoch hatten sie es mit doppelter Ergebenheit, beflissenem Aufwand, hartnäckiger Selbstverleugnung zu rechtfertigen. Man ließ sie heran nur, wenn sie durch ihr Verhalten das Verdikt über die andern Juden stillschweigend sich zueigneten und nochmals bestätigten: das ist der Sinn der Taufe. Alle Großtaten der Prominenten haben die Aufnahme des Juden in die Völker Europas nicht bewirkt, man ließ ihn keine Wurzeln schlagen und schalt ihn darum wurzellos. Stets blieb er Schutzjude, abhängig von Kaisern, Fürsten oder dem absolutistischen Staat. Sie alle waren einmal ökonomisch avanciert gegenüber der zurückgebliebenen Bevölkerung. Soweit sie den Juden als Vermittler brauchen konnten, schützten sie ihn gegen die Massen, welche die Zeche des Fortschritts zu zahlen hatten. Die Juden waren Kolonisatoren des Fortschritts. Seit sie als Kaufleute römische Zivilisation im gentilen Europa verbreiten halfen, waren sie im Einklang mit ihrer patriarchalen Religion die Vertreter städtischer, bürgerlicher, schließlich industrieller Verhältnisse. Sie trugen kapitalistische Existenzformen in die Lande und zogen den Haß derer auf sich, die unter jenen zu leiden hatten. Um des wirtschaftlichen Fortschritts willen, an dem sie heute zu Grunde gehen, waren die Juden von Anbeginn den Handwerkern und Bauern, die der Kapitalismus deklassierte, ein Dorn im Auge. Seinen ausschließenden, partikularen Charakter erfahren sie nun an sich selber. Die immer die ersten sein wollten, werden weit zurückgelassen. Selbst der jüdische Regent eines amerikanischen Vergnügungstrusts lebt in seinem Glanz in hoffnungsloser Defensive. Der Kaftan war das geisterhafte Überbleibsel uralter Bürgertracht. Heute zeigt er an, daß seine Träger an den Rand der Gesellschaft geschleudert wurden, die, selber vollends aufgeklärt, die Gespenster ihrer Vorgeschichte austreibt. Die den Individualismus, das abstrakte Recht, den Begriff der Person propagierten, sind nun zur Spezies degradiert. Die das Bürgerrecht, das ihnen die Qualität der Menschheit zusprechen sollte, nie ganz ohne Sorge besitzen durften, heißen wieder Der Jude, ohne Unterschied. Auf das Bündnis mit der Zentralgewalt blieb der Jude auch im neunzehnten Jahrhundert angewiesen. Das allgemeine, vom Staat geschützte Recht war das Unterpfand seiner Sicherheit, das Ausnahmegesetz sein Schreckbild. Er blieb Objekt, der Gnade ausgeliefert, auch wo er auf dem Recht bestand. Der Handel war nicht sein Beruf, er war sein Schicksal. Er war das Trauma des Industrieritters, der sich als Schöpfer aufspielen muß. Aus dem jüdischen Jargon hört er heraus, wofür er sich insgeheim verachtet: sein Antisemitismus ist Selbsthaß, das schlechte Gewissen des Parasiten.

IV

Der völkische Antisemitismus will von der Religion absehen. Er behauptet, es gehe um Reinheit von Rasse und Nation. Sie merken, daß die Menschen der Sorge ums ewige Heil längst entsagt haben. Der durchschnittliche Gläubige ist heute schon so schlau wie früher bloß ein Kardinal. Den Juden vorzuwerfen, sie seien verstockte Ungläubige, bringt keine Masse mehr in Bewegung. Schwerlich aber ist die religiöse Feindschaft, die für zweitausend Jahre zur Judenverfolgung antrieb, ganz erloschen. Eher bezeugt der Eifer, mit dem der Antisemitismus seine religiöse Tradition verleugnet, daß sie ihm insgeheim nicht weniger tief innewohnt als dem Glaubenseifer früher einmal die profane Idiosynkrasie. Religion ward als Kulturgut eingegliedert, nicht aufgehoben. Das Bündnis von Aufklärung und Herrschaft hat dem Moment ihrer Wahrheit den Zugang zum Bewußtsein abgeschnitten und ihre verdinglichten Formen konserviert. Beides kommt zuletzt dem Faschismus zugute: die unbeherrschte Sehnsucht wird als völkische Rebellion kanalisiert, die Nachfahren der evangelistischen Schwarmgeister werden nach dem Modell der Wagnerschen Gralsritter in Verschworene der Blutsgemeinschaft und Elitegarden verkehrt, die Religion als Institution teils unmittelbar mit dem System verfilzt, teils ins Gepränge von Massenkultur und Aufmärschen transponiert. Der fanatische Glaube, dessen Führer und Gefolgschaft sich rühmen, ist kein anderer als der verbissene, der früher die Verzweifelten bei der Stange hielt, nur sein Inhalt ist abhanden gekommen. Von diesem lebt einzig noch der Haß gegen die, welche den Glauben nicht teilen. Bei den deutschen Christen blieb von der Religion der Liebe nichts übrig als der Antisemitismus.

Das Christentum ist nicht bloß ein Rückfall hinter das Judentum. Dessen Gott hat beim Übergang von der henotheistischen in die universale Gestalt die Züge des Naturdämons noch nicht völlig abgeworfen. Der Schrecken, der aus präanimistischer Vorzeit stammt, geht aus der Natur in den Begriff des absoluten Selbst über, das als ihr Schöpfer und Beherrscher die Natur vollends unterwirft. In all seiner unbeschreiblichen Macht und Herrlichkeit, die ihm solche Entfremdung verleiht, ist er doch dem Gedanken erreichbar, der eben durch die Beziehung auf ein Höchstes, Transzendentes universal wird. Gott als Geist tritt der Natur als das andere Prinzip entgegen, das nicht bloß für ihren blinden Kreislauf einsteht wie alle mythischen Götter, sondern aus ihm befreien kann. Aber in seiner Abstraktheit und Ferne hat sich zugleich der Schrecken des Inkommensurablen verstärkt, und das eherne Wort Ich bin, das nichts neben sich duldet, überbietet an unausweichlicher Gewalt den blinderen, aber darum auch vieldeutigeren Spruch des anonymen Schicksals. Der Gott des Judentums fordert, was ihm gebührt, und rechnet mit dem Säumigen ab. Er verstrickt sein Geschöpf ins Gewebe von Schuld und Verdienst. Demgegenüber hat das Christentum das Moment der Gnade hervorgehoben, das freilich im Judentum selber im Bund Gottes mit den Menschen und in der messianischen Verheißung enthalten ist. Es hat den Schrecken des Absoluten gemildert, indem die Kreatur in der Gottheit sich selbst wiederfindet: der göttliche Mittler wird mit einem menschlichen Namen gerufen und stirbt einen menschlichen Tod. Seine Botschaft ist: Fürchtet euch nicht; das Gesetz zergeht vor dem Glauben; größer als alle Majestät wird die Liebe, das einzige Gebot.

Aber kraft der gleichen Momente, durch welche das Christentum den Bann der Naturreligion fortnimmt, bringt es die Idolatrie, als vergeistigte, nochmals hervor. Um soviel wie das Absolute dem Endlichen genähert wird, wird das Endliche verabsolutiert. Christus, der fleischgewordene Geist, ist der vergottete Magier. Die menschliche Selbstreflexion im Absoluten, die Vermenschlichung Gottes durch Christus ist das proton pseudos. Der Fortschritt über das Judentum ist mit der Behauptung erkauft, der Mensch Jesus sei Gott gewesen. Gerade das reflektive Moment des Christentums, die Vergeistigung der Magie ist schuld am Unheil. Es wird eben das als geistigen Wesens ausgegeben, was vor dem Geist als natürlichen Wesens sich erweist. Genau in der Entfaltung des Widerspruchs gegen solche Prätention von Endlichem besteht der Geist. So muß das schlechte Gewissen den Propheten als Symbol empfehlen, die magische Praxis als Wandlung. Das macht das Christentum zur Religion, in gewissem Sinn zur einzigen: zur gedanklichen Bindung ans gedanklich Suspekte, zum kulturellen Sonderbereich. Wie die großen asiatischen Systeme war das vorchristliche Judentum der vom nationalen Leben, von der allgemeinen Selbsterhaltung kaum geschiedene Glaube. Die Umformung des heidnischen Opferrituals vollzog sich weder bloß im Kultus noch bloß im Gemüt, sie bestimmte die Form des Arbeitsvorganges. Als dessen Schema wird das Opfer rational. Das Tabu wandelt sich in die rationale Regelung des Arbeitsprozesses. Es ordnet die Verwaltung in Krieg und Frieden, das Säen und Ernten, Speisebereitung und Schlächterei. Entspringen die Regeln auch nicht aus rationaler Überlegung, so entspringt doch aus ihnen Rationalität. Die Anstrengung, aus der unmittelbaren Furcht sich zu befreien, schuf beim Primitiven die Veranstaltung des Rituals, sie läutert sich im Judentum zum geheiligten Rhythmus des familiären und staatlichen Lebens. Die Priester waren zu Wächtern darüber bestimmt, daß der Brauch befolgt werde. Ihre Funktion in der Herrschaft war in der theokratischen Praxis offenbar; das Christentum aber wollte geistlich bleiben, auch wo es nach der Herrschaft trachtete. Es hat die Selbsterhaltung durchs letzte Opfer, das des Gottmenschen, in der Ideologie gebrochen, eben damit aber das entwertete Dasein der Profanität überantwortet: das mosaische Gesetz wird abgeschafft, aber dem Kaiser wie dem Gott je das Seine gegeben. Die weltliche Obrigkeit wird bestätigt oder usurpiert, das Christliche als das konzessionierte Heilsressort betrieben. Die Überwindung der Selbsterhaltung durch die Nachahmung Christi wird verordnet. So wird die aufopfernde Liebe der Naivität entkleidet, von der natürlichen getrennt und als Verdienst gebucht. Die durchs Heilswissen vermittelte soll dabei doch die unmittelbare sein; Natur und Übernatur seien in ihr versöhnt. Darin liegt ihre Unwahrheit: in der trügerisch affirmativen Sinngebung des Selbstvergessens.

Die Sinngebung ist trügerisch, weil zwar die Kirche davon lebt, daß die Menschen in der Befolgung ihrer Lehre, fordere sie Werke wie die katholische oder den Glauben wie die protestantische Version, den Weg zur Erlösung sehen, aber doch das Ziel nicht garantieren kann. Die Unverbindlichkeit des geistlichen Heilsversprechens, dieses jüdische und negative Moment in der christlichen Doktrin, durch das Magie und schließlich noch die Kirche relativiert ist, wird vom naiven Gläubigen im stillen fortgewiesen, ihm wird das Christentum, der Supranaturalismus, zum magischen

Ritual, zur Naturreligion. Er glaubt nur, indem er seinen Glauben vergißt. Er redet sich Wissen und Gewißheit ein wie Astrologen und Spiritisten. Das ist nicht notwendig das Schlechtere gegenüber der vergeistigten Theologie. Das italienische Mütterchen, das dem heiligen Gennaro für den Enkel im Krieg in gläubiger Einfalt eine Kerze weiht, mag der Wahrheit näher sein als die Popen und Oberpfarrer, die frei vom Götzendienst die Waffen segnen, gegen die der heilige Gennaro machtlos ist. Der Einfalt aber wird die Religion selbst zum Religionsersatz. Die Ahnung davon war dem Christentum seit seinen ersten Tagen beigesellt, aber nur die paradoxen Christen, die antioffiziellen, von Pascal über Lessing und Kierkegaard bis Barth machten sie zum Angelpunkt ihrer Theologie. In solchem Bewußtsein waren sie nicht bloß die Radikalen sondern auch die Duldsamen. Die anderen aber, die es verdrängten und mit schlechtem Gewissen das Christentum als sicheren Besitz sich einredeten, mußten sich ihr ewiges Heil am weltlichen Unheil derer bestätigen, die das trübe Opfer der Vernunft nicht brachten. Das ist der religiöse Ursprung des Antisemitismus. Die Anhänger der Vaterreligion werden von denen des Sohnes gehaßt als die, welche es besser wissen. Es ist die Feindschaft des sich als Heil verhärtenden Geistes gegen den Geist. Das Ärgernis für die christlichen Judenfeinde ist die Wahrheit, die dem Unheil standhält, ohne es zu rationalisieren und die Idee der unverdienten Seligkeit gegen Weltlauf und Heilsordnung festhält, die sie angeblich bewirken sollen. Der Antisemitismus soll bestätigen, daß das Ritual von Glaube und Geschichte recht hat, indem er es an jenen vollstreckt, die solches Recht verneinen.

V

»Ich kann dich ja nicht leiden – Vergiß das nicht so leicht«, sagt Siegfried zu Mime, der um seine Liebe wirbt. Die alte Antwort aller Antisemiten ist die Berufung auf Idiosynkrasie. Davon, ob der Inhalt der Idiosynkrasie zum Begriff erhoben, das Sinnlose seiner selbst innewird, hängt die Emanzipation der Gesellschaft vom Antisemitismus ab. Idiosynkrasie aber heftet sich an Besonderes. Als natürlich gilt das Allgemeine, das, was sich in die Zweckzusammenhänge der Gesellschaft einfügt. Natur aber, die sich nicht durch die Kanäle der begrifflichen Ordnung zum Zweckvollen geläutert hat, der schrille Laut des Griffels auf Schiefer, der durch und durch geht, der haut goût, der an Dreck und Verwesung gemahnt, der Schweiß, der auf der Stirn des Beflissenen sichtbar wird; was immer nicht ganz mitgekommen ist oder die Verbote verletzt, in denen der Fortschritt der Jahrhunderte sich sedimentiert, wirkt penetrant und fordert zwangshaften Abscheu heraus.

Die Motive, auf die Idiosynkrasie anspricht, erinnern an die Herkunft. Sie stellen Augenblicke der biologischen Urgeschichte her: Zeichen der Gefahr, bei deren Laut das Haar sich sträubte und das Herz stillstand. In der Idiosynkrasie entziehen sich einzelne Organe wieder der Herrschaft des Subjekts; selbständig gehorchen sie biologisch fundamentalen Reizen. Das Ich, das in solchen Reaktionen, wie der Erstarrung von Haut, Muskel, Glied sich erfährt, ist ihrer doch nicht ganz mächtig. Für Augenblicke vollziehen sie die Angleichung an die umgebende unbewegte Natur. Indem aber das Bewegte dem Unbewegten, das entfaltetere Leben bloßer Natur sich nähert, entfremdet es sich ihr zugleich, denn unbewegte Natur, zu der, wie Daphne, Lebendiges in höchster Erregung zu werden trachtet, ist einzig der äußerlichsten, der räumlichen Beziehung fähig. Der Raum ist die absolute Entfremdung. Wo Menschliches werden will wie Natur, verhärtet es sich zugleich gegen sie. Schutz als Schrecken ist eine Form der Mimikry. Jene Erstarrungsreaktionen am Menschen sind archaische Schemata der Selbsterhaltung: das Leben zahlt den Zoll für seinen Fortbestand durch Angleichung ans Tote.

Zivilisation hat anstelle der organischen Anschmiegung ans andere, anstelle des eigentlich mimetischen Verhaltens, zunächst in der magischen Phase, die organisierte Handhabung der Mimesis und schließlich, in der historischen, die rationale Praxis, die Arbeit, gesetzt. Unbeherrschte Mimesis wird verfemt. Der Engel mit dem feurigen Schwert, der die Menschen aus dem Paradies auf die Bahn des technischen Fortschritts trieb, ist selbst das Sinnbild solchen Fortschritts. Die Strenge, mit welcher im Laufe der Jahrtausende die Herrschenden ihrem eigenen Nachwuchs wie den beherrschten Massen den Rückfall in mimetische Daseinsweisen abschnitten, angefangen vom religiösen Bildverbot über die soziale Ächtung von Schauspielern und Zigeunern bis zur Pädagogik, die den Kindern abgewöhnt, kindisch zu sein, ist die Bedingung der Zivilisation. Gesellschaftliche und individuelle Erziehung bestärkt die Menschen in der objektivierenden Verhaltensweise von Arbeitenden und bewahrt sie davor, sich wieder aufgehen zu lassen im Auf und Nieder der umgebenden Natur. Alles Abgelenktwerden, ja, alle Hingabe hat einen Zug von Mimikry. In der Verhärtung dagegen ist das Ich geschmiedet worden. Durch seine Konstitution vollzieht sich der Übergang von reflektorischer Mimesis zu beherrschter Reflexion. Anstelle der leiblichen Angleichung an Natur tritt die »Rekognition im Begriff«, die Befassung des Verschiedenen unter Gleiches. Die Konstellation aber, unter der Gleichheit sich herstellt, die unmittelbare der Mimesis wie die vermittelte der Synthesis, die Angleichung ans Ding im blinden Vollzug des Lebens wie die Vergleichung des Verdinglichten in der wissenschaftlichen Begriffsbildung, bleibt die des Schreckens. Die Gesellschaft setzt die drohende Natur fort als den dauernden, organisierten Zwang, der, in den Individuen als konsequente Selbsterhaltung sich reproduzierend, auf die Natur zurückschlägt als gesellschaftliche Herrschaft über die Natur. Wissenschaft ist Wiederholung, verfeinert zu beobachteter Regelmäßigkeit, aufbewahrt in Stereotypen. Die mathematische Formel ist bewußt gehandhabte Regression, wie schon der Zauber-Ritus war; sie ist die sublimierteste Betätigung von Mimikry. Technik vollzieht die Anpassung ans Tote im Dienste der Selbsterhaltung nicht mehr wie Magie durch körperliche Nachahmung der äußeren Natur, sondern durch Automatisierung der geistigen Prozesse, durch ihre Umwandlung in blinde Abläufe. Mit ihrem Triumph werden die menschlichen Äußerungen sowohl beherrschbar als zwangsmäßig. Von der Angleichung an die Natur bleibt allein die Verhärtung gegen diese übrig. Die Schutz- und Schreckfarbe heute ist die blinde Naturbeherrschung, die mit der weitblickenden Zweckhaftigkeit identisch ist.

In der bürgerlichen Produktionsweise wird das untilgbar mimetische Erbe aller Praxis dem Vergessen überantwortet. Das erbarmungslose Verbot des Rückfalls wird selber zum bloßen Verhängnis, die Versagung ist so total geworden, daß sie nicht mehr zum bewußten Vollzug gelangt. Die von Zivilisation Geblendeten erfahren ihre eigenen tabuierten mimetischen Züge erst an manchen Gesten und Verhaltensweisen, die ihnen bei anderen begegnen, und als isolierte Reste, als beschämende Rudimente in der rationalisierten Umwelt auffallen. Was als Fremdes abstößt, ist nur allzu vertraut.[1] Es ist die ansteckende Gestik der von Zivilisation unterdrückten Unmittelbarkeit: Berühren, Anschmiegen, Beschwichtigen, Zureden. Anstößig heute ist das Unzeitgemäße jener Regungen. Sie scheinen die längst verdinglichten menschlichen Beziehungen wieder in persönliche Machtverhältnisse zurückzuübersetzen, indem sie den Käufer durch Schmeicheln, den Schuldner durch Drohen, den Gläubiger durch Flehen zu erweichen suchen. Peinlich wirkt schließlich jede Regung überhaupt, Aufregung ist minder. Aller nicht-manipulierte Ausdruck erscheint als die Grimasse, die der manipulierte – im Kino, bei der Lynch-Justiz, in der Führer-Rede – immer war. Die undisziplinierte Mimik aber ist das Brandzeichen der alten Herrschaft, in die lebende Substanz der Beherrschten eingeprägt und kraft eines unbewußten Nachahmungsprozesses durch jede frühe Kindheit hindurch auf Generationen vererbt, vom Trödeljuden auf den Bankier. Solche Mimik fordert die Wut heraus, weil sie angesichts der neuen Produktionsverhältnisse die alte Angst zur Schau trägt, die man, um in ihnen zu überleben, selbst vergessen mußte. Auf das zwangshafte Moment, auf die Wut des Quälers und des Gequälten, die ungeschieden in der Grimasse wieder erscheinen, spricht die eigene Wut im Zivilisierten an. Dem ohnmächtigen Schein antwortet die tödliche Wirklichkeit, dem Spiel der Ernst.

Gespielt wirkt die Grimasse, weil sie, anstatt ernsthaft Arbeit zu tun, lieber die Unlust darstellt. Sie scheint sich dem Ernst des Daseins zu entziehen, indem sie ihn fessellos eingesteht: so ist sie unecht. Aber Ausdruck ist der schmerzliche Widerhall einer Übermacht, Gewalt, die laut wird in der Klage. Er ist stets übertrieben, wie aufrichtig er auch sei, denn, wie in jedem Werk der Kunst, scheint in jedem Klagelaut die ganze Welt zu liegen. Angemessen ist nur die Leistung. Sie und nicht Mimesis vermag dem Leiden Abbruch zu tun. Aber ihre Konsequenz ist das unbewegte und un-

1 Vgl. Freud, Das Unheimliche. Gesammelte Werke. Band XII. S. 254, 259 u. a.

gerührte Antlitz, schließlich am Ende des Zeitalters das Baby-Gesicht der Männer der Praxis, der Politiker, Pfaffen, Generaldirektoren und Racketeers. Die heulende Stimme faschistischer Hetzredner und Lagervögte zeigt die Kehrseite desselben gesellschaftlichen Sachverhalts. Das Geheul ist so kalt wie das Geschäft. Sie enteignen noch den Klagelaut der Natur und machen ihn zum Element ihrer Technik. Ihr Gebrüll ist fürs Pogrom, was die Lärmvorrichtung für die deutsche Fliegerbombe ist: der Schrekkensschrei, der Schrecken bringt, wird angedreht. Vom Wehlaut des Opfers, der zuerst Gewalt beim Namen rief, ja, vom bloßen Wort, das die Opfer meint: Franzose, Neger, Jude, lassen sie sich absichtlich in die Verzweiflung von Verfolgten versetzen, die zuschlagen müssen. Sie sind das falsche Konterfei der schreckhaften Mimesis. Sie reproduzieren die Unersättlichkeit der Macht in sich, vor der sie sich fürchten. Alles soll gebraucht werden, alles soll ihnen gehören. Die bloße Existenz des anderen ist das Ärgernis. Jeder andere »macht sich breit« und muß in seine Schranken verwiesen werden, die des schrankenlosen Grauens. Was Unterschlupf sucht, soll ihn nicht finden; denen, die ausdrücken, wonach alle süchtig sind, den Frieden, die Heimat, die Freiheit: den Nomaden und Gauklern hat man seit je das Heimatrecht verwehrt. Was einer fürchtet, wird ihm angetan. Selbst die letzte Ruhe soll keine sein. Die Verwüstung der Friedhöfe ist keine Ausschreitung des Antisemitismus, sie ist er selbst. Die Vertriebenen erwecken zwangshaft die Lust zu vertreiben. Am Zeichen, das Gewalt an ihnen hinterlassen hat, entzündet endlos sich Gewalt. Getilgt soll werden, was bloß vegetieren will. In den chaotisch-regelhaften Fluchtreaktionen der niederen Tiere, in den Figuren des Gewimmels, in den konvulsivischen Gesten von Gemarterten stellt sich dar, was am armen Leben trotz allem sich nicht ganz beherrschen läßt: der mimetische Impuls. Im Todeskampf der Kreatur, am äußersten Gegenpol der Freiheit, scheint die Freiheit unwiderstehlich als die durchkreuzte Bestimmung der Materie durch. Dagegen richtet sich die Idiosynkrasie, die der Antisemitismus als Motiv vorgibt.

Die seelische Energie, die der politische Antisemitismus einspannt, ist solche rationalisierte Idiosynkrasie. Alle die Vorwände, in denen Führer und Gefolgschaft sich verstehen, taugen dazu, daß man ohne offenkundige Verletzung des Realitätsprinzips, gleichsam in Ehren, der mimetischen Verlockung nachgeben kann. Sie können den Juden nicht leiden und imitieren ihn immerzu. Kein Antisemit, dem es nicht im Blute läge, nachzuahmen, was ihm Jude heißt. Das sind immer selbst mimetische Chiffren: die argumentierende Handbewegung, der singende Tonfall, wie er unabhängig vom Urteilssinn ein bewegtes Bild von Sache und Gefühl malt, die Nase, das physiognomische principium individuationis, ein Schriftzeichen gleichsam, das dem Einzelnen den besonderen Charakter ins Gesicht schreibt. In den vieldeutigen Neigungen der Riechlust lebt die alte Sehnsucht nach dem Unteren fort, nach der unmittellbaren Vereinigung mit umgebender Natur, mit Erde und Schlamm. Von allen Sinnen zeugt der Akt des Riechens, das angezogen wird, ohne zu vergegenständlichen, am sinnlichsten von dem Drang, ans andere sich zu verlieren und gleich zu werden. Darum ist Geruch, als Wahrnehmung wie als Wahrgenommenes – beide werden eins im Vollzug – mehr Ausdruck als andere Sinne. Im Sehen bleibt man, wer man ist, im Riechen geht man auf. So gilt der Zivilisation Geruch als Schmach, als Zeichen niederer sozialer Schichten, minderer Rassen und unedler Tiere. Dem Zivilisierten ist Hingabe an solche Lust nur gestattet, wenn das Verbot durch Rationalisierung im Dienst wirklich oder scheinbar praktischer Zwecke suspendiert wird. Man darf dem verpönten Trieb frönen, wenn außer Zweifel steht, daß es seiner Ausrottung gilt. Das ist die Erscheinung des Spaßes oder des Ulks. Er ist die elende Parodie der Erfüllung. Als verachtete, sich selbst verachtende, wird die mimetische Funktion hämisch genossen. Wer Gerüche wittert, um sie zu tilgen, »schlechte« Gerüche, darf das Schnuppern nach Herzenslust nachahmen, das am Geruch seine unrationalisierte Freude hat. Indem der Zivilisierte die versagte Regung durch seine unbedingte Identifikation mit der versagenden Instanz desinfiziert, wird sie durchgelassen. Wenn sie die Schwelle passiert, stellt Lachen sich ein. Das ist das Schema der antisemitischen Reaktionsweise. Um den Augenblick der autoritären Freigabe des Verbotenen zu zelebrieren, versammeln sich die Antisemiten, er allein macht sie zum Kollektiv, er konstituiert die Gemeinschaft der Artgenossen. Ihr Getöse ist das organisierte Gelächter. Je grauenvoller Anklagen und Drohungen, je größer die

Wut, um so zwingender zugleich der Hohn. Wut, Hohn und vergiftete Nachahmung sind eigentlich dasselbe. Der Sinn des faschistischen Formelwesens, der ritualen Disziplin, der Uniformen und der gesamten vorgeblich irrationalen Apparatur ist es, mimetisches Verhalten zu ermöglichen. Die ausgeklügelten Symbole, die jeder konterrevolutionären Bewegung eigen sind, die Totenköpfe und Vermummungen, der barbarische Trommelschlag, das monotone Wiederholen von Worten und Gesten sind ebensoviel organisierte Nachahmung magischer Praktiken, die Mimesis der Mimesis. Der Führer mit dem Schmierengesicht und dem Charisma der andrehbaren Hysterie führt den Reigen. Seine Vorstellung leistet stellvertretend und im Bilde, was allen anderen in der Realität verwehrt ist. Hitler kann gestikulieren wie ein Clown, Mussolini falsche Töne wagen wie ein Provinztenor, Goebbels geläufig reden wie der jüdische Agent, den er zu ermorden empfiehlt, Coughlin Liebe predigen wie nur der Heiland, dessen Kreuzigung er darstellt, auf daß stets wieder Blut vergossen werde. Der Faschismus ist totalitär auch darin, daß er die Rebellion der unterdrückten Natur gegen die Herrschaft unmittelbar der Herrschaft nutzbar zu machen strebt.

Dieser Mechanismus bedarf der Juden. Ihre künstlich gesteigerte Sichtbarkeit wirkt auf den legitimen Sohn der gentilen Zivilisation gleichsam als magnetisches Feld. Indem der Verwurzelte an seiner Differenz vom Juden die Gleichheit, das Menschliche, gewahrt, wird in ihm das Gefühl des Gegensatzes, der Fremdheit, induziert. So werden die tabuierten, der Arbeit in ihrer herrschenden Ordnung zuwiderlaufenden Regungen in konformierende Idiosynkrasien umgesetzt. Die ökonomische Position der Juden, der letzten betrogenen Betrüger der liberalistischen Ideologie, bietet dagegen keinen zuverlässigen Schutz. Da sie zur Erzeugung jener seelischen Induktionsströme so geeignet sind, werden sie zu solchen Funktionen willenlos bereitgestellt. Sie teilen das Schicksal der rebellierenden Natur, für die sie der Faschismus einsetzt: sie werden blind und scharfsichtig gebraucht. Es verschlägt wenig, ob die Juden als Individuen wirklich noch jene mimetischen Züge tragen, die böse Ansteckung bewirken, oder ob sie jeweils unterschoben werden. Haben die ökonomischen Machthaber ihre Angst vor der Heranziehung faschistischer Sachwalter erst einmal überwunden, so stellt sich den Juden gegenüber die Harmonie der Volksgemeinschaft automatisch her. Sie werden von der Herrschaft preisgegeben, wenn diese kraft ihrer fortschreitenden Entfremdung von Natur in bloße Natur zurückschlägt. Den Juden insgesamt wird der Vorwurf der verbotenen Magie, des blutigen Rituals gemacht. Verkleidet als Anklage erst feiert das unterschwellige Gelüste der Einheimischen, zur mimetischen Opferpraxis zurückzukehren, in deren eigenem Bewußtsein fröhliche Urständ. Ist alles Grauen der zivilisatorisch erledigten Vorzeit durch Projektion auf die Juden als rationales Interesse rehabilitiert, so gibt es kein Halten mehr. Es kann real vollstreckt werden, und die Vollstreckung des Bösen übertrifft noch den bösen Inhalt der Projektion. Die völkischen Phantasien jüdischer Verbrechen, der Kindermorde und sadistischen Exzesse, der Volksvergiftung und internationalen Verschwörung definieren genau den antisemitischen Wunschtraum und bleiben hinter seiner Verwirklichung zurück. Ist es einmal so weit, dann erscheint das bloße Wort Jude als die blutige Grimasse, deren Abbild die Hakenkreuzfahne – Totenschädel und gerädertes Kreuz in einem – entrollt; daß einer Jude heißt, wirkt als die Aufforderung, ihn zuzurichten, bis er dem Bilde gleicht.

Zivilisation ist der Sieg der Gesellschaft über Natur, der alles in bloße Natur verwandelt. Die Juden selber haben daran durch die Jahrtausende teilgehabt, mit Aufklärung nicht weniger als mit Zynismus. Das älteste überlebende Patriarchat, die Inkarnation des Monotheismus, haben sie die Tabus in zivilisatorische Maximen verwandelt, da die anderen noch bei der Magie hielten. Den Juden schien gelungen, worum das Christentum vergebens sich mühte: die Entmächtigung der Magie vermöge ihrer eigenen Kraft, die als Gottesdienst sich wider sich selber kehrt. Sie haben die Angleichung an Natur nicht sowohl ausgerottet als sie aufgehoben in den reinen Pflichten des Rituals. Damit haben sie ihr das versöhnende Gedächtnis bewahrt, ohne durchs Symbol in Mythologie zurückzufallen. So gelten sie der fortgeschrittenen Zivilisation für zurückgeblieben und allzu weit voran, für ähnlich und unähnlich, für gescheit und dumm. Sie werden dessen schuldig gesprochen, was sie, als die ersten Bürger, zuerst in sich gebrochen haben: der Verführbarkeit durchs Untere, des Dranges zu Tier und Erde, des Bilderdienstes. Weil sie den Begriff des Koscheren erfunden haben, werden sie als Schweine verfolgt. Die Antisemiten machen sich zu Vollstreckern des alten Testaments: sie sorgen dafür, daß die Juden, da sie vom Baum der Erkenntnis gegessen haben, zu Erde werden.

VI

Der Antisemitismus beruht auf falscher Projektion. Sie ist das Widerspiel zur echten Mimesis, der verdrängten zutiefst verwandt, ja vielleicht der pathische Charakterzug, in dem diese sich niederschlägt. Wenn Mimesis sich der Umwelt ähnlich macht, so macht falsche Projektion die Umwelt sich ähnlich. Wird für jene das Außen zum Modell, dem das Innen sich anschmiegt, das Fremde zum Vertrauten, so versetzt diese das sprungbereite Innen ins Äußere und prägt noch das Vertrauteste als Feind. Regungen, die vom Subjekt als dessen eigene nicht durchgelassen werden und ihm doch eigen sind, werden dem Objekt zugeschrieben: dem prospektiven Opfer. Dem gewöhnlichen Paranoiker steht dessen Wahl nicht frei, sie gehorcht den Gesetzen seiner Krankheit. Im Faschismus wird dies Verhalten von Politik ergriffen, das Objekt der Krankheit wird realitätsgerecht bestimmt, das Wahnsystem zur vernünftigen Norm in der Welt, die Abweichung zur Neurose gemacht. Der Mechanismus, den die totalitäre Ordnung in Dienst nimmt, ist so alt wie die Zivilisation. Dieselben geschlechtlichen Regungen, die das Menschengeschlecht unterdrückte, wußten bei Einzelnen wie bei Völkern in der vorstellungsmäßigen Verwandlung der Umwelt in ein diabolisches System sich zu erhalten und durchzusetzen. Stets hat der blind Mordlustige im Opfer den Verfolger gesehen, von dem er verzweifelt sich zur Notwehr treiben ließ, und die mächtigsten Reiche haben den schwächsten Nachbarn als unerträgliche Bedrohung empfunden, ehe sie über ihn herfielen. Die Rationalisierung war eine Finte und zwangshaft zugleich. Der als Feind Erwählte wird schon als Feind wahrgenommen. Die Störung liegt in der mangelnden Unterscheidung des Subjekts zwischen dem eigenen und fremden Anteil am projizierten Material.

In gewissem Sinn ist alles Wahrnehmen Projizieren. Die Projektion von Eindrücken der Sinne ist ein Vermächtnis der tierischen Vorzeit, ein Mechanismus für die Zwecke von Schutz und Fraß, verlängertes Organ der Kampfbereitschaft, mit der die höheren Tierarten, lustvoll und unlustvoll, auf Bewegung reagierten, unabhängig von der Absicht des Objekts. Projektion ist im Menschen automatisiert wie andere Angriffs- und Schutzleistungen, die Reflexe wurden. So konstituiert sich seine gegenständliche Welt, als Produkt jener »verborgenen Kunst in den Tiefen der menschlichen Seele, deren wahre Handgriffe wir der Natur schwerlich jemals abraten und sie unverdeckt vor Augen legen werden«[2]. Das System der Dinge, das feste Universum, von dem die Wissenschaft bloß den abstrakten Ausdruck bildet, ist, wenn man die kantische Erkenntniskritik anthropologisch wendet, das bewußtlos zustandekommende Erzeugnis des tierischen Werkzeugs im Lebenskampf, jener selbsttätigen Projektion. In der menschlichen Gesellschaft aber, wo mit der Herausbildung des Individuums das affektive wie das intellektuelle Leben sich differenziert, bedarf der Einzelne steigender Kontrolle der Projektion, er muß sie zugleich verfeinern und hemmen lernen. Indem er unter ökonomischem Zwang zwischen fremden und eigenen Gedanken und Gefühlen unterscheiden lernt, entsteht der Unterschied von außen und innen, die Möglichkeit von Distanzierung und Identifikation, das Selbstbewußtsein und das Gewissen. Um die in Kontrolle genommene Projektion und ihre Entartung zur falschen zu verstehen, die zum Wesen des Antisemitismus gehört, bedarf es der genaueren Überlegung.

Die physiologische Lehre von der Wahrnehmung, die von den Philosophen seit dem Kantianismus als naiv realistisch und als Zirkelschluß verachtet wurde, erklärt die Wahrnehmungswelt als die vom Intellekt gelenkte Rückspiegelung der Daten, die das Gehirn von den wirklichen Gegenständen empfängt. Nach dieser Ansicht erfolgt die Anordnung der aufgenommenen punktuellen Indizes, der Eindrücke, durch Verstand. Beharren auch die Gestaltleute darauf, daß die physiologische Substanz nicht bloß Punkte sondern schon Struktur empfange, so haben Schopenhauer und Helmholtz trotz und gerade wegen des Zirkels doch mehr von

2 Kant, Kritik der reinen Vernunft. 2. Auflage. Werke. Band III. S. 180f.

der verschränkten Beziehung von Subjekt und Objekt gewußt als die offizielle Folgerichtigkeit der Schule, der neupsychologischen wie der neukantischen: das Wahrnehmungsbild enthält in der Tat Begriffe und Urteile. Zwischen dem wahrhaften Gegenstand und dem unbezweifelbaren Sinnesdatum, zwischen innen und außen, klafft ein Abgrund, den das Subjekt, auf eigene Gefahr, überbrücken muß. Um das Ding zu spiegeln, wie es ist, muß das Subjekt ihm mehr zurückgeben, als es von ihm erhält. Das Subjekt schafft die Welt außer ihm noch einmal aus den Spuren, die sie in seinen Sinnen zurückläßt: die Einheit des Dinges in seinen mannigfaltigen Eigenschaften und Zuständen; und es konstituiert damit rückwirkend das Ich, indem es nicht bloß den äußeren sondern auch den von diesen allmählich sich sondernden inneren Eindrükken synthetische Einheit zu verleihen lernt. Das identische Ich ist das späteste konstante Projektionsprodukt. In einem Prozeß, der geschichtlich erst mit den entfalteten Kräften der menschlichen physiologischen Konstitution sich vollziehen konnte, hat es als einheitliche und zugleich exzentrische Funktion sich entfaltet. Auch als selbständig objektiviertes freilich ist es nur, was ihm die Objektwelt ist. In nichts anderem als in der Zartheit und dem Reichtum der äußeren Wahrnehmungswelt besteht die innere Tiefe des Subjekts. Wenn die Verschränkung unterbrochen wird, erstarrt das Ich. Geht es, positivistisch, im Registrieren von Gegebenem auf, ohne selbst zu geben, so schrumpft es zum Punkt, und wenn es, idealistisch, die Welt aus dem grundlosen Ursprung seiner selbst entwirft, erschöpft es sich in sturer Wiederholung. Beide Male gibt es den Geist auf. Nur in der Vermittlung, in der das nichtige Sinnesdatum den Gedanken zur ganzen Produktivität bringt, deren er fähig ist, und andererseits der Gedanke vorbehaltlos dem übermächtigen Eindruck sich hingibt, wird die kranke Einsamkeit überwunden, in der die ganze Natur befangen ist. Nicht in der vom Gedanken unangekränkelten Gewißheit, nicht in der vorbegrifflichen Einheit von Wahrnehmung und Gegenstand, sondern in ihrem reflektierten Gegensatz zeigt die Möglichkeit von Versöhnung sich an. Die Unterscheidung geschieht im Subjekt, das die Außenwelt im eigenen Bewußtsein hat und doch als anderes erkennt. Daher vollzieht sich jenes Reflektieren, das Leben der Vernunft, als bewußte Projektion.

Das Pathische am Antisemitismus ist nicht das projektive Verhalten als solches, sondern der Ausfall der Reflexion darin. Indem das Subjekt nicht mehr vermag, dem Objekt zurückzugeben, was es von ihm empfangen hat, wird es selbst nicht reicher sondern ärmer. Es verliert die Reflexion nach beiden Richtungen: da es nicht mehr den Gegenstand reflektiert, reflektiert es nicht mehr auf sich und verliert so die Fähigkeit zur Differenz. Anstatt der Stimme des Gewissens hört es Stimmen; anstatt in sich zu gehen, um das Protokoll der eigenen Machtgier aufzunehmen, schreibt es die Protokolle der Weisen von Zion den andern zu. Es schwillt über und verkümmert zugleich. Grenzenlos belehnt es die Außenwelt mit dem, was in ihm ist; aber womit es sie belehnt, ist das vollkommen Nichtige, das aufgebauschte bloße Mittel, Beziehungen, Machenschaften, die finstere Praxis ohne den Ausblick des Gedankens. Herrschaft selber, die, auch als absolute, dem Sinn nach immer nur Mittel ist, wird in der hemmungslosen Projektion zugleich zum eigenen und zum fremden Zweck, ja zum Zweck überhaupt. In der Erkrankung des Individuums wirkt der geschärfte intellektuelle Apparat des Menschen gegen Menschen wieder als das blinde Feindwerkzeug der tierischen Vorzeit, als das bei der Gattung er gegen die ganze übrige Natur zu funktionieren nie aufgehört hat. Wie seit ihrem Aufstieg die species Mensch den anderen sich zeigt, als die entwicklungsgeschichtlich höchste und daher furchtbarste Vernichtung, wie innerhalb der Menschheit die fortgeschritteneren Rassen den primitiveren, die technisch besser ausgerüsteten Völker den langsameren, so tritt der kranke Einzelne dem anderen Einzelnen gegenüber, im Größen- wie im Verfolgungswahn. Beide Male ist das Subjekt im Zentrum, die Welt bloße Gelegenheit für seinen Wahn; sie wird zum ohnmächtigen oder allmächtigen Inbegriff des auf sie Projizierten. Der Widerstand, über den der Paranoiker bei jedem Schritt wahllos sich beklagt, ist die Folge der Widerstandslosigkeit, der Leere, die der sich Abblendende rings erzeugt. Er kann nicht aufhören. Die Idee, die keinen festen Halt an der Realität findet, insistiert und wird zur fixen.

Indem der Paranoiker die Außenwelt nur perzipiert, wie es seinen blinden Zwecken entspricht, vermag er immer nur sein zur abstrakten Sucht entäußertes Selbst zu wiederholen. Das nackte

Schema der Macht als solcher, gleich überwältigend gegen andere wie gegen das eigene mit sich zerfallene Ich, ergreift, was sich ihm bietet, und fügt es, ganz gleichgültig gegen seine Eigenart, in sein mythisches Gewebe ein. Die Geschlossenheit des Immergleichen wird zum Surrogat von Allmacht. Es ist, als hätte die Schlange, die den ersten Menschen sagte: ihr werdet sein wie Gott, im Paranoiker ihr Versprechen eingelöst. Er schafft alle nach seinem Bilde. Keines Lebendigen scheint er zu bedürfen und fordert doch, daß alle ihm dienen sollen. Sein Wille durchdringt das All, nichts darf der Beziehung zu ihm entbehren. Seine Systeme sind lückenlos. Als Astrologe stattet er die Sterne mit Kräften aus, die das Verderben des Sorglosen herbeiführen, sei es im vorklinischen Stadium des fremden, sei es im klinischen des eigenen Ichs. Als Philosoph macht er die Weltgeschichte zur Vollstreckerin unausweichlicher Katastrophen und Untergänge. Als vollendet Wahnsinniger oder absolut Rationaler vernichtet er den Gezeichneten durch individuellen Terrorakt oder durch die wohlüberlegte Strategie der Ausrottung. So hat er Erfolg. Wie Frauen den ungerührten paranoiden Mann anbeten, sinken die Völker vor dem totalitären Faschismus in die Knie. In den Hingegebenen selber spricht das Paranoische auf den Paranoiker als den Unhold an, die Angst vor dem Gewissen aufs Gewissenlose, dem sie dankbar sind. Sie folgen dem, der an ihnen vorbeisieht, der sie nicht als Subjekte nimmt, sondern dem Betrieb der vielen Zwecke überläßt. Mit aller Welt haben jene Frauen die Besetzung großer und kleiner Machtpositionen zu ihrer Religion gemacht und sich selbst zu den bösen Dingen, zu denen die Gesellschaft sie stempelt. So muß der Blick, der sie an Freiheit mahnt, sie als der des allzu naiven Verführers treffen. Ihre Welt ist verkehrt. Zugleich aber wissen sie wie die alten Götter, die den Blick ihrer Gläubigen scheuten, daß hinter dem Schleier Totes wohnt. Im nicht paranoischen, im vertrauenden Blick werden sie jenes Geistes eingedenk, der in ihnen erstorben ist, weil sie draußen bloß die kalten Mittel ihrer Selbsterhaltung sehen. Solche Berührung weckt in ihnen Scham und Wut. Der Irre jedoch erreicht sie nicht, selbst wenn er wie der Führer ihnen ins Antlitz blickt. Er entflammt sie bloß. Der sprichwörtliche Blick ins Auge bewahrt nicht wie der freie die Individualität. Er fixiert. Er verhält die anderen zur einseitigen Treue, indem er sie in die fensterlosen Monadenwälle ihrer eigenen Person weist. Er weckt nicht das Gewissen, sondern zieht vorweg zur Verantwortung. Der durchdringende und der vorbeisehende Blick, der hypnotische und der nichtachtende, sind vom gleichen Schlage, in beiden wird das Subjekt ausgelöscht. Weil solchen Blicken die Reflexion fehlt, werden die Reflexionslosen davon elektrisiert. Sie werden verraten: die Frauen weggeworfen, die Nation ausgebrannt. So bleibt der Verschlossene das Spottbild der göttlichen Gewalt. Wie ihm in seiner souveränen Gebärde das schaffende Vermögen in der Realität ganz abgeht, so fehlen ihm gleich dem Teufel die Attribute des Prinzips, das er usurpiert: eingedenkende Liebe und in sich ruhende Freiheit. Er ist böse, von Zwang getrieben und so schwach wie seine Stärke. Wenn es von der göttlichen Allmacht heißt, sie ziehe das Geschöpf zu sich, so zieht die satanische, eingebildete alles in ihre Ohnmacht hinein. Das ist das Geheimnis ihrer Herrschaft. Das zwangshaft projizierende Selbst kann nichts projizieren als das eigene Unglück, von dessen ihm selbst einwohnendem Grund es doch in seiner Reflexionslosigkeit abgeschnitten ist. Daher sind die Produkte der falschen Projektion, die stereotypen Schemata des Gedankens und der Realität, solche des Unheils. Dem Ich, das im sinnleeren Abgrund seiner selbst versinkt, werden die Gegenstände zu Allegorien des Verderbens, in denen der Sinn seines eigenen Sturzes beschlossen liegt.

Die psychoanalytische Theorie der pathischen Projektion hat als deren Substanz die Übertragung gesellschaftlich tabuierter Regungen des Subjekts auf das Objekt erkannt. Unter dem Druck des Über-Ichs projiziert das Ich die vom Es ausgehenden, durch ihre Stärke ihm selbst gefährlichen Aggressionsgelüste als böse Intentionen in die Außenwelt und erreicht es dadurch, sie als Reaktion auf solches Äußere loszuwerden, sei es in der Phantasie durch Identifikation mit dem angeblichen Bösewicht, sei es in der Wirklichkeit durch angebliche Notwehr. Das in Aggression umgesetzte Verpönte ist meist homosexueller Art. Aus Angst vor der Kastration wurde der Gehorsam gegen den Vater bis zu deren Vorwegnahme in der Angleichung des bewußten Gefühlslebens ans kleine Mädchen getrieben und der Vaterhaß als ewige Rankküne verdrängt. In der Paranoia treibt dieser Haß zur Kastrationslust als allgemeinem Zerstörungsdrang. Der Erkrankte regrediert auf die archaische Ungeschiedenheit von Liebe und Überwältigung. Ihm kommt es auf physische Nähe, Beschlagnahmen, schließlich auf die Beziehung um jeden Preis an. Da er die Begierde sich nicht zugestehen darf, rückt er dem anderen als Eifersüchtiger oder Verfolger auf den Leib, wie dem Tier der verdrängende Sodomit als Jäger oder Antreiber. Die Anziehung stammt aus allzu gründlicher Bindung oder stellt sich her auf den ersten Blick, sie kann von den Großen ausgehen wie beim Querulanten und Präsidentenmörder oder von den Ärmsten wie beim echten Pogrom. Die Objekte der Fixierung sind substituierbar wie die Vaterfiguren in der Kindheit; wohin es trifft, trifft es; noch der Beziehungswahn greift beziehungslos um sich. Die pathische Projektion ist eine verzweifelte Veranstaltung des Ichs, dessen Reizschutz Freud zufolge nach innen unendlich viel schwächer als nach außen ist: unter dem Druck der gestauten homosexuellen Aggression vergißt der seelische Mechanismus seine phylogenetisch späteste Errungenschaft, die Selbstwahrnehmung, und erfährt jene Aggression als den Feind in der Welt, um ihr besser gewachsen zu sein.

Dieser Druck aber lastet auch auf dem gesunden Erkenntnisvorgang als Moment von dessen unreflektierter und zur Gewalt treibender Naivität. Wo immer die intellektuellen Energien absichtsvoll aufs Draußen konzentriert sind, also überall, wo es ums Verfolgen, Feststellen, Ergreifen zu tun ist, um jene Funktionen, die aus der primitiven Überwältigung des Getiers zu den wissenschaftlichen Methoden der Naturbeherrschung sich vergeistigt haben, wird in der Schematisierung leicht vom subjektiven Vorgang abgesehen und das System als die Sache selbst gesetzt. Das vergegenständlichende Denken enthält wie das kranke die Willkür des der Sache fremden subjektiven Zwecks, es vergißt die Sache und tut ihr eben damit schon die Gewalt an, die ihr später in der Praxis geschieht. Der unbedingte Realismus der zivilisierten Menschheit, der im Faschismus kulminiert, ist ein Spezialfall paranoischen Wahns, der die Natur entvölkert und am Ende die Völker selbst. In jenem Abgrund der Ungewißheit, den jeder objektivierende Akt überbrücken muß, nistet sich die Paranoia ein. Weil es kein absolut zwingendes Argument gegen materialfalsche Urteile gibt, läßt die verzerrte Wahrnehmung, in der sie geistern, sich nicht heilen. Jede Wahrnehmung enthält bewußtlos begriffliche, wie jedes Urteil unaufgehellt phänomenalistische Elemente. Weil also zur Wahrheit Einbildungskraft gehört, kann es dem an dieser Beschädigten stets vorkommen, als ob die Wahrheit phantastisch und seine Illusion die Wahrheit sei. Der Beschädigte zehrt von dem der Wahrheit selbst immanenten Element der Einbildung, indem er es unablässig exponiert. Demokratisch besteht er auf der Gleichberechtigung für seinen Wahn, weil in der Tat auch die Wahrheit nicht stringent ist. Wenn der Bürger schon zugibt, daß der Antisemit im Unrecht ist, so will er wenigstens, daß auch das Opfer schuldig sei. So verlangt Hitler die Lebensberechtigung für den Massenmord im Namen des völkerrechtlichen Prinzips der Souveränität, das jede Gewalttat im anderen Lande toleriert. Wie jeder Paranoiker profitiert er von der gleißnerischen Identität von Wahrheit und Sophistik; ihre Trennung ist so wenig zwingend, wie sie doch streng bleibt. Wahrnehmung ist nur möglich, insofern das Ding schon als bestimmtes, etwa als Fall einer Gattung wahrgenommen wird. Sie ist vermittelte Unmittelbarkeit, Gedanke in der verführerischen Kraft der Sinnlichkeit. Subjektives wird von ihr blind in die scheinbare Selbstgegebenheit des Objekts verlegt. Einzig die ihrer selbst bewußte Arbeit des Gedankens kann sich diesem Halluzinatorischen wieder entziehen, dem Leibniz'schen und Hegelschen Idealismus zufolge die Philosophie. Indem der Gedanke im Gang der Erkenntnis die in der Wahrnehmung unmittelbar gesetzten und daher zwingenden Begriffsmomente als begriffliche identifiziert, nimmt er sie stufenweise ins Subjekt zurück und entkleidet sie der anschaulichen Gewalt. In solchem Gange erweist sich jede frühere Stufe, auch die der Wissenschaft, gegenüber der Philosophie noch gleichsam als Wahrnehmung, als ein mit unerkannten intellektuellen Elementen durchsetztes, entfremdetes Phänomen; dabei zu verharren, ohne Negation, gehört der Pathologie der Erkenntnis zu. Der naiv Verabsolutierende, und sei er noch so universal tätig, ist ein Leidender, er unterliegt der verblendenden Macht falscher Unmittelbarkeit.

Solche Verblendung aber ist ein konstitutives Element jeglichen Urteils, ein notwendiger Schein. Jedes Urteil, auch das negative, ist versichernd. Wie sehr auch ein Urteil zur Selbstkorrektur seine eigene Isoliertheit und Relativität hervorkehren möge, es muß den eigenen wenn auch noch so vorsichtig formulierten Inhalt, das Behauptete, als nicht bloß isoliert und relativ behaupten. Darin besteht sein Wesen als Urteil, in der Klausel verschanzt sich bloß der Anspruch. Die Wahrheit hat keine Grade wie die Wahrscheinlichkeit. Der negierende Schritt über das einzelne Urteil hinaus, der seine Wahrheit rettet, ist möglich nur, sofern es sich selbst für wahr nahm und sozusagen paranoisch war. Das wirklich Verrückte liegt erst im Unverrückbaren, in der Unfähigkeit des Gedankens zu solcher Negativität, in welcher entgegen dem verfestigten Urteil das Denken recht eigentlich besteht. Die paranoische Überkonsequenz, die schlechte Unendlichkeit des immergleichen Urteils, ist ein Mangel an Konsequenz des Denkens; anstatt das Scheitern des absoluten Anspruchs gedanklich zu vollziehen und dadurch sein Urteil weiter zu bestimmen, verbeißt der Paranoiker sich in dem Anspruch, der es scheitern ließ. Anstatt weiter zu gehen, indem es in die Sache eindringt, tritt das ganze Denken in den hoffnungslosen Dienst des partikularen Urteils. Dessen Unwiderstehlichkeit ist dasselbe wie seine ungebrochene Positivität und die Schwäche des Paranoikers die des Gedankens selbst. Die Besinnung nämlich, die beim Gesunden die Macht der Unmittelbarkeit bricht, ist nie so zwingend wie der Schein, den sie aufhebt. Als negative, reflektierte, nicht geradeaus gerichtete Bewegung entbehrt sie der Brutalität, die dem Positiven innewohnt. Wenn die psychische Energie der Paranoia aus jener libidinösen Dynamik stammt, welche die Psychoanalyse bloßlegt, so ist ihre objektive Unangreifbarkeit in der Vieldeutigkeit begründet, die vom vergegenständlichenden Akt gar nicht abzulösen ist; ja, dessen halluzinatorische Gewalt wird ursprünglich entscheidend gewesen sein. In der Sprache der Selektionstheorie ließe sich verdeutlichend sagen, es hätten während der Entstehungsperiode des menschlichen Sensoriums jene Individuen überlebt, bei denen die Kraft der Projektionsmechanismen am weitesten in die rudimentären logischen Fähigkeiten hineinreichte, oder am wenigsten durch allzu frühe Ansätze der Reflexion gemindert war. Wie noch heute praktisch fruchtbare wissenschaftliche Unternehmungen der unangekränkelten Fähigkeit zur Definition bedürfen, der Fähigkeit, den Gedanken an einer durchs gesellschaftliche Bedürfnis designierten Stelle stillzulegen, ein Feld abzugrenzen, das dann bis ins kleinste durchforscht wird, ohne daß man es transzendierte, so vermag der Paranoiker einen durch sein psychologisches Schicksal designierten Interessenkomplex nicht zu überschreiten. Sein Scharfsinn verzehrt sich in dem von der fixen Idee gezogenen Kreis, wie das Ingenium der Menschheit im Bann der technischen Zivilisation sich selbst liquidiert. Die Paranoia ist der Schatten der Erkenntnis.

So verhängnisvoll wohnt die Bereitschaft zur falschen Projektion dem Geiste ein, daß sie, das isolierte Schema der Selbsterhaltung, alles zu beherrschen droht, was über diese hinausgeht: die Kultur. Falsche Projektion ist der Usurpator des Reiches der Freiheit wie der Bildung; Paranoia ist das Symptom des Halbgebildeten. Ihm werden alle Worte zum Wahnsystem, zum Versuch, durch Geist zu besetzen, woran seine Erfahrung nicht heranreicht, gewalttätig der Welt Sinn zu geben, die ihn selber sinnlos macht, zugleich aber den Geist und die Erfahrung zu diffamieren, von denen er ausgeschlossen ist, und ihnen die Schuld aufzubürden, welche die Gesellschaft trägt, die ihn davon ausschließt. Halbbildung, die im Gegensatz zur bloßen Unbildung das beschränkte Wissen als Wahrheit hypostasiert, kann den ins Unerträgliche gesteigerten Bruch von innen und außen, von individuellem Schicksal und gesellschaftlichem Gesetz, von Erscheinung und Wesen nicht aushalten. In diesem Leiden ist zwar ein Element von Wahrheit enthalten gegenüber dem bloßen Hinnehmen des Gegebenen, auf das die überlegene Vernünftigkeit sich vereidigt hat. Stereotyp jedoch greift Halbbildung in ihrer Angst nach der ihr jeweils eigenen Formel, um bald das geschehene Unheil zu begründen, bald die Katastrophe, zuweilen als Regeneration verkleidet, vorherzusagen. Die Erklärung, in welcher der eigene Wunsch als objektive Macht auftritt, ist immer so äußerlich und sinnleer, wie das isolierte Geschehen selbst, läppisch zugleich und sinister. Die obskuren Systeme heute leisten, was dem Menschen im Mittelalter der Teufelsmythos der offiziellen Religion ermöglichte: die willkürliche Besetzung der Außenwelt mit Sinn, die der einzelgängerische Paranoiker nach privatem, von niemand geteiltem und eben deshalb erst als eigentlich verrückt erscheinendem Schema zuwege bringt. Davon entheben die fatalen Konventikel und Panazeen, die sich wissenschaftlich aufspielen und zugleich Gedanken abschneiden: Theosophie, Numerologie, Naturheilkunde, Eurhythmie, Abstinenzlertum, Yoga und zahllose andere Sekten, konkurrierend und auswechselbar, alle mit Akademien, Hierarchien, Fachsprachen, dem fetischisierten Formelwesen von Wissenschaft und Religion. Sie waren, im Angesicht der Bildung, apokryph und unrespektabel. Heute aber, wo Bildung überhaupt aus ökonomischen Gründen abstirbt, sind in ungeahntem Maßstab neue Bedingungen für die Paranoia der Massen gegeben. Die Glaubenssysteme der Vergangenheit, die von den Völkern als geschlossen paranoide Formen ergriffen wurden, hatten weitere Maschen. Gerade infolge ihrer rationalen Durchgestaltung und Bestimmtheit ließen sie, wenigstens nach oben, Raum für Bildung und Geist, deren Begriff ihr eigenes Medium war. Ja sie haben in gewisser Weise der Paranoia entgegengewirkt. Freud nennt, hier sogar mit Recht, die Neurosen »asoziale Bildungen«; »sie suchen mit privaten Mitteln zu leisten, was in der Gesellschaft durch kollektive Arbeit entstand«[3]. Die Glaubenssysteme halten etwas von jener Kollektivität fest, welche die Individuen vor der Erkrankung bewahrt. Diese wird sozialisiert: im Rausch vereinter Ekstase, ja als Gemeinde überhaupt, wird Blindheit zur Beziehung und der paranoische Mechanismus beherrschbar gemacht, ohne die Möglichkeit des Schreckens zu verlieren. Vielleicht war das einer der großen Beiträge der Religionen zur Selbsterhaltung der Art. Die paranoiden Bewußtseinsformen streben zur Bildung von Bünden, Fronden und Rackets. Die Mitglieder haben Angst davor, ihren Wahnsinn allein zu glauben. Projizierend sehen sie überall Verschwörung und Proselytenmacherei. Zu anderen verhielt sich die etablierte Gruppe stets paranoisch; die großen Reiche, ja die organisierte Menschheit als ganze haben darin vor den Kopfjägern nichts voraus. Jene, die ohne eigenen Willen von der Menschheit ausgeschlossen waren, wußten es, wie jene, die aus Sehnsucht nach der Menschheit von ihr sich selbst ausschlossen: an ihrer Verfolgung stärkte sich der krankhafte Zusammenhalt. Das normale Mitglied aber löst seine Paranoia durch die Teilnahme an der kollektiven ab und klammert leidenschaftlich sich an die objektivierten, kollektiven, bestätigten Formen des Wahns. Der horror

3 Freud, Totem und Tabu. Gesammelte Werke. Band IX. S. 91.

vacui, mit dem sie sich ihren Bünden verschreiben, schweißt sie zusammen und verleiht ihnen die fast unwiderstehliche Gewalt. Mit dem bürgerlichen Eigentum hatte auch die Bildung sich ausgebreitet. Sie hatte die Paranoia in die dunklen Winkel von Gesellschaft und Seele gedrängt. Da aber die reale Emanzipation der Menschen nicht zugleich mit der Aufklärung des Geistes erfolgte, erkrankte die Bildung selber. Je weniger das gebildete Bewußtsein von der gesellschaftlichen Wirklichkeit eingeholt wurde, desto mehr unterlag es selbst einem Prozeß der Verdinglichung. Kultur wurde vollends zur Ware, informatorisch verbreitet, ohne die noch zu durchdringen, die davon lernten. Das Denken wird kurzatmig, beschränkt sich auf die Erfassung des isoliert Faktischen. Gedankliche Zusammenhänge werden als unbequeme und unnütze Anstrengung fortgewiesen. Das Entwicklungsmoment im Gedanken, alles Genetische und Intensive darin, wird vergessen und aufs unvermittelt Gegenwärtige, aufs Extensive nivelliert. Die Lebensordnung heute läßt dem Ich keinen Spielraum für geistige Konsequenzen. Der aufs Wissen abgezogene Gedanke wird neutralisiert, zur bloßen Qualifikation auf spezifischen Arbeitsmärkten und zur Steigerung des Warenwerts der Persönlichkeit eingespannt. So geht jene Selbstbesinnung des Geistes zugrunde, die der Paranoia entgegenarbeitet. Schließlich ist unter den Bedingungen des Spätkapitalismus die Halbbildung zum objektiven Geist geworden. In der totalitären Phase der Herrschaft ruft diese die provinziellen Scharlatane der Politik und mit ihnen das Wahnsystem als ultima ratio zurück und zwingt es der durch die große und die Kulturindustrie ohnehin schon mürbe gemachten Mehrheit der Verwalteten auf. Der Widersinn der Herrschaft ist heute fürs gesunde Bewußtsein so einfach zu durchschauen, daß sie des kranken Bewußtseins bedarf, um sich am Leben zu erhalten. Nur Verfolgungswahnsinnige lassen sich die Verfolgung, in welche Herrschaft übergehen muß, gefallen, indem sie andere verfolgen dürfen.

Ohnehin ist im Faschismus, wo die von bürgerlicher Zivilisation mühsam gezüchtete Verantwortung für Weib und Kind hinter dem dauernden Sichausrichten jedes Einzelnen nach dem Reglement wieder verschwindet, das Gewissen liquidiert. Es bestand – anders als Dostojewskij und deutsche Innerlichkeitsapostel sich

vorstellten – in der Hingabe des Ichs an das Substantielle draußen, in der Fähigkeit, das wahre Anliegen der anderen zum eigenen zu machen. Diese Fähigkeit ist die zur Reflexion als der Durchdringung von Rezeptivität und Einbildungskraft. Indem die große Industrie durch Abschaffung des unabhängigen ökonomischen Subjekts, teils durch Einziehung der selbständigen Unternehmer, teils durch Transformation der Arbeiter in Gewerkschaftsobjekte unaufhaltsam der moralischen Entscheidung den wirtschaftlichen Boden entzieht, muß auch die Reflexion verkümmern. Seele, als Möglichkeit zu dem sich selber offenen Gefühl der Schuld, zergeht. Gewissen wird gegenstandslos, denn anstelle der Verantwortung des Individuums für sich und die Seinen tritt, wenn auch unter dem alten moralischen Titel, schlechtweg seine Leistung für den Apparat. Es kommt nicht mehr zum Austrag des eigenen Triebkonflikts, in welchem die Gewissensinstanz sich ausbildet. Statt der Verinnerlichung des gesellschaftlichen Gebots, die es nicht nur verbindlicher und zugleich geöffneter macht, sondern auch von der Gesellschaft emanzipiert, ja gegen diese wendet, erfolgt prompte, unmittelbare Identifikation mit den stereotypen Wertskalen. Die vorbildliche deutsche Frau, die das Weibliche, und der echte deutsche Mann, der das Männliche gepachtet hat, wie ihre anderwärtigen Versionen, sind Typen konformierender Asozialer. Trotz und wegen der offenbaren Schlechtigkeit der Herrschaft ist diese so übermächtig geworden, daß jeder Einzelne in seiner Ohnmacht sein Schicksal nur durch blinde Fügsamkeit beschwören kann.
In solcher Macht bleibt es dem von der Partei gelenkten Zufall überlassen, wohin die verzweifelte Selbsterhaltung die Schuld an ihrem Schrecken projiziert. Vorbestimmt für solche Lenkung sind die Juden. Die Zirkulationssphäre, in der sie ihre ökonomischen Machtpositionen besaßen, ist im Schwinden begriffen. Die liberalistische Form des Unternehmens hatte den zersplitterten Vermögen noch politischen Einfluß gestattet. Jetzt werden die eben erst Emanzipierten den mit dem Staatsapparat verschmolzenen, der Konkurrenz entwachsenen Kapitalmächten ausgeliefert. Gleichgültig wie die Juden an sich selber beschaffen sein mögen, ihr Bild, als das des Überwundenen, trägt die Züge, denen die totalitär gewordene Herrschaft todfeind sein muß: des Glückes ohne Macht, des Lohnes ohne Arbeit, der Heimat ohne Grenzstein,

der Religion ohne Mythos. Verpönt sind diese Züge von der Herrschaft, weil die Beherrschten sie insgeheim ersehnen. Nur solange kann jene bestehen, wie die Beherrschten selber das Ersehnte zum Verhaßten machen. Das gelingt ihnen mittels der pathischen Projektion, denn auch der Haß führt zur Vereinigung mit dem Objekt, in der Zerstörung. Er ist das Negativ der Versöhnung. Versöhnung ist der höchste Begriff des Judentums und dessen ganzer Sinn die Erwartung; der Unfähigkeit zu dieser entspringt die paranoische Reaktionsform. Die Antisemiten sind dabei, ihr negativ Absolutes aus eigner Macht zu verwirklichen, sie verwandeln die Welt in die Hölle, als welche sie sie schon immer sahen. Die Umwendung hängt davon ab, ob die Beherrschten im Angesicht des absoluten Wahnsinns ihrer selbst mächtig werden und ihm Einhalt gebieten. In der Befreiung des Gedankens von der Herrschaft, in der Abschaffung der Gewalt, könnte sich erst die Idee verwirklichen, die bislang unwahr blieb, daß der Jude ein Mensch sei. Es wäre der Schritt aus der antisemitischen Gesellschaft, die den Juden wie die andern in die Krankheit treibt, zur menschlichen. Solcher Schritt erfüllte zugleich die faschistische Lüge, als deren eigenen Widerspruch: die Judenfrage erwiese sich in der Tat als Wendepunkt der Geschichte. Mit der Überwindung der Krankheit des Geistes, die auf dem Nährboden der durch Reflexion ungebrochenen Selbstbehauptung wuchert, würde die Menschheit aus der allgemeinen Gegenrasse zu der Gattung, die als Natur doch mehr ist als bloße Natur, indem sie ihres eigenen Bildes innewird. Die individuelle und gesellschaftliche Emanzipation von Herrschaft ist die Gegenbewegung zur falschen Projektion, und kein Jude, der diese je in sich zu beschwichtigen wüßte, wäre noch dem Unheil ähnlich, das über ihn, wie über alle Verfolgten, Tiere und Menschen, sinnlos hereinbricht.

VII

Aber es gibt keine Antisemiten mehr. Sie waren zuletzt Liberale, die ihre antiliberale Meinung sagen wollten. Die altkonservative Distanz des Adels und der Offizierskorps von den Juden war im ausgehenden neunzehnten Jahrhundert bloß reaktionär. Zeitgemäß waren die Ahlwardts und Knüppelkunzes. Sie hatten zur Ge folgschaft schon das Menschenmaterial des Führers, aber ihren Rückhalt bei den boshaften Charakteren und Querköpfen im ganzen Land. Wurde antisemitische Gesinnung laut, so fühlte sie sich als bürgerlich und aufsässig zugleich. Das völkische Schimpfen war noch die Verzerrung von ziviler Freiheit. In der Bierbankpolitik der Antisemiten kam die Lüge des deutschen Liberalismus zum Vorschein, von dem sie zehrte und dem sie schließlich das Ende bereitete. Wenn sie auch gegen Juden ihre eigene Mittelmäßigkeit als Freibrief für das Prügeln geltend machten, das schon den universalen Mord in sich hatte, so sahen sie ökonomisch doch noch genug vor sich selber, um das Risiko des Dritten Reichs gegen die Vorteile einer feindseligen Duldung einstweilen abzuwägen. Der Antisemitismus war noch ein konkurrierendes Motiv in subjektiver Wahl. Die Entscheidung bezog sich spezifisch auf ihn. In der Annahme der völkischen These freilich war immer schon das ganze chauvinistische Vokabular mitgesetzt. Seit je zeugte antisemitisches Urteil von Stereotypie des Denkens. Heute ist diese allein übrig. Gewählt wird immer noch, aber einzig zwischen Totalitäten. Anstelle der antisemitischen Psychologie ist weithin das bloße Ja zum faschistischen Ticket getreten, dem Inventar der Parolen der streitbaren Großindustrie. Wie auf dem Wahlzettel der Massenpartei dem Wähler von der Parteimaschine die Namen derer oktroyiert werden, die seiner Erfahrung entrückt sind und die er nur en bloc wählen kann, so sind die ideologischen Kernpunkte auf wenigen Listen kodifiziert. Für eine von ihnen muß man en bloc optieren, wenn nicht die eigene Gesinnung einem selbst als so vergeblich erscheinen soll wie die Splitterstimmen am Wahltag gegenüber den statistischen Mammutziffern. Antisemitismus ist kaum mehr eine selbständige Regung, sondern eine Planke der Plattform: wer irgend dem Faschismus die Chance gibt, subskribiert mit der Zerschlagung der Gewerkschaften und dem Kreuzzug gegen den Bolschewismus automatisch auch die Erledigung der Juden. Die wie sehr auch verlogene Überzeugung des Antisemiten ist in die vorentschiedenen Reflexe der subjektlosen Exponenten ihrer Standorte übergegangen. Wenn die Massen das reaktionäre Ticket annehmen, das den Punkt gegen die Juden enthält, gehorchen sie sozialen Mechanismen, bei denen die Erfahrungen der Einzelnen mit Juden keine Rolle spielen. Es hat sich tatsächlich gezeigt, daß der Antisemitismus in judenreinen Gegenden nicht weniger Chancen hat als selbst in Hollywood. Anstelle von Erfahrung tritt das Cliché, anstelle der in jener tätigen Phantasie fleißige Rezeption. Bei Strafe rapiden Untergangs ist den Mitgliedern jeder Schicht ihr Pensum an Orientierung vorgeschrieben. Orientieren müssen sie sich sowohl im Sinn des Wissens ums neueste Flugzeug wie im Sinn des Anschlusses an eine der vorgegebenen Instanzen der Macht.

In der Welt als Serienproduktion ersetzt deren Schema, Stereotypie, die kategoriale Arbeit. Das Urteil beruht nicht mehr auf dem wirklichen Vollzug der Synthesis, sondern auf blinder Subsumtion. Hat auf einer historisch frühen Stufe Urteilen einmal im raschen Unterscheiden bestanden, das den giftigen Pfeil sogleich in Bewegung setzte, so hatten inzwischen Tausch und Rechtspflege das Ihre getan. Urteilen war durch die Stufe des Abwägens hindurchgegangen, das dem Urteilssubjekt gegen die brutale Identifikation mit dem Prädikat einigen Schutz gewährte. In der spätindustriellen Gesellschaft wird auf den urteilslosen Vollzug des Urteils regrediert. Als im Faschismus die beschleunigte Prozedur das umständliche Gerichtsverfahren im Strafprozeß ablöste, waren die Zeitgenossen ökonomisch darauf vorbereitet; sie hatten gelernt, besinnungslos die Dinge durch die Denkmodelle hindurch zu sehen, durch die termini technici, welche beim Zerfall der Sprache jeweils die eiserne Ration ausmachen. Der Wahrnehmende ist im Prozeß der Wahrnehmung nicht mehr gegenwärtig. Er bringt die tätige Passivität des Erkennens nicht mehr auf, in der die kategorialen Elemente vom konventionell vorgeformten »Gegebenen« und dieses von jenen neu, angemessen sich gestalten lassen, so daß dem wahrgenommenen Gegenstand sein Recht wird. Auf dem Felde der Sozialwissenschaften wie in der Erlebniswelt des Einzelnen werden blinde Anschauung und leere Begriffe starr und unvermittelt zusammengebracht. Im Zeitalter der dreihundert Grundworte verschwindet die Fähigkeit zur Anstrengung des Urteilens und damit der Unterschied zwischen wahr und falsch. Sofern nicht Denken in höchst spezialisierter Form noch in manchen Sparten der Arbeitsteilung ein Stück beruflicher Ausrüstung bildet, wird es als altmodischer Luxus verdächtig: »armchair thinking«. Man soll etwas vor sich bringen. Je mehr die Entwicklung der Technik körperliche Arbeit überflüssig macht, desto eifriger wird diese zum Vorbild der geistigen erhoben, welche nicht in Versuchung kommen darf, eben daraus die Konsequenzen zu ziehen. Das ist das Geheimnis der Verdummung, die dem Antisemitismus zugutekommt. Wenn selbst innerhalb der Logik der Begriff dem Besonderen nur als ein bloß Äußerliches widerfährt, muß erst recht in der Gesellschaft erzittern, was den Unterschied repräsentiert. Die Spielmarke wird aufgeklebt: jeder zu Freund oder Feind. Der Mangel an Rücksicht aufs Subjekt macht es der Verwaltung leicht. Man versetzt Volksgruppen in andere Breiten, schickt Individuen mit dem Stempel Jude in die Gaskammer.

Die Gleichgültigkeit gegens Individuum, die in der Logik sich ausdrückt, zieht die Folgerung aus dem Wirtschaftsprozeß. Es wurde zum Hemmnis der Produktion. Die Ungleichzeitigkeit in der technischen und menschlichen Entwicklung, das »cultural lag«, über das sich die Soziologen aufhielten, beginnt zu verschwinden. Ökonomische Rationalität, das gepriesene Prinzip des kleinsten Mittels formt unablässig noch die letzten Einheiten der Wirtschaft um: den Betrieb wie den Menschen. Die je fortgeschrittenere Form wird zur vorherrschenden. Einmal enteignete das Warenhaus das Spezialgeschäft alten Stils. Der merkantilistischen Regulierung entwachsen, hatte dieses Initiative, Disposition, Organisation in sich hineingenommen und war, wie die alte Mühle und Schmiede, zur kleinen Fabrik, selbst zur freien Unternehmung geworden. In ihm ging es umständlich, kostspielig, mit Risiken zu. Daher setzte dann Konkurrenz die leistungsfähigere zentralisierte Form des Detailgeschäfts durch, eben das Warenhaus. Dem psychologischen Kleinbetrieb, dem Individuum ergeht es nicht anders. Es war entstanden als Kraftzelle ökonomischer Aktivität. Von der Bevormundung auf früheren Wirtschaftsstufen emanzipiert, sorgte es für sich allein: als Proletarier durch Verdingung über den Arbeitsmarkt und fortwährende Anpassung an neue technische Bedingungen, als Unternehmer durch unermüdliche Verwirklichung des Idealtyps homo oeconomicus. Die Psychoanalyse hat den inneren Kleinbetrieb, der so zustandekam, als komplizierte Dynamik von Unbewußtem und Bewußtem, von Es, Ich und Über-Ich dargestellt. In Auseinandersetzung mit dem Über-Ich, der gesellschaftlichen Kontrollinstanz im Individuum, hält das Ich die Triebe in den Grenzen der Selbsterhaltung. Die Reibungsflächen sind groß und die Neurosen, die faux frais solcher Triebökonomie, unvermeidlich. Dennoch hat die umständliche seelische Apparatur das einigermaßen freie Zusammenspiel der Subjekte ermöglicht, in dem die Marktwirtschaft bestand. In der Ära der großen Konzerne und Weltkriege aber erweist sich die Vermittlung des Gesellschaftsprozesses durch die zahllosen Monaden hindurch als rückständig. Die Subjekte der Triebökonomie werden psychologisch expropriiert und diese rationeller von der Gesellschaft selbst betrieben. Was der Einzelne jeweils tun soll, braucht er sich nicht erst mehr in einer schmerzhaften inneren Dialektik von Gewissen, Selbsterhaltung und Trieben abzuringen. Für den Menschen als Erwerbstätigen wird durch die Hierarchie der Verbände bis hinauf zur nationalen Verwaltung entschieden, in der Privatsphäre durchs Schema der Massenkultur, das noch die letzten inwendigen Regungen ihrer Zwangskonsumenten in Beschlag nimmt. Als Ich und Über-Ich fungieren die Gremien und Stars, und die Massen, selbst des Scheins der Persönlichkeit entäußert, formen sich viel reibungsloser nach den Losungen und Modellen, als je die Instinkte nach der inneren Zensur. Gehörte im Liberalismus Individuation eines Teils der Bevölkerung zur Anpassung der Gesamtgesellschaft an den Stand der Technik, so fordert heute das Funktionieren der wirtschaftlichen Apparatur die durch Individuation unbehinderte Direktion von Massen. Die ökonomisch bestimmte Richtung der Gesamtgesellschaft, die seit je in der geistigen und körperlichen Verfassung der Menschen sich durchsetzte, läßt die Organe des Einzelnen verkümmern, die im Sinne der autonomen Einrichtung seiner Existenz wirkten. Seitdem Denken ein bloßer Sektor der Arbeitsteilung wurde, haben die Pläne der zuständigen Experten und Führer die ihr eigenes Glück planenden Individuen überflüssig gemacht. Die Irrationalität der widerstandslosen und emsigen Anpassung an die Realität wird für den Einzelnen vernünftiger als die Vernunft. Wenn vordem Bürger den Zwang als Gewissenspflicht sich selbst und den Arbeitern introjiziert hatten, so wurde inzwischen der ganze Mensch zum Subjekt-Objekt der Repression. Im Fortschritt der Industriegesellschaft, die doch das von ihr selbst gezeitigte Gesetz der Verelendung hinweggezaubert haben soll, wird nun der Begriff zuschanden, durch den das Ganze sich rechtfertigte: der Mensch als Person, als Träger der Vernunft. Die Dialektik der Aufklärung schlägt objektiv in den Wahnsinn um.

Der Wahnsinn ist zugleich einer der politischen Realität. Als dichtes Gewebe neuzeitlicher Kommunikation ist die Welt so einheitlich geworden, daß die Unterschiede der Diplomatenfrühstücke in Dumbarton Oaks und Persien als nationales Timbre erst ausgesonnen werden müssen und die nationale Eigenart vornehmlich an den nach Reis hungernden Millionen erfahren wird, die durch die engen Maschen gefallen sind. Während die Fülle der Güter, die überall und zur gleichen Zeit produziert werden könnten, den Kampf um Rohmaterialien und Absatzgebiete stets anachronistischer erscheinen läßt, ist doch die Menschheit in ganz wenige bewaffnete Machtblöcke aufgeteilt. Sie konkurrieren erbarmungsloser als je die Firmen anarchischer Warenproduktion und streben der wechselseitigen Liquidierung zu. Je aberwitziger der Antagonismus, desto starrer die Blöcke. Nur indem die totale Identifikation mit diesen Machtungeheuern den in ihren Großräumen Anbetroffenen als zweite Natur aufgeprägt wird und alle Poren des Bewußtseins verstopft, werden die Massen zu der Art absoluter Apathie verhalten, die sie zu den Wunderleistungen befähigt. Sofern den Einzelnen Entscheidung noch überlassen scheint, ist diese doch wesentlich vorentschieden. Die von den Politikern der Lager ausposaunte Unversöhnlichkeit der Ideologien ist selber nur noch eine Ideologie der blinden Machtkonstellation. Das Ticketdenken, Produkt der Industrialisierung und ihrer Reklame, mißt den internationalen Beziehungen sich an. Ob ein Bürger das kommunistische oder das faschistische Ticket zieht, richtet sich bereits danach, ob er mehr von der roten Armee oder den Laboratorien des Westens sich imponieren läßt. Die Verdinglichung, kraft deren die einzig durch die Passivität der Massen ermöglichte Machtstruktur diesen selbst als eiserne Wirklichkeit entgegentritt, ist so dicht geworden, daß jede Spontaneität, ja die bloße Vorstellung vom wahren Sachverhalt notwendig zur verstiegenen Utopie, zum abwegigen Sektierertum geworden ist. Der Schein hat sich so konzentriert, daß ihn zu durchschauen objektiv den Charakter der Halluzination gewinnt. Ein Ticket wählen dagegen heißt die Anpassung an den zur Wirklichkeit versteinerten Schein vollziehen, der durch solche Anpassung sich unabsehbar reproduziert. Eben deshalb wird schon

der Zögernde als Deserteur verfemt. Seit Hamlet war den Neueren das Zaudern Zeichen von Denken und Humanität. Die verschwendete Zeit repräsentierte und vermittelte zugleich den Abstand zwischen Individuellem und Allgemeinem, wie in der Ökonomie die Zirkulation zwischen Konsum und Produktion. Heute erhalten die Einzelnen ihre Tickets fertig von den Mächten, wie die Konsumenten ihr Automobil von den Verkaufsfilialen der Fabrik. Realitätsgerechtigkeit, Anpassung an die Macht, ist nicht mehr Resultat eines dialektischen Prozesses zwischen Subjekt und Realität, sondern wird unmittelbar vom Räderwerk der Industrie hergestellt. Der Vorgang ist einer der Liquidation anstatt der Aufhebung, der formalen anstatt der bestimmten Negation. Nicht indem sie ihm die ganze Befriedigung gewährten, haben die losgelassenen Produktionskolosse das Individuum überwunden, sondern indem sie es als Subjekt auslöschten. Eben darin besteht ihre vollendete Rationalität, die mit ihrer Verrücktheit zusammenfällt. Das auf die Spitze getriebene Mißverhältnis zwischen dem Kollektiv und den Einzelnen vernichtet die Spannung, aber der ungetrübte Einklang zwischen Allmacht und Ohnmacht ist selber der unvermittelte Widerspruch, der absolute Gegensatz von Versöhnung.
Mit dem Individuum sind daher nicht auch seine psychologischen Determinanten, seit je schon die innermenschlichen Agenturen der falschen Gesellschaft, verschwunden. Aber die Charaktertypen finden jetzt im Aufriß des Machtbetriebs ihre genaue Stelle. Ihr Wirkungs- wie ihr Reibungskoeffizient sind einkalkuliert. Das Ticket selbst ist ein Zahnrad. Was am psychologischen Mechanismus von je zwangshaft, unfrei und irrational war, ist präzis darauf eingepaßt. Das reaktionäre Ticket, das den Antisemitismus enthält, ist dem destruktiv-konventionellen Syndrom angemessen. Sie reagieren nicht sowohl ursprünglich gegen die Juden, als daß sie eine Triebrichtung ausgebildet haben, die erst durch das Ticket das adäquate Objekt der Verfolgung empfängt. Die erfahrungsmäßigen »Elemente des Antisemitismus«, außer Kraft gesetzt durch den Erfahrungsverlust, der im Ticketdenken sich anzeigt, werden vom Ticket nochmals mobilisiert. Als bereits zersetzte schaffen sie dem Neo-Antisemiten das schlechte Gewissen und damit die Unersättlichkeit des Bösen. Eben weil die Psychologie der Einzelnen sich selbst und ihre Inhalte nur noch durch die gesell

schaftlich gelieferten synthetischen Schemata herstellen läßt, gewinnt der zeitgemäße Antisemitismus das nichtige, undurchdringliche Wesen. Der jüdische Mittelsmann wird erst ganz zum Bild des Teufels, nachdem es ihn ökonomisch eigentlich nicht mehr gibt; das macht den Triumph leicht und noch den antisemitischen Familienvater zum verantwortungsfreien Zuschauer der unaufhaltsamen geschichtlichen Tendenz, der nur zugreift, wo es seine Rolle als Angestellter der Partei oder der Zyklonfabriken erfordert. Die Verwaltung totalitärer Staaten, die unzeitgemäße Volksteile der Ausrottung zuführt, ist bloß der Nachrichter längst gefällter ökonomischer Verdikte. Die Angehörigen anderer Sparten der Arbeitsteilung können mit der Gleichgültigkeit zusehen, die der Zeitungsleser angesichts der Meldung über Aufräumungsarbeiten am Schauplatz der Katastrophe von gestern nicht verliert. Die Eigenart, um derentwillen die Opfer erschlagen werden, ist denn auch selber längst weggewischt. Die Menschen, die als Juden unters Dekret fallen, müssen durch umständliche Fragebogen erst eruiert werden, nachdem unter dem nivellierenden Druck der spätindustriellen Gesellschaft die feindlichen Religionen, die einst den Unterschied konstituierten, durch erfolgreiche Assimilation bereits in bloße Kulturgüter umgearbeitet worden sind. Die jüdischen Massen selber entziehen sich dem Ticketdenken so wenig wie nur irgend die feindlichen Jugendverbände. Der faschistische Antisemitismus muß sein Objekt gewissermaßen erst erfinden. Die Paranoia verfolgt ihr Ziel nicht mehr auf Grund der individuellen Krankengeschichte des Verfolgers; zum gesellschaftlichen Existential geworden, muß sie es vielmehr im Verblendungszusammenhang der Kriege und Konjunkturen selbst setzen, ehe die psychologisch prädisponierten Volksgenossen als Patienten sich innerlich und äußerlich darauf stürzen können.

Daß, der Tendenz nach, Antisemitismus nur noch als Posten im auswechselbaren Ticket vorkommt, begründet unwiderleglich die Hoffnung auf sein Ende. Die Juden werden zu einer Zeit ermordet, da die Führer die antisemitische Planke so leicht ersetzen könnten, wie die Gefolgschaften von einer Stätte der durchrationalisierten Produktion in eine andere überzuführen sind. Die Basis der Entwicklung, die zum Ticketdenken führt, ist ohnehin die universale Reduktion aller spezifischen Energie auf die eine, gleiche, abstrakte Arbeitsform vom Schlachtfeld bis zum Studio. Der Übergang von solchen Bedingungen zum menschlicheren Zustand aber kann nicht geschehen, weil dem Guten dasselbe wie dem Bösen widerfährt. Die Freiheit auf dem progressiven Ticket ist den machtpolitischen Strukturen, auf welche die progressiven Entscheidungen notwendig hinauslaufen, so äußerlich wie die Judenfeindschaft dem chemischen Trust. Zwar werden die psychologisch Humaneren von jenem angezogen, doch verwandelt der sich ausbreitende Verlust der Erfahrung auch die Anhänger des progressiven Tickets am Ende in Feinde der Differenz. Nicht erst das antisemitische Ticket ist antisemitisch, sondern die Ticketmentalität überhaupt. Jene Wut auf die Differenz, die ihr teleologisch innewohnt, steht als Ressentiment der beherrschten Subjekte der Naturbeherrschung auf dem Sprung gegen die natürliche Minderheit, auch wo sie fürs erste die soziale bedrohen. Die gesellschaftlich verantwortliche Elite ist ohnehin weit schwieriger zu fixieren als andere Minderheiten. Im Nebel der Verhältnisse von Eigentum, Besitz, Verfügung und Management entzieht sie sich mit Erfolg der theoretischen Bestimmung. An der Ideologie der Rasse und der Wirklichkeit der Klasse erscheint gleichermaßen bloß noch die abstrakte Differenz gegen die Majorität. Wenn aber das fortschrittliche Ticket dem zustrebt, was schlechter ist als sein Inhalt, so ist der Inhalt des faschistischen so nichtig, daß er als Ersatz des Besseren nur noch durch verzweifelte Anstrengung der Betrogenen aufrecht erhalten werden kann. Sein Grauen ist das der offenkundigen und doch fortbestehenden Lüge. Während es keine Wahrheit zuläßt, an der es gemessen werden könnte, tritt im Unmaß seines Widersinns die Wahrheit negativ zum Greifen nahe, von der die Urteilslosen einzig durch die volle Einbuße des Denkens getrennt zu halten sind. Die ihrer selbst mächtige, zur Gewalt werdende Aufklärung selbst vermöchte die Grenzen der Aufklärung zu durchbrechen.

Aufzeichnungen und Entwürfe

GEGEN BESCHEIDWISSEN

Zu den Lehren der Hitlerzeit gehört die von der Dummheit des Gescheitseins. Aus wievielen sachverständigen Gründen haben ihm die Juden noch die Chancen des Aufstiegs bestritten, als dieser so klar war wie der Tag. Mir ist ein Gespräch in Erinnerung, in welchem ein Nationalökonom aus den Interessen der bayrischen Bierbrauer die Unmöglichkeit der Uniformierung Deutschlands bewies. Dann sollte nach den Gescheiten der Faschismus im Westen unmöglich sein. Die Gescheiten haben es den Barbaren überall leicht gemacht, weil sie so dumm sind. Es sind die orientierten, weitblickenden Urteile, die auf Statistik und Erfahrung beruhenden Prognosen, die Feststellungen, die damit beginnen »Schließlich muß ich mich hier auskennen«, es sind die abschließenden und soliden statements, die unwahr sind.
Hitler war gegen den Geist und widermenschlich. Es gibt aber auch einen Geist, der widermenschlich ist: sein Merkmal ist wohlorientierte Überlegenheit.

Zusatz

Daß Gescheitsein zur Dummheit wird, liegt in der historischen Tendenz. Das Vernünftige, in dem Sinne, der noch Chamberlain leitete, als er zur Zeit von Godesberg Hitlers Forderungen unreasonable nannte, besagt soviel, wie daß Äquivalenz von Geben und Nehmen innegehalten werden soll. Solche Vernunft ist am Tausch gebildet. Zwecke soll man nur vermittelt, gewissermaßen über den Markt erreichen, vermöge des kleinen Vorteils, den die Macht unter Anerkennung der Spielregel Konzession gegen Konzession herauszuschlagen vermag. Das Gescheitsein wird hinfällig, sobald die Macht der Spielregel nicht mehr gehorcht und zur unmittelbaren Aneignung schreitet. Das Medium der bürgerlich traditionellen

Intelligenz, die Diskussion, zergeht. Schon die Individuen können sich nicht mehr unterhalten und wissen es: darum haben sie das Spiel zu einer ernsten und verantwortlichen Institution gemacht, die alle Kräfte verlangt, so daß es weder mehr zum Gespräch kommt noch das Verstummen erfahren wird. Im Großen vollends geht es nicht anders zu. Dem Faschisten läßt sich nicht gut zureden. Wenn der andere das Wort ergreift, empfindet er es als unverschämte Unterbrechung. Er ist der Vernunft unzugänglich, weil er sie bloß im Nachgeben der anderen erblickt.

Der Widerspruch von der Dummheit des Gescheitseins ist notwendig. Denn die bürgerliche Ratio muß Universalität beanspruchen und zugleich zu deren Beschränkung sich entfalten. Wie im Tausch jeder das Seine bekommt und doch das soziale Unrecht sich dabei ergibt, so ist auch die Reflexionsform der Tauschwirtschaft, die herrschende Vernunft, gerecht, allgemein und doch partikularistisch, das Instrument des Privilegs in der Gleichheit. Ihr präsentiert der Faschist die Rechnung. Er vertritt offen das Partikulare und enthüllt damit die Ratio, die zu Unrecht auf ihre Allgemeinheit pocht, als selber begrenzt. Daß dann mit einem Mal die Gescheiten die Dummen sind, überführt die Vernunft ihrer eigenen Unvernunft.

Aber auch der Faschist laboriert an dem Widerspruch. Denn die bürgerliche Vernunft ist in der Tat nicht bloß partikular, sondern auch allgemein, und ihre Allgemeinheit ereilt den Faschismus, indem er sie verleugnet. Die in Deutschland zur Macht kamen, waren gescheiter als die Liberalen und dümmer. Der Fortschritt zur neuen Ordnung wurde weithin von denen getragen, deren Bewußtsein beim Fortschritt nicht mitkam, von Bankrotteuren, Sektierern, Narren. Gegen das Fehlermachen sind sie gefeit, solange ihre Macht jegliche Konkurrenz verhindert. In der Konkurrenz der Staaten aber sind die Faschisten nicht nur ebenso fähig, Fehler zu machen, sondern treiben mit Eigenschaften wie Kurzsichtigkeit, Verbohrtheit, Unkenntnis der ökonomischen Kräfte, vor allem aber durch die Unfähigkeit, das Negative zu sehen und in die Einschätzung der Gesamtlage aufzunehmen, auch subjektiv zur Katastrophe, die sie im innersten stets erwartet haben.

ZWEI WELTEN

Hierzulande gibt es keinen Unterschied zwischen dem wirtschaftlichen Schicksal und den Menschen selbst. Keiner ist etwas anderes als sein Vermögen, sein Einkommen, seine Stellung, seine Chancen. Die wirtschaftliche Charaktermaske und das, was darunter ist, decken sich im Bewußtsein der Menschen, den Betroffenen eingeschlossen, bis aufs kleinste Fältchen. Jeder ist so viel wert wie er verdient, jeder verdient so viel er wert ist. Was er ist, erfährt er durch die Wechselfälle seiner wirtschaftlichen Existenz. Er kennt sich nicht als ein anderes. Hatte die materialistische Kritik der Gesellschaft dem Idealismus einst entgegengehalten, daß nicht das Bewußtsein das Sein, sondern das Sein das Bewußtsein bestimme, daß die Wahrheit über die Gesellschaft nicht in ihren idealistischen Vorstellungen von sich selbst, sondern in ihrer Wirtschaft zu finden sei, so hat das zeitgemäße Selbstbewußtsein solchen Idealismus mittlerweile abgeworfen. Sie beurteilen ihr eigenes Selbst nach seinem Marktwert und lernen, was sie sind, aus dem, wie es ihnen in der kapitalistischen Wirtschaft ergeht. Ihr Schicksal, und wäre es das traurigste, ist ihnen nicht äußerlich, sie erkennen es an. Der Chinese, der Abschied nahm,

> »Sprach mit umflorter Stimme: Du mein Freund
> Mir war das Glück in dieser Welt nicht hold.
> Wohin ich geh? Ich wandere in die Berge,
> Ich suche Ruhe für mein einsam Herz.«

I am a failure, sagt der Amerikaner. – And that is that.

VERWANDLUNG DER IDEE IN HERRSCHAFT

Aus der ältesten exotischen Geschichte springen zuweilen Tendenzen der jüngsten und vertrautesten heraus und werden durch Distanz besonders deutlich.

In seiner Erklärung zur Içâ-Upanishad weist Deussen[1] darauf hin, daß der Schritt, den das indische Denken darin über frühere hinaus vollzog, demjenigen ähnlich sei, den Jesus nach dem Evangelium Matthäi[2] über Johannes den Täufer und die Stoiker über die Kyniker hinaus getan hätten. Die Bemerkung ist historisch allerdings deshalb einseitig, weil die kompromißlosen Ideen Johannes des Täufers und der Kyniker, nicht weniger als die Ansichten, gegen die jene ersten Verse der Içâ-Upanishad den Fortschritt bilden sollen[3], viel eher nach linken, von mächtigen Cliquen und Parteien abgespaltenen Sezessionsströmungen aussehen, als nach Hauptlinien geschichtlicher Bewegungen, aus denen dann die europäische Philosophie, das Christentum und die lebenskräftige Vedische Religion sich erst abgezweigt hätten. In den indischen Sammlungen pflegt denn auch, wie Deussen selbst berichtet, die Içâ-Upanishad als erste zu stehen, also lang vor denen, deren Überwindung sie sein soll. Dennoch haftet diesem ersten Stück, von dem die Rede ist, tatsächlich etwas vom Verrat an jugendlichem Radikalismus, an revolutionärer Opposition gegen die herrschende Wirklichkeit an.

Der Schritt zum organisationsfähigen Vedantismus, Stoizismus und Christentum besteht in der Teilnahme an gesellschaftlicher Wirksamkeit, im Ausbau eines einheitlichen theoretischen Systems. Das wird vermittelt durch die Lehre, daß die aktive Rolle im Leben dem Seelenheil nicht schade, wenn man nur die richtige Gesinnung habe. So weit ist es im Christentum freilich erst auf der Paulinischen Stufe gekommen. Die vom Bestehenden distanzierende Idee geht über in Religion. Getadelt werden die Kompromißlosen. Sie standen »ab von dem Verlangen nach Kindern, von

1 Paul Deussen, Sechzig Upanishad's des Veda. Leipzig 1905. S. 524.
2 11. Kapitel. Vers 17–19.
3 Vor allem Brihadâranyaka-Upanishad 3, 5, 1 und 4, 4, 22. Deussen a.a.O. S. 436 f. und 479 f.

dem Verlangen nach Besitz, von dem Verlangen nach der Welt und wanderten umher als Bettler. Denn Verlangen nach Kindern ist Verlangen nach Besitz, und Verlangen nach Besitz ist Verlangen nach der Welt; denn eines wie das andere ist eitel Verlangen.«[4] Wer so redet, mag nach den Zivilisatoren die Wahrheit sprechen, aber er hält nicht Schritt mit dem Gang des gesellschaftlichen Lebens. Daher wurden sie zu Irren. Sie glichen in der Tat Johannes dem Täufer. Er »war bekleidet mit einem Gewand aus Kamelshaar und einem Ledergurt um seine Lenden und nährte sich von Heuschrecken und wildem Honig.«[5] »Die Kyniker«, sagt Hegel, »haben wenig philosophische Ausbildung, und zu einem System, zu einer Wissenschaft haben sie es nicht gebracht; später wurde es erst durch die Stoiker zu einer philosophischen Disziplin.«[6] »Schweinische, unverschämte Bettler«[7] nennt er ihre Nachfolger.

Die Kompromißlosen, von denen die Geschichte überhaupt Kunde gibt, entbehrten nicht jeder Art organisierter Gefolgschaft, sonst wären noch nicht einmal die Namen bis zur Gegenwart gelangt. Sie haben wenigstens ein Stück systematischer Lehre oder Verhaltungsregeln aufgestellt. Selbst die von jener ersten attackierten radikaleren Upanishads waren Verse und Opfersprüche von Priestergilden[8], Johannes hat es nicht zum Religionsstifter gebracht, doch hat er einen Orden gegründet.[9] Die Kyniker bildeten eine Philosophenschule; ihr Begründer Antisthenes hat sogar die Umrisse einer Staatstheorie gezeichnet.[10] Die theoretischen und praktischen Systeme solcher Außenseiter der Geschichte sind jedoch nicht so straff und zentralisiert, sie unterscheiden sich von den erfolgreichen durch einen Schuß von Anarchie. Die Idee und der Einzelne gelten ihnen mehr als die Verwaltung und das Kollektiv. So

4 A.a.O. S. 436.
5 Evang. Marci. Kapitel 1. Vers 6.
6 Vorlesungen über die Geschichte der Philosophie. 2. Band. Werke. Band XIV. S. 159 f.
7 A.a.O. S. 168.
8 Vgl. Deussen a.a.O. S. 373.
9 Vgl. Eduard Meyer, Ursprung und Anfänge des Christentums. Stuttgart und Berlin 1921. Band I. S. 90.
10 Diogenes Laertius, IV, 15.

fordern sie die Wut heraus. Die Kyniker hat der Herrschaftsmann Plato im Auge, wenn er gegen die Gleichsetzung des Amts des Königs mit dem eines gemeinen Hirten und gegen die lose organisierte Menschheit ohne nationale Grenzen als den Schweinestaat eifert.[11] Die Kompromißlosen mochten zur Vereinigung und Kooperation bereit sein, zum soliden Bau einer nach unten abgeschlossenen Hierarchie jedoch waren sie ungeschickt. Weder in ihrer Theorie, die der Einheitlichkeit und Konsequenz, noch in ihrer Praxis, die der stoßkräftigen Zusammenfassung ermangelte, reflektierte ihr eigenes Sein die Welt, wie sie wirklich war.

Das war die formale Differenz der radikalen von den konformistischen Bewegungen in Religion und Philosophie, sie lag nicht im isolierten Inhalt. Keineswegs etwa waren sie durch die Idee der Askese unterschieden. Die Sekte des Asketen Gotama hat die asiatische Welt erobert. Er bekundete eben schon zu Lebzeiten ein großes Talent der Organisation. Schließt er auch noch nicht, wie der Reformator Cankara, die Unteren von der Mitteilung der Lehre aus[12], so erkannte er doch das Eigentum an Menschen ausdrücklich an und rühmte sich der »Söhne edler Geschlechter«, die in seinen Orden eintraten, in dem es Pariahs »wenn überhaupt, so doch allem Anschein nach nur als seltene Ausnahme gegeben hat«[13] Die Jünger waren gleich zu Anfang nach brahmanischem Vorbild gegliedert.[14] Krüppeln, Kranken, Verbrechern und vielen anderen war die Aufnahme versagt.[15] Hast Du, so wurde bei der Aufnahme gefragt, »Aussatz, Skrofeln, weißen Aussatz, Schwindsucht, Fallsucht? Bist Du ein Mensch? Bist Du ein Mann? Bist Du Dein eigener Herr? Hast Du keine Schulden? Stehst Du nicht in königlichen Diensten?« usw. Ganz im Einklang mit dem brutalen Patriarchalismus Indiens waren die Frauen vom urbuddhistischen Orden nur ungern als Jüngerinnen zugelassen. Sie mußten sich den Männern unterwerfen, blieben in der Tat unmündig.[16] Der ganze Orden

11 Vgl. Politeia, 372; Politikos, 267 ff. und Eduard Zeller, Die Philosophie der Griechen. Leipzig 1922. 2. Teil. 1. Abt. S. 325 f., Anm.

12 Vgl. Deussen, Das System des Vedanta. Leipzig 1906. 2. Aufl. S. 63 ff.

13 Hermann Oldenberg, Buddha. Stuttgart und Berlin 1914. S. 174 f.

14 Vgl. a.a.O. S. 386.

15 A.a.O. S. 393 f.

16 Vgl. a.a.O. S. 184 ff. und S. 424 ff.

erfreute sich der Gunst der Herrschenden, fügte sich dem indischen Leben vorzüglich ein.
Askese und Materialismus, die Gegensätze, sind in gleicher Weise doppelsinnig. Askese als Verweigerung des Mittuns am schlechten Bestehenden, fällt im Angesicht von Unterdrückung mit der materiellen Forderung der Massen zusammen, wie umgekehrt Askese als Mittel der Disziplin, von Cliquen auferlegt, die Anpassung ans Unrecht bezweckt. Die materialistische Einrichtung im Bestehenden, der partikulare Egoismus, war seit je mit Entsagung verknüpft, während der Blick des unbürgerlichen Schwarmgeists über das Bestehende hinaus, materialistisch zum Land von Milch und Honig schweift. Im wahren Materialismus ist die Askese und in der wahren Askese der Materialismus aufgehoben. Die Geschichte jener alten Religionen und Schulen, wie die der modernen Parteien und Revolutionen hingegen vermag zu lehren, daß der Preis fürs Überleben das praktische Mitmachen, die Verwandlung der Idee in Herrschaft ist.

ZUR THEORIE DER GESPENSTER

Freuds Theorie, daß der Gespensterglaube aus den bösen Gedanken der Lebenden gegen die Verstorbenen kommt, aus der Erinnerung an alte Todeswünsche, ist zu plan. Der Haß gegen die Verstorbenen ist Eifersucht nicht weniger als Schuldgefühl. Der Zurückbleibende fühlt sich verlassen, er rechnet seinen Schmerz dem Toten an, der ihn verursacht. Auf den Stufen der Menschheit, auf denen der Tod noch unmittelbar als Fortsetzung der Existenz erschien, wirkt das Verlassen im Tod notwendig als Verrat, und selbst im Aufgeklärten pflegt der alte Glaube nicht ganz erloschen zu sein. Dem Bewußtsein ist es unangemessen, den Tod als absolutes Nichts zu denken, das absolute Nichts denkt sich nicht. Und wenn dann die Last des Lebens sich wieder auf den Hinterbliebenen legt, erscheint die Lage des Toten ihm leicht als der bessere Zustand. Die Weise, in der manche Hinterbliebene nach dem Tod eines Angehörigen ihr Leben neu organisieren, der betriebsame Kult mit dem Toten oder umgekehrt, das als Takt rationalisierte Vergessen, sind das moderne Gegenstück zum Spuk, der, unsublimiert, als Spiritismus weiterwuchert. Einzig das ganz bewußt gemachte Grauen vor der Vernichtung setzt das rechte Verhältnis zu den Toten: die Einheit mit ihnen, weil wir wie sie Opfer desselben Verhältnisses und derselben enttäuschten Hoffnung sind.

Zusatz

Das gestörte Verhältnis zu den Toten – daß sie vergessen werden und einbalsamiert – ist eines der Symptome fürs Kranksein der Erfahrung heute. Fast ließe sich sagen, es sei der Begriff des menschlichen Lebens selber, als der Einheit der Geschichte eines Menschen, hinfällig geworden: das Leben des Einzelnen wird bloß noch durch sein Gegenteil, die Vernichtung definiert, hat aber jede Einstimmigkeit, jede Kontinuität der bewußten Erinnerung und des unwillkürlichen Gedächtnisses – den Sinn verloren. Die Individuen reduzieren sich auf die bloße Abfolge punkthafter Gegenwarten, die keine Spur hinterlassen oder vielmehr: deren Spur, als irrational, überflüssig, im wörtlichsten Verstande überholt sie hassen. Wie jedes Buch suspekt ist, das nicht kürzlich erschien, wie der

Gedanke an Geschichte, außerhalb des Branchebetriebs der historischen Wissenschaft, die zeitgemäßen Typen nervös macht, so bringt sie das Vergangene am Menschen in Wut. Was einer früher war und erfahren hat, wird annulliert gegenüber dem, was er jetzt ist, hat, wozu er allenfalls gebraucht werden kann. Der häufig dem Emigranten zunächst erteilte wohlmeinend-drohende Rat, alles Gewesene zu vergessen, weil es ja doch nicht transferiert werden könne, und unter Abschreibung seiner Vorzeit ohne weitere Umstände ein neues Leben zu beginnen, möchte dem als gespenstisch empfundenen Eindringling nur mit einem Gewaltspruch antun, was man längst sich selber anzutun gelernt hat. Man verdrängt die Geschichte bei sich und anderen, aus Angst, daß sie einen an den Zerfall der eigenen Existenz gemahnen könne, der selber weitgehend im Verdrängen der Geschichte besteht. Was allen Gefühlen widerfährt, die Ächtung dessen, was keinen Marktwert hat, widerfährt am schroffsten dem, woraus nicht einmal die psychologische Wiederherstellung der Arbeitskraft zu ziehen ist, der Trauer. Sie wird zum Wundmal der Zivilisation, zur asozialen Sentimentalität, die verrät, daß es immer noch nicht ganz gelungen ist, die Menschen aufs Reich der Zwecke zu vereidigen. Darum wird Trauer mehr als alles andere verschandelt, bewußt zur gesellschaftlichen Formalität gemacht, welche die schöne Leiche den Verhärteten weithin schon immer war. Im funeral home und Krematorium, wo der Tote zur transportablen Asche, zum lästigen Eigentum verarbeitet wird, ist es in der Tat unzeitgemäß, sich gehen zu lassen, und jenes Mädchen, das stolz das Begräbnis erster Klasse der Großmutter beschrieb und hinzufügte: »a pity that daddy lost control«, weil dieser ein paar Tränen vergoß, drückt genau die Sachlage aus. In Wahrheit wird den Toten angetan, was den alten Juden als ärgster Fluch galt: nicht gedacht soll deiner werden. An den Toten lassen die Menschen die Verzweiflung darüber aus, daß sie ihrer selber nicht mehr gedenken.

QUAND MÊME

Zur Überwindung der eigenen Schwere, zur Produktion materieller und geistiger Werke sind die Menschen durch äußeren Druck gekommen. Darin haben die Denker von Demokrit bis Freud nicht unrecht. Der Widerstand der äußeren Natur, auf den der Druck letztlich zurückgeht, setzt sich innerhalb der Gesellschaft durch die Klassen fort und wirkt auf jedes Individuum von Kindheit an als Härte der Mitmenschen. Die Menschen sind weich, sofern sie von Stärkeren etwas wollen, abstoßend, sofern der Schwächere sie darum angeht. Das ist der Schlüssel zum Wesen der Person in der Gesellschaft bisher.

Der Schluß, daß Schrecken und Zivilisation untrennbar sind, den die Konservativen gezogen haben, ist wohl begründet. Was könnte die Menschen dazu bringen, sich so zu entfalten, daß sie komplizierte Reize positiv zu bewältigen vermögen, wenn nicht die eigene mit Anstrengung durchsetzte Entwicklung, die am äußeren Widerstand sich entzünden muß? Zuerst ist der antreibende Widerstand im Vater inkarniert, später wachsen ihm tausend Köpfe: der Lehrer, der Vorgesetzte, Kunde, Konkurrent, die Vertreter sozialer und staatlicher Mächte. Ihre Brutalität stimuliert die individuelle Spontaneität.

Daß in der Zukunft die Strenge dosiert werden könnte, daß man die blutigen Strafen, durch welche die Menschheit im Lauf der Jahrtausende gezähmt worden ist, durch Errichtung von Sanatorien abzulösen vermöchte, scheint ein Traum zu sein. Gespielter Zwang ist ohnmächtig. Im Zeichen des Henkers vollzog sich die Entwicklung der Kultur; die Genesis, die von der Vertreibung aus dem Paradies erzählt, und die Soirées de Petersbourg stimmen darin überein. Im Zeichen des Henkers stehen Arbeit und Genuß. Dem widersprechen heißt aller Wissenschaft, aller Logik ins Gesicht schlagen. Man kann nicht den Schrecken abschaffen und Zivilisation übrigbehalten. Schon jenen zu lockern bedeutet den Beginn der Auflösung. Verschiedenste Konsequenzen können daraus gezogen werden: von der Anbetung faschistischer Barbarei bis zur Zuflucht zu den Höllenkreisen. Es gibt noch eine weitere: der Logik spotten, wenn sie gegen die Menschheit ist.

TIERPSYCHOLOGIE

Ein großer Hund steht am Highway. Er gerät unter ein Auto, wenn er, vertrauend, weitergeht. Sein friedlicher Ausdruck zeugt davon, daß er sonst besser behütet ist, ein Haustier, dem man nichts Böses zufügt. Aber haben die Söhne der oberen Bourgeoisie, denen man nichts Böses zufügt, einen friedlichen Ausdruck im Gesicht? Sie waren nicht schlechter behütet, als sonst der Hund, der jetzt überfahren wird.

FÜR VOLTAIRE

Deine Vernunft ist einseitig, flüstert die einseitige Vernunft, du hast der Macht Unrecht getan. Die Schande der Tyrannei hast du pathetisch, weinerlich, sarkastisch, polternd ausposaunt; das Gute aber, das die Macht geschaffen hat, unterschlägst du. Ohne die Sicherheit, welche nur die Macht aufrichten konnte, hätte es nie existieren können. Unter den Fittichen der Macht haben Leben und Liebe gespielt, sie haben der feindlichen Natur auch dein eigenes Glück abgetrotzt. – Was die Apologetik eingibt, ist wahr und falsch zugleich. Bei allen Großtaten der Macht kann doch allein Macht die Ungerechtigkeit begehen, denn ungerecht ist nur das Urteil, dem der Vollzug folgt, nicht die Rede des Anwalts, der nicht stattgegeben wird. Einzig sofern die Rede selbst auf Unterdrückung zielt und Macht verteidigt statt der Ohnmacht, nimmt sie am allgemeinen Unrecht teil. – Aber die Macht, flüstert weiter die einseitige Vernunft, wird von Menschen vertreten. Indem du jene bloßstellst, machst du diese zur Zielscheibe. Und nach ihnen werden vielleicht schlimmere kommen. – Die Lüge spricht wahr. Wenn die faschistischen Mörder schon warten, soll man das Volk nicht auf die schwache Regierung hetzen. Selbst das Bündnis aber mit der weniger brutalen Macht hat nicht das Verschweigen von Infamien zur sinnvollen Konsequenz. Die Chance, daß durch Denunziation des Unrechts, das einen vor dem Teufel schützt, die gute Sache leidet, war noch stets geringer als der Vorteil, den der Teufel davontrug, indem man ihm die Denunziation des Unrechts überließ. Wie weit muß eine Gesellschaft gekommen sein, in der bloß noch die Schurken die Wahrheit sprechen und Goebbels die Erinnerung ans lustig fortgesetzte Lynchen wachhält. Nicht das Gute sondern das Schlechte ist der Gegenstand der Theorie. Sie setzt die Reproduktion des Lebens in den je bestimmten Formen schon voraus. Ihr Element ist die Freiheit, ihr Thema die Unterdrückung. Wo Sprache apologetisch wird, ist sie schon korrumpiert, ihrem Wesen nach vermag sie weder neutral noch praktisch zu sein. – Kannst du nicht die guten Seiten darlegen und die Liebe als Prinzip verkündigen anstatt der endlosen Bitterkeit! – Es gibt nur einen Ausdruck für die Wahrheit: den Gedanken, der das Unrecht verneint. Ist das Beharren auf den guten Seiten nicht im negativen Ganzen aufgehoben, so verklärt es ihr eigenes Gegenteil: Gewalt. Ich kann mit Worten intrigieren, propagieren, suggerieren, das ist der Zug, durch den sie verstrickt sind wie alles Tun in der Wirklichkeit, und dieser ist es, den die Lüge einzig versteht. Sie insinuiert, daß auch der Widerspruch gegen das Bestehende im Dienst heraufdämmernder Gewalten, konkurrierender Bürokratien und Gewalthaber erfolgt. In ihrer namenlosen Angst kann und will sie nur sehen, was sie selber ist. Was in ihr Medium, die Sprache als bloßes Instrument, eingeht, wird mit der Lüge identisch wie die Dinge untereinander in der Finsternis. Aber so wahr es ist, daß es kein Wort gibt, dessen die Lüge sich schließlich nicht bedienen könnte, so leuchtet nicht durch sie, sondern einzig in der Härte des Gedankens gegen die Macht auch deren Güte noch auf. Der kompromißlose Haß gegen den an der letzten Kreatur verübten Terror macht die legitime Dankbarkeit der Verschonten aus. Die Anrufung der Sonne ist Götzendienst. Im Blick auf den in ihrer Glut verdorrten Baum erst lebt die Ahnung von der Majestät des Tags, der die Welt, die er bescheint, nicht zugleich versengen muß.

KLASSIFIKATION

Allgemeine Begriffe, von den einzelnen Wissenschaften auf Grund von Abstraktion oder axiomatisch geprägt, bilden das Material der Darstellung so gut wie Namen für Einzelnes. Der Kampf gegen Allgemeinbegriffe ist sinnlos. Wie es mit der Dignität des Allgemeinen steht, ist damit aber nicht ausgemacht. Was vielen Einzelnen gemeinsam ist, oder was im Einzelnen immer wiederkehrt, braucht noch lange nicht stabiler, ewiger, tiefer zu sein als das Besondere. Die Skala der Gattungen ist nicht zugleich die der Bedeutsamkeit. Das war gerade der Irrtum der Eleaten und aller, die ihnen folgten, Platon und Aristoteles voran.

Die Welt ist einmalig. Das bloße Nachsprechen der Momente, die immer und immer wieder als dasselbe sich aufdrängen, gleicht eher einer vergeblichen und zwangshaften Litanei als dem erlösenden Wort. Klassifikation ist Bedingung von Erkenntnis, nicht sie selbst, und Erkenntnis löst die Klassifikation wiederum auf.

LAWINE

In der Gegenwart gibt es keine Wendung mehr. Wendung der Dinge ist immer die zum besseren. Wenn aber in Zeiten wie den heutigen die Not am höchsten ist, öffnet sich der Himmel und schleudert sein Feuer auf die, die ohnehin verloren sind.

Was man gemeinhin das Soziale, Politische nannte, vermittelt diesen Eindruck zuerst. Die Titelseite von Tagesblättern, die einmal glücklichen Frauen und Kindern fremd und vulgär erschienen sind – Zeitung erinnerte an Wirtshaus und Bramarbasieren –, der Fettdruck kam schließlich als wirkliche Drohung ins Haus. Aufrüstung, Übersee, Spannung im Mittelmeer, weiß nicht was für großspurige Begriffe versetzten schließlich die Menschen in wirkliche Angst, bis der erste Weltkrieg ausbrach. Dann kam, mit immer schwindelerregenderen Ziffern, die Inflation. Als die in ihrem Lauf innehielt, bedeutete es keine Wendung sondern ein noch größeres Unglück, Rationalisierung und Abbau. Als Hitlers Wahlziffern stiegen, bescheiden zuerst aber insistent, war es schon klar, daß es die Bewegung der Lawine war. Überhaupt sind Wahlziffern kennzeichnend für das Phänomen. Wenn am Abend des vorfaschistischen Wahltags die Resultate aus den Landesteilen eintreffen, so nimmt ein Achtel, ein Sechzehntel der Stimmen schon das Ganze vorweg. Haben zehn oder zwanzig Distrikte en masse eine Richtung eingeschlagen, so werden die übrigen hundert nicht dawider sein. Es ist schon ein uniformer Geist. Das Wesen der Welt kommt mit dem statistischen Gesetz überein, durch das ihre Oberfläche klassifiziert wird.

In Deutschland hat der Faschismus gesiegt unter kraß xenophober, kulturfeindlicher, kollektivistischer Ideologie. Jetzt, da er die Erde verwüstet, müssen die Völker gegen ihn kämpfen, es bleibt kein Ausweg. Aber wenn alles vorüber ist, braucht keine freiheitliche Gesinnung über Europa sich auszubreiten, seine Nationen können so xenophob, kulturfeindlich und pseudokollektivistisch werden, wie der Faschismus war, gegen den sie sich wehren mußten. Auch seine Niederlage bricht nicht notwendig die Bewegung der Lawine.

Der Grundsatz der liberalen Philosophie war der des Sowohl-Als auch. In der Gegenwart scheint Entweder-Oder zu gelten, aber so, als ob es je schon zum Schlechten entschieden wäre.

ISOLIERUNG DURCH VERKEHR

Daß das Verkehrsmittel isoliert, gilt nicht bloß im geistigen Bezirk. Nicht bloß setzt sich die verlogene Sprache des Ansagers im Radio als Bild der Sprache im Gehirn fest und hindert die Menschen, zueinander zu sprechen, nicht bloß übertönt die Anpreisung von Pepsi-Cola die der Niederlegung von Kontinenten, nicht bloß steht das gespenstische Modell der Kinohelden vor der Umarmung der Halbwüchsigen und noch des Ehebruchs. Der Fortschritt hält die Menschen buchstäblich auseinander. Der kleine Schalter am Bahnhof oder auf der Bank machte es dem Angestellten möglich, mit dem Kollegen zu tuscheln und das karge Geheimnis mit ihm zu teilen; die Glasfenster moderner Büros, die Riesensäle, in denen zahllose Angestellte gemeinsam Platz finden und vom Publikum wie von den Managern leicht zu überwachen sind, gestatten keine Privatunterhaltungen und Idyllen mehr. Auch auf Ämtern ist der Steuerzahler nun vor Zeitvergeudung der Besoldeten geschützt. Sie sind im Kollektiv isoliert. Aber das Verkehrsmittel trennt die Menschen auch physisch. Die Eisenbahn wurde durch Autos abgelöst. Durch den eigenen Wagen werden Reisebekanntschaften auf halb-bedrohliche hitchhikers reduziert. Die Menschen reisen streng voneinander isoliert auf Gummireifen. Dafür wird in jedem Einfamilienwagen nur gesprochen, was im anderen erörtert wird; das Gespräch in der Einfamilie ist durch die praktischen Interessen reguliert. Wie jede Familie mit einem bestimmten Einkommen denselben Prozentsatz auf Wohnung, Kino, Zigaretten wendet, ganz wie Statistik es vorschreibt, so sind die Themen je nach den Wagenklassen schematisiert. Wenn sie an Sonntagen oder auf Reisen in den Gasthöfen zusammentreffen, deren Menus und Räume auf entsprechenden Preisniveaus miteinander identisch sind, so finden die Besucher, daß sie mit zunehmender Isolierung einander immer ähnlicher geworden sind. Die Kommunikation besorgt die Angleichung der Menschen durch ihre Vereinzelung.

ZUR KRITIK DER GESCHICHTSPHILOSOPHIE

Nicht die Menschengattung ist, wie man gesagt hat, ein Seitensprung der Naturgeschichte, eine Neben- und Fehlbildung durch Hypertrophie des Gehirnorgans. Das gilt bloß für die Vernunft in gewissen Individuen und vielleicht in kurzen Perioden sogar für einige Länder, in denen die Ökonomie solchen Individuen Spielraum ließ. Das Gehirnorgan, die menschliche Intelligenz, ist handfest genug, um eine reguläre Epoche der Erdgeschichte zu bilden. Die Menschengattung einschließlich ihrer Maschinen, Chemikalien, Organisationskräfte – und warum sollte man diese nicht zu ihr zählen wie die Zähne zum Bären, da sie doch dem gleichen Zweck dienen und nur besser funktionieren – ist in dieser Epoche le dernier cri der Anpassung. Die Menschen haben ihre unmittelbaren Vorgänger nicht nur überholt, sondern schon so gründlich ausgerottet wie wohl kaum je eine modernere species die andere, die fleischfressenden Saurier nicht ausgeschlossen.

Demgegenüber scheint es eine Art Schrulle zu sein, die Weltgeschichte, wie Hegel es getan hat, im Hinblick auf Kategorien wie Freiheit und Gerechtigkeit konstruieren zu wollen. Diese stammen in der Tat aus den abwegigen Individuen, jenen, die vom Gang des großen Ganzen aus gesehen, nichts bedeuten, es sei denn, daß sie vorübergehende gesellschaftliche Zustände herbeiführen helfen, in denen besonders viel Maschinen und Chemikalien zur Stärkung der Gattung und Unterjochung der anderen geschaffen werden. Im Sinn dieser ernsthaften Geschichte sind alle Ideen, Verbote, Religionen, politischen Bekenntnisse nur soweit interessant, als sie, aus mannigfachen Zuständen entstanden, die natürlichen Chancen der Menschengattung auf der Erde oder im Universum steigern oder vermindern. Die Befreiung der Bürger aus dem Unrecht feudalistischer und absolutistischer Vergangenheit diente durch den Liberalismus der Entfesselung der Maschinerie, wie die Emanzipation der Frau in ihre Durchtrainierung als Waffengattung mündet. Heillos ist der Geist und alles Gute in seinem Ursprung und Dasein in dieses Grauen verstrickt. Das Serum, das der Arzt dem kranken Kind reicht, verdankt sich der Attacke auf die wehrlose Kreatur. Im Kosewort der Liebenden wie den heiligsten Symbolen des Christentums klingt die Lust am

Fleisch des Zickleins durch, wie in dieser der doppelsinnige Respekt vorm Totemtier. Noch das differenzierte Verständnis für Küche, Kirche und Theater ist eine Konsequenz der raffinierten Arbeitsteilung, die auf Kosten der Natur in- und außerhalb der menschlichen Gesellschaft geht. In der rückwirkenden Steigerung solcher Organisation liegt die geschichtliche Funktion der Kultur. Daher nimmt das echte Denken, das sich davon ablöst, die Vernunft in ihrer reinen Gestalt, den Zug des Wahnsinns an, den die Bodenständigen seit je bemerkten. Sollte jene in der Menschheit einen entscheidenden Sieg erfechten, so würde die Vormachtstellung der Gattung gefährdet. Die Theorie des Seitensprungs träfe schließlich noch zu. Aber sie, die zynisch der Kritik der anthropozentrischen Geschichtsphilosophie dienen wollte, ist selbst zu anthropozentrisch, um Recht zu behalten. Die Vernunft spielt die Rolle des Anpassungsinstruments und nicht des Quietivs, wie es nach dem Gebrauch, den das Individuum zuweilen von ihr machte, scheinen könnte. Ihre List besteht darin, die Menschen zu immer weiter reichenden Bestien zu machen, nicht die Identität von Subjekt und Objekt herbeizuführen.

Eine philosophische Konstruktion der Weltgeschichte hätte zu zeigen, wie sich trotz aller Umwege und Widerstände die konsequente Naturherrschaft immer entschiedener durchsetzt und alles Innermenschliche integriert. Aus diesem Gesichtspunkt wären auch Formen der Wirtschaft, der Herrschaft, der Kultur abzuleiten. Nur im Sinn des Umschlags von Quantität zu Qualität kann der Gedanke des Übermenschen Anwendung finden. Ähnlich wie man den Flieger, der mit einem Räuchermittel in wenigen Flügen die letzten Kontinente von den letzten freien Tieren säubern kann, im Unterschied zum Troglodyten Übermenschen heißen kann, mag schließlich ein menschliches Überamphibium entstehen, dem der Flieger von heute wie eine harmlose Schwalbe erscheint. Fragwürdig ist es, ob eine echte naturgeschichtlich nächsthöhere Gattung nach dem Menschen überhaupt entstehen kann. Denn soviel ist in der Tat am Anthropomorphismus richtig, daß die Naturgeschichte gleichsam mit dem glücklichen Wurf, der ihr im Menschen gelungen ist, nicht gerechnet hat. Seine Vernichtungsfähigkeit verspricht so groß zu werden, daß – wenn diese Art sich einmal erschöpft hat – tabula rasa gemacht ist. Entweder zerfleischt sie sich selbst, oder sie reißt die gesamte Fauna und Flora der Erde mit hinab, und wenn die Erde dann noch jung genug ist, muß – um ein berühmtes Wort zu variieren – auf einer viel tieferen Stufe die ganze chose noch einmal anfangen.

Indem Geschichtsphilosophie die humanen Ideen als wirkende Mächte in die Geschichte selbst verlegte und diese mit deren Triumph endigen ließ, wurden sie der Arglosigkeit beraubt, die zu ihrem Inhalt gehört. Der Hohn, daß sie sich immer blamiert hätten, wenn die Ökonomie, das heißt, die Gewalt nicht mit ihnen war, ist der Hohn gegenüber allem Schwachen, in ihm haben die Autoren sich wider Willen mit der Unterdrückung identifiziert, die sie abschaffen wollten. In der Geschichtsphilosophie wiederholt sich, was im Christentum geschah: das Gute, das in Wahrheit dem Leiden ausgeliefert bleibt, wird als Kraft verkleidet, die den Gang der Geschichte bestimmt und am Ende triumphiert. Es wird vergöttert, als Weltgeist oder doch als immanentes Gesetz. So aber wird nicht bloß Geschichte unmittelbar in ihr Gegenteil verkehrt, sondern die Idee selbst, welche die Notwendigkeit, den logischen Gang des Geschehens brechen sollte, entstellt. Die Gefahr des Seitensprungs wird abgewandt. Die als Macht verkannte Ohnmacht wird durch solche Erhöhung noch einmal verleugnet, gleichsam der Erinnerung entzogen. So tragen Christentum, Idealismus und Materialismus, die an sich auch die Wahrheit enthalten, doch auch ihre Schuld an den Schurkereien, die in ihrem Namen verübt worden sind. Als Verkünder der Macht – und sei es der des Guten – wurden sie selbst zu organisationskräftigen Geschichtsmächten und haben als solche ihre blutige Rolle in der wirklichen Geschichte der Menschengattung gespielt: die von Instrumenten der Organisation.

Weil Geschichte als Korrelat einheitlicher Theorie, als Konstruierbares nicht das Gute, sondern eben das Grauen ist, so ist Denken in Wahrheit ein negatives Element. Die Hoffnung auf die besseren Verhältnisse, soweit sie nicht bloß Illusion ist, gründet weniger in der Versicherung, sie seien auch die garantierten, haltbaren und endgültigen, als gerade im Mangel an Respekt vor dem, was mitten im allgemeinen Leiden so fest gegründet ist. Die unendliche Geduld, der nie erlöschende zarte Trieb der Kreatur nach Ausdruck und Licht, der die Gewalt der schöpferischen Entwicklung in ihr selbst zu mildern und zu befrieden scheint, zeichnet nicht, wie die rationalen Geschichtsphilosophien, eine bestimmte Praxis als die heilsame vor, auch nicht die des Nichtwiderstrebens. Das erste Aufleuchten von Vernunft, das in solchem Trieb sich meldet und im erinnernden Denken des Menschen widerscheint, trifft auch am glücklichsten Tage seinen unaufhebbaren Widerspruch: das Verhängnis, das Vernunft allein nicht wenden kann.

DENKMALE DER HUMANITÄT

Immer noch war die Humanität eher in Frankreich zu Hause als anderswo. Aber die Franzosen wußten nichts mehr davon. Was in ihren Büchern stand, war Ideologie, die schon jeder erkannte. Das Bessere führte noch eine eigene abgespaltene Existenz: im Tonfall der Stimme, in der sprachlichen Wendung, im kunstreichen Essen, der Existenz von Bordellen, den gußeisernen Pissoirs. Solchem Respekt vor dem Einzelnen hat aber schon die Regierung Blum den Kampf angesagt, und selbst die Konservativen taten nur wenig, um seine Denkmale zu schützen.

AUS EINER THEORIE DES VERBRECHERS

... Wie der Verbrecher so war die Freiheitsstrafe bürgerlich. Im Mittelalter kerkerte man die Fürstenkinder ein, die einen unbequemen Erbanspruch symbolisierten. Der Verbrecher dagegen wurde zu Tode gefoltert, um der Masse der Bevölkerung Respekt für Ordnung und Gesetz einzuprägen, weil das Beispiel der Strenge und Grausamkeit die Strengen und Grausamen zur Liebe erzieht. Die reguläre Freiheitsstrafe setzt steigendes Bedürfnis an Arbeitskraft voraus. Sie spiegelt die bürgerliche Daseinsweise als Leiden wider. Die Reihen der Gefängniszellen im modernen Zuchthaus stellen Monaden im authentischen Sinne von Leibniz dar. »Die Monaden haben keine Fenster, durch die etwas hinein oder heraus kann. Die Akzidentien können sich nicht ablösen oder außerhalb der Substanzen umherspazieren, wie es ehemals die wahrnehmbaren Formen der Scholastiker taten. Weder Substanz noch Akzidenz kommt von außen in eine Monade hinein.«[1] Es gibt keinen direkten Einfluß der Monaden aufeinander, die Regelung und Koordinierung ihres Lebens erfolgt durch Gott, bzw. die Direktion.[2] Die absolute Einsamkeit, die gewaltsame Rückverweisung auf das eigene Selbst, dessen ganzes Sein in der Bewältigung von Material besteht, im monotonen Rhythmus der Arbeit, umreißen als Schreckgespenst die Existenz des Menschen in der modernen Welt. Radikale Isolierung und radikale Reduktion auf stets dasselbe hoffnungslose Nichts sind identisch. Der Mensch im Zuchthaus ist das virtuelle Bild des bürgerlichen Typus, zu dem er sich in der Wirklichkeit erst machen soll. Denen es draußen nicht gelingt, wird es drinnen in furchtbarer Reinheit angetan. Die Rationalisierung der Existenz von Zuchthäusern durch die Notwendigkeit, den Verbrecher von der Gesellschaft abzusondern, oder gar durch seine Besserung, trifft nicht den Kern. Sie sind das Bild der zu Ende gedachten bürgerlichen Arbeitswelt, das der Haß der Menschen gegen das, wozu sie sich machen müssen, als Wahrzeichen in die Welt stellt. Der Schwache, Zurückgebliebene, Vertierte muß qualifiziert die Lebensordnung leiden, in die man selbst sich ohne

1 Leibniz, La Monadologie. Ed. Erdmann. Berlin 1840. § 7. S. 705.
2 Vgl. a.a.O. § 51. S. 709.

Liebe findet, verbissen wird die introvertierte Gewalt an ihm wiederholt. Der Verbrecher, dem in seiner Tat die Selbsterhaltung über alles andere ging, hat in Wahrheit das schwächere, labilere Selbst, der Gewohnheitsverbrecher ist ein Debiler.

Gefangene sind Kranke. Ihre Schwäche hat sie in eine Situation geführt, die Körper und Geist schon angegriffen hat und immer weiter angreift. Die meisten waren schon krank, als sie die Tat begingen, die sie hineinführte: durch ihre Konstitution, durch die Verhältnisse. Andere haben gehandelt wie jeder Gesunde in der gleichen Konstellation der Reize und Motive gehandelt hätte, sie haben nur Unglück gehabt. Ein Rest war böser und grausamer als die meisten Freien, so böse und grausam in Person wie die faschistischen Herren der Welt durch ihre Stellung. Die Tat der gemeinen Verbrecher ist engstirnig, persönlich, unmittelbar destruktiv. Die Wahrscheinlichkeit ist, daß die lebendige Substanz, die in jedem dieselbe ist, auch bei den äußersten Taten dem gleich starken Druck der körperlichen Verfassung und des individuellen Schicksals von Geburt an, die den Verbrecher dazu führten, sich in keiner Gestalt hätte entziehen können, daß du und ich, ohne die Gnade der Einsicht, die uns durch Verkettung von Umständen zuteil geworden, gehandelt hätten wie jener, da er den Mord beging. Und nun als Gefangene sind sie bloß Leidende, und die Strafe an ihnen ist blind, ein entfremdetes Geschehen, ein Unglück wie der Krebs oder der Einfall eines Hauses. Gefängnis ist ein Siechtum. Das verraten auch ihre Mienen, der vorsichtige Gang, die umständliche Art des Denkens. Sie können wie Kranke nur von ihrer Krankheit sprechen.

Wo, wie in der Gegenwart, die Grenzen zwischen respektablen und illegalen Rackets objektiv fließend sind, gehen auch psychologisch die Gestalten ineinander über. Solange die Verbrecher aber noch Kranke waren, wie im neunzehnten Jahrhundert, stellte die Haft die Umkehrung ihrer Schwäche dar. Die Kraft, von der Umwelt sich als Individuum abzuheben und zugleich durch die konzessionierten Formen des Verkehrs mit ihr in Verbindung zu treten, um in ihr sich zu behaupten, war im Verbrecher angefressen. Er repräsentierte die dem Lebendigen tief einwohnende Tendenz, deren Überwindung das Kennzeichen aller Entwicklung ist: sich an die Umgebung zu verlieren anstatt sich tätig in ihr durchzusetzen, den Hang, sich gehen zu lassen, zurückzusinken in Natur. Freud hat sie den Todestrieb genannt, Caillois le mimétisme.[3] Süchtigkeit solcher Art durchzieht, was dem unentwegten Fortschritt zuwiderläuft, vom Verbrechen, das den Umweg über die aktuellen Arbeitsformen nicht gehen kann, bis zum sublimen Kunstwerk. Die Weichheit gegen die Dinge, ohne die Kunst nicht existiert, ist der verkrampften Gewalt des Verbrechers nicht so fern. Die Ohnmacht, nein zu sagen, mit der die Minderjährige der Prostitution verfällt, pflegt auch seine Laufbahn zu bedingen. Es ist beim Verbrecher die Negation, die den Widerstand nicht in sich hat. Gegen solches Verfließen, das ohne bestimmtes Bewußtsein, scheu und ohnmächtig noch in seiner brutalsten Form die unbarmherzige Zivilisation zugleich imitiert und zerstört, setzt diese die festen Mauern der Zucht- und Arbeitshäuser, ihr eigenes steinernes Ideal. Wie nach Tocqueville die bürgerlichen Republiken im Gegensatz zu den Monarchien nicht den Körper vergewaltigen, sondern direkt auf die Seele losgehen, so greifen die Strafen dieser Ordnung die Seele an. Ihre Gemarterten sterben nicht mehr aufs Rad geflochten die langen Tage und Nächte hindurch, sondern verenden geistig, als unsichtbares Beispiel still in den großen Gefängnisbauten, die von den Irrenhäusern fast nur der Name trennt.

Der Faschismus zieht beide ein. Die Konzentration des Kommandos über die gesamte Produktion bringt die Gesellschaft wieder auf die Stufe unmittelbarer Herrschaft zurück. Mit dem Umweg über den Markt im Innern der Nationen verschwinden auch die geistigen Vermittlungen, darunter das Recht. Denken, das an der Transaktion sich entfaltet hatte, als Resultat des Egoismus, der verhandeln mußte, wird vollends zum Planen der gewaltsamen Aneignung. Als reines Wesen des deutschen Fabrikanten trat der massenmörderische Faschist hervor, nicht länger vom Verbrecher anders unterschieden als durch die Macht. Der Umweg wurde unnötig. Das Zivilrecht, das zur Regelung von Differenzen der im Schatten der großen Industrie überlebenden Unternehmer unter sich noch weiter funktionierte, wurde eine Art Schiedsgericht, die Justiz an den Unteren, die nicht mehr, wenn auch noch so schlecht,

3 Vgl. Caillois, Le Mythe et l'Homme. Paris 1938. S. 125 ff.

die Interessen der Betroffenen wahrnahm, bloßer Terror. Durch den Rechtsschutz aber, der nun verschwindet, war das Eigentum definiert. Das Monopol, als vollendetes Privateigentum, vernichtet dessen Begriff. Der Faschismus läßt vom Staats- und Gesellschaftsvertrag, den er im Verkehr der Mächte durch geheime Abmachungen ersetzt, im Inneren nur noch den Zwang des Allgemeinen gelten, den seine Diener aus freien Stücken am Rest der Menschheit vollstrecken. Im totalen Staat werden Strafe und Verbrechen als abergläubische Restbestände liquidiert, und die nackte Ausrottung des Widerstrebenden, ihres politischen Ziels gewiß, breitet sich unter dem Regime der Verbrecher über Europa aus. Das Zuchthaus mutet neben dem Konzentrationslager wie eine Erinnerung an aus guter alter Zeit, wie das Intelligenzblatt von ehedem, das freilich auch schon die Wahrheit verriet, neben dem Magazin auf Glanzpapier, dessen literarischer Inhalt – und handle es von Michelangelo – mehr noch als die Annoncen die Funktion von Geschäftsbericht, Herrschaftszeichen und Reklame erfüllt. Die Isolierung, die man den Gefangenen einmal von außen antat, hat sich in Fleisch und Blut der Individuen inzwischen allgemein durchgesetzt. Ihre wohltrainierte Seele und ihr Glück ist öde wie die Gefängniszelle, deren die Machthaber schon entraten können, weil die gesamte Arbeitskraft der Nationen ihnen als Beute zugefallen ist. Die Freiheitsstrafe verblaßt vor der gesellschaftlichen Wirklichkeit.

LE PRIX DU PROGRÈS

In einem kürzlich aufgefundenen Briefe des französischen Physiologen Pierre Flourens, der einmal den traurigen Ruhm genoß, in der Konkurrenz mit Victor Hugo zur Französischen Akademie gewählt zu werden, findet sich ein merkwürdiger Passus:

»Noch immer kann ich mich nicht entschließen, der Anwendung des Chloroforms in der allgemeinen Praxis der Operationen zuzustimmen. Wie Ihnen bekannt sein dürfte, habe ich diesem Mittel ausgedehnte Studien gewidmet und auf Grund von Tierexperimenten als einer der ersten seine spezifischen Eigenschaften beschrieben. Meine Skrupel sind in der einfachen Tatsache begründet, daß die Operation mit Chloroform, ebenso wie vermutlich auch die anderen bekannten Formen der Narkose eine Täuschung darstellen. Die Mittel wirken lediglich auf gewisse motorische und Koordinationszentren sowie auf die residuale Fähigkeit der Nervensubstanz. Sie verliert unter dem Einfluß des Chloroforms einen bedeutenden Teil ihrer Eigenschaft, Spuren von Eindrücken aufzunehmen, keineswegs aber die Empfindungsfähigkeit als solche. Meine Beobachtungen weisen im Gegenteil darauf hin, daß in Verbindung mit der allgemeinen Innervationslähmung Schmerzen noch heftiger empfunden werden, als im normalen Zustand. Die Täuschung des Publikums ergibt sich aus der Unfähigkeit des Patienten, sich nach vollendeter Operation an die Vorgänge zu erinnern. Würden wir unseren Kranken die Wahrheit sagen, so würde sich wahrscheinlich keiner von ihnen für das Mittel entschließen, während sie jetzt, infolge unseres Stillschweigens, auf seinem Gebrauch zu insistieren pflegen.

»Aber selbst abgesehen davon, daß der einzige fragwürdige Gewinn eine auf die Zeit des Eingriffs sich beziehende Gedächtnisschwäche ist, scheint mir die Ausdehnung dieser Praxis eine weitere ernsthafte Gefahr mit sich zu bringen. Bei der zunehmenden Oberflächlichkeit der allgemeinen akademischen Ausbildung unserer Ärzte mag die Medizin durch die unbegrenzte Anwendung des Mittels dazu ermutigt werden, sorglos immer kompliziertere und schwerere chirurgische Eingriffe zu unternehmen. Anstatt im Dienste der Forschung solche Experimente an Tieren auszuführen, werden dann unsere Patienten die ahnungslosen Versuchspersonen sein. Es ist denkbar, daß die schmerzhaften Erregungen, die infolge ihrer spezifischen Natur alle bekannten Sensationen dieser Art übertreffen mögen, einen dauernden seelischen Schaden in den Kranken herbeiführen oder gar in der Narkose selbst zu einem unbeschreiblich qualvollen Tod führen, dessen Eigentümlichkeiten den Angehörigen und der Welt auf ewig verborgen bleiben. Wäre das nicht ein allzu hoher Preis, den wir für den Fortschritt bezahlten?«

Hätte Flourens in diesem Briefe recht, so wären die dunklen Wege des göttlichen Weltregimes wenigstens einmal gerechtfertigt. Das Tier wäre durch die Leiden seiner Henker gerächt: jede Operation eine Vivisektion. Es entstünde der Verdacht, daß wir uns zu den Menschen, ja zur Kreatur überhaupt, nicht anders verhielten als zu uns selbst nach überstandener Operation, blind gegen die Qual. Der Raum, der uns von anderen trennt, bedeutete für die Erkenntnis dasselbe wie die Zeit zwischen uns und dem Leiden unserer eigenen Vergangenheit; die unüberwindbare Schranke. Die perennierende Herrschaft über die Natur aber, die medizinische und außermedizinische Technik schöpft ihre Kraft aus solcher Verblendung, sie wäre durch Vergessen erst möglich gemacht. Verlust der Erinnerung als transzendentale Bedingung der Wissenschaft. Alle Verdinglichung ist ein Vergessen.

LEERES ERSCHRECKEN

Das Hinstarren aufs Unheil hat etwas von Faszination. Damit aber etwas vom geheimen Einverständnis. Das schlechte soziale Gewissen, das in jedem steckt, der am Unrecht teilhat, und der Haß gegen erfülltes Leben sind so stark, daß sie in kritischen Situationen als immanente Rache unmittelbar gegen das eigene Interesse sich kehren. Es gab eine fatale Instanz in den französischen Bürgern, die dem heroischen Ideal der Faschisten ironisch gleichsah: sie freuten sich an dem Triumph von ihresgleichen, wie er in Hitlers Aufstieg ausgedrückt war, auch wenn er ihnen selber mit Untergang drohte, ja sie nahmen ihren eigenen Untergang als Beweisstück für die Gerechtigkeit der Ordnung, die sie vertraten. Eine Vorform zu diesem Verhalten ist die Stellung vieler reicher Leute zur Verarmung, deren Bild sie unter der Rationalisierung der Sparsamkeit herbeiziehen, ihre latente Neigung, während sie zäh um jeden Pfennig kämpfen, gegebenenfalls kampflos auf all ihren Besitz zu verzichten oder ihn unverantwortlich aufs Spiel zu setzen. Im Faschismus gelingt ihnen die Synthese von Herrschgier und Selbsthaß, und das leere Erschrecken wird stets begleitet von dem Gestus: so hab ich mir das immer gedacht.

INTERESSE AM KÖRPER

Unter der bekannten Geschichte Europas läuft eine unterirdische. Sie besteht im Schicksal der durch Zivilisation verdrängten und entstellten menschlichen Instinkte und Leidenschaften. Von der faschistischen Gegenwart aus, in der das Verborgene ans Licht tritt, erscheint auch die manifeste Geschichte in ihrem Zusammenhang mit jener Nachtseite, die in der offiziellen Legende der Nationalstaaten und nicht weniger in ihrer progressiven Kritik übergangen wird.

Von der Verstümmelung betroffen ist vor allem das Verhältnis zum Körper. Die Arbeitsteilung, bei der die Nutznießung auf die eine und die Arbeit auf die andere Seite kam, belegte die rohe Kraft mit einem Bann. Je weniger die Herren die Arbeit der anderen entbehren konnten, als desto niedriger wurde sie erklärt. Wie der Sklave so erhielt die Arbeit ein Stigma. Das Christentum hat die Arbeit gepriesen, dafür aber erst recht das Fleisch als Quelle allen Übels erniedrigt. Es hat die moderne bürgerliche Ordnung im Einverständnis mit dem Heiden Machiavelli durch den Preis der Arbeit eingeläutet, die im alten Testament doch immerhin als Fluch bezeichnet war. Bei den Wüstenvätern, dem Dorotheus, Moses dem Räuber, Paulus dem Einfältigen und anderen Armen im Geist diente die Arbeit noch unmittelbar dem Eintritt ins Himmelreich. Bei Luther und Calvin war das Band, das die Arbeit mit dem Heil verknüpfte, schon so verschlungen, daß die reformatorische Arbeitstreiberei fast wie Hohn, wie der Tritt eines Stiefels gegen den Wurm erscheint.

Die Fürsten und Patrizier konnten über die religiöse Kluft, die zwischen ihren Erdentagen und ihrer ewigen Bestimmung aufgerissen war, mit dem Gedanken an die Einkünfte sich hinwegsetzen, die sie aus den Arbeitsstunden der anderen herausschlugen. Die Irrationalität der Gnadenwahl ließ ihnen ja die Möglichkeit der Erlösung offen. Auf jenen anderen aber lastete nur der verstärkte Druck. Sie ahnten dumpf, daß die Erniedrigung des Fleisches durch die Macht nichts anderes war als das ideologische Spiegelbild der an ihnen selbst verübten Unterdrückung. Was den Sklaven des Altertums geschah, erfuhren die Opfer bis zu den modernen Kolonialvölkern: sie mußten als die Schlechteren gelten. Es gab zwei Rassen von Natur, die Oberen und Unteren. Die Befreiung des europäischen Individuums erfolgte im Zusammenhang einer allgemeinen kulturellen Umwandlung, die im Innern der Befreiten die Spaltung desto tiefer eingrub, je mehr der physische Zwang von außen nachließ. Der ausgebeutete Körper sollte den Unteren als das Schlechte und der Geist, zu dem die andern Muße hatten, als das Höchste gelten. Durch diesen Hergang ist Europa zu seinen sublimsten kulturellen Leistungen befähigt worden, aber die Ahnung des Betrugs, der von Beginn an ruchbar war, hat mit der Kontrolle über den Körper zugleich die unflätige Bosheit, die Haßliebe gegen den Körper verstärkt, von der die Denkart der Massen in den Jahrhunderten durchsetzt ist, und die in Luthers Sprache ihren authentischen Ausdruck fand. Im Verhältnis des Einzelnen zum Körper, seinem eigenen wie dem fremden, kehrt die Irrationalität und Ungerechtigkeit der Herrschaft als Grausamkeit wieder, die vom einsichtigen Verhältnis, von glücklicher Reflexion so weit entfernt ist, wie jene von der Freiheit. In Nietzsches Theorie der Grausamkeit, erst recht bei Sade, ist das in seiner Tragweite erkannt, in Freuds Lehren von Narzißmus und Todestrieb psychologisch interpretiert.

Die Haßliebe gegen den Körper färbt alle neuere Kultur. Der Körper wird als Unterlegenes, Versklavtes noch einmal verhöhnt und gestoßen und zugleich als das Verbotene, Verdinglichte, Entfremdete begehrt. Erst Kultur kennt den Körper als Ding, das man besitzen kann, erst in ihr hat er sich vom Geist, dem Inbegriff der Macht und des Kommandos, als der Gegenstand, das tote Ding, »corpus«, unterschieden. In der Selbsterniedrigung des Menschen zum corpus rächt sich die Natur dafür, daß der Mensch sie zum Gegenstand der Herrschaft, zum Rohmaterial erniedrigt hat. Der Zwang zu Grausamkeit und Destruktion entspringt aus organischer Verdrängung der Nähe zum Körper, ähnlich wie nach Freuds genialer Ahnung der Ekel entsprang, als mit dem aufrechten Gang, mit der Entfernung von der Erde, der Geruchssinn, der das männliche Tier zum menstruierenden Weibchen zog, organischer Verdrängung anheimfiel. In der abendländischen, wahrscheinlich in jeder Zivilisation ist das Körperliche tabuiert, Gegenstand von Anziehung und Widerwillen. Bei den Herren Griechenlands und im Feudalismus war das Verhältnis zum Körper noch durch persönliche Schlagfertigkeit als Bedingung der Herrschaft mitbedingt. Die Pflege des Leibs hatte, naiv, ihr gesellschaftliches Ziel. Der kalos kagathos war nur zum Teil ein Schein, zum Teil gehörte das Gymnasium zur realen Aufrechterhaltung der eignen Macht, wenigstens als Training zu herrschaftlicher Haltung. Mit dem völligen Übergang der Herrschaft in die durch Handel und Verkehr vermittelte bürgerliche Form, erst recht mit der Industrie, tritt ein formaler Wandel ein. Die Menschheit läßt sich anstatt durch das Schwert durch die gigantische Apparatur versklaven, die am Ende freilich wieder das Schwert schmiedet. So verschwand der rationale Sinn für die Erhöhung des männlichen Körpers; die romantischen Versuche einer Renaissance des Leibs im neunzehnten und zwanzigsten Jahrhundert idealisieren bloß ein Totes und Verstümmeltes. Nietzsche, Gauguin, George, Klages erkannten die namenlose Dummheit, die das Resultat des Fortschritts ist. Aber sie zogen den falschen Schluß. Sie denunzierten nicht das Unrecht, wie es ist, sondern verklärten das Unrecht, wie es war. Die Abkehr von der Mechanisierung wurde zum Schmuck der industriellen Massenkultur, die der edlen Geste nicht entraten kann. Die Künstler bereiteten das verlorene Bild der Leib-Seele-Einheit wider Willen für die Reklame zu. Die Lobpreisung der Vitalphänomene, von der blonden Bestie bis zum Südseeinsulaner, mündet unausweichlich in den Sarongfilm, die Vitamin- und Hautcremeplakate ein, die nur die Platzhalter des immanenten Ziels der Reklame sind: des neuen, großen, schönen, edlen Menschentypus: der Führer und ihrer Truppen. Die faschistischen Führer nehmen die Mordwerkzeuge wieder selbst in die Hand, sie exekutieren ihre Gefangenen mit Pistole und Reitpeitsche, aber nicht auf Grund ihrer überlegenen Kraft, sondern weil jener gigantische Apparat und seine wahren Machthaber, die es immer noch nicht tun, ihnen die Opfer der Staatsraison in die Keller der Hauptquartiere liefern.

Der Körper ist nicht wieder zurückzuverwandeln in den Leib. Er bleibt die Leiche, auch wenn er noch so sehr ertüchtigt wird. Die Transformation ins Tote, die in seinem Namen sich anzeigt, war ein Teil des perennierenden Prozesses, der Natur zu Stoff und Materie machte. Die Leistungen der Zivilisation sind das Produkt der Sublimierung, jener erworbenen Haßliebe gegen Körper und Erde, von denen die Herrschaft alle Menschen losriß. In der Medizin wird die seelische Reaktion auf die Verkörperlichung des Menschen, in der Technik die auf Verdinglichung der ganzen Natur produktiv. Der Mörder aber, der Totschläger, die vertierten Kolosse, die von den Machthabern, legalen und illegalen, großen und kleinen, als ihre Nachrichter im Verborgenen verwendet werden, die gewalttätigen Männer, die gleich da sind, wenn es einen zu erledigen gibt, die Lyncher und Klanmitglieder, der starke Kamerad, der aufsteht, wenn sich einer mausig macht, die furchtbaren Gestalten, denen immer jeder sogleich ausgeliefert ist, wenn die schützende Hand der Macht von ihm sich abzieht, wenn er Geld und Stellung verliert, alle die Werwölfe, die im Dunkel der Geschichte existieren und die Angst wachhalten, ohne die es keine Herrschaft gäbe: in ihnen ist die Haßliebe gegen den Körper kraß und unmittelbar, sie schänden, was sie anrühren, sie vernichten, was sie im Licht sehen, und diese Vernichtung ist die Ranküne für die Verdinglichung, sie wiederholen in blinder Wut am lebendigen Objekt, was sie nicht mehr ungeschehen machen können: die Spaltung des Lebens in den Geist und seinen Gegenstand. Sie zieht der Mensch unwiderstehlich an, sie wollen ihn auf den Körper reduzieren, nichts soll leben dürfen. Solche, von den Oberen, weltlichen wie geistlichen, einst sorgfältig gezogene und gehegte Feindschaft der Untersten gegen das ihnen verkümmerte Leben, mit dem diese, homosexuell und paranoisch, durch den Totschlag sich in Beziehung setzen, war stets ein unerläßliches Instrument der Regierungskunst. Die Feindschaft der Versklavten gegen das Leben ist eine unversiegbare historische Kraft der geschichtlichen Nachtsphäre. Noch der puritanische Exzeß, der Suff, nimmt am Leben verzweifelte Rache.

Die Natur- und Schicksalsliebe der totalitären Propaganda ist bloß die dünne Reaktionsbildung auf das dem Körper Verhaftetsein, auf die nicht gelungene Zivilisation. Man kann vom Körper nicht loskommen und preist ihn, wo man ihn nicht schlagen darf. Die »tragische« Weltanschauung des Faschisten ist der ideologische Polterabend der realen Bluthochzeit. Die drüben den Körper priesen, die Turner und Geländespieler, hatten seit je zum Töten die nächste Affinität, wie die Naturliebhaber zur Jagd. Sie sehen den Körper als beweglichen Mechanismus, die Teile in ihren Gelenken, das Fleisch als Polsterung des Skeletts. Sie gehen mit dem Körper um, hantieren mit seinen Gliedern, als wären sie schon abgetrennt. Die jüdische Tradition vermittelt die Scheu, einen Menschen mit dem Meterstab zu messen, weil man die Toten messe – für den Sarg. Das ist es, woran die Manipulatoren des Körpers ihre Freude haben. Sie messen den anderen, ohne es zu wissen, mit dem Blick des Sargmachers. Sie verraten sich, wenn sie das Resultat aussprechen: sie nennen den Menschen lang, kurz, fett und schwer. Sie sind an der Krankheit interessiert, erspähen beim Essen schon den Tod des Tischgenossen, und ihr Interesse daran ist durch die Teilnahme an seiner Gesundheit nur dünn rationalisiert. Die Sprache hält mit ihnen Schritt. Sie hat den Spaziergang in Bewegung und die Speise in Kalorien verwandelt, ähnlich wie der lebendige Wald in der englischen und französischen Alltagssprache Holz heißt. Die Gesellschaft setzt mit der Sterblichkeitsziffer das Leben zum chemischen Prozeß herab.

In der teuflischen Demütigung des Häftlings im Konzentrationslager, die der moderne Henker ohne rationalen Sinn zum Martertod hinzufügt, kommt die unsublimierte und doch verdrängte Rebellion der verpönten Natur herauf. Sie trifft in ganzer Scheußlichkeit den Märtyrer der Liebe, den angeblichen Sexualverbrecher und Libertin, denn das Geschlecht ist der nicht reduzierte Körper, der Ausdruck, das, wonach jene insgeheim verzweifelt süchtig sind. In der freien Sexualität fürchtet der Mörder die verlorene Unmittelbarkeit, die ursprüngliche Einheit, in der er nicht mehr existieren kann. Sie ist das Tote, das aufsteht und lebt. Er macht nun alles zu einem, indem er es zu nichts macht, weil er die Einheit in sich selbst ersticken muß. Das Opfer stellt für ihn das Leben dar, das die Trennung überstand, es soll gebrochen werden und das Universum nur Staub sein und abstrakte Macht.

MASSENGESELLSCHAFT

Zur Kultur der Stars gehört als Komplement der Prominenz der gesellschaftliche Mechanismus, der, was auffällt, gleichmacht, jene sind nur die Schnittmuster für die weltumspannende Konfektion und für die Schere der juristischen und ökonomischen Gerechtigkeit, mit der die letzten Fadenenden noch beseitigt werden.

Zusatz

Die Meinung, daß der Nivellierung und Standardisierung der Menschen auf der anderen Seite eine Steigerung der Individualität in den sogenannten Führerpersönlichkeiten, ihrer Macht entsprechend, gegenüberstehe, ist irrig und selber ein Stück der Ideologie. Die faschistischen Herren von heute sind nicht sowohl Übermenschen als Funktionen ihres eigenen Reklameapparats, Schnittpunkte der identischen Reaktionsweisen Ungezählter. Wenn in der Psychologie der heutigen Massen der Führer nicht sowohl den Vater mehr darstellt als die kollektive und ins Unmäßige gesteigerte Projektion des ohnmächtigen Ichs eines jeden Einzelnen, dann entsprechen dem die Führergestalten in der Tat. Sie sehen nicht umsonst wie Friseure, Provinzschauspieler und Revolverjournalisten aus. Ein Teil ihrer moralischen Wirkung besteht gerade darin, daß sie als an sich betrachtet Ohnmächtige, die jedem anderen gleichen, stellvertretend für jene die ganze Fülle der Macht verkörpern, ohne darum selber etwas anderes zu sein als die Leerstellen, auf die gerade die Macht gefallen ist. Sie sind nicht sowohl vom Zerfall der Individualität ausgenommen, als daß die zerfallene in ihnen triumphiert und gewissermaßen für ihren Zerfall belohnt wird. Die Führer sind ganz das geworden, was sie während der ganzen bürgerlichen Ära stets ein wenig schon waren, Führer-Darsteller. Der Abstand zwischen der Individualität Bismarcks und der Hitlers ist kaum geringer als der zwischen der Prosa der »Gedanken und Erinnerungen« und dem Kauderwelsch von »Mein Kampf«. Im Kampf gegen den Faschismus ist nicht das geringste Anliegen, die aufgedunsenen Führerimagines auf das

Maß ihrer Nichtigkeit zurückzuführen. Chaplins Film hat wenigstens in der Ähnlichkeit zwischen dem Gettobarbier und dem Diktator etwas Wesentliches getroffen.

WIDERSPRÜCHE

Eine Moral als System, mit Grund- und Folgesätzen, eiserner Schlüssigkeit, sicherer Anwendbarkeit auf jedes moralische Dilemma – das ist es, was man von den Philosophen verlangt. Sie haben die Erwartung in der Regel erfüllt. Selbst wenn sie kein praktisches System, keine entfaltete Kasuistik aufstellten, leiteten sie aus dem theoretischen gerade noch den Gehorsam gegen die Obrigkeit ab. Meist begründeten sie die ganze Skala der Werte, wie die öffentliche Praxis sie schon sanktioniert hatte, mit allem Komfort der differenzierten Logik, Schau und Evidenz noch einmal. »Verehrt die Götter durch die jeweils überlieferte heimische Religion«, sagt Epikur[1], und noch Hegel hat es nachgesprochen. An den, der zögert, sich so zu bekennen, wird die Forderung, ein allgemeines Prinzip an die Hand zu geben, noch energischer gestellt. Wenn das Denken die herrschenden Vorschriften nicht bloß noch einmal sanktioniert, so muß es noch selbstgewisser, universaler, autoritativer auftreten, als wenn es bloß rechtfertigt, was schon gilt. Du hältst die herrschende Macht für unrecht, willst du etwa, daß gar keine Macht sondern das Chaos herrscht? Du kritisierst die Uniformierung des Lebens und den Fortschritt? Sollen wir abends Wachskerzen anzünden, sollen unsere Städte vom Gestank des Abfalls erfüllt sein wie im Mittelalter? Du liebst die Schlachthäuser nicht, soll die Gesellschaft fortan rohes Gemüse essen? Die positive Antwort auf solche Fragen, absurd wie sie sein mag, findet Gehör. Der politische Anarchismus, die kunstgewerbliche Kulturreaktion, das radikale Vegetariertum, abwegige Sekten und Parteien, haben sogenannte Werbekraft. Die Lehre muß nur allgemein sein, selbstgewiß, universal und imperativisch. Unerträglich ist der Versuch, dem Entweder-Oder sich zu entwinden, das Mißtrauen gegen das abstrakte Prinzip, Unbeirrbarkeit ohne Doktrin.

Zwei junge Leute unterhalten sich:

A. Du willst kein Arzt werden?

B. Ärzte haben aus Profession so viel mit Sterbenden zu tun, das härtet ab. Bei der fortgeschrittenen Institutionalisierung vertritt

1 Die Nachsokratiker. (Herausgegeben von Wilhelm Nestle) Jena 1923. Band I. 72a. S. 195.

zudem der Arzt dem Kranken gegenüber den Betrieb und seine Hierarchie. Oft steht er in Versuchung, wie der Sachwalter des Todes aufzutreten. Er wird zum Agenten des Großbetriebs gegen die Verbraucher. Wenn es sich dabei um Autos handelt, ist es nicht so schlimm, aber wenn das Gut, das man verwaltet, das Leben ist und die Verbraucher die Leidenden, ist es eine Situation, in die ich nicht gern geraten möchte. Der Beruf des Hausarztes war vielleicht harmloser, aber er ist im Verfall.

A. Du denkst also, es sollte gar keine Ärzte geben, oder die alten Quacksalber sollten wiederkommen?

B. Das habe ich nicht gesagt. Mir graut nur davor, selbst Arzt zu werden, ganz besonders etwa ein sogenannter Chefarzt mit Kommandogewalt über ein Massenhospital. Trotzdem halte ich es natürlich für besser, daß es Ärzte und Hospitäler gibt, als daß man die Kranken verkommen läßt. Ich möchte ja auch kein öffentlicher Ankläger sein, und doch erschiene mir die freie Bahn für Raubmörder als ein weit größeres Übel denn die Existenz der Zunft, die jene ins Zuchthaus liefert. Justiz ist vernünftig. Ich bin nicht gegen die Vernunft, ich will nur die Gestalt erkennen, die sie angenommen hat.

A. Du befindest dich mit dir im Widerspruch. Du selbst machst von dem Nutzen fortwährend Gebrauch, den Ärzte und Richter stiften. Du bist so schuldig wie sie selbst. Nur willst du dich mit der Arbeit nicht belasten, die andre für dich tun. Deine eigene Existenz setzt das Prinzip voraus, dem du dich entwinden möchtest.

B. Das leugne ich nicht, aber der Widerspruch ist notwendig. Er ist die Antwort auf den objektiven der Gesellschaft. In der Arbeitsteilung, die so differenziert ist wie heute, darf an einer Stelle auch Horror sich zeigen, den die Schuld aller hervorruft. Wenn er sich ausbreitet, ja, wenn er nur einem kleinen Teil der Menschen bewußt wird, könnten Irren- und Strafanstalten sich vielleicht vermenschlichen und Gerichtshöfe am Ende überflüssig werden. Aber das ist gar nicht der Grund, warum ich Schriftsteller werden will. Ich möchte mir nur klarer werden über den furchtbaren Zustand, in dem alles sich befindet.

A. Wenn aber alle so dächten wie du, und keiner sich die Hände schmutzig machen wollte, dann gäbe es weder Ärzte noch Richter und die Welt sähe noch entsetzlicher aus.

B. Gerade das scheint mir fraglich, denn, wenn alle so dächten wie ich, würden, so hoffe ich, nicht bloß die Mittel gegen das Übel sondern es selbst abnehmen. Die Menschheit hat noch andere Möglichkeiten. Ich bin ja nicht die ganze Menschheit und kann mich in meinen Gedanken nicht einfach für sie einsetzen. Die Moralvorschrift, daß jede meiner Handlungen zu einer allgemeinen Maxime taugen solle, ist sehr problematisch. Sie überspringt die Geschichte. Warum sollte meine Abneigung dagegen, Arzt zu werden, der Ansicht äquivalent sein, daß es keine geben solle? In Wirklichkeit sind ja so viele Menschen da, die zu guten Ärzten taugen und mehr als eine Chance haben, es zu werden. Wenn sie in den Grenzen, die heute dem Beruf gezogen sind, sich moralisch verhalten, finden sie meine Bewunderung. Vielleicht tragen sie sogar dazu bei, das Schlechte, das ich dir bezeichnet habe, zu vermindern, vielleicht jedoch vertiefen sie es auch trotz aller fachlichen Geschicklichkeit und Moralität. Meine Existenz, wie ich sie mir vorstelle, mein Horror und mein Wille zur Erkenntnis scheinen mir so berechtigt zu sein wie selbst der Beruf des Arztes, auch wenn ich unmittelbar niemand helfen kann.
A. Wenn du aber wüßtest, daß du durch das ärztliche Studium einmal einer geliebten Person das Leben retten könntest, das sie ohne dich ganz sicher verlieren müßte, würdest du es dann nicht sogleich ergreifen?
B. Wahrscheinlich, aber du siehst wohl nun selbst, daß du mit deiner Vorliebe für unerbittliche Konsequenz zum absurden Beispiel greifen mußt, während ich mit meinem unpraktischen Eigensinn und meinen Widersprüchen beim gesunden Menschenverstand geblieben bin.

Dies Gespräch wiederholt sich überall, wo einer gegenüber der Praxis das Denken nicht aufgeben will. Er findet Logik und Konsequenz immer auf der Gegenseite. Wer gegen Vivisektion ist, soll keinen Atemzug mehr tun dürfen, der einem Bazillus das Leben kostet. Die Logik steht im Dienst des Fortschritts und der Reaktion, jedenfalls der Realität. Doch sind, im Zeitalter radikal realitätsgerechter Erziehung, Gespräche seltener geworden, und der neurotische Partner B. bedarf übermenschlicher Kraft, um nicht gesund zu werden.

GEZEICHNET

Im Alter von 40 bis 50 Jahren pflegen Menschen eine seltsame Erfahrung zu machen. Sie entdecken, daß die meisten derer, mit denen sie aufgewachsen sind und Kontakt behielten, Störungen der Gewohnheiten und des Bewußtseins zeigen. Einer läßt in der Arbeit so nach, daß sein Geschäft verkommt, einer zerstört seine Ehe, ohne daß die Schuld bei der Frau läge, einer begeht Unterschlagungen. Aber auch die, bei denen einschneidende Ereignisse nicht eintreten, tragen Anzeichen von Dekomposition. Die Unterhaltung mit ihnen wird schal, bramarbasierend, faselig. Während der Alternde früher auch von den anderen geistigen Elan empfing, erfährt er sich jetzt als den einzigen fast, der freiwillig ein sachliches Interesse zeigt.

Zu Beginn ist er geneigt, die Entwicklung seiner Altersgenossen als widrigen Zufall anzusehen. Gerade sie haben sich zum Schlechten verändert. Vielleicht liegt es an der Generation und ihrem besonderen äußeren Schicksal. Schließlich entdeckt er, daß die Erfahrung ihm vertraut ist, nur aus einem anderen Aspekt: dem der Jugend gegenüber den Erwachsenen. War er damals nicht überzeugt, daß bei diesem und jenem Lehrer, den Onkeln und Tanten, Freunden der Eltern, später bei den Professoren der Universität oder dem Chef des Lehrlings etwas nicht stimmte! Sei es, daß sie einen lächerlichen verrückten Zug aufwiesen, sei es, daß ihre Gegenwart besonders öde, lästig, enttäuschend war.

Damals machte er sich keine Gedanken, nahm die Inferiorität der Erwachsenen einfach als Naturtatsache hin. Jetzt wird ihm bestätigt: unter den gegebenen Verhältnissen führt der Vollzug der bloßen Existenz bei Erhaltung einzelner Fertigkeiten, technischer oder intellektueller, schon im Mannesalter zum Kretinismus. Auch die Weltmännischen sind nicht ausgenommen. Es ist, als ob die Menschen zur Strafe dafür, daß sie die Hoffnungen ihrer Jugend verraten und sich in der Welt einleben, mit frühzeitigem Verfall geschlagen würden.

Zusatz

Der Zerfall der Individualität heute lehrt nicht bloß deren Kategorie als historisch verstehen, sondern weckt auch Zweifel an ihrem positiven Wesen. Das Unrecht, das dem Individuum widerfährt, war in der Konkurrenzphase dessen eigenes Prinzip. Das bezieht sich aber nicht nur auf die Funktion des Einzelnen und seiner partikularen Interessen in der Gesellschaft, sondern auch auf die innere Zusammensetzung von Individualität selber. In ihrem Zeichen stand die Tendenz zur Emanzipation des Menschen, aber sie ist zugleich das Resultat eben jener Mechanismen, von denen es die Menschheit zu emanzipieren gilt. In der Selbständigkeit und Unvergleichlichkeit des Individuums kristallisiert sich der Widerstand gegen die blinde, unterdrückende Macht des irrationalen Ganzen. Aber dieser Widerstand war historisch nur möglich durch die Blindheit und Irrationalität jenes selbständigen und unvergleichlichen Individuums. Umgekehrt jedoch bleibt, was dem Ganzen als Partikulares unbedingt sich entgegensetzt, schlecht und undurchsichtig dem Bestehenden verhaftet. Die radikal individuellen, unaufgelösten Züge an einem Menschen sind stets beides in eins, das vom je herrschenden System nicht ganz Erfaßte, glücklich Überlebende und die Male der Verstümmelung, welche das System seinen Angehörigen antut. In ihnen wiederholen sich übertreibend Grundbestimmungen des Systems: im Geiz etwa das feste Eigentum, in der eingebildeten Krankheit die reflexionslose Selbsterhaltung. Indem kraft solcher Züge das Individuum sich gegen den Zwang von Natur und Gesellschaft, Krankheit und Bankrott, krampfhaft zu behaupten trachtet, nehmen jene Züge selber notwendig das Zwangshafte an. In seiner innersten Zelle stößt das Individuum auf die gleiche Macht, vor der es in sich selber flieht. Das macht seine Flucht zur hoffnungslosen Chimäre. Die Komödien Molières wissen von diesem Fluch der Individuation nicht weniger als die Zeichnungen Daumiers; die Nationalsozialisten aber, die das Individuum abschaffen, weiden sich behaglich an jenem Fluch und etablieren Spitzweg als ihren klassischen Maler.

Nur gegen die verhärtete Gesellschaft, nicht absolut, repräsentiert das verhärtete Individuum das Bessere. Es hält die Scham fest über das, was das Kollektiv dem Einzelnen immer wieder antut und was sich vollendet, wenn es keinen Einzelnen mehr gibt. Die entselbsteten Gefolgsleute von heute sind die Konsequenz der spleenigen Apotheker, passionierten Rosenzüchter und politischen Krüppel von Anno dazumal.

PHILOSOPHIE UND ARBEITSTEILUNG

Der Platz der Wissenschaft in der gesellschaftlichen Arbeitsteilung ist leicht erkennbar. Sie hat Tatsachen und funktionale Zusammenhänge von Tatsachen in möglichst großen Quantitäten aufzustapeln. Die Lagerordnung muß übersichtlich sein. Sie soll es den einzelnen Industrien ermöglichen, die gewünschte intellektuelle Ware in der gesuchten Sortierung sogleich herauszufinden. Weitgehend erfolgt das Zusammentragen bereits im Hinblick auf bestimmte industrielle Orders.

Auch die historischen Werke sollen Material beibringen. Die Möglichkeit seiner Verwertbarkeit ist nicht unmittelbar in der Industrie sondern mittelbar in der Verwaltung zu suchen. Wie schon Machiavelli zum Gebrauch der Fürsten und Republiken schrieb, so wird heute für die ökonomischen und politischen Komitees gearbeitet. Die historische Form freilich ist dabei hinderlich geworden, man ordnet das historische Material besser sogleich unter dem Gesichtspunkt einer bestimmten Verwaltungsaufgabe: der Manipulation von Warenpreisen oder von Gefühlsstimmungen der Massen. Neben der Verwaltung und den industriellen Konsortien treten auch die Gewerkschaften und Parteien als Interessenten auf.

Die offizielle Philosophie dient der so funktionierenden Wissenschaft. Sie soll, als eine Art Taylorismus des Geistes, seine Produktionsmethoden verbessern helfen, die Aufstapelung der Kenntnisse rationalisieren, die Vergeudung intellektueller Energie verhindern. Ihr ist in der Arbeitsteilung der Platz zugewiesen wie der Chemie oder Bakteriologie. Die paar philosophischen Restbestände, die zur Gottesverehrung des Mittelalters und zur Schau ewiger Wesenheiten zurückrufen, werden an weltlichen Universitäten gerade noch geduldet, weil sie so reaktionär sind. Des weiteren pflanzen sich noch einige Historiker der Philosophie fort, die unermüdlich Plato und Descartes vortragen und hinzufügen, daß sie schon veraltet sind. Ihnen gesellt sich da und dort ein Veteran des Sensualismus oder ein geeichter Personalist. Sie jäten aus dem Feld der Wissenschaft das dialektische Unkraut aus, das sonst hochschießen könnte.

Im Gegensatz zu ihren Verwaltern bezeichnet Philosophie mit anderem das Denken, sofern es vor der herrschenden Arbeitsteilung nicht kapituliert und seine Aufgaben von ihr sich nicht vorgeben läßt. Das Bestehende zwingt die Menschen nicht bloß durch physische Gewalt und materielle Interessen sondern durch übermächtige Suggestion. Philosophie ist nicht Synthese, Grundwissenschaft oder Dachwissenschaft, sondern die Anstrengung, der Suggestion zu widerstehen, die Entschlossenheit zur intellektuellen und wirklichen Freiheit.

Die Arbeitsteilung, wie sie unter der Herrschaft sich gebildet hat, wird dabei keineswegs ignoriert. Philosophie hört ihr nur die Lüge an, daß sie unausweichlich sei. Indem sie sich von der Übermacht nicht hypnotisieren läßt, folgt sie ihr in alle Schlupfwinkel der gesellschaftlichen Maschinerie, die a priori weder gestürmt, noch neu gesteuert, sondern frei vom Bann, den sie ausübt, begriffen werden soll. Wenn die Beamten, welche die Industrie in ihren intellektuellen Ressorts, den Universitäten, Kirchen und Zeitungen, unterhält, der Philosophie den Paß ihrer Prinzipien abverlangen, mittels deren sie ihr Umherspüren legitimiert, gerät sie in tödliche Verlegenheit. Sie erkennt keine abstrakten Normen oder Ziele an, die im Gegensatz zu den geltenden praktikabel wären. Ihre Freiheit von der Suggestion des Bestehenden liegt gerade darin, daß sie die bürgerlichen Ideale, ohne ein Einsehen zu haben, akzeptiert, seien es die, welche seine Vertreter wenn auch entstellt noch verkündigen, oder die, welche als objektiver Sinn der Institutionen, technischer wie kultureller, trotz aller Manipulierung noch erkennbar sind. Sie glaubt der Arbeitsteilung, daß sie für die Menschen da ist, und dem Fortschritt, daß er zur Freiheit führt. Deshalb gerät sie leicht mit der Arbeitsteilung und dem Fortschritt in Konflikt. Sie leiht dem Widerspruch von Glauben und Wirklichkeit die Sprache und hält sich dabei eng ans zeitbedingte Phänomen. Ihr ist nicht wie der Zeitung der gigantisch angelegte Massenmord wertvoller als die Erledigung einiger Asylinsassen. Sie zieht die Intrige des Staatsmannes, der sich mit dem Faschismus einläßt, keiner bescheidenen Lynchung, die Reklamewirbel der Filmindustrie keiner intimen Friedhofsannonce vor. Die Neigung fürs Große liegt ihr fern. So ist sie dem Bestehenden zugleich fremd und verständnisinnig. Ihre Stimme gehört dem Gegenstand aber ohne seinen Willen; sie ist die des Widerspruchs, der ohne sie nicht laut würde, sondern stumm triumphierte.

DER GEDANKE

Daß die Wahrheit einer Theorie dasselbe sei wie ihre Fruchtbarkeit, ist freilich ein Irrtum. Manche Menschen scheinen jedoch das Gegenteil davon anzunehmen. Sie meinen, Theorie habe so wenig nötig, im Denken Anwendung zu finden, daß sie es vielmehr überhaupt ersparen soll. Sie mißverstehen jede Äußerung im Sinn eines letzten Bekenntnisses, Gebots oder Tabus. Sie wollen sich der Idee unterwerfen wie einem Gott, oder sie attackieren sie wie einen Götzen. Es fehlt ihnen ihr gegenüber an Freiheit. Aber es gehört gerade zur Wahrheit, daß man selbst als tätiges Subjekt dabei ist. Es mag einer Sätze hören, die an sich wahr sind, er erfährt ihre Wahrheit nur, indem er dabei denkt und weiter denkt. Heutzutage drückt jener Fetischismus sich drastisch aus. Man wird für den Gedanken zur Rechenschaft gezogen, als sei er die Praxis unmittelbar. Nicht bloß das Wort, das die Macht treffen will, sondern auch das Wort, das tastend, experimentierend, mit der Möglichkeit des Irrtums spielend, sich bewegt, ist allein deshalb intolerabel. Aber: unfertig zu sein und es zu wissen, ist der Zug auch jenes Denkens noch und gerade jenes Denkens, mit dem es sich zu sterben lohnt. Der Satz, daß die Wahrheit das Ganze sei, erweist sich als dasselbe wie sein Gegensatz, daß sie jeweils nur als Teil existiert. Die erbärmlichste Entschuldigung, die Intellektuelle für Henker gefunden haben – und sie sind im letzten Jahrzehnt darin nicht müßig gewesen –, die erbärmlichste Entschuldigung ist die, daß der Gedanke des Opfers, für den es ermordet wird, ein Fehler gewesen sei.

MENSCH UND TIER

Die Idee des Menschen in der europäischen Geschichte drückt sich in der Unterscheidung vom Tier aus. Mit seiner Unvernunft beweisen sie die Menschenwürde. Mit solcher Beharrlichkeit und Einstimmigkeit ist der Gegensatz von allen Vorvorderen des bürgerlichen Denkens, den alten Juden, Stoikern und Kirchenvätern, dann durchs Mittelalter und die Neuzeit hergebetet worden, daß er wie wenige Ideen zum Grundbestand der westlichen Anthropologie gehört. Auch heute ist er anerkannt. Die Behavioristen haben ihn bloß scheinbar vergessen. Daß sie auf die Menschen dieselben Formeln und Resultate anwenden, die sie, entfesselt, in ihren scheußlichen physiologischen Laboratorien wehrlosen Tieren abzwingen, bekundet den Unterschied auf besonders abgefeimte Art. Der Schluß, den sie aus den verstümmelten Tierleibern ziehen, paßt nicht auf das Tier in Freiheit, sondern auf den Menschen heute. Er bekundet, indem er sich am Tier vergeht, daß er, und nur er in der ganzen Schöpfung, freiwillig so mechanisch, blind und automatisch funktioniert, wie die Zuckungen der gefesselten Opfer, die der Fachmann sich zunutze macht. Der Professor am Seziertisch definiert sie wissenschaftlich als Reflexe, der Mantiker am Altar hatte sie als Zeichen seiner Götter ausposaunt. Dem Menschen gehört die Vernunft, die unbarmherzig abläuft; das Tier, aus dem er den blutigen Schluß zieht, hat nur das unvernünftige Entsetzen, den Trieb zur Flucht, die ihm abgeschnitten ist.

Der Mangel an Vernunft hat keine Worte. Beredt ist ihr Besitz, der die offenbare Geschichte durchherrscht. Die ganze Erde legt für den Ruhm des Menschen Zeugnis ab. In Krieg und Frieden, Arena und Schlachthaus, vom langsamen Tod des Elefanten, den primitive Menschenhorden auf Grund der ersten Planung überwältigten, bis zur lückenlosen Ausbeutung der Tierwelt heute, haben die unvernünftigen Geschöpfe stets Vernunft erfahren. Dieser sichtbare Hergang verdeckt den Henkern den unsichtbaren: das Dasein ohne Licht der Vernunft, die Existenz der Tiere selbst. Sie wäre das echte Thema der Psychologie, denn nur das Leben der Tiere verläuft nach seelischen Regungen; wo Psychologie die Menschen erklären muß, sind sie regrediert und zerstört. Wo man unter Menschen Psychologie zu Hilfe ruft, wird der karge Bereich ihrer unmittelbaren Beziehungen nochmals verengt, sie werden sich auch darin noch zu Dingen. Der Rekurs auf Psychologie, um den anderen zu verstehen, ist unverschämt, zur Erklärung der eigenen Motive sentimental. Die Tierpsychologie aber hat ihren Gegenstand aus dem Gesicht verloren, über der Schikane ihrer Fallen und Labyrinthe vergessen, daß von Seele zu reden, sie zu erkennen, gerade und allein dem Tiere gegenüber ansteht. Selbst Aristoteles, der den Tieren eine, wenn auch inferiore Seele zusprach, hat aber lieber von den Körpern, von Teilen, Bewegung und Zeugung gehandelt, als von der dem Tiere eigenen Existenz. Die Welt des Tieres ist begriffslos. Es ist kein Wort da, um im Fluß des Erscheinenden das Identische festzuhalten, im Wechsel der Exemplare dieselbe Gattung, in den veränderten Situationen dasselbe Ding. Wenngleich die Möglichkeit von Wiedererkennen nicht mangelt, ist Identifizierung aufs vital Vorgezeichnete beschränkt. Im Fluß findet sich nichts, das als bleibend bestimmt wäre, und doch bleibt alles ein und dasselbe, weil es kein festes Wissen ums Vergangene und keinen hellen Vorblick in die Zukunft gibt. Das Tier hört auf den Namen und hat kein Selbst, es ist in sich eingeschlossen und doch preisgegeben, immer kommt ein neuer Zwang, keine Idee reicht über ihn hinaus. Für den Entzug des Trostes tauscht das Tier nicht Milderung der Angst ein, für das fehlende Bewußtsein von Glück nicht die Abwesenheit von Trauer und Schmerz. Damit Glück substantiell werde, dem Dasein den Tod verleihe, bedarf es identifizierender Erinnerung, beschwichtigender Erkenntnis, der religiösen oder philosophischen Idee, kurz des Begriffs. Es gibt glückliche Tiere, aber welch kurzen Atem hat dieses Glück! Die Dauer des Tiers, vom befreienden Gedanken nicht unterbrochen, ist trübe und depressiv. Um dem bohrend leeren Dasein zu entgehen, ist ein Widerstand notwendig, dessen Rückgrat die Sprache ist. Noch das stärkste Tier ist unendlich debil. Die Lehre Schopenhauers, nach welcher der Pendel des Lebens zwischen Schmerz und Langeweile schlägt, zwischen punkthaften Augenblicken gestillten Triebs und endloser Sucht, trifft zu für das Tier, das dem Verhängnis nicht durch Erkennen Einhalt gebieten kann. In der Tierseele sind die einzelnen Gefühle und Bedürftigkeiten des Menschen, ja die Elemente des Geistes angelegt ohne den Halt, den nur die organisierende Vernunft verleiht. Die besten Tage verfließen im geschäftigen Wechsel wie ein Traum, den ohnehin das Tier vom Wachen kaum zu unterscheiden weiß. Es entbehrt des klaren Übergangs von Spiel zu Ernst; des glücklichen Erwachens aus dem Alpdruck zur Wirklichkeit.

In den Märchen der Nationen kehrt die Verwandlung von Menschen in Tiere als Strafe wieder. In einen Tierleib gebannt zu sein, gilt als Verdammnis. Kindern und Völkern ist die Vorstellung solcher Metamorphosen unmittelbar verständlich und vertraut. Auch der Glaube an die Seelenwanderung in den ältesten Kulturen erkennt die Tiergestalt als Strafe und Qual. Die stumme Wildheit im Blick des Tieres zeugt von demselben Grauen, das die Menschen in solcher Verwandlung fürchteten. Jedes Tier erinnert an ein abgründiges Unglück, das in der Urzeit sich ereignet hat. Das Märchen spricht die Ahnung der Menschen aus. Wenn aber dem Prinzen dort die Vernunft geblieben war, so daß er zur gegebenen Zeit sein Leiden sagen und die Fee ihn erlösen konnte, so bannt Mangel an Vernunft das Tier auf ewig in seine Gestalt, es sei denn, daß der Mensch, der durch Vergangenes mit ihm eins ist, den erlösenden Spruch findet und durch ihn das steinerne Herz der Unendlichkeit am Ende der Zeiten erweicht.

Die Sorge ums vernunftlose Tier aber ist dem Vernünftigen müßig. Die westliche Zivilisation hat sie den Frauen überlassen. Diese haben keinen selbständigen Anteil an der Tüchtigkeit, aus welcher diese Zivilisation hervorging. Der Mann muß hinaus ins feindliche Leben, muß wirken und streben. Die Frau ist nicht Subjekt. Sie produziert nicht, sondern pflegt die Produzierenden, ein lebendiges Denkmal längst entschwundener Zeiten der geschlossenen Hauswirtschaft. Ihr war die vom Mann erzwungene Arbeitsteilung wenig günstig. Sie wurde zur Verkörperung der biologischen Funktion, zum Bild der Natur, in deren Unterdrückung der Ruhmestitel dieser Zivilisation bestand. Grenzenlos Natur zu beherrschen, den Kosmos in ein unendliches Jagdgebiet zu verwandeln, war der Wunschtraum der Jahrtausende. Darauf war die Idee des Menschen in der Männergesellschaft abgestimmt. Das war der Sinn der Vernunft, mit der er sich brüstete. Die Frau war kleiner und schwächer, zwischen ihr und dem Mann bestand ein Unterschied, den sie nicht überwinden konnte, ein von Natur gesetzter

Unterschied, das Beschämendste, Erniedrigendste, was in der Männergesellschaft möglich ist. Wo Beherrschung der Natur das wahre Ziel ist, bleibt biologische Unterlegenheit das Stigma schlechthin, die von Natur geprägte Schwäche zur Gewalttat herausforderndes Mal. Die Kirche, die im Lauf der Geschichte kaum eine Gelegenheit versäumte, um bei populären Institutionen ihr führendes Wörtlein mitzureden, handelte es sich um Sklaverei, Kreuzzüge oder einfache Pogrome, hat trotz des Ave auch in der Einschätzung des Weibes an Platon sich angeschlossen. Das Bild der schmerzensreichen Mutter Gottes war die Konzession an matriarchale Restbestände. Doch hat die Kirche die Inferiorität der Frau, aus der das Bild erlösen sollte, mit seiner Hilfe auch sanktioniert. »Man braucht nur«, ruft ihr legitimer Sohn de Maistre aus, »in einem christlichen Land den Einfluß des göttlichen Gesetzes zu einem gewissen Grad auszulöschen, ja zu schwächen, indem man die Freiheit, die für die Frau daraus hervorging, bestehen läßt, und man wird die an sich edle und rührende Freiheit bald genug in Schamlosigkeit degenerieren sehen. Sie würden zu funesten Werkzeugen eines allgemeinen Niedergangs, der in kurzer Zeit die lebenswichtigen Teile des Staats angriffe. Dieser würde in Fäulnis übergehen und mit seinem brandigen Zerfall Schande und Schrekken verbreiten.«[1] Das Terrormittel der Hexenprozesse, das die verbündeten feudalen Rackets, als sie sich in Gefahr sahen, gegen die Bevölkerung anwandten, war zugleich die Feier und Bestätigung des Siegs der Männerherrschaft über vorzeitliche matriarchale und mimetische Entwicklungsstufen. Die Autodafés waren die heidnischen Freudenfeuer der Kirche, der Triumph der Natur in Form der selbsterhaltenden Vernunft zum Ruhme der Herrschaft über die Natur.

Das Bürgertum heimste von der Frau Tugend und Sittsamkeit ein: als Reaktionsbildungen der matriarchalen Rebellion. Sie selbst erreichte für die ganze ausgebeutete Natur die Aufnahme in die Welt der Herrschaft, aber als gebrochene. Sie spiegelt, unterjocht, dem Sieger seinen Sieg in ihrer spontanen Unterwerfung wider: Niederlage als Hingabe, Verzweiflung als schöne Seele, das geschändete Herz als den liebenden Busen. Um den Preis der radi-

1 Eclaircissement sur les Sacrifices. Œuvres. Lyon 1892. Band V, S. 322 f.

kalen Lösung von der Praxis, um den des Rückzugs in gefeiten Bannkreis, empfängt Natur vom Herrn der Schöpfung seine Reverenz. Kunst, Sitte, sublime Liebe sind Masken der Natur, in denen sie verwandelt wiederkehrt und als ihr eigener Gegensatz zum Ausdruck wird. Durch ihre Masken gewinnt sie die Sprache; in ihrer Verzerrung erscheint ihr Wesen; Schönheit ist die Schlange, die die Wunde zeigt, wo einst der Stachel saß. Hinter der Bewunderung des Mannes für die Schönheit lauert jedoch stets das schallende Gelächter, der maßlose Hohn, die barbarische Zote des Potenten auf die Impotenz, mit denen er die geheime Angst betäubt, daß er der Impotenz, dem Tode, der Natur verfallen ist. Seit die verkrüppelten Narren, an deren Sprüngen und Schellenkappen einstmals das traurige Glück gebrochener Natur haftete, dem Dienst der Könige entronnen sind, hat man der Frau die planmäßige Pflege des Schönen zuerkannt. Die neuzeitliche Puritanerin nahm den Auftrag eifrig an. Sie identifizierte sich mit dem Geschehenen ganz und gar, nicht mit der wilden, sondern der domestizierten Natur. Was vom Fächeln, Singen und Tanzen der Sklavinnen Roms noch übrig war, wurde in Birmingham endgültig aufs Klavierspiel und andere Handarbeit reduziert, bis auch die allerletzten Restbestände weiblicher Zügellosigkeit vollends zu Wahrzeichen patriarchaler Zivilisation sich veredelt hatten. Unterm Druck der universalen Reklame wurden Puder und Lippenstift, ihren hetärischen Ursprung weit von sich weisend, zur Hautpflege, das Badetrikot zum Attribut der Hygiene. Es gibt kein Entrinnen. Der bloße Umstand, daß sie im durchorganisierten System der Herrschaft sich vollzieht, prägt auch der Liebe das Fabrikzeichen auf. In Deutschland beweisen die Erfaßten noch durch Promiskuität, wie einstmals nur durch Sittsamkeit, den Gehorsam gegen das Bestehende, durch den wahllosen Geschlechtsakt die stramme Unterordnung unter die herrschende Vernunft.

Als Fossil der bürgerlichen Hochschätzung der Frau ragt in die Gegenwart die Megäre herein. Keifend rächt sie seit endlosen Zeiten den Jammer, der ihr Geschlecht getroffen hat, im eignen Haus. In Ermangelung des Kniefalls, der ihr nicht zuteilward, herrscht auch außerhalb die böse Alte den Zerstreuten an, der nicht sogleich sich vor ihr erhebt, und schlägt ihm den Hut vom Kopf. Daß er rollen müsse, wie dem immer sei, hat sie in der Politik seit je gefordert, sei es aus Reminiszenz an die mänadische Vergangenheit, sei es in ohnmächtiger Wut den Mann und seine Ordnung überbietend. Der Blutdurst des Weibes im Pogrom überstrahlt den männlichen. Die unterdrückte Frau als Megäre hat die Epoche überlebt und zeigt die Fratze der verstümmelten Natur noch in einer Zeit, in der die Herrschaft schon den trainierten Körper beider Geschlechter modelliert, in dessen Uniformität die Fratze unterging. Auf dem Hintergrunde solcher Massenproduktion wird das Schelten der Megäre, die wenigstens ihr eigenes unterschiedenes Gesicht behielt, zum Zeichen der Humanität, die Häßlichkeit zur Spur des Geistes. Wenn das Mädchen in vergangenen Jahrhunderten ihre Unterwerfung in den wehmütigen Zügen und der hingebenden Liebe trug, ein entfremdetes Bild der Natur, ein ästhetisches Kulturding, so hat freilich die Megäre noch am Ende einen neuen weiblichen Beruf entdeckt. Als soziale Hyäne verfolgt sie kulturelle Ziele aktiv. Ihr Ehrgeiz läuft nach Ehrungen und Publizität, aber ihr Sinn für männliche Kultur ist noch nicht so geschärft, daß bei dem ihr zugefügten Leid sie sich nicht vergriffe und zeigte, daß sie in der Zivilisation der Männer noch nicht heimisch ist. Die Einsame nimmt ihre Zuflucht zu Konglomeraten von Wissenschaft und Magie, zu Spottgeburten aus dem Ideal des Geheimrats und der nordischen Seherin. Sie fühlt sich zum Unheil hingezogen. Die letzte weibliche Opposition gegen den Geist der Männergesellschaft verkommt im Sumpf der kleinen Rackets, der Konventikel und Hobbies, sie wird zur pervertierten Aggression des social work und des theosophischen Klatsches, zur Betätigung der kleinen Rankűne in Wohltätigkeit und Christian Science. In diesem Sumpf drückt die Solidarität mit der Kreatur nicht so sehr im Tierschutzverein wie im Neubuddhismus und im Pekinesen sich aus, dessen entstelltes Gesicht heute noch wie auf den alten Bildern ans Antlitz jenes durch den Fortschritt überholten Narren gemahnt. Die Züge des Hündchens repräsentieren wie die ungelenken Sprünge des Höckers noch immer die verstümmelte Natur, während Massenindustrie und Massenkultur schon lernten, die Leiber der Zuchtstiere wie der Menschen nach wissenschaftlichen Methoden bereitzustellen. Die gleichgeschalteten Massen werden ihrer eigenen Transformation, an der sie doch krampfhaft mitwirken, so wenig mehr gewahr, daß sie deren symbolischer Schaustellung nicht mehr bedürfen. Unter den kleinen Nachrichten auf der zweiten und dritten Seite der Zeitungen, deren erste mit den grauenvollen Ruhmestaten der Menschen ausgefüllt ist, stehen zuweilen die Zirkusbrände und Vergiftungen der großen Tiere zu lesen. Es wird an die Tiere erinnert, wenn ihre letzten Exemplare, die Artgenossen des Narren aus dem Mittelalter, in unendlichen Qualen zugrunde gehen, als Kapitalverlust für den Besitzer, der die Treuen im Zeitalter des Betonbaus nicht feuersicher zu beschützen vermochte. Die große Giraffe und der weise Elefant sind »oddities«, an denen sich schon kaum mehr ein gewitzigter Schuljunge verlustiert. Sie bilden in Afrika, der letzten Erde, die ihre armen Herden vor der Zivilisation vergeblich schützen wollte, ein Verkehrshindernis für die Landung der Bomber im neuesten Krieg. Sie werden ganz abgeschafft. Auf der vernünftig gewordenen Erde ist die Notwendigkeit der ästhetischen Spiegelung weggefallen. Entdämonisierung vollzieht sich durch unmittelbare Prägung der Menschen. Herrschaft bedarf keiner numinosen Bilder mehr, sie produziert sie industriell und geht durch sie um so zuverlässiger in die Menschen ein.

Die Verzerrung, die zum Wesen jedes Kunstwerks gehört, wie das Verstümmelte zum Glanz der weiblichen Schönheit, eben jene Schaustellung der Wunde, in der beherrschte Natur sich wiedererkennt, wird vom Faschismus wieder betrieben, aber nicht als Schein. Sie wird den Verdammten unmittelbar angetan. In dieser Gesellschaft gibt es keinen Bereich mehr, in dem Herrschaft als Widerspruch sich deklarierte wie in der Kunst, keine Verdoppelung drückt mehr die Entstellung aus. Solcher Ausdruck aber hieß ehemals nicht bloß Schönheit, sondern Denken, Geist und Sprache selbst. Sprache heute berechnet, bezeichnet, verrät, gibt den Mord ein, sie drückt nicht aus. Kulturindustrie hat ihren exakten Maßstab außerhalb ihrer selbst, an den sie sich halten kann, wie die Wissenschaft: die Tatsache. Filmstars sind Experten, ihre Leistungen Protokolle natürlichen Verhaltens, Klassifikationen von Reaktionsweisen; die Regisseure und Schreiber stellen Modelle für adaptiertes Verhalten her. Die Präzisionsarbeit der Kulturindustrie schließt die Verzerrung als den bloßen Fehler, den Zufall, das schlechte Subjektive und Natürliche aus. Der Abweichung wird der praktische Grund abverlangt, der sie in die Vernunft eingliedert. Erst dann wird ihr verziehen. Mit der Spiegelung der Herrschaft durch die Natur ist das Tragische entschwunden, wie das Komische, die Herren bringen soviel Ernst auf, wie Widerstand zu überwinden ist, und soviel Humor, wie sie Verzweiflung sehen. Der geistige Genuß war ans stellvertretende Leiden geknüpft, sie aber spielen mit dem Grauen selbst. Die sublime Liebe hing an der Erscheinung der Kraft durch die Schwäche, an der Schönheit der Frau, sie aber hängen sich an die Kraft unmittelbar: das Idol der Gesellschaft heute ist das schnittig-edle Männergesicht. Das Weib dient der Arbeit, dem Gebären, oder erhöht als präsentable das Ansehen ihres Mannes. Sie reißt den Mann nicht zum Überschwang hin. Anbetung fällt wieder auf Eigenliebe zurück. Die Welt mit ihren Zwecken braucht den ganzen Mann. Keiner kann sich mehr verschenken, er muß drinnen bleiben. Natur aber gilt der Praxis als das, was draußen und drunten ist, als Gegenstand, wie im Volksmund schon seit je das Mädchen des Soldaten. Jetzt bleibt das Gefühl bei der auf sich als Macht bezogenen Macht. Der Mann streckt die Waffen vor dem Mann in seiner Kälte und finsteren Unentwegtheit wie zuvor das Weib. Er wird zum Weib, das auf die Herrschaft blickt. Im faschistischen Kollektiv mit seinen Teams und Arbeitslagern ist von der zarten Jugend an ein jeder ein Gefangener in Einzelhaft, es züchtet Homosexualität. Das Tier noch soll die edlen Züge tragen. Das prononcierte Menschengesicht, das beschämend an die eigne Herkunft aus Natur und die Verfallenheit an sie erinnert, fordert unwiderstehlich nur noch zum qualifizierten Totschlag auf. Die Judenkarikatur hat es seit je gewußt, und noch der Widerwille Goethes gegen die Affen wies auf die Grenzen seiner Humanität. Wenn Industriekönige und Faschistenführer Tiere um sich haben, sind es keine Pinscher sondern dänische Doggen und Löwenjunge. Sie sollen die Macht durch den Schrecken würzen, den sie einflößen. So blind steht der Koloß des faschistischen Schlächters vor der Natur, daß er ans Tier nur denkt, um Menschen durch es zu erniedrigen. Für ihn gilt wirklich, was Nietzsche Schopenhauer und Voltaire zu Unrecht vorwarf, daß sie ihren »Haß gegen gewisse Dinge und Menschen als Barmherzigkeit gegen Tiere zu verkleiden wußten«[2]. Voraus-

2 Nietzsche, Die fröhliche Wissenschaft. Werke. Band V. S. 133.

setzung der Tier-, Natur- und Kinderfrommheit des Faschisten ist der Wille zur Verfolgung. Das lässige Streicheln über Kinderhaar und Tierfell heißt: die Hand hier kann vernichten. Sie tätschelt zärtlich das eine Opfer, bevor sie das andere niederschlägt, und ihre Wahl hat mit der eigenen Schuld des Opfers nichts zu tun. Die Liebkosung illustriert, daß alle vor der Macht dasselbe sind, daß sie kein eigenes Wesen haben. Dem blutigen Zweck der Herrschaft ist die Kreatur nur Material. So nimmt der Führer der Unschuldigen sich an, sie werden ohne ihr Verdienst herausgegriffen, wie man sie ohne ihr Verdienst erschlägt. Dreck ist die Natur. Allein die abgefeimte Kraft, die überlebt, hat Recht. Sie selbst ist wiederum Natur allein, die ganze ausgetüftelte Maschinerie moderner Industriegesellschaft bloß Natur, die sich zerfleischt. Es gibt kein Medium mehr, das diesen Widerspruch zum Ausdruck brächte. Er vollzieht sich mit dem sturen Ernst der Welt, aus der die Kunst, der Gedanke, die Negativität entschwunden ist. Die Menschen sind einander und der Natur so radikal entfremdet, daß sie nur noch wissen, wozu sie sich brauchen und was sie sich antun. Jeder ist ein Faktor, das Subjekt oder Objekt irgendeiner Praxis, etwas mit dem man rechnet oder nicht mehr rechnen muß.

In dieser vom Schein befreiten Welt, in der die Menschen nach Verlust der Reflexion wieder zu den klügsten Tieren wurden, die den Rest des Universums unterjochen, wenn sie sich nicht gerade selbst zerreißen, gilt aufs Tier zu achten nicht mehr bloß als sentimental, sondern als Verrat am Fortschritt. In guter reaktionärer Tradition hat Göring den Tierschutz mit dem Rassenhaß verbunden, die lutherisch-deutsche Lust am fröhlichen Morden mit der gentilen Fairness des Herrenjägers. Klar sind die Fronten geschieden; wer gegen Hearst und Göring kämpft, hält es mit Pawlow und Vivisektion, wer zögert, ist Freiwild für beide Seiten. Er soll Vernunft annehmen. Die Wahl ist vorgegeben und unausweichlich. Wer die Welt verändern will, soll um keinen Preis in jenem Sumpf der kleinen Rackets landen, wo mit den Wahrsagern auch politische Sektierer, Utopisten und Anarchisten verkommen. Der Intellektuelle, dessen Denken an keine wirkende historische Macht sich anschließe, keinen der Pole zur Orientierung nehme, auf welche die Industriegesellschaft zuläuft, verliere die Substanz, sein Denken werde bodenlos. Vernünftig sei das Wirkliche. Wer nicht mitmacht, sagen auch die Progressiven, hilft keiner Maus. Alles hänge von der Gesellschaft ab, auch das genaueste Denken müsse sich den mächtigen sozialen Tendenzen verschreiben, ohne die es zur Schrulle werde. Dies Einverständnis verbindet alle Gerechten der Realität; es bekennt sich zur menschlichen Gesellschaft als einem Massenracket in der Natur. Das Wort, das nicht die Ziele einer seiner Branchen verfolgt, regt sie zur maßlosen Wut auf. Es gemahnt daran, daß noch eine Stimme hat, was nur sein soll, damit es gebrochen wird: an Natur, von der die Lügen der völkisch und folkloristisch Orientierten überfließen. Wo sein Ton ihre Sprechchöre auf einen Augenblick unterbricht, wird das von ihnen überschrieene Grauen laut, das wie in jedem Tier selbst in den eignen rationalisierten und gebrochenen Herzen lebt. Die Tendenzen, die von solchem Wort ins Licht gehoben werden, sind allgegenwärtig und blind. Natur an sich ist weder gut, wie die alte, noch edel, wie die neue Romantik es will. Als Vorbild und Ziel bedeutet sie den Widergeist, die Lüge und Bestialität, erst als erkannte wird sie zum Drang des Daseins nach seinem Frieden, zu jenem Bewußtsein, das von Beginn an den unbeirrbaren Widerstand gegen Führer und Kollektiv begeistet hat. Der herrschenden Praxis und ihren unentrinnbaren Alternativen ist nicht die Natur gefährlich, mit der sie vielmehr zusammenfällt, sondern daß Natur erinnert wird.

PROPAGANDA

Propaganda für die Änderung der Welt, welch ein Unsinn! Propaganda macht aus der Sprache ein Instrument, einen Hebel, eine Maschine. Propaganda fixiert die Verfassung der Menschen, wie sie unterm gesellschaftlichen Unrecht geworden sind, indem sie sie in Bewegung bringt. Sie rechnet damit, daß man mit ihnen rechnen kann. Im tiefsten weiß jeder, daß er durch das Mittel selber zum Mittel wird wie in der Fabrik. Die Wut, die sie in sich spüren, wenn sie ihr folgen, ist die alte Wut gegen das Joch, durch die Ahnung verstärkt, daß der Ausweg, den die Propaganda weist, der falsche ist. Die Propaganda manipuliert die Menschen; wo sie Freiheit schreit, widerspricht sie sich selbst. Verlogenheit ist unabtrennbar von ihr. Die Gemeinschaft der Lüge ist es, in der Führer und Geführte durch Propaganda sich zusammenfinden, auch wenn die Inhalte als solche richtig sind. Noch die Wahrheit wird ihr ein bloßes Mittel, zum Zweck Anhänger zu gewinnen, sie fälscht sie schon, indem sie sie in den Mund nimmt. Deshalb kennt wahre Resistenz keine Propaganda. Propaganda ist menschenfeindlich. Sie setzt voraus, daß der Grundsatz, Politik solle gemeinsamer Einsicht entspringen, bloß eine façon de parler sei.

In einer Gesellschaft, die dem drohenden Überfluß wohlweislich Grenzen setzt, verdient, was jedem von anderen empfohlen wird, Mißtrauen. Die Warnung gegenüber der Geschäftsreklame, daß kein Unternehmen etwas verschenkt, gilt überall, nach der modernen Fusion von Geschäft und Politik vorab gegen diese. Das Maß der Anpreisung nimmt zu mit der Abnahme der Qualität, anders als ein Rolls Royce ist der Volkswagen auf Reklame angewiesen. Die Interessen von Industrie und Konsumenten harmonieren nicht einmal, wo jene ernsthaft etwas bieten will. Sogar die Propaganda der Freiheit kann sich als verwirrend herstellen, sofern sie die Differenz zwischen der Theorie und der partikularen Interessenlage der Angeredeten nivellieren muß. Die in Deutschland erschlagenen Arbeiterführer wurden vom Faschismus noch um die Wahrheit ihrer eigenen Aktion betrogen, weil jener die Solidarität durch die Selektion der Rache Lügen strafte. Wenn der Intellektuelle im Lager zu Tode gequält wird, brauchen die Arbeiter draußen es nicht schlechter zu haben. Der Faschismus war nicht

dasselbe für Ossietzky und das Proletariat. Die Propaganda hat beide betrogen.
Freilich: suspekt ist nicht die Darstellung der Wirklichkeit als Hölle, sondern die routinierte Aufforderung, aus ihr auszubrechen. Wenn die Rede heute an einen sich wenden kann, so sind es weder die sogenannten Massen, noch der Einzelne, der ohnmächtig ist, sondern eher ein eingebildeter Zeuge, dem wir es hinterlassen, damit es doch nicht ganz mit uns untergeht.

ZUR GENESE DER DUMMHEIT

Das Wahrzeichen der Intelligenz ist das Fühlhorn der Schnecke »mit dem tastenden Gesicht«, mit dem sie, wenn man Mephistopheles glauben darf[1], auch riecht. Das Fühlhorn wird vor dem Hindernis sogleich in die schützende Hut des Körpers zurückgezogen, es wird mit dem Ganzen wieder eins und wagt als Selbständiges erst zaghaft wieder sich hervor. Wenn die Gefahr noch da ist, verschwindet es aufs neue, und der Abstand bis zur Wiederholung des Versuchs vergrößert sich. Das geistige Leben ist in den Anfängen unendlich zart. Der Sinn der Schnecke ist auf den Muskel angewiesen, und Muskeln werden schlaff mit der Beeinträchtigung ihres Spiels. Den Körper lähmt die physische Verletzung, den Geist der Schrecken. Beides ist im Ursprung gar nicht zu trennen.

Die entfalteteren Tiere verdanken sich selbst der größeren Freiheit, ihr Dasein bezeugt, daß einstmals Fühler nach neuen Richtungen ausgestreckt waren und nicht zurückgeschlagen wurden. Jede ihrer Arten ist das Denkmal ungezählter anderer, deren Versuch zu werden schon im Beginn vereitelt wurde; die dem Schrecken schon erlagen, als nur ein Fühler sich in der Richtung ihres Werdens regte. Die Unterdrückung der Möglichkeiten durch unmittelbaren Widerstand der umgebenden Natur ist nach innen fortgesetzt, durch die Verkümmerung der Organe durch den Schrecken. In jedem Blick der Neugier eines Tieres dämmert eine neue Gestalt des Lebendigen, die aus der geprägten Art, der das individuelle Wesen angehört, hervorgehen könnte. Nicht bloß die Prägung hält es in der Hut des alten Seins zurück, die Gewalt, die jenem Blick begegnet, ist die jahrmillionenalte, die es seit je auf seine Stufe bannte und in stets erneutem Widerstand die ersten Schritte, sie zu überschreiten, hemmt. Solcher erste tastende Blick ist immer leicht zu brechen, hinter ihm steht der gute Wille, die fragile Hoffnung, aber keine konstante Energie. Das Tier wird in der Richtung, aus der es endgültig verscheucht ist, scheu und dumm.

Dummheit ist ein Wundmal. Sie kann sich auf eine Leistung unter vielen oder auf alle, praktische und geistige, beziehen. Jede

1 Faust. Erster Teil. 4068.

partielle Dummheit eines Menschen bezeichnet eine Stelle, wo das Spiel der Muskeln beim Erwachen gehemmt anstatt gefördert wurde. Mit der Hemmung setzte ursprünglich die vergebliche Wiederholung der unorganisierten und täppischen Versuche ein. Die endlosen Fragen des Kindes sind je schon Zeichen eines geheimen Schmerzes, einer ersten Frage, auf die es keine Antwort fand und die es nicht in rechter Form zu stellen weiß.[2] Die Wiederholung gleicht halb dem spielerischen Willen, wie wenn der Hund endlos an der Türe hochspringt, die er noch nicht zu öffnen weiß, und schließlich davon absteht, wenn die Klinke zu hoch ist, halb gehorcht sie hoffnungslosem Zwang, wie wenn der Löwe im Käfig endlos auf und ab geht und der Neurotiker die Reaktion der Abwehr wiederholt, die schon einmal vergeblich war. Sind die Wiederholungen beim Kind erlahmt, oder war die Hemmung zu brutal, so kann die Aufmerksamkeit nach einer anderen Richtung gehen, das Kind ist an Erfahrung reicher, wie es heißt, doch leicht bleibt an der Stelle, an der die Lust getroffen wurde, eine unmerkliche Narbe zurück, eine kleine Verhärtung, an der die Oberfläche stumpf ist. Solche Narben bilden Deformationen. Sie können Charaktere machen, hart und tüchtig, sie können dumm machen – im Sinn der Ausfallserscheinung, der Blindheit und Ohnmacht, wenn sie bloß stagnieren, im Sinn der Bosheit, des Trotzes und Fanatismus, wenn sie nach innen den Krebs erzeugen. Der gute Wille wird zum bösen durch erlittene Gewalt. Und nicht bloß die verbotene Frage, auch die verpönte Nachahmung, das verbotene Weinen, das verbotene waghalsige Spiel, können zu solchen Narben führen. Wie die Arten der Tierreihe, so bezeichnen die geistigen Stufen innerhalb der Menschengattung, ja die blinden Stellen in demselben Individuum Stationen, auf denen die Hoffnung zum Stillstand kam, und die in ihrer Versteinerung bezeugen, daß alles Lebendige unter einem Bann steht.

2 Vgl. Karl Landauer, Intelligenz und Dummheit, in: Das Psychoanalytische Volksbuch, Bern 1939, S. 172.

ANHANG

Max Horkheimer – Daten zu Leben und Werk

1895
Am 14. Februar wird Max Horkheimer als Sohn des jüdischen Fabrikanten Moritz Horkheimer und dessen Frau Babette in Zuffenhausen bei Stuttgart geboren.

1911
Horkheimer verlässt das Gymnasium mit mittlerer Reife und nimmt eine Handelslehre in der Fabrik des Vaters auf. Beginn der Freundschaft mit Friedrich Pollock.

1916–1919
Horkheimer ist Betriebsleiter und Prokurist in der väterlichen Fabrik. Er nimmt 1917 und 1918 am Ersten Weltkrieg teil. 1919 holt er das Abitur nach.

1919–1922
Studium der Psychologie und Philosophie in München, in Freiburg im Breisgau bei Edmund Husserl und in Frankfurt am Main, wo er mit der Promotion bei Hans Cornelius mit der Arbeit *Antinomie der teleologischen Urteilskraft* abschließt.

1922–1925
Horkheimer ist Assistent von Cornelius. Beginn der Freundschaft mit Theodor W. Adorno.

1925
Mit der Schrift *Kants Kritik der Urteilskraft als Bindeglied zwischen theoretischer und praktischer Philosophie* Habilitation in Frankfurt am Main.

1926
Antritt einer Stelle als Privatdozent in Frankfurt am Main. Horkheimer heiratet Rosa Riekher.

1930
Horkheimer wird Ordinarius für Sozialphilosophie.

1931
Er wird, unterstützt von Pollock, Direktor des Instituts für Sozialforschung.

1932–1939
Horkheimer gibt die *Zeitschrift für Sozialforschung* heraus.

1933
Das Institut wird von den Nationalsozialisten geschlossen, Horkheimer seines Lehrstuhls enthoben. Emigration in die Schweiz nach Genf.

1934
Mit Pollock Auswanderung in die USA. An der Columbia University in New York mithilfe Pollocks Vermittlung Neugründung des Instituts für Sozialforschung als Institute for Social Research.

1940–1942
Die *Studies in Philosophy and Social Science* bilden den Nachfolger der *Zeitschrift für Sozialforschung*. 1941 wird Horkheimer amerikanischer Staatsbürger. Übersiedlung nach Kalifornien.

1942–1944
Mit Adorno Arbeit an der *Dialektik der Aufklärung*.

1943–1949
Als Direktor der wissenschaftlichen Abteilung des American Jewish Committee leitet Horkheimer ein Forschungsprojekt zum Antisemitismus.

1947
Veröffentlichung der *Dialektik der Aufklärung* in den USA. Im gleichen Jahr auch Publikation der Essaysammlung *Eclipse of Reason (Zur Kritik der instrumentellen Vernunft)*.

1949
Rückkehr nach Deutschland, Wiederernennung zum Ordinarius für Sozialphilosophie in Frankfurt am Main.

1950
Wiedereröffnung des Instituts für Sozialforschung, dessen Leitung Horkheimer übernimmt.

1951–1953
Horkheimer ist Rektor der Universität Frankfurt am Main. 1953 Ehrung mit der Goethe-Plakette der Stadt.

1954–1959
Gastvorlesungen an der University of Chicago. 1958 lässt sich Horkheimer gemeinsam mit Pollock in Montagnola nieder. 1959 Emeritierung.

1960
Horkheimer wird Ehrenbürger Frankfurts.

1969
Die *Dialektik der Aufklärung* erscheint nun auch in Deutschland. Rosa Riekher und Adorno sterben.

1970
Die Aufsatzsammlung *Traditionelle und kritische Theorie* wird veröffentlicht.

1971
Erhalt des Lessing-Preises der Stadt Hamburg.

1973
Am 7. Juli stirbt Max Horkheimer in Nürnberg.

Theodor W. Adorno – Daten zu Leben und Werk

1903
Theodor Ludwig Wiesengrund wird am 11. September als einziges Kind des aus jüdischer Familie stammenden Weinhändlers Oscar Alexander Wiesengrund und dessen Frau, der korsischen Sängerin Maria Calvelli-Adorno, in Frankfurt am Main geboren. Schon früh erlernt er das Klavierspiel, wie überhaupt die Musik eine große Rolle in der Familie spielt. Er erhält privaten Kompositionsunterricht bei Bernhard Sekles und besucht das Kaiser-Wilhelms-Gymnasium in Frankfurt, wo er 1921 als Jahrgangsbester das Abitur erlangt.

1921–1924
Studium der Philosophie, Soziologie, Psychologie und Musikwissenschaft in Frankfurt am Main. Beginn der Freundschaften mit Max Horkheimer und Walter Benjamin. Neben dem Studium arbeitet Adorno als Musikkritiker für *Neue Blätter für Kunst und Literatur*. 1924 Promotion bei Hans Cornelius, die Dissertation trägt den Titel *Die Transzendenz des Dinglichen und Noematischen in Husserls Phänomenologie*.

1925–1926
Adorno studiert Musiktheorie und Kompositionslehre in Wien bei Alban Berg und Klavier bei Eduard Steuermann, auch hat er Kontakt zu Anton von Webern und Arnold Schönberg. Rückkehr nach Frankfurt.

1927
Adorno reicht im November die Habilitationsschrift *Der Begriff des Unbewussten in der transzendentalen Seelenlehre* bei Cornelius ein, zieht sie im Januar des Folgejahres aber zurück.

1929–1930
Tätigkeit als Redakteur für die musikalische Zeitschrift *Anbruch*.

1931
Mit der Schrift *Kierkegaard, Konstruktion des Ästhetischen* Habilitation bei Paul Tillich. Die Antrittsvorlesung als Privatdozent behandelt die »Aktualität der Philosophie«.

1933
Wegen seiner jüdischen Abstammung wird Adorno nach der Machtübernahme der Nationalsozialisten die Lehrbefugnis entzogen.

1934
Adorno emigriert nach Oxford.

1937
In London Hochzeit mit Margarete Karplus.

1938
Adorno wandert in die USA aus. Um diese Zeit verkürzt er den Namen seines Vaters zu »W.« und nimmt den zweiten Teil des Nachnamens der Mutter an. Adorno wird Mitglied des von Horkheimer in New York neu gegründeten Institute for Social Research.

1941
Übersiedlung nach Los Angeles.

Etwa 1942–1944
In Kalifornien mit Horkheimer zusammen Arbeit an der *Dialektik der Aufklärung.*

1944–1949
In Los Angeles Leiter des »Research Project on Social Discrimination«.

1947
Veröffentlichung der *Dialektik der Aufklärung* in den USA.

1949
Rückkehr nach Deutschland und Erhalt einer außerplanmäßigen Professur für Sozialphilosophie in Frankfurt am Main. Mitglied des nun wieder in Frankfurt ansässigen Instituts für Sozialforschung. Erscheinen von *Philosophie der neuen Musik.*

1950
Die soziologische Studie *The Authoritarian Personality (Studien zum autoritären Charakter)* erscheint, Adorno ist Mitverfasser.

1951
Publikation der *Minima Moralia. Reflexionen aus dem beschädigten Leben.*

1952–1953
In Beverly Hills Leitung der Hacker Foundation. 1952 *Versuch über Wagner.*

1956–1969
In Frankfurt am Main Ordinarius für Philosophie und Soziologie.

1956
Erscheinen von *Zur Metakritik der Erkenntnistheorie.*

1957
Die Essays *Soziologie und empirische Forschung* und *Aspekte der Hegelschen Philosophie* werden veröffentlicht.

1958
Nach Horkheimers Emeritierung übernimmt Adorno die Leitung des Instituts für Sozialforschung, die er bis zu seinem Tod innehat. Publikation der *Noten zur Literatur I.*

1959
Erhalt des Deutschen Kritikerpreises für Literatur.

1961
Der sogenannte Positivismusstreit findet seinen Beginn in einer Auseinandersetzung zwischen Adorno und Karl Popper auf dem Soziologentag in Tübingen. *Noten zur Literatur II.*

1962
Einleitung in die Musiksoziologie. Zwölf theoretische Vorlesungen.

1963
Publikation der *Studien zu Hegel.* Adorno wird die Frankfurter Goethe-Plakette verliehen.

1964
Jargon der Eigentlichkeit erscheint.

1965
Noten zur Literatur III. Teil IV wird 1974 postum herausgegeben.

1966
Veröffentlichung der *Negativen Dialektik.*

1969
Die *Dialektik der Aufklärung* wird in Deutschland publiziert. Im gleichen Jahr gibt Adorno auch *Der Positivismusstreit in der deutschen Soziologie* heraus. Am 6. August stirbt Theodor Wiesengrund Adorno in Visp / Schweiz an den Folgen eines Herzinfarkts. Im folgenden Jahr erscheint aus dem Nachlass die *Ästhetische Theorie.*